KB237251

일반인을 위한

담보 · 보증
생활법률의 기본지식

법학박사 류창호 지음

가림M&B

대한법률연구회가 만드는 생활법률 기본지식

일반인을 위한

담보 · 보증
생활법률의 기본지식

법학박사 **류창호** 지음

가림 M&B

　담보와 보증 제도는 생산요소인 자본의 순환 및 투입과정에서 자본 공급의 원활이라는 경제적 목적을 위해 마련된 법적인 장치로서, 생산을 위한 재화의 거래 및 자본의 공급을 촉진하는 법제도라고 할 수 있다. 특히 우리나라에서는 여신거래가 신용대출보다는 담보대출 위주로 운영되고 있으므로, 담보와 보증 제도는 기업금융뿐만 아니라 소비자금융에서도 널리 사용되고 있다.

　그러나 담보와 보증 제도는 채무자가 채무를 이행하지 않는 경우에 담보권설정자 또는 보증인의 책임재산을 환가처분함으로써 채권자가 채권의 만족을 얻는 제도이므로, 채무자를 위해 자신의 재산에 담보권을 설정해 준 물상보증인 등의 담보설정자나 보증인은 자신의 채무가 아님에도 불구하고 자신의 재산권을 상실할 위험성이 높다. 특히 우리나라의 담보거래는 은행 등의 채권자가 그 주도권을 가진 상태에서 채무자는 채권자의 요구를 일방적으로 받아들일 수밖에 없는 경우가 많기 때문에, 채무자나 담보권 설정자 및 보증인은 이에 대한 법률지식과 법률관계에 대한 이해를 갖출 필요가 있다.

　이 책에서는 이러한 점을 염두에 두고, 법률 지식이 없는 사람들도 쉽게 이해할 수 있도록 법률관계를 도식화하거나 표로 만들어 이해를 돕고자 하였다. 또한 일반인들이 이해하기 어려운 법률 용어는 별도로 그 개념을 설명하였다.

　이 책은 크게 이론편과 사례 및 판례 편으로 구성되어 있다. 이론편에서는 담보와 보증에 관한 핵심적인 법률관계를 가급적 이해하기 쉽게 설명하였다. 특히 이론편에서는 민법상 물권법정주의에 의한 저당권, 근저당권, 질권, 유치권 등의 전형담보뿐만 아니라, 양도담보 · 가등기담보·공장저당·재단저당·광업재단저당·선박저당·자동차저당·건설기계저당·자산유동화제도 등의 변칙담보와 특별법상의 담보제도에 관해서도 실무를 중심으로 설명하였다. 보증에 관해서도 보증채무·연대보증·보증보험·공동보증·보증연대 등의 보증제도의 일반적인 내용과 함께 신원보증·신용보증 등의 특수한 보증제도에 관해서도 설명하였다.

사례 및 판례 편에서는 실제로 법률상담 요청이 많은 사례를 선정하여 이론에 치중하기보다는 판례의 태도를 중심으로 설명하여 실제 사례에 대해 실무적인 해결방법을 제시하고자 하였다. 마지막에는 담보와 보증에 관한 각종 서식 및 관련 법조문을 추가하여 독자들의 이해를 돕고 매번 법전을 찾아보는 수고를 덜고자 하였다.

담보제도에 관해서는 이 책에서 소개한 것처럼 민법 중 근저당권에 관한 규정이 대폭 신설될 예정이어서 일대 변혁이 예상된다. 미약하지만 이 책이 독자들의 담보와 보증에 대한 법률관계에 대한 기본적인 이해를 갖는데 도움이 되길 바라고, 부족한 내용과 추가된 판례 및 변경되는 법률들은 지속적으로 추가 및 보완하고자 할 예정이다. 이 책이 발간되기까지 지원과 노력을 아끼지 않으신 가림출판사의 강선희 사장님과 이선희 차장님, 직원분들께 감사의 뜻을 표한다.

2002. 11.

류 창 호

C·O·N·T·E·N·T·S

C · O · N · T · E · N · T · S

제 2 장   사례와 판례편

C·O·N·T·E·N·T·S

C·O·N·T·E·N·T·S

부　　록

제1장 이론편

담보의 기초지식

1. 담보의 의미

금전거래에서 채권자는 채무자에게 금전을 빌려주고 그 대가로 이자를 받지만, 한편으로는 채무자의 경제사정이 불안하게 되면 이자뿐 아니라 원금까지 떼일 우려가 있다. 이러한 경우를 대비하여 채권자가 원금과 이자의 완전한 반환을 확보하기 위하여 채무자나 채무자가 아닌 제3자(물상보증인)가 채권자에게 제공하는 수단이 담보이다.

금전거래에서 채무자가 원금과 이자의 반환기일까지 이를 반환하지 않으면, 채권자는 채무자의 전재산(일반재산, 책임재산)을 대상으로 하여 법원 등의 국가기관에 강제집행을 청구해야 한다. 그러나 채무자가 재산이 없는 경우에는 강제집행을 하더라도 채권자는 채권을 변제받지 못하게 된다. 담보제도는 이러한 채무자의 무자력으로 인한 채권회수의 위험을 방지하기 위한 제도이다.

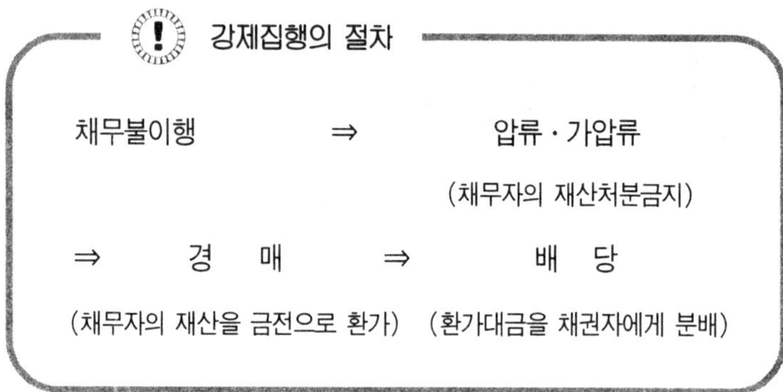

현재 우리나라의 금융거래와 같이 신용대출보다는 담보대출이 우위를 차지하고 있는 실정에서는 신용대출은 상대적으로 이자율이 높으므로, 적절한 담보를 제공함으로써 저리의 이자로 금전을 차용할 수 있는 이점도 있다.

따라서 담보는 채권자가 채무자에게 금전 차용으로 인해 입을 수 있는 불이익을 보전해 줌으로써 자본의 이동을 자유롭게 하여 생산과 소비를 촉진하여 경제 발달에 기여하는 장점이 있다. 그러나 자본시장에서 채권자와 채무자의 균형이 맞지 않는 경우에는 자본을 소지하고 있는 채권자가 금전거래를 주도하여, 채권자가 채무자에게 과도한 담보를 요구하는 등의 부작용도 빈번하다.

민법에서는 금전거래를 활성화하는 한편, 이러한 부작용을 방지하기 위해서 담보제도에 대해 여러 가지 법적인 규율을 하고 있다. 따라서 효율적인 금전거래를 위해서는 법에서 인정하고 있는 여러 담보제도 중에서 채권자와 채무자에게 적합한 담보제도를 선택하여 채권자는 자신의 채권회수를 위해

법에서 보장된 담보권을 적절하게 행사하여 금융소득을 창출하고, 채무자는 채권자의 과다한 담보권행사에 대한 방어를 통해서 금전의 유통을 활성화하기 위해서는 담보제도에 관한 법적인 이해가 필요하다.

2. 담보의 종류

민법에서 인정되는 담보는 크게 인적 담보와 물적 담보가 있다. 인적 담보는 채권자가 강제집행을 할 수 있는 책임재산(강제집행에 의하여 채권자에게 만족을 줄 수 있는 재산)의 범위를 채무자뿐 아니라, 제3자의 재산에까지 확대하는 제도로서 보증채무·연대채무·연대보증채무 등이 있다. 인적 담보는 채무자의 수를 늘여서 그 중 1명의 채무자가 무자력으로 되더라도 다른 채무자로부터 변제를 받을 수 있는 제도이다.

물적 담보는 채무자나 채무가 없는 제3자(물상보증인)의 특정재산에 대하여 다른 채권자보다 우선하여 변제를 받을 수 있도록 하는 제도로서, 유치권·질권·저당권·근저당권 등의 담보물권이 이에 속한다. 인적 담보는 절차가 간편하지만 불확실하고, 물적 담보는 절차가 복잡하지만 확실하다는 특징이 있다.

물적 담보 VS 인적 담보

구분	물적 담보	인적 담보
담보물의 특정성	○ 담보물이 특정되어야 함	○ 보증인의 일반재산 ○ 담보물이 특정되지 않음
담보권의 성격	○ 물권 ○ 등기나 인도를 필요로 함	○ 채권(보증채권) ○ 주채무 + 보증채무 ⇐ 이중으로 채권행사
채무자의 수	○ 채무자의 수는 고정됨	○ 다수의 채무자 ○ 주채무자 + 보증인
채권의 만족도	○ 채권만족도가 크고 안정적	○ 보증인의 재산상태에 따라 채권만족도가 가변적이고 불안정

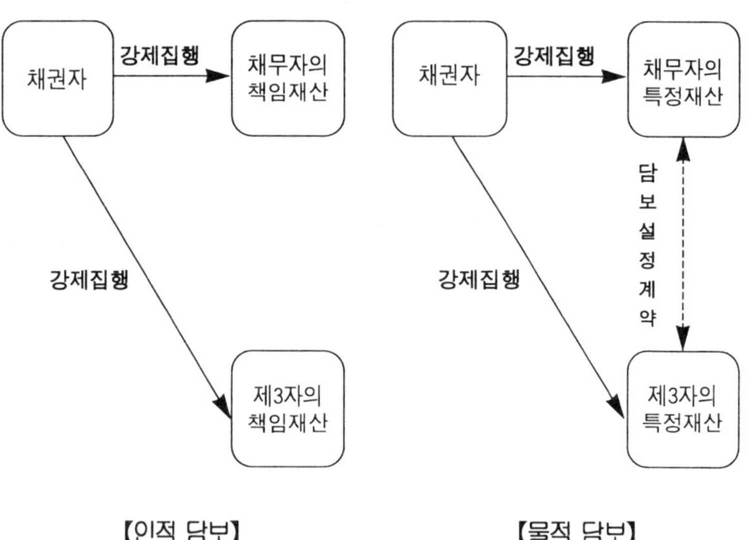

3. 인적 담보의 내용

1) 채권자평등의 원칙

권리의 우열은 어떻게 매겨지는가? 재산권 중 물권과 채권은 그 우열을 매기는 기준에 있어서 차이가 있다. 물권은 성립된 시간적 순서에 의해 순위가 매겨지지만, 채권은 성립된 시간의 순서와 관계 없이 채권간의 순위는 평등하므로, 한 명의 채무자에 대해서 가장 먼저 발생한 채권과 최근에 발생한 채권의 순위는 동등하다. 이를 채권자평등의 원칙이라고 한다.

따라서 채무자가 변제기에 채무를 갚지 못해서 채무자의 재산이 경매에 넘어간 경우, 경락대금으로부터 배당을 받은 채권자들의 채권은 채권의 발생원인이나 발생시기, 채권액의 다소와 관계 없이 평등하게 배당이 이루어진다. 이와 같이 채권자의 지위는 매우 불안정하므로 이를 극복하기 위한 것이 담보제도이다.

불안한 채권자의 지위를 강화하는 제도로는 물적 담보가 있으나, 그 외에도 채권자 입장에서는 채권자의 강제집행에 대상이 될 수 있는 책임재산의 범위를 확대시킴으로써 채권의 만족을 도모하는 방법이 있다. 이와 같이 책임재산을 확장시킴으로써 채권의 만족을 꾀하는 제도가 인적 담보제도이다.

2) 인적 담보의 특징

인적 담보는 채무자 이외에 제3자의 일반재산을 채권의 담보로 하는 제도이므로, 결국 인적 담보제도는 채무자의 숫자를 증가시킴으로써 채권을 만족받을 가능성을 높이게 된다.

저당권 등의 강력한 물적 담보제도가 있음에도 불구하고 인적 담보제도가 여전히 애용되는 것은 물적 담보와 같이 점유이전이나 등기 등의 복잡한 절차와 비용을 들일 필요가 없고, 보증인 등 제3자가 자신의 전재산을 가지고 책임을 지므로 담보력이 강화되고 채권자의 위험부담이 감소하게 되어 부동산 등의 담보자산이 없는 경우에도 금전대출이 가능하기 때문이다.

그러나 인적 담보제도는 채무자나 보증인 등의 일반재산이 책임재산으로 되므로 채무자나 보증인 등의 일반재산이 고정되어 있지 않고 계속하여 증감 · 변동하는 등 책임재산의 위험성으로 인해 실질적인 담보력이 약화되는 경우도 빈번하다. 예를 들어 보증인이 보증계약을 체결할 때는 일반재산이 충분하였으나, 나중에 보증인이 파산하여 무일푼이 된 경우에는 실질적인 담보력이 없게 된다.

따라서 인적 담보제도는 주로 단기나 소액금융거래에 이용되고, 고액이나 장기간의 거래인 경우에는 저당권 등의 물적 담보에 의존하게 된다는 점에서 한계를 갖는다. 또한 인적 담보제도는 물적 담보가 갖는 우선변제권이 없다는 것도 치명적인 한계이다.

3) 보증채무

보증채무는 보증인이 채권자에 대하여 채무자가 이행하지 않는 채무를 이행할 의무를 부담하는 채무로서, 채무자가 채권자에 대하여 부담하는 주된 채무를 전제로 하는 종속적인 채무이다. 또한, 보증채무에서는 주채무자가 우선적으로 이행해야 하고, 주채무자의 이행이 없는 경우에 비로소 보증인이 이행하는 보충성이 있다는 점에서 연대보증보다는 담보력이 약하다. 보증채무는 채권자와 보증인이 될 사람과의 사이에서 보증계약을 체결함으로써 성립한다(보증채무에 관해서는 제2장 참조).

【보증채무의 법률관계】

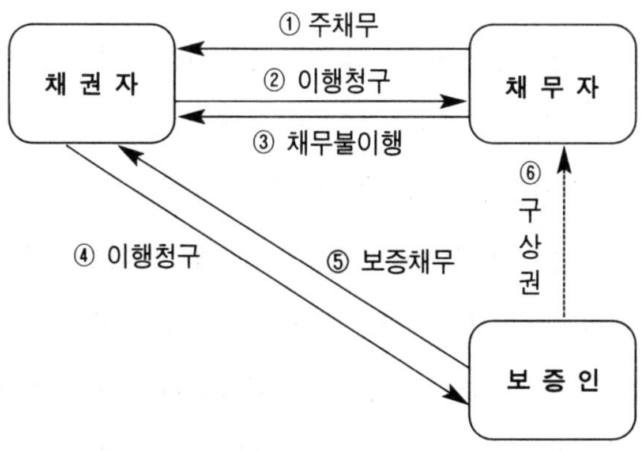

【연대채무의 법률관계】

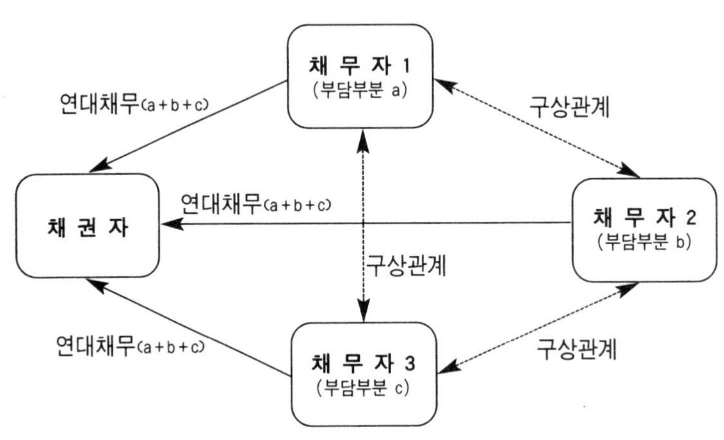

4) 연대채무

연대채무는 2명 이상의 채무자가 서로 연대(連帶)하여 각 채무자의 분담부분의 총액에 해당하는 채무를 부담하고, 1명의 채무자가 그 채무를 이행하면 나머지 채무자도 면책되는 형태의 채무를 말한다.

연대채무에서는 여러 명의 채무자가 하나의 채무를 나누어 부담하는 것이 아니라, 각각의 채무자가 하나씩의 채무를 부담하는 독자성을 갖는다. 그러나 연대채무자는 각자 자기의 분담부분을 가지며 다른 연대채무자가 채권자에게 변제하여 채무를 소멸시켰더라도, 각자의 분담부분을 변제를 한 채무자에게 지급하여야 한다. 이를 구상(求償)이라 한다.

【연대보증채무의 법률관계】

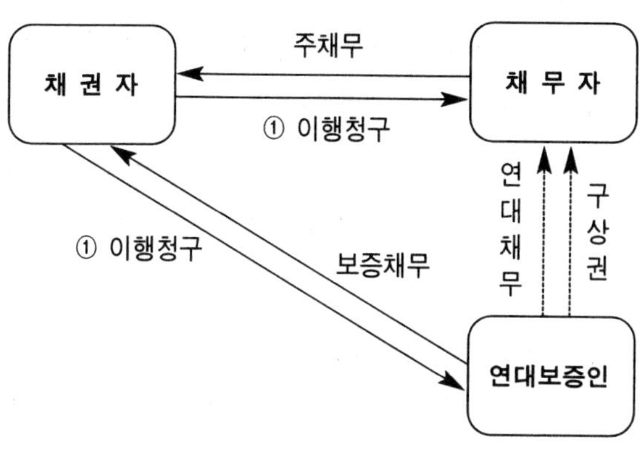

5) 연대보증

　연대보증은 보증인이 채무자와 연대하여 채무를 부담하기로 한 보증채무를 말한다. 연대보증의 경우에는 채권자가 보증인에게 채무의 이행을 먼저 청구하더라도 보증인은 채무자에게 먼저 청구할 것을 항변하지 못하고 자기가 우선 전액을 변제하여야 한다는 점에서 보증채무보다 담보력이 훨씬 강력하다. 연대보증의 경우에도 보증인은 채무자에게 구상권을 행사할 수 있다.

　연대보증은 보증인이 채무자의 채무이행을 보증하기 위해 채권자에 대하여 보증채무를 부담한다는 점에서 보통의 보증과 유사하지만, 채권자에 대한 관계에서 보증인이 채무자와 같은 지위에서 채무를 부담하는 점에서 연대채무와 유사하다. 즉 연대보증은 보충성은 인정되지 않고 연대성을 갖는다.

6) 병존적 채무인수

채무자의 채무가 그 동일성을 유지하면서 제3자(인수인)에게 이전되는 것을 채무인수라고 한다. 특히, 채무인수에 의해 채무자가 채무에서 벗어나고 인수인이 새로운 채무자로 되는 것을 면책적 채무인수라고 하고, 채무자와 인수인이 공동으로 채무자가 되는 것을 병존적 채무인수 또는 중첩적 채무인수라고 한다. 병존적 채무인수의 경우에도 결과적으로 연대채무관계가 성립된다.

병존적 채무인수는 면책적 채무인수와 달리 기존의 채무자도 채무를 면제받지 않고 채무자와 인수인이 같은 내용의 채무를 부담하게 된다. 그리고 실제 거래에서는 병존적 채무인수가 주로 사용되는데, 그 이유는 병존적 채무인수가 채권담보의 목적으로 이용되기 때문이다. 면책적 채무인수인지 병존적 채무인지 불분명한 경우에는 병존적 채무인수로 보는 것이 판례의 입장이다.

7) 담보적 상계

상계는 채권자와 채무자가 서로 동일한 종류의 채권과 채무를 가진 경우 그 채권과 채무를 대등액에서 소멸시킴으로써 채권을 소멸시키는 제도이다. 즉 A가 B에게 1,000만원의 채권을 가지고 있고 B는 A에게 500만원의 채권

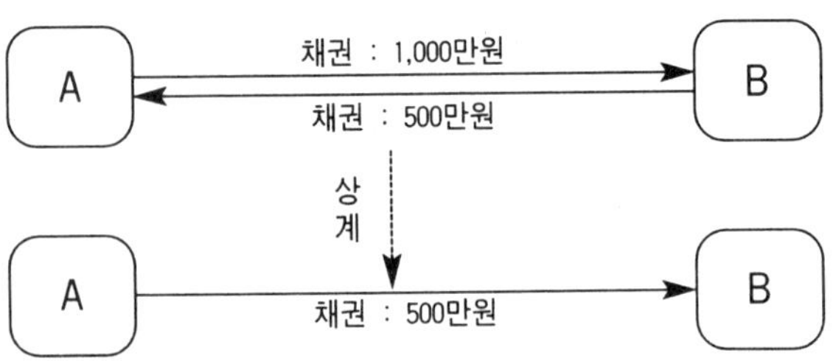

을 가지고 있는 A와 B는 일방적인 의사표시로 대등액인 500만원의 범위에
서 쌍방의 채권채무를 소멸시키는 것을 말한다.

상계는 변제수단이며 또한 담보적 효력도 있다. 은행에서 활용하는 관행
으로 '꺾기'라는 것이 그 예이다. 꺾기는 은행에 맡긴 예금을 담보로 예금자
에게 대출하는 것으로, 은행의 대출금반환채권과 채무자(예금자)의 예금반
환채권을 상계함으로써 대출금의 반환을 담보하는 방법이다.

4. 물적 담보의 내용

1) 물적 담보의 소개

물적 담보는 우선 담보권의 성립근거가 채권자와 채무자의 합의에 있는가 또는 당사자의 합의와 관계없이 법률의 규정에 의하는가에 따라 약정담보물 권과 법정담보물권으로 나누어진다.

! 【약정담보물권 VS 법정담보물권】

채무자가 돈을 빌리면서 제 날짜에 갚지 못하면 카메라를 팔아서 채무 변제에 대신해도 좋다고 하면서 채권자에게 카메라를 맡긴 경우를 생각해 보자. 이 경우 채무자가 돈을 빌리는 것은 금전대출(금전소비대차계약)에 해 당하고, 그 담보로 카메라를 맡겼으므로 카메라에 대한 질권설정합의와 인도에 의해 약정담보물권인 질권이 설정되었다. 한편, 복사기를 수리하도 록 맡겨서 수리업자가 수리비에 대한 채권을 갖는 경우, 이 채권은 수리계 약(이는 민법상 일의 완성을 목적으로 하는 도급계약에 해당한다)에 의한 보수지 급청구권이고, 이 채권을 담보하기 위해 민법에서는 수리업자에게 복사기 에 대한 유치권을 인정하고 있다. 이 경우의 유치권은 담보 설정에 대한 당사자의 합의 없이 민법의 규정에 의해 성립된 법정담보물권이다.

또한, 담보권을 포함한 물권은 물권법정주의에 따라 법률이나 관습법에 의해 물권의 종류와 내용이 정해지게 된다. 이 가운데 법률의 규정에 의한 담보물권은 전형담보라고 하고, 법률의 규정 없이 관습법에 의해 인정되는 담보물권을 비전형담보(변칙담보)라고 한다.

【담보의 분류】

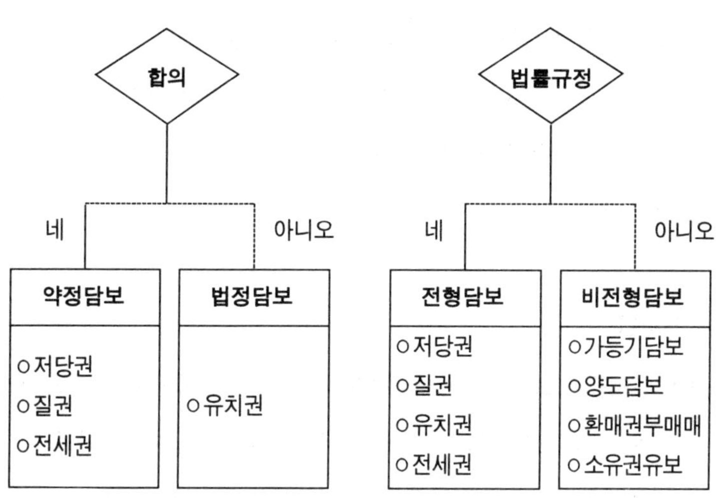

담보물권은 채무자나 제3자의 재산 중 특정한 재산으로 채권을 담보하는 것으로, 담보물을 채권자가 사용하거나 수익하지 않고 담보물을 공개시장에서 처분할 때의 가치(이를 교환가치라고 함)를 지배하는 것을 목적으로 채권자와 채무자의 합의에 의해 설정된다. 담보물권은 물권의 특성인 배타성과 우선변제 효력이 있으므로, 담보권자는 담보권을 갖지 않는 일반채권자보다 우선적으로 채무를 변제받을 수 있다.

담보물권이 성립하기 위해서는 원칙적으로 담보의 대상이 되는 채권(이를 피담보채권이라 함)이 있어야 한다. 그러나 예외적으로 저당권이나 질권 등에서는 현재 채권이 발생하고 있지 않지만, 장래에 발생할 채권을 위한 근저당도 인정되고 있다.

또한, 하나의 담보물에 두 개 이상의 담보물권이 성립할 수 있다. 1번 저당권, 2번 저당권 등 저당권이 여러 개 설정될 수 있고, 저당권과 함께 전세권도 설정될 수 있다. 이런 경우, 여러 개의 담보물권간의 순위는 담보물권의 성립순서, 즉 설정등기의 시간적 순서에 의해 매겨진다.

법정담보물권은 당사자의 합의와 관계 없이 법률에서 정한 일정한 요건이 갖추어진 경우 법률의 규정에 의해 따라서 그 요건이나 효과는 각 법률에 규정되어 있다.

2) 유치권

유치권(민법 제320조)은 다른 사람의 물건이나 유가증권(어음, 수표, 창고증권, 선하증권 등)을 점유하는 사람이 그 물건이나 유가증권에 관하여 생긴 채권을 변제받을 때까지 그 물건이나 유가증권을 점유하여 채무자의 변제를 간접적으로 강제하는 권리를 말한다. 예를 들어 세탁소의 주인이 세탁이 끝난 옷에 대해 옷의 소유자가 세탁비를 지불하지 않을 때는 옷을 소유자에게 반환하지 않고 보유할 수 있는 권리, 자동차정비업자가 수리비를 받을 때까지 소유자에게 자동차를 반환하지 않고 보유할 수 있는 권리를 말한다.

유치권은 채권자와 채무자간에 담보권을 설정하자는 약정이 없더라도 민법의 규정에 의해 설정되는 법정담보물권이며, 채권자가 그 물건을 점유하면 충분하므로 등기할 필요가 없다.

유치권자는 채권의 변제를 받을 때까지 목적물을 계속 점유할 수 있으며, 소유자의 인도청구에 대해서도 이를 거절할 수 있는 인도거절권을 갖는다. 유치권자는 채무자가 채무를 변제하지 않을 때는 유치물을 경매할 수 있는 경매권이 있으며, 유치물을 가지고 직접 변제에 충당하는 간이변제충당권도 인정된다. 또한, 유치권자는 유치물의 과실을 수취하여 다른 채권보다 먼저 채권의 변제에 충당할 수 있는 과실수취권이 있으며, 유치물에 관하여 지출한 비용의 반환을 요구할 수 있는 필요비나 유익비상환청구권이 있다. 유치권자는 유치물을 채무자의 승낙 없이 유치물의 보존을 위한 사용 이외에 다른 목적으로 사용·대여·담보제공을 할 수 없다.

유치권은 소멸시효에는 걸리지 않으므로 유치물의 유치기간에는 제한이 없으며, 유치권자의 의무위반(선량한 관리자로서의 주의의무)이나 채무자가 다른 담보를 제공하며 유치권의 소멸청구를 하는 경우, 유치권자가 유치물에 대한 점유를 상실하는 경우에 소멸한다.

3) 질권

질권(민법 제329조)은 채권자가 채권을 변제받기 위해 채무자의 물건(질물)을 담보물로서 점유하고 채무의 변제가 있을 때까지 유치함으로써 채무변제를 간접적으로 강제하는 동시에, 변제가 없는 때에는 그 물건으로부터 우선적으로 변제 받을 수 있는 권리이다. 질권에는 동산을 질물로 제공하는 동산질권과 물건 이외의 재산권을 질물로 제공하는 권리질권이 있다. 일반적으로 질권이라고 하는 경우에는 동산질권을 말한다.

질권은 채권자와 채무자간의 약정에 의해 발생하는 약정담보물권으로서 금융을 얻는 수단으로 주로 이용된다. 질권을 설정할 수 있는 것은 동산과 양도할 수 있는 권리(채권·주식·특허권 등)이다. 부동산에는 질권을 설정할 수 없고 저당권만을 설정할 수 있다. 질권을 설정하기 위해서는 목적물을 채권자에게 인도하여야 하므로 기업자금을 얻기 위하여 기업의 설비 등을 담보로 하는 경우에는 불편한 점이 있으므로, 특별법(공장저당법, 각종 재단저당법 등)에 의한 담보권을 이용하는 경향이 많다.

질권은 주로 서민이 일용품 등을 담보로 하여 소액을 차용하는 데 이용된다. 소액의 서민 금융을 업으로 하는 것이 전당포인데, 전당포에 대해서는 전당포영업법이 적용된다. 최근에는 채권증서나 주권(株券)을 담보로 은행으로부터 금융을 받는 권리질이 많이 이용된다. 질권자는 질물을 유치할 권리와 함께, 채무자가 기한 내에 변제하지 않을 때에는 질물로부터 우선변제를 받을 권리를 가진다. 우선변제를 받으려면 원칙적으로 민사집행법에 의해 경매를 신청해야 하지만, 감정인의 평가에 따라 간이변제충당을 할 수도 있다. 그러나 변제기 이전에 채권자와 채무자간의 계약으로 변제를 하는 대신 질물의 소유권을 질권자에게 이전하거나, 법률에 정한 방법에 의하지 않고 질물을 처분할 것을 약정하는 유질계약(流質契約)은 금지된다. 단, 예외적으로 변제기가 지나거나 상행위로 생긴 채무를 담보하는 질권상사질 및 전당포의 경우에는 유질이 허용된다.

4) 저당권

저당권은 채권자가 채무자 또는 제3자(물상보증인)로부터 점유를 이전받지 않고, 채권의 담보로 제공된 목적물(부동산)에 대하여 일반 채권자에 우선하여 변제를 받을 수 있는 약정담보물권이다.

저당권은 질권(質權)과 달리 목적물의 점유를 이전하지 않고 저당권설정자(채무자나 물상보증인)는 목적물을 계속 사용·수익을 할 수 있으므로 기업시설의 담보화와 근대적 금융에 유용하다. 반면에 저당권은 점유를 수반하지 않고 성립요건으로서 등기나 등록을 필요로 하므로 목적물이 등기나 등록할 수 있는 부동산및 일부의 동산에 한정된다. 그러나 근래에는 등기(등록)기술이 발전되어 목적물의 범위도 넓어지고 있으며, 각종 재단(재단저당)·자동차·항공기·입목(수목의 집단) 등에도 적용되어 그 범위를 넓히고 있다.

저당권자는 채무자가 변제기까지 채무를 이행하지 않는 경우에 저당목적물을 경매하여 그 대금에서 우선변제를 받을 수 있으므로, 저당권이 설정된 후에도 저당권설정자는 저당목적물을 제3자에게 양도하거나 저당목적물에 대해 전세권·지상권 등의 용익물권(用益物權)을 설정할 수도 있다. 그러나 저당권을 실행하여 목적물을 경매하면 이들 권리는 소멸한다.

저당권은 약정담보물권이므로 저당권자(채권자)와 저당목적물의 소유자인 저당권설정자(채무자나 채무자가 아닌 제3자인 물상보증인)간의 저당권설정 합의(저당권설정계약)와 저당권설정등기에 의하여 성립한다. 하나의 저당목적물에 2개 이상의 저당권이 설정되면 설정등기의 순서에 의하여 순위가 붙여져서 1번 저당권·2번 저당권 등으로 된다. 채무자가 변제기까지 채무를 이행하지 않는 경우 저당권자는 저당물을 경매하여 그 대금에서 채권의 우선변제를 받는다.

5) 근저당권

근저당권은 일정기간 동안 증감변동하는 불특정한 채권을 결산기에 최고액의 한도에서 담보하는 저당권을 말한다. 저당권은 특정한 채권을 담보하므로 저당권을 설정할 당시부터 피담보채권과 피담보채권액이 특정되어 있어야 하지만, 근저당권은 하나의 저당권에 의해 채권자와 채무자간의 일정한 거래에서 발생하는 불특정한 다수의 채권을 결산기에 이르러 당사자간에 약정한 최고액의 범위에서 일괄하여 담보한다는 점에서 차이가 있다. 즉 근저당권은 당좌대출계약이나 계속적 어음할인계약 또는 계속적 상품공급계약 등과 같은 계속적 거래계약(기본계약)에서 발생하는 증감변동하는 채권을 일반 저당권으로는 담보할 수 없으므로, 일시적으로 피담보채권(被擔保債權)이 소멸하여도 저당권은 그대로 존속하도록 저당권의 부종성(附從性, 피담보채권이 성립하고 있어야 담보권도 성립할 수 있고, 피담보채권이 변제 등으로 소멸하면 담보권도 말소등기의 여부와 관계 없이 소멸하는 성질)을 완화할 필요에서 강구된 제도이다.

근저당권은 채권자뿐 아니라 채무자의 입장에서도 채권자와의 계속된 금융거래에서 발생하는 다수의 채무를 하나의 담보권에 의해 담보할 수 있는 효율성으로 인해 담보물권의 왕자로 평가된다. 또한, 채권자와 채무자간에 발생하는 모든 채권을 담보하는 경우를 포괄근저당이라 하여 그 사용이 빈번하다. 그러나 근저당권에 관해서는 단순한 저당권으로 가능한 1회성 거래

에서 발생하는 채권을 담보하기 위해 근저당권을 설정하거나, 근저당권의 설정으로도 충분한 일정한 계속적 거래에 대해서도 포괄근저당약정을 하는 등의 채권자에 의한 과잉담보가 문제 된다.

근저당권은 근저당권설정계약과 근저당권설정등기를 함으로써 성립한다. 근저당권설정등기에는 근저당이라는 뜻과 채권의 최고액은 기재되어야 하지만, 결산기나 피담보채권액은 등기되지 않아도 된다. 최고액에는 원본(元本)뿐만 아니라 이자(利子)도 포함하므로 이자는 등기하지 않는다. 근저당권은 등기된 최고액의 한도 내에서 채권을 담보하며 그 최고액을 초과한 부분은 담보되지 않는다.

피담보채권의 범위는 일반 저당권의 규정에 따라 원본 · 이자 · 위약금 · 채무불이행으로 인한 손해배상 등으로 하지만(제360조) 일반 저당권과 달리 지연배상은 이행기일 후 1년분에 한정되지 않으며, 근저당권의 실행비용은 포함되지 않는다.

채권자와 채무자 사이에 기본계약이 실제로 존재하는가를 불문하고 단순하게 채권자가 채무자에 대하여 갖게 되는 모든 채권을 담보하도록 하는 포괄근저당에 대해서 판례는 이를 인정하고 있으나, 학자들은 이를 부정하거나 제한하고 있다.

6) 가등기담보권

가등기담보는 채무자가 변제기까지 채무를 이행하지 않을 경우에 대비하여, 담보로 설정한 부동산의 소유권을 채권자에게 이전할 것을 위한 소유권이전청구권보전을 위해 가등기를 함으로써 예약하고, 채무자의 채무불이행이 있는 때에 가등기에 기한 소유권이전등기를 하는 방법에 의한 물적 담보를 말한다.

가등기담보는 등록세 및 기타 등기비용이 저렴하고, 담보목적물의 소유권이 본등기 전까지는 채무자에게 남아 있어서 후순위의 담보권을 설정할 수 있는 등의 장점이 있다. 그러나 이러한 담보가등기는 고리대금업자 등에 의해 폭리의 수단으로 악용되는 경우가 많아, 1983년 '가등기담보에관한법률'을 제정하여 담보목적물의 예약 당시 가액이 차용액 및 이자의 합산액을 초과하는 경우에는 그 차액을 청산할 의무를 부과하여 채무자를 보호하고 있다.

가등기담보권자는 변제기가 경과한 후에는 목적부동산의 경매를 청구할 수 있으며, 후순위 권리자의 경우에는 청산기간 내에 한하여 피담보채권의 변제기가 경과하기 전이라도 목적부동산의 경매를 청구할 수 있다. 담보가등기가 설정된 부동산에 대하여 경매가 개시된 경우에 가등기담보권자는 다른 채권자보다 자기 채권의 우선변제를 받을 권리가 있다.

7) 전세권

전세권은 전세금을 지급하고 타인의 부동산을 그 용도에 따라서 사용·수익할 수 있는 물권으로서 일반적으로 용익물권에 해당되나, 전세권이 소멸할 경우 목적부동산으로부터 전세금의 우선변제권이 인정된다는 점에서 용익물권과 담보물권의 성질을 함께 갖고 있다.

전세권이 성립되기 위해서는 반드시 전세금을 지급해야 하고 전세권설정등기도 요구된다. 전세권의 담보물권적 성격으로 인해 전세권자는 일반채권

자보다 우선적으로 전세금을 반환받을 수 있고, 전세권과 저당권이 경합하는 경우 전세권이 저당권보다 선순위일 때는 전세권자가 경매를 신청하면 전세권과 저당권이 모두 소멸하지만, 저당권자가 경매를 신청하면 전세권은 소멸하지 않는다. 그러나 저당권이 전세권보다 선순위일 경우에는 누가 경매를 신청하더라도 전세권과 저당권은 모두 소멸한다.

 저당권의 법률관계

1. 저당권의 개요

저당권은 저당권설정 이후에도 저당목적물을 채무자가 계속 사용수익하고 채권자는 단지 저당목적물의 교환가치만을 파악하므로, 목적물의 관리 등에 의한 비용부담과 불편이 없어 금융담보 중 가장 보편적으로 사용되는 담보물권이다.

저당권은 채무자가 자기 재산이나 제3자가 채무자의 채무담보를 위해서 제3자의 재산에 대해 채권자가 담보제공자로부터 인도 받지 않고 단지 관념적으로만 지배하고, 채무의 변제가 없는 경우에 경매 등을 통해 그 목적물로부터 자신의 채권을 우선변제 받게 된다. 저당권은 당사자와의 합의와 등기에 의해 성립되는 약정담보물권으로 우선변제적 효력이 인정되며, 우선변제는 원칙적으로 경매를 통해 이루어진다. 저당권은 저당목적물의 점유를 채권자에게 넘겨주지 않으므로 반드시 등기나 등록 등에 의하여 공시되어야 한다.

저당권의 순위에 대해 우리나라 법은 순위승진의 원칙을 인정하고 있다. 따라서 선순위의 저당권이 변제 등으로 소멸된 때에는 후순위의 저당권이 그 자리로 올라가게 된다. 즉 1번 저당권이 변제로 소멸하였을 경우에는 2

번 저당권이 1번 저당권의 순위를 차지하게 된다.

2. 저당권의 설정방법

1) 저당권설정계약

저당권설정계약의 당사자는 저당권자와 저당권설정자이다. 저당권자가 될 수 있는 사람은 채권자이지만, 자신의 재산에 저당권을 설정하는 저당권설정자는 채무자 이외에도 채무자를 위해서 자신의 재산에 저당권을 설정해 주는 제3자, 즉 물상보증인도 있다. 따라서 물상보증인이 있는 경우 채무자는 저당권설정계약의 당사자가 될 수 없다. 저당권설정계약은 금융담보인 경우에는 대부분 은행측에서 제시한 저당권설정약관에 의해 체결된다.

2) 저당권설정등기

저당권은 반드시 설정등기를 해야 성립하며, 등기된 순서에 따라 우선변제를 받게 된다. 저당권설정등기가 유효하기 위해서는 채무자와 피담보채권액이 반드시 기재되어야 한다(이를 필요적 기재사항이라 함). 채무자는 일반적으로 저당권설정자로서 담보부동산의 소유자인 경우가 많으므로 이 경우에는 당해 등기부의 갑구란의 소유자와 일치하지만, 물상보증인인 경우에는 채무자와 저당권설정자인 소유자가 일치하지 않으므로 채무자를 기재해야 한다.

그 밖에도 변제기에 대한 약정, 이자와 그 지급시기, 원본과 이자의 지급장소, 채무불이행으로 인한 손해배상에 관한 약정 등은 임의적 기재사항으로 기재하지 않더라도 저당권의 효력에는 영향을 미치지 않지만, 기재한 경우에는 제3자에 대항력을 갖는다.

3. 저당권의 목적물

저당권이 설정될 수 있는 재산은 등기나 등록에 의해 공시되는 물건에 한정된다. 저당권등기를 할 수 있는 목적물로는 민법상의 부동산·지상권·전세권, 20톤 이상의 선박, 입목법에 의한 입목·광업권·어업권·공장재단·광업재단 등이 있다. 그리고 동산이지만 등록에 의해 저당권이 설정되는 경우로는 자동차, 항공기, 중기 등이 있다. 그 밖의 동산에 대해서는 저당권이 인정되지 않고 비전형담보인 양도담보가 활용된다.

4. 저당권의 피담보채권

저당권의 피담보채권은 금전채권뿐만 아니라, 저당권의 실행(경매)시에 금전채권으로 될 수 있는 것이면 충분하다. 또한, 저당권의 경우에는 피담보채권이 저당권의 설정당시에 현존하고 특정되어 있어야 하는 것이 원칙이다.

채권의 일부나 여러 개의 채권도 저당권의 피담보채권이 될 수 있으며, 채무자가 다른 수 개의 채권에 물상보증인이 하나의 저당권을 설정하는 것도

가능하다. 또한, 채권자가 다른 수 개의 채권에 대해서 1개의 저당권을 설정하는 것도 가능하다.

실제 발생한 채권액과 등기부에 기재된 피담보채권액이 차이가 있는 경우에는 적은 금액이 저당권의 피담보채권액으로 된다. 즉 실제 채권액은 1,000만원이지만 등기부상의 피담보채권액은 900만원으로 기재된 경우, 반대로 실제 채권액이 900만원이지만 등기부에는 1,000만원으로 기재된 경우에는 모두 900만원만 담보된다.

5. 저당권의 효력이 미치는 범위

1) 피담보채권액의 범위

민법 제360조에서는 저당권은 원본, 이자, 위약금, 채무불이행으로 인한 손해배상, 저당권의 실행비용을 담보하는 것으로 규정하고 있다. 그러나 지연배상에 대하여는 원본의 이행기일을 경과한 후의 1년분에 한하여 저당권을 행사할 수 있다.

2) 목적물의 범위

저당권의 목적물은 소유자가 소유권을 행사할 수 있는 범위와 일치하는 것이 원칙이다. 그리고 저당권을 설정한 후에도 부합물(소유자가 다른 2개 이상의 물건을 결합하여 1개로 된 물건)과 종물〔소유자가 자신의 물건을 사용하기 위해 자기 소유의 다른 물건을 이에 부속시킨 경우 그 기본이 되는 물건을 주물, 그 부속된 물건을 종물이라 함. 시계(주물)와 시계줄(종물)의 예를 들 수 있음)에 대해서는 저당권의 효력이 미친다. 과실에 대해서는 압류한 후에만 저당권의 효력이 미친다. 토지에 대해 저당권을 설정한 경우에는 그 토지 위의 건물에 대해서도 경매를 신청할 수 있다. 단, 이 경우 건물의 경락대금으로부터 우선변제를 받을 수 없다.

저당목적물이 멸실·훼손되거나 공용수용된 경우에는 목적물소유자인 저당권설정자가 그 목적물의 소유권에 대신한 청구권(보험금지급청구권이나 보상금청구권 등)을 취득하는 경우에는 저당권자가 이 청구권을 압류하면 그 압류물에도 저당권의 효력이 미친다. 이를 물상대위(物上代位)라 한다.

6. 우선변제적 효력

저당권은 우선변제적 효력이 있으므로 저당권자가 직접 저당권을 실행해서 경매를 신청하거나, 타인이 저당부동산에 대해서 강제집행을 하는 경우에 저당권자는 그 순위에 따라서 경락대금으로부터 우선변제를 받을 수 있다. 한편, 저당권자는 당연히 일반 채권자로서의 지위도 인정되므로 경락대금으로부터 완전변제를 받지 못한 경우에는 채무자의 일반재산에 대해서도 일반채권자로서 강제집행을 하거나 배당을 받을 수 있다. 그러나 저당권자가 자신의 저당권을 실행하지 않고 채무자의 일반 재산에 대해 먼저 일반채권자로서 집행할 경우에는 다른 채권자가 저당권자에게 그 배당금액의 공탁을 청구할 수 있다.

7. 저당권의 소멸

저당권은 피담보채권의 변제나 제3취득자의 변제, 경매 등으로 소멸한다. 하나의 부동산에 여러 개의 저당권이 설정된 경우, 1개의 저당권이 실행되면 나머지 저당권들은 변제기가 경과하지 않더라도 모두 소멸한다.

지상권이나 전세권에 저당권을 설정한 경우에는 지상권이나 전세권이 소멸하면 이를 목적으로 하는 저당권도 소멸하므로 저당권자의 동의 없이는 지상권이나 전세권을 소멸하지 못한다. 또한, 제3자가 저당목적물에 대해 취득시효에 의해 소유권을 취득하면 저당권도 소멸한다.

8. 저당권의 경매절차

채무자가 채무를 이행하지 않는 경우 저당채권자는 저당권의 실행을 통해서 저당물을 금전으로 환가하여 그 금액으로부터 우선변제 받게 된다. 이러한 환가절차에는 민사집행법에 의한 담보권실행을 위한 경매, 유저당 등이 있다.

1) 저당권 실행절차

(1) 경매신청과 경매개시결정

저당권자가 저당권의 존재를 증명하는 서류를 첨부하여 적법한 경매신청을 한 때에는 관할법원은 경매개시결정과 함께 그 부동산의 압류를 명하여야 하며, 이를 저당목적물의 소유자에게 송달하는 동시에 경매신청의 촉탁 등기를 하여야 한다. 압류는 압류결정이 채무자에게 송달되거나 압류등기가 기재된 때에 효력이 발생한다.

(2) 경매

법원이 경매개시결정을 한 때에는 경매기일과 경락기일을 지정하여 이를 공고하고 경매절차의 이해관계인에게 통지한다. 경매법원은 감정인에게 경매부동산을 평가하게 하여 그 평가액을 참작하여 최저경매가격을 정하게 된다. 그러나 법원은 최저경매가격으로 압류채권자의 채권에 우선하는 부동산의 모든 부담과 절차비용을 변제하면 남는 것이 없다고 인정되는 경우에는 일정한 절차를 거쳐서 그 경매절차를 취소하여야 한다.

경락인은 특별한 제한이 없으므로 경매 전에 이미 저당물의 소유권을 취득한 사람도 경락인이 될 수 있다. 현행 민사집행법은 압류부동산 매각방식으로 경매와 입찰의 두 가지 방식을 인정하고 있지만, 대부분 입찰방식으로 이루어지고 있다. 경매나 입찰로 매수신청을 하는 경우 집행법원이 정한 금액이나 매수가격의 1/10에 해당하는 보증금을 납부해야 한다.

(3) 경락허가결정과 배당

경락인은 법원의 경락허가결정이 확정되면 경락대금을 납입해야 하며 경락대금이 완납되면 법원은 경락인명의의 소유권이전등기를 등기소에 촉탁한다. 그리고 법원은 배당기일을 지정하고 배당표를 작성하며, 각 채권자는 낙찰기일까지 계산서를 제출해야 하고, 법원은 배당기일을 지정하여 배당기

일에 출석한 이해관계인과 배당을 요구한 채권자를 신문하여 배당표를 확정한 후 이의가 없는 경우 배당을 실시한다.

(4) 재경매

경매법원은 경락인이 대금지급기일에 그 의무를 완전히 이행하지 않는 경우에는 법원 직권으로 재경매를 명하여야 한다. 이 경우 경락인은 재경매에 참가하지 못한다. 단, 경매법원은 경락인이 재경매기일의 3일 전까지 대금, 지연이자, 비용을 지급한 때에는 재경매절차를 취소한다.

【경매 절차】

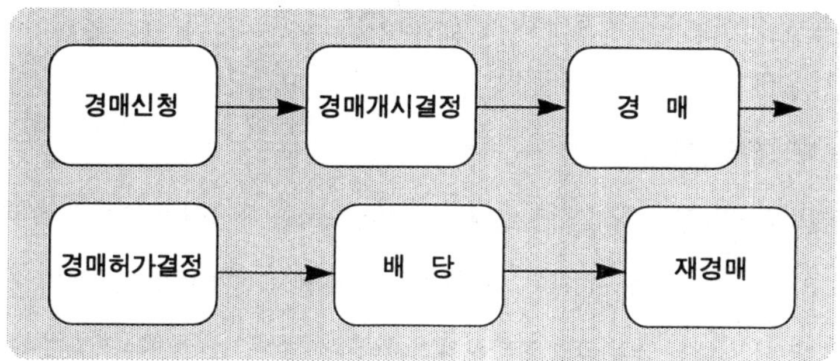

2) 경락의 효과

(1) 소유권취득

경락인은 경매의 목적인 물건의 소유권을 취득하며 그 시기는 법원의 등기촉탁에 의해 등기한 때가 아니라, 경락대금을 완납한 때이다. 경매에 의한 소유권이전은 민법 제187조가 적용되는 법률규정에 의한 물권변동이기 때문이다.

(2) 경매목적물에 존재하는 다른 권리

경매의 목적인 부동산 위에 존재하는 권리로서 경매인의 권리보다 후에 등기된 권리는 경락대금의 완납으로 소멸한다. 단, 저당권 및 존속기간의 정함이 없거나 경매등기 후 6개월 이내에 그 기간이 만료되는 전세권은 경매인의 권리보다 먼저 등기된 것도 소멸한다.

(3) 경매의 하자

경락허가결정이 확정되면 경매절차상의 하자는 치유되어 경락의 효과를 다툴 수 없고 경락의 효과는 확정된다. 즉 채권의 변제기가 도래하기 전에 저당권이 실행된 경우에도 경락허가결정이 확정되면 그 하자는 치유되어 하자를 주장할 수 없다.

또한, 경매개시결정 이전에 이미 저당권이 존재하지 않거나 소멸한 경우에 경매개시결정이 있을 때는 경매개시결정에 대한 이의를 제기할 수는 있지만, 당해 채권이나 저당권의 소멸 또는 부존재를 주장하거나 증거서면을 제출하지 않을 경우에는 경매절차는 계속 진행되며 경락허가결정이 확정되

기 전까지 이해관계인은 즉시항고를 할 수 있지만, 경락허가결정이 확정되어 경락인이 경락대금을 완납하면 채권이나 저당권의 소멸 또는 부존재 등의 실체법상의 하자를 이유로 경락허가결정의 효력을 다툴 수 없다.

9. 토지와 건물의 일괄경매

토지에 저당권이 설정되어도 저당권설정자는 토지를 사용수익할 수 있으므로 저당권설정 후에 건물을 신축한 경우에는 법정지상권은 인정되지 않기 때문에 결국 그 건물을 철거해야 하지만, 이는 사회적 비용을 발생시키고 저당권자는 토지의 교환가치만 담보하면 충분하기 때문에 일정요건을 갖춘 경우에는 저당권자에게 저당토지 위의 건물에 대한 일괄경매권을 인정하고 있다. 이러한 요건으로는,

① 저당권설정 당시에 지상에 건물이 존재하지 않아야 한다.

② 저당권설정자가 건축하고 소유하는 건물이어야 한다.

③ 반드시 일괄경매를 해야 할 의무는 없다.

④ 대지의 경락대금만으로도 피담보채권과 경매비용을 충당할 수 있는 경우에도 일괄경매를 청구할 수 있다.

그러나 일괄경매의 경우에 채권자는 건물의 경락대금으로부터는 우선변제를 받을 수 없다.

10. 저당권의 실행과 용익물권의 운명

1) 용익물권이 저당권보다 선순위인 경우

용익물권(지상권, 전세권, 등기된 임차권 등)이 저당권보다 먼저 설정된 경우에는 저당권자가 용익물권의 설정을 전제로 교환가치를 평가했으므로 저당권이 실행되더라도 용익권자는 경락인에게 대항할 수 있다.

2) 저당권이 용익물권보다 선순위인 경우

저당권이 용익물권보다 먼저 설정된 경우에는 용익물권자는 저당권이 실행되는 경우 경락인에게 대항할 수 없고 경락인에게 목적물을 인도해야 한다. 그러나 저당목적물의 제3취득자의 변제에 의해 저당권이 소멸되면 용익권은 보호된다. 유치권자에게는 경락인이라도 이를 변제하지 않으면 인도를 받지 못하므로, 결과적으로 유치권자가 우선변제를 받게 된다.

11. 경매 이외 저당권의 실행방법

1) 임의환가의 약정

임의환가의 약정은 저당목적물의 환가를 경매가 아닌 제3자에게 매각하여 청산하는 등의 다른 임의의 방법으로 할 것을 약정하는 것으로, 제3자에게 저당목적물의 소유권이전등기를 하는 때에 피담보채권이 소멸하고 채무

자는 청산청구권을 통해 저당목적물의 가액이 피담보채권액보다 많은 경우
에는 반환을 청구할 수 있고 부족한 경우에는 변제해야 된다. 임의환가의
약정은 폭리성이 없는 한도에서 유효하다.

2) 유저당계약

유저당계약은 변제기가 도래하기 전의 약정으로 혹은 저당권설정계약에
서 특약으로서 채무불이행이 있는 경우 저당목적물이 소유권을 저당권자가
그대로 취득하게 하거나 혹은 법률에 의해 담보권실행을 위한 경매 이외의
방법으로 저당목적물을 처분 또는 환가하기로 하는 약정으로 폭리가 아닌
범위에서는 원칙적으로 유효하다. 그러나 유저당의 경우에도 저당권자는
청산의무가 있다.

근저당권의 법률관계

1. 근저당권의 의미

근저당권은 저당권의 일종으로서 일정한 결산기 동안 특정한 계속적 거래 (기본계약)에서 발생하는 불특정한 피담보채권을 최고액의 범위에서 담보하는 저당권이다. 일반적인 저당권은 원칙적으로 특정한 채권을 담보로 하므로 채권자와 채무자간의 거래가 계속되어 여러 개의 채권이 발생했다가 소멸할 때마다 저당권을 설정해야 하는 번거로움이 있다. 근저당권은 이와 같은 저당권의 불편함을 해결하여 다수의 불특정한 채권이 발생, 변경, 소멸하는 경우에도 하나의 근저당권으로 담보할 수 있는 장점이 있다.

2. 저당권과 근저당권의 차이

1) 피담보채권의 수 : 특정한 피담보채권 vs 불특정 다수의 피담보채권

저당권은 근저당권에 비해 순박한 형태의 담보권으로 원칙적으로 하나의 특정한 채권을 담보하는 기능만 있으나, 근저당권은 다수의 채권을 담보한다. 즉 저당권의 원본채권은 하나인 것이 원칙이지만 근저당권은 여러 개의 피담보채권을 담보한다.

2) 담보의 한계 : 피담보채권액 vs 채권최고액

저당권은 등기부에 기재된 피담보채권액의 범위에서만 담보력이 인정되고, 등기부상의 피담보채권액을 초과한 채권은 저당권으로 담보되지 않는 일반채권에 불과하다. 그러나 근저당권은 구체적인 피담보채권액의 범위에서 담보하는 것이 아니라, 당사자간의 합의로 채권최고액을 설정하여 이 범위에서 다수의 피담보채권을 담보한다. 따라서 당사자간에 약정한 거래에서 발생하는 피담보채권은 그 개수에 관계 없이 최고액의 범위 내에서는 모두 담보된다.

3) 부종성(附從性)

담보물권은 원칙적으로 피담보채권이 발생해야 담보물권도 성립하고, 피담보채권이 소멸하면 담보물권도 소멸한다. 이러한 담보물권의 성질을 부종성이라고 한다. 저당권도 담보물권이므로 부종의 원칙이 적용된다.

그러나 채권자와 채무자간의 기본계약(어음할인계약, 당좌대출계약, 계속적 물품공급계약 등)이 체결되고, 아직 구체적인 피담보채권이 발생하지 않더라도 근저당권을 설정할 수 있다(성립상의 부종성의 완화). 또한 발생한 개별적인 피담보채권이 변제 등으로 소멸하더라도 결산기까지는 근저당권이 소멸하지 않고 존속한다(소멸상의 부종성의 완화).

【저당권 vs 근저당권】

구 분	저당권	근저당권
피담보채권의 수	1 개	복 수
담보의 범위	피담보채권액	채권최고액
부종성	적 용	완 화

3. 근저당권의 설정절차와 방법

1) 근저당권설정계약

근저당권설정계약의 당사자는 채권자(근저당권자)와 근저당권설정자(채무자 또는 물상보증인)이다. 근저당권을 설정하는 경우에는 대출계약이나 당좌대출계약 등의 채권계약 이외에 근저당권설정 당사자간에 근저당권설정에 관한 합의를 필요로 한다. 이 합의를 근저당권설정계약이라 한다.

근저당권설정계약에는 채권최고액, 기본계약의 종류 등이 포함되어야 하고, 근저당권의 존속기간이나 결산기에 관한 약정은 당사자간에 자유롭게 할 수 있다. 대부분 관행으로는 존속기간이나 결산기를 약정하지 않는 것이 보통이다. 또한, 대출계약 등의 채권계약을 통해 채권이 먼저 발생하고 이를 담보하기 위해 근저당권설정계약 및 근저당권설정등기를 하는 것이 논리적이지만, 거래계에서는 근저당권설정계약과 근저당권설정등기를 먼저 한 후 대출이 이루어지는 것이 일반적이다.

근저당권설정계약은 보통 은행 등의 금융권에서 미리 작성해놓은 약관을 통해서 체결된다. 민법에서는 불요식행위(不要式行爲)가 원칙이므로 근저당설정계약도 계약서에 의하지 않고 구두(口頭)로도 가능하지만, 근저당권설정등기를 신청할 때 근저당권설정계약서가 등기원인증서로 반드시 제출되어야 하므로 서면으로 작성할 수밖에 없다.

2) 근저당권설정등기

민법에서는 등기를 물권변동의 성립요건으로 하고 있으므로 저당권이나 근저당권이 성립하기 위해서는 등기를 필요로 한다. 또한, 등기시에는 필요적 기재사항이 등기부에 기재되어야만 효력을 갖는다.

근저당권설정등기의 필요적 기재사항으로는 채권최고액, 채무자 등이 있다. 존속기간의 약정은 필요적 기재사항은 아니지만, 이를 등기한 때에는 그 기간이 만료된 때를 결산기로 한다. 따라서 그 기간 이후에 발생한 채권은 기본계약에서 발생한 채권이라도 근저당권으로 담보되지 않는다. 이러한 이유로 은행에서는 존속기간과 결산기를 정하지 않는 것이 일반적이다.

3) 근저당권의 효력

(1) 피담보채권의 범위

근저당권은 최고액의 범위 내에서만 담보력을 가지므로 결산기에 확정된 채권액이 최고액을 초과하더라도 최고액까지만 우선변제되고, 피담보채권액이 최고액보다 적은 경우에는 확정된 피담보채권액에 한해서만 우선변제력이 있다.

근저당권의 최고액에는 피담보채권의 원본, 이자, 위약금, 손해배상이 포함되지만 근저당권 실행비용은 포함되지 않는 것으로 본다. 근저당권의 실행비용은 경매를 신청한 채권자만을 위한 것이 아니라, 모든 채권자를 위한 비용이기 때문이다. 민법 제360조 단서에서는 저당권의 경우, 지연이자는 이행기를 경과한 후 1년분에 대해서만 우선변제를 받을 수 있지만 근저당권에서는 최고액의 범위에 해당하는 경우에는 이러한 제한이 없는 것으로 보는 것이 다수의 견해이다. 그러나 근저당권은 최고액의 범위 내에서는 우선변제력이 있으므로 확정된 피담보채권액이 최고액에 미달하는 경우, 근저당권자는 피담보채권액과 최고액의 공백을 지연이자로 보충하기 위해 근저당권의 실행을 고의로 지연하는 것도 예상할 수 있으므로, 근저당권의 경우에도 1년분의 지연이자만 최고액에 산입되는 것으로 파악하는 것이 타당하다.

(2) 피담보채권의 확정

근저당권은 결산기까지 다수의 피담보채권이 발생·소멸을 반복하므로, 최종적으로는 어느 채권이 근저당권에 의해 담보될 것인지의 여부가 결정되어야 한다. 이를 피담보채권의 확정 또는 근저당권의 확정이라고 한다.

즉 확정은 피담보채권의 원본이 특정되어 새로운 피담보채권이 추가로 발생할 여지가 없게 되는 것으로, 피담보채권이 증감·변동하는 상태가 종료하여 특정한 채권으로 되어, 확정 이후에 발생하는 채권은 근저당권에 의해 담보되지 않는다.

근저당권의 피담보채권이 확정되는 사유로는 결산기의 도래로 인한 기본계약의 종료, 근저당권의 존속기간의 만료, 경매절차의 개시, 근저당권설정자에 대한 법적 정리절차(파산, 화의, 회사정리 절차)가 있는 경우 등이 있다.

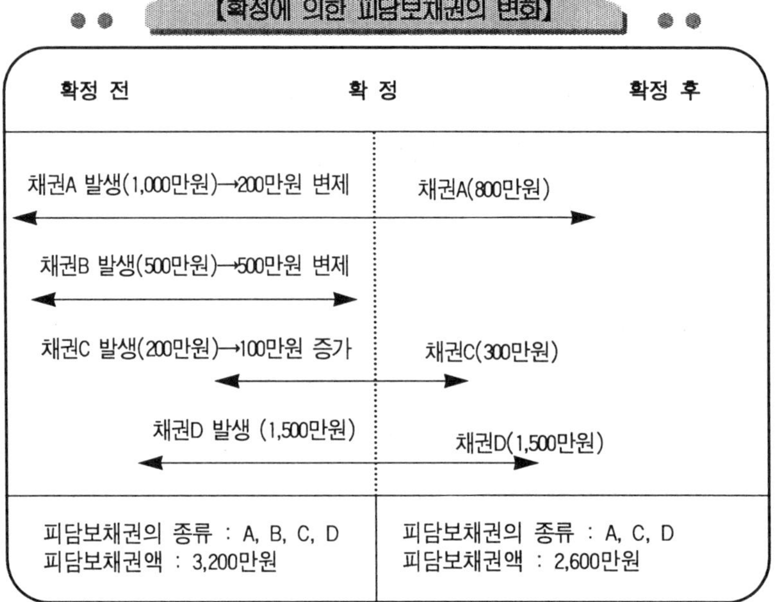

4. 포괄근저당

　포괄근저당권은 특정한 기본계약에서 발생하는 채권뿐만 아니라, 당사자 사이에 발생하는 현재 및 장래의 모든 채권을 최고액의 한도에서 담보하는 근저당권을 말한다. 저당권은 특정한 피담보채권을 담보하는 담보물권이고, 근저당권은 특정한 기본계약에서 발생하는 다수의 피담보채권을 담보하는 담보물권인 반면, 포괄근저당권은 피담보채권이나 기본계약이 특정되지 않고 당사자간의 거래에서 발생하는 일체의 채권을 담보한다는 점에서 차이가 있다.

그러나 포괄근저당권은 등기부에 단순히 근저당권으로 기재되어 등기부만을 열람하는 경우에는 근저당권과 포괄근저당권을 구별할 수 없고, 등기부의 부속서류로서 등기원인증서인 근저당권설정계약서에 의해 포괄근저당권과 근저당권을 구별할 수 있다. 그러나 포괄근저당권은 사실상 저당권이나 근저당권과 같이 독립된 담보물권이 아니라, 그 실질은 근저당권에 해당하고 설정계약 중에 포괄담보약정이 있는 것에 불과하다.

저당권과 근저당권, 포괄근저당권에 대한 구별은 설정계약서의 내용에 따라 구별된다. 저당권의 설정계약서는 '채권자와 채무자간의 ○○○○년 ○월 ○일 ○○계약에서 발생하는 채무'로 기재되고, 근저당권의 경우는 '채권자와 채무간의 어음할인거래, 당좌대월거래, 물품공급계약에서 발생한 채무'로 기재되는 반면, 포괄근저당권은 '채권자와 채무자간의 일체의 채권', 또는 '채권자와 채무자간의 어음할인계약, 당좌대월계약, 물품공급계약, 기타 각종 원인으로 발생하는 모든 채무'와 같이 기재된다.

포괄근저당권은 채권자와 채무자가 근저당설정의 번거로움을 피하고, 채권자의 담보순위가 후순위로 밀리지 않도록 하기 위하여 은행거래 등에서 빈번히 사용되고, 그 유효성 여부에 대해서도 논란이 있다. 판례는 포괄근저당을 제한적으로 유효한 것으로 인정하고 있다.

5. 근저당권규정의 신설

1) 개정초안의 소개

법무부는 1999년 2월 1일 민법(재산법)개정특별분과위원회를 구성하여 재산법에 대한 개정작업을 현재 진행중이다. 이러한 개정작업에 대한 현재까지의 성과로는 민법개정의 기본방향을 설정하여 민법개정착안점을 도출하여 개정초안을 마련한 상태이다.

법무부 민법개정특별위원회의 개정초안에서 채택한 주요 신설조항들로는 근저당권의 피담보채권의 범위와 적격에 관한 조항(초안 제357조의 2), 피담보채권의 범위 변경·최고액의 변경 등 근저당권의 변경에 관한 조항(초안 제357조의 3~), 근저당권의 양도에 관한 조항(초안 제357조의 5~), 상속과 합병 등의 포괄승계시의 근저당권의 확정에 관한 조항(초안 제357조의 8~), 근저당권의 확정청구에 관한 조항(초안 제357조의 10), 근저당권의 확정사유와 시기에 관한 조항(초안 제357조의 11), 최고액감액청구권에 관한 조항(초안 제357조의 12) 등이 있다.

이번 개정초안의 특징은 첫째, 일본민법의 규정을 답습하지 않고 고유의 특색을 살리려고 했다는 점이다. 개정초안은 일본민법과는 달리 부종성의 예외를 허용하지 않아, 근저당권만의 양도나 공백저당권을 인정하지 않고 있다. 둘째, 설정자에게 최고액감액청구권을 인정하여 과다한 최고액의 부작용을 제거할 수 있도록 하였다. 셋째, 근저당권의 피담보채권적격을 일정한 유형으로 한정하여 포괄근저당권의 폐해를 줄이려고 하였다.

즉 초안에서는 근저당권의 피담보채권을 기본계약 등 일정한 원인에 의해 발생되는 것에 한정되도록 그 발생원인을 열거하고 그 발생원인으로는 기본계약을 특정하거나, 계속적 물품공급계약 등의 일정한 거래에서 발생하는 채권으로 하거나, 장래 예상되는 불법행위채권을 담보하기 위한 경우로 제한되고 있다. 따라서 기본계약이나 기본적인 채권관계 없이 장래에 발생할 채권담보를 위한 근저당권설정이나 기본계약이 없는 포괄근저당권의 설정 가능성을 봉쇄하고 있다. 넷째, 확정청구권을 인정하여 당사자가 확정기일을 약정한 때는 당사자의 합의를 존중하나, 약정이 없는 경우는 근저당권설정시로부터 3년이 경과한 때에는 근저당권확정청구권을 행사할 수 있도록 하고 있다.

2) 피담보채권의 적격에 관한 규정

개정초안 제357조의 2는 피담보채권의 발생유형을 3가지로 한정하여 피담보채권의 적격을 인정하고 있다.

> 초안 제357조의 2【근저당권의 피담보채권】근저당권에 의해 담보되는 채권의 범위는 다음 각호의 어느 하나의 채권이어야 한다.
> 1. 채무자와의 특정의 계속적 거래계약으로부터 발생하는 채권
> 2. 채무자와의 일정한 종류의 거래로부터 발생하는 채권
> 3. 특정의 원인에 기하여 채무자와의 사이에 계속하여 발생하는 채권

근저당거래의 실무와 관련해서 보면, 1호의 특정한 계속적 거래에서 발생하는 채권은 특정근저당권, 2호의 일정한 종류의 거래에서 발생하는 채권은 한정근저당권을 입법화한 것으로 볼 수 있고, 포괄근저당권에 관한 조문을

두지 않음으로써 원칙적으로 포괄근저당권을 금지하는 취지로 볼 수 있다.

1호의 특정근저당권은 계속적 거래 '계약' 이라는 문구를 사용하여 특정한 기본계약의 존재를 필요로 하고 있으나, 2호에서는 일정한 종류의 '거래' 라고 하여 피담보채권의 적격과 범위를 확장하고 있다. 따라서 반드시 기본계약의 존재가 근저당권의 성립요건으로 되는 것은 아니고, 1호의 특정한 기본계약은 2호의 일정한 종류의 거래에 대한 예시에 해당하는 것으로 된다. 따라서 근저당권의 부종성도 기본계약의 존재만으로 충분하고, 피담보채권의 발생까지는 요구하지 않는다는 점에서 성립상 부종성의 예외를 인정하고 있다.

3호의 특정한 원인에 의해 계속적으로 발생하는 채권은 1호·2호가 원칙규정임에 반해, 이익균형상의 예외규정이라고 한다. 따라서 채권자와 채무자간의 거래관계에 의하지 않는 경우에도 예외적으로 3호에 의해 근저당권으로 담보가능하게 된다. 따라서 3호에 의하게 되면 근저당권의 피담보채권의 범위를 예외적으로 확장함으로써 포괄근저당권의 설정가능성을 제한하게 된다. 또한, 우회어음채권에 관해서는 규정을 두지 않음으로써 피담보채권적격을 인정할 수 없어 근저당권으로 담보되지 않는다. 거래에서 발생하는 어음·수표채권은 1호나 2호에 의해 담보되지만, 채무자가 발행한 어음·수표를 거래관계 외에서 채권자가 취득하는 양수채권의 경우에도 근저당권으로 담보할 수 없게 된다.

3) 피담보채권의 확정에 관한 규정
(1) 확정사유에 관한 규정

피담보채권의 확정에 관해서는 현행 민법은 침묵을 지키고 있어 대부분 판례와 학설에 의해 해결되어 왔으나, 판례와 학설도 확정사유의 통일적 기준 및 동일한 확정사유에 있어서도 확정시기에 대한 분명한 합의가 이루어지지 않은 실정이다. 따라서 이러한 혼란의 해결을 위해 개정초안에서는 제357조의 11에서 확정사유와 그 시기를 규정하고 있고, 제357조의 8과 9에서 상속과 합병의 경우에는 일정한 경우에 확정이 있는 것으로 보고 있다. 개정초안에 의한 확정사유는 원본채권의 발생가능성이 소멸한 경우(제357조 제1호), 경매절차 또는 체납처분으로 압류(동 조 제2호, 제3호, 제4호), 파산 또는 회사정리절차와 같은 법적 정리절차(동 조 제5호) 및 기타 거래의 종료 사유로 상속과 합병의 경우(제357조의 8~9)로 구분된다.

초안 제357조의 8 【상속과 근저당권】 ① 원본의 확정 전에 근저당권자에게 상속이 개시된 때에는 근저당권은 상속개시시에 존재하는 채권 외에 상속인과 근저당권설정자와의 합의로 정한 상속인이 상속개시 후에 취득하는 채권을 담보한다.
② 원본의 확정 전에 채무자에게 상속이 개시된 때에는 근저당권은 상속개시시에 존재하는 채무 외에 근저당권자와 근저당권설정자와의 합의로 정한 상속인이 상속개시 후에 부담하는 채무를 담보한다.
③ 제1항과 제2항의 합의를 함에는 제357조의 3 제2항의 규정을 준용한다.
④ 제1항 및 제2항의 합의는 상속개시 후 6개월 이내에 등기를 하지 아니한 때에는 담보하여야 할 원본은 상속개시시에 확정된 것으로 본다.

초안 제357조의 9 【합병과 근저당권】 ① 원본의 확정 전에 근저당권자 또는 채무자인 법인에 합병이 있는 때에는 근저당권은 합병시에 존재하는 채권·채무 외에 합병 후에 존속하는 법인 또는 합병에 의해 설립되는 법인이 취득하는 채권 또는 부담하는 채무를 담보한다.
② 제1항의 경우에 근저당권설정자는 부담하여야 할 원본의 확정을 청구할 수 있다. 그러나 채무자에게 합병이 있는 경우에 채무자가 근저당권 설정자인 때는

그러하지 아니하다.

③ 제2항의 청구가 있는 때에는 담보하여야 할 원본은 합병시에 확정된 것으로 본다.

④ 제2항의 청구는 근저당권설정자가 합병이 있었음을 안 날로부터 2주간이 경과한 때에는 이를 행사할 수 없다. 합병일로부터 1개월이 경과한 때도 같다.

초안 제357조의 11【원본의 확정사유와 확정시기】① 다음 각호의 경우에 근저당권이 담보하여야 할 원본은 확정된다.

1. 담보하여야 할 원본이 더 이상 발생하지 아니하게 된 때.

2. 근저당권자가 저당부동산에 대하여 경매의 신청 또는 제370조에 의하여 준용되는 제342조에 의한 압류를 신청한 때. 다만, 경매절차의 개시 또는 압류가 있는 때에 한한다.

3. 저당권자가 저당부동산에 대하여 체납처분으로 인한 압류를 한 때.

4. 근저당권자가 저당부동산에 대한 경매절차의 개시 또는 체납처분으로 인한 압류가 있었음을 안 때로부터 2주가 경과한 때.

5. 채무자 또는 근저당권자가 파산선고 또는 회사정리절차의 개시결정을 받은 때.

② 제1항 제4호의 경매절차의 개시 또는 압류 및 제5호의 파산선고 또는 회사정리절차 개시결정의 효력이 소멸한 때에는 담보하여야 할 원본은 확정되지 아니한 것으로 본다. 그러나 원본이 확정된 것으로 하여 그 근저당권을 취득한 자가 있는 때에는 그러하지 아니하다.

피담보채권의 확정사유와 확정시기에 관한 혼란의 해결을 위해 개정초안 제357조의 11에서 확정사유와 그 시기를 규정하고 있고, 제357조의 8과 9에서 상속과 합병의 경우에는 일정한 경우에 확정이 있는 것으로 보고 있다. 확정의 유형은 근저당권자에 의한 확정사유와 근저당권자 이외의 사람에 의한 확정사유로 구분된다.

제357조의 11에서 들고 있는 확정사유와 시기로는 제1호에서 원본채권이

발생하지 않게 된 때를 규정하고 있다. 따라서 채권자와 채무자간에 거래의 종료라고 인정될 수 있는 일정한 사건의 발생이 있는 경우에는 확정을 인정할 수 있다. 이러한 예로는 기본계약이나 일정한 거래에서 거래기간의 만료나 근저당권의 존속기간의 만료 등을 들 수 있다. 제2호에서는 경매신청 또는 압류신청에 의한 확정사유를 들고 있다. 경매개시결정이나 압류명령을 조건으로 하여 경매신청이나 압류신청시에 근저당권은 확정된다. 이 규정은 기존의 학설과 판례를 입법화한 것이라 할 수 있다. 또한 제3호에서는 이와 유사하게 체납처분으로 인한 압류를 역시 확정사유로 하고 있다. 제4호는 근저당권자 이외의 제3자의 경매신청이나 압류신청으로 인한 확정사유로, 경매개시결정이나 압류명령이 있었음을 안 때로부터 2주가 경과한 때 확정된다. 제5호에서는 채무자나 근저당권자의 파산선고 또는 회사정리절차의 개시로 인한 확정을 규정하고 있다. 현재의 학설은 이 경우 확정시기에 관해 파산신청시 또는 회사정리절차신청시로 이해하는 견해도 있으나, 명문으로 확정시기를 규정하였다.

제357조의 8과 9는 상속과 합병의 경우에 근저당권의 포괄승계에 관해 규정하고 있으나, 제357조의 8 제4항은 상속개시 후 6개월 안에 채권자나 채무자의 변경등기를 하지 않은 경우에는 상속개시시에 확정된다고 규정하고, 제357조의 9 제2항에 의하면 근저당권설정자는 합병시에도 확정청구권을 행사하여 피담보채권을 확정시킬 수 있게 된다. 따라서 이 경우도 개별적인 확정사유로 된다.

(2) 확정청구권에 관한 규정

제357조의 10은 확정청구권을 명문으로 규정하고 있다.

초안 제357조의10 【원본의 확정청구】
① 근저당권설정자는 근저당권설정시로부터 3년이 경과한 때에는 담보하여야 할 원본의 확정을 청구할 수 있다. 그러나 담보하여야 할 원본의 확정기간을 약정한 때에는 그러하지 아니하다.
② 제1항의 청구가 있는 때에는 담보하여야 할 원본은 그 청구시로부터 2주간이 경과함으로써 확정된다.

개정초안 제357조의 10은 확정기간에 대한 약정이 없는 경우에는 근저당권설정시로부터 3년이 경과한 경우 설정자에게 확정청구권을 부여하고 있다. 확정청구권은 확정기간의 정함이 없는 경우에 근저당권설정자는 장기간에 걸쳐 근저당권에 의한 구속을 받는 불이익이 생기고, 이러한 구속으로부터 설정자를 보호할 필요에서 인정된 것이다. 채무자가 근저당권설정자인 경우에는 거래관계를 종료시켜 원본을 확정시킬 수 있으므로, 확정청구권은 물상보증인이나 제3취득자의 보호에 기여할 수 있다.

이러한 확정청구권은 근저당권설정자의 일방적 의사표시에 의해 원본을 확정시키는 형성권이다. 또한, 이 규정은 강행규정이므로 근저당권자와 설정자간에 확정청구권을 포기하는 특약은 무효로 된다.

확정청구권의 발생요건으로는 첫째, 확정기일의 정함이 없는 경우에 인정된다. 확정기간의 정함이 있는 경우에는 확정기일의 도래에 의해 당연히 확정되므로, 주로 제3자에 의한 근저당권의 확정이 필요한 경우에 실효성이 있다. 둘째, 확정청구권의 행사는 보존행위가 아니라, 처분행위이므로 근저당권이 공유인 경우에는 근저당권자 전원에 대해 행사하여야 하고, 근저당권설정자가 여러 명인 경우에는 전원이 공동으로 행사하여야 한다. 확정청구권의 행사로 인한 확정시기는 청구시로부터 2주가 경과한 때이므로, 공유의 근저당권자 전원에 대한 확정청구권을 행사하는 경우에는 최후의 도달일로부터 2주가 경과해야 확정된다.

4) 최고액감액청구권에 관한 규정

개정초안 제357조의 12는 최고액감액청구권에 관해 규정하고 있다.

> 초안 제357조의 12【채권최고액의 감액청구】① 원본의 확정 전에 근저당권설정자는 채권최고액이 피담보채권으로부터 발생이 예상되는 채권액을 부당히 과다하게 초과한 때에는 그 예상액의 범위로 감액을 청구할 수 있다.
> ② 원본의 확정 후에도 근저당권설정자는 그 근저당권의 채권최고액에 대하여 현존하는 채권액과 이후 1년간 발생할 이자, 그 밖의 정기금 및 채무불이행으로 인한 손해배상액의 범위로 감액할 것을 청구할 수 있다.

근저당권은 확정 후에도 이자나 지연이자에 대해서는 최고액까지 우선변제를 받을 수 있으므로, 확정된 피담보채권액이 최고액에 미달하는 경우에는 증가된 이자나 지연이자의 담보를 위해 근저당권을 실행하지 않고 그대로 방치하는 경우가 있다. 이 경우 후순위권리자나 제3취득자의 불이익을 방지할 필요가 있고, 확정 전에도 장래에 발생할 채권액을 과다하게 초과한 최고액을 설정함으로써 담보물에 대한 담보가치의 하락를 초래할 우려가 있으므로 근저당권설정자에게 최고액의 감액을 청구할 권리를 부여하고 있다.

최고액감액청구권 역시 형성권으로 근저당권설정자에 의해 근저당권자에 대한 일방적인 의사표시에 의해 효력이 발생한다. 또한, 감액의 범위에는 감액청구시에 존재하는 피담보채권과 그 후 1년간의 이자나 지연이자가 포함된다.

양도담보의 법률관계

1. 양도담보의 의의

양도담보는 채권담보의 목적으로 채권자가 채무자게 일정한 재산을 양도하고 채무자가 이행하지 않는 경우에 채권자는 목적물로부터 우선변제를 받게 되지만, 채무자가 이행하는 경우에는 채권자가 목적물을 채무자에게 반환하는 방법에 의한 담보를 말한다. 즉 양도담보는 채권담보를 목적으로 하지만 채무자로부터 채권자에게 소유권이 이전되는 형태의 담보제도이다. 양도담보는 민법에는 규정이 없으나 판례에 의하여 인정되어 온 관습법상의 담보물권이다.

2. 양도담보의 종류

구 분	매도담보	협의의 양도담보
설정방법	목적물의 매매형식	소비대차계약 + 소유권이전
내 용	채권·채무가 존재하지 않으므로 신용을 주는 자는 대금반환을 청구할 수 없고 신용을 받은 자만이 대금을 반환하여 목적물을 환취하는 일종의 환매조건부 매매	채권·채무가 존재하므로 신용을 준 자는 채권자로서 채무의 변제를 요구
이자지급	매도인이 매수인으로부터 목적물을 임차하고 임차료가 실질적인 이자로 됨	소비대차계약에서 이자를 약정하고, 목적물의 사용은 사용대차의 형식
실 행	◇ 채무불이행 → 채무자의 환매(×) → 유질 ◇ 채권·채무가 존재하지 않음 → 채무자의 다른 재산에 대한 강제집행(×)	◇ 채무불이행 → 목적물의 평가취득 또는 목적물 환가 후 변제충당 ◇ 채권·채무가 존재 → 채무자의 다른 재산에 대해 강제집행(○)

3. 양도담보의 효력

1) 대물변제의 예약

양도담보에서 대물변제의 예약을 하는 경우에는 예약 당시의 목적물의 가액이 약정원리금의 합계를 초과하는 때에는 무효로 된다.

양도담보는 계약내용에 따라 귀속형과 정산형으로 구분되는데, 귀속형은 채무자의 채무불이행시에 목적물의 소유권이 채권자에게 귀속되고 원리금과의 정산을 할 필요가 없고, 정산형은 채무불이행시에 채권자가 목적물을 처분 또는 평가하여 원리금과 정산을 하는 방법이다. 귀속형은 계약시 목적물 가액이 약정원리금보다 크면 민법 제607조, 제608조에 의해 효력이 없으므로 우리나라에서는 정산형 양도담보만이 가능하게 된다.

2) 담보목적물의 이용

목적물을 누가 점유할 것인지는 당사자간의 합의에 의해 정해진다. 그러나 양도담보의 본래의 기능에 비추어 볼 때 채무자가 점유하는 경우가 대부분이다. 이러한 채무자의 목적물 이용은 원본이 무이자인 경우에는 사용대차, 이자부인 경우에는 임대차의 형식을 취한다.

3) 우선변제권

양도담보권자는 변제기에 채무의 이행이 없으면 담보권을 실행하여 다른 채권자보다 우선하여 자기채권의 우선변제에 충당할 수 있다.

4) 양도담보의 대외적 효력

양도담보권자는 제3자에 대해서는 완전한 소유자로 취급되므로 양도담보권자로부터 양도담보물을 취득한 제3자는 선의·악의와 관계 없이 유효하게 소유권을 취득한다. 그러나 양도담보권설정자가 목적물을 임의로 제3자에게 처분한 경우 제3자는 유효한 권리를 취득하지 못한다.

4. 양도담보권의 실행

채무자의 채무불이행이 있는 경우 양도담보권자는 담보권실행을 통해 우선변제를 받을 수 있다. 양도담보의 실행방법으로는 담보권자가 목적물을 임의로 매각하거나 평가하여 그 대금이나 평가액을 원본과 이자에 충당하고 잔액이 있으면 채무자에게 반환하여야 하고, 부족액이 있으면 이를 채무자에게 청구할 수 있다. 그러나 담보권자가 목적물을 처분하지 않고 있는 동안에는 변제기간이 경과한 후에도 원본과 이자를 지급하고 목적물의 반환을 청구할 수 있다.

특수한 저당권

---

1. 공장저당

---

1) 공장저당의 의의

공장저당은 공장의 토지나 건물, 여기에 설치된 기계 · 기구, 기타의 물건까지 포함하여 일괄적으로 저당권을 설정하는 것을 말한다. 공장저당은 특별법인 공장저당법에 의해 규율된다.

저당권을 이용하여 공장에 담보를 설정하는 경우에는 공장의 토지와 각 건물, 여러 동산들에 대해서 각각 저당권 및 담보권을 설정하여야 하므로 담보설정비용과 설비의 활용이 비효율적이고 경매가 이루어지는 경우 토지와 공장의 각 건물, 동산 등의 설비의 소유자가 각각 달라질 수 있어 기업설비로써의 기능은 상실된다.

이러한 경우를 방지하기 위해서 공장의 대지와 건물, 기계 등을 하나의 단위로 묶어 저당권을 설정하고, 경매도 이 단위를 기준으로 이루어지는 경우에 기업설비가 높게 평가되어 자금확보가 유리해진다. 공장저당제도는 이러한 목적을 위해 특별법으로 인정되는 제도이다.

2) 공장저당의 목적물

공장저당법에 의해 저당권의 효력이 미치는 목적물의 범위는 공장에 속하는 토지나 건물, 그 토지나 건물에 부가되어 일체를 이루는 물건, 그 토지나 건물에 설치된 기계 · 기구, 기타의 공장공용물 등이다.

그러나 저당권설정계약서에서 저당권의 효력범위에 관해 별도의 약정이 있는 경우에는 그 약정에 의한다. 단, 특약은 등기되어야 한다. 또한, 타인의 권원에 의해 부속된 물건이나, 타인의 소유물인 경우에는 저당권의 효력이 미치지 않는다.

3) 공장저당권의 효력

토지나 건물에 대한 공장저당권의 효력은 부동산에 대한 일반 저당권의 효력과 같다. 그러나 부가물이나 설치물의 분리의 경우에는 약간의 차이가 있다.

먼저, 저당권자의 동의가 있는 경우에는 공장의 소유자가 저당권자의 동의를 얻어 토지나 건물에 부가하여 일체를 이루는 물건을 토지나 건물로부터 분리하거나, 토지나 건물에 설치한 기계 · 기구, 기타 공장의 공용물을 분리한 때에는 어느 경우에도 그 물건에 대한 저당권은 소멸한다.

반면, 저당권자의 동의 없이 소유자가 저당목적동산을 분리한 때에는 저당권의 효력에는 영향을 미치지 않고, 제3자에게 인도된 후라도 원칙적으로 추급력이 있다. 따라서 저당권자는 인도된 물건의 반환을 청구할 수 있고 그 물건도 함께 경매하여 그 대금에서 우선변제 받을 수 있다.

공장저당권의 목적동산은 유통이 쉬우므로 그 물건의 수량을 파악하여 저당권의 효력이 미치는 물건의 범위를 한정하거나, 이를 취득한 선의의 제3자를 보호하기 위해서는 공시되어야 한다. 따라서 공장저당권 설정시에는 목록을 작성하여 등기소에 제출하여야 하며 그 목록은 등기부의 일부로 본다.

2. 재단저당

1) 재단저당의 의의

재단저당제도는 기업경영을 위한 토지 · 건물 · 기계 · 기구 등의 물적 설비뿐만 아니라, 지상권 · 임차권 · 공장소유권 등을 일괄하여 하나의 재단을 구성하고, 그 위에 저당권을 설정하는 제도를 말한다. 현재 우리나라의 재단저당제도는 공장재단과 광업재단의 2종류가 있다.

2) 공장재단저당

(1) 공장재단저당의 의의

공장재단저당은 공장을 담보로 제공하기 위해 공장에 속한 토지 · 건물 · 기계 · 기구 · 자동차 · 전주 등 각종 물적 설비와 지상권 · 임차권 · 공업소유권 등 각종 권리까지 일괄적으로 공장재단이라는 단일물로 취급하여, 이에 대하여 저당권을 설정하는 제도이다.

(2) 공장재단의 목적물

공장재단저당은 공장저당권에 비해 목적물의 범위가 광범위하다. 공장재단저당의 목적물은 공장의 토지와 공작물, 기계·기구·전주·전선, 기타 부속물, 지상권·전세권·임대인의 동의가 있는 임차권, 공업소유권 등이 있다.

그러나 이러한 물건에 대해서 타인의 권리가 설정된 경우에는 공장재단의 구성물건으로 할 수 없으므로 부동산 등에 저당권이 설정되는 등 타인의 권리가 설정된 경우에는 그 권리를 말소시킨 후 재단을 구성해야 한다.

공장재단의 조성물이 될 수 있는 것은 타인의 권리의 목적으로 되어 있거나 압류·가압류나 가처분의 목적이 아니어야 한다. 동산은 등기나 등록이 되지 않아 타인 권리의 목적 여부를 파악할 수 없으므로, 공장재단소유권보존등기의 신청시에 등기관은 공장재단을 구성할 동산에 관하여 권리를 갖는 사람은 일정 기간 내에 신고할 것을 공고하고, 이 기간 내에 신고가 없으면 그러한 권리는 존재하지 않는 것으로 간주된다.

(3) 재단의 구성

공장재단저당권을 설정하기 위해서는 각각의 물건에 저당권을 설정할 수 없고 재단을 구성하여 소유권보존등기를 한 후에 이 재단에 대해 저당권을 설정하여야 한다. 즉 공장재단을 구성하기 위해서는 공장재단목록과 도면을 작성하여 관할 등기소에 재단의 보존등기를 신청하고 공장재단등기부에 보존등기가 기재되어야 한다. 보존등기가 된 경우에는 하나의 물건으로 취급된다.

공장재단이 보존등기를 한 10개월 이내에 저당권설정등기를 하지 않거나 저당권이 소멸한 후 10개월 이내에 새로운 저당권을 설정하지 않는 경우에는 재단의 보존등기는 실효된다.

토지나 건물 등의 공작물은 장소면에서 같은 곳에 존재해야 하는 것은 아니고, 각각 다른 곳에 산재한 수개의 공장에 대해서 한 개의 재단을 만들 수도 있다.

3) 광업재단저당

(1) 광업재단저당의 의의

광업재단저당은 광업권(채굴권)을 중심으로 하여 광업경영을 위한 부동산 및 동산 등의 설비와 일정한 권리에 대한 소유권에 대해 소유권보존등기를 함으로써 한 개의 부동산으로 취급되는 제도이다. 광업재단저당법은 공장재단저당법의 규정을 준용하고 있다. 광업재단에는 채권이 반드시 포함되므로 채권권과 광업재단은 그 운명을 같이 한다.

(2) 광업재단의 구성

광업재단의 구성자는 광업권자(채굴권자)만이 될 수 있다. 광업재단을 구성하는 물건으로는 광업권, 토지와 공작물, 지상권 등의 토지사용권, 임대인의 동의가 있는 임차권, 기계 · 기구 · 차량 · 선박 등 부속물 등이 있다.

3. 선박저당

선박은 동산이므로 원칙적으로 저당권을 설정할 수 없지만, 20톤 이상의 선박은 선박등기부에 등기하고 선박원부에 등록한다. 이러한 등기선박은 질권의 목적으로 할 수 없어 저당권설정만 가능하다.

선박저당권의 효력은 특별한 약정이 없는 경우에는 선박 · 종물과 그 속구에 미치므로 저당권설정계약시에 그 목적물을 표시하여야 한다.

4. 자동차저당과 건설기계저당

자동차는 2륜의 소형자동차를 제외하고 모두 자동차등록원부에 등록해야 하고, 자동차의 소유권 및 저당권은 자동차등록원부에 등록 되어야 그 효력을 갖는다. 등록된 자동차는 질권설정이 금지되고 저당권설정만 가능하다.

불도저 · 지게차 · 덤프트럭 · 굴삭기 등의 건설기계의 경우에도 자동차와 동일하게 등록을 필요로 하고, 저당권을 설정할 수 있다.

질권의 법률관계

---

1. 질권의 의의

질권(質權)은 채권자가 채권을 담보하기 위해 채무자나 제3자(물상보증인)로부터 받은 물건을 점유하고, 채무의 변제가 있을 때까지 유치(留置)함으로써 채무의 변제를 간접적으로 강제하고, 변제가 없을 때에는 그 목적물로부터 우선적으로 변제 받을 수 있는 담보물권이다.

흔히 전당포에 물건을 맡기고 돈을 빌리는 경우에 질권이 설정된다.

예를 들어 채권자가 채무자에게 일정 금액을 빌려주면서 그 담보로 채무자의 핸드폰을 맡은 경우, 채권자는 채무자가 빌린 원금과 이자를 갚을 때까지 핸드폰을 유치하면서 반환을 거부할 수 있다. 채무자는 채무를 다 갚을 때까지 핸드폰을 사용하거나 처분할 수 없으므로 간접적으로 변제를 강제당하게 된다. 만약, 채무자가 기한 안에 변제하지 않으면 질권자인 채권자는 경매신청을 해서 핸드폰의 경매대금으로부터 우선적으로 채권을 변제 받을 수 있다.

2. 질권의 종류

1) 적용법규에 의한 종류

질권은 어느 법에 의해 규율되는가에 따라 민사질, 상사질, 전당포영업자의 질권이 있다.

종 류	질권의 내용
민사질	◇ 일반적으로 민법의 규정이 적용되는 질권 ◇ 유질계약(流質契約) 금지(단, 변제기 이후에는 가능) ◇ 민법 제329조~제355조
상사질	◇ 상행위에 의해 생긴 채권을 담보하는 질권 ◇ 유질계약 허용
전당포 영업자의 질권	◇ 당사자간에 유질계약이 없는 경우에도 당연히 유질을 허용 ◇ 목적물(질물)의 가격이 채권액에 미달하는 경우에도 전당포주는 부족액을 청구할 수 없음 ◇ 반대로, 질물의 가격이 채권액을 초과하는 경우에도 잉여액을 채무자에게 반환할 필요가 없음

> **！ 용어해설 : 유질계약(流質契約)**
>
> 채무자가 채무를 이행하지 못한 경우 질권자가 법원에 경매 신청하지 않고 그 목적물의 소유권을 취득하거나 매각 등의 임의처분을 할 수 있는 계약

2) 목적물에 의한 종류

종 류	내 용
동산질	◇ 채무자나 물상보증인이 동산을 직접 채권자에게 점유이전 ◇ 동산을 직접 채권자에게 인도해야 하는 불편함 때문에 그 효용이 저하됨 ◇ 창고증권, 화물상환증, 선하증권 등의 화물증권에 의해 표창되는 상품은 상품의 인도 대신 증권의 점유를 통해 질권취득
권리질	◇ 채무자나 물상보증인의 권리에 질권을 설정함 ◇ 채무자나 물상보증인이 증권을 채권자에게 점유이전

3. 동산질권

1) 동산질권의 설정

동산질권은 당사자간에 질권설정계약을 체결하고 목적물을 채권자에게 인도함으로써 성립된다. 질권설정계약의 당사자는 질권자(채권자)와 질권설정자(질물의 소유자로서 채무자나 물상보증인)이다.

물상보증인은 채무 없이 책임만 지는 사람으로서 담보물권의 범위에서 책임을 부담하므로 목적물의 멸실이나 하자로 질권이 소멸하는 경우에 채권자는 물상보증인에 대해 채무의 변제를 청구하지 못한다. 실제로 금융계에서는 이러한 점에 대비하여 물상보증인에게도 연대보증을 요구하고 있다.

동산질권은 일반적인 동산(전기, 유체물, 기타 관리할 수 있는 자연력 중 부동산을 제외한 물건)에 대해서 설정이 가능하다. 그러나 양도할 수 없는 물건, 법률에 의해 압류가 금지된 동산(훈장 등), 등기된 선박 · 자동차 · 항공기 등에 대해서는 질권을 설정할 수 없다.

2) 동산질권의 효력

(1) 유치적 효력

질권자는 피담보채권의 전부를 변제 받을 때까지 질물을 유치할 수 있다. 또한, 질권의 목적인 유체동산에 대해서는 이를 점유하고 있는 질권자의 협조 없이는 강제집행도 불가능하다. 집행관은 강제집행의 목적물을 제3자가 점유하고 있는 경우, 제3자가 목적물을 제출한 경우에만 강제집행을 할 수 있기 때문이다. 그러나 질권자는 자신보다 우선권이 있는 채권자에게는 대항하지 못한다.

(2) 우선변제적 효력

질권자는 선순위질권자나 질물에 관하여 우선특권을 갖는 채권자가 없는 한, 다른 채권자에 우선하여 자기채권을 변제 받을 수 있는 우선변제적 효력이 인정된다.

이러한 우선변제권은 채무자가 기한 안에 변제를 하지 못한 경우에 경매를 통해 그 경락대금으로부터 피담보채권액을 변제받는 것을 내용으로 한다. 그러나 이러한 경매는 절차가 복잡하고 비용도 많이 소요되므로 경매 이외에도 간이변제충당을 인정하고 있다. 즉 동산질권자는 정당한 사유가 있는 경우 감정인의 평가에 따라 질물로써 직접 변제에 충당할 것을 법원에 청구할 수 있다. 따라서 법원의 허가가 있으면 질권자는 평가액과 채권액과의 차이를 정산하고 질물의 소유자로 된다.

4. 권리질권

1) 권리질권의 의의

권리질권은 동산 이외의 채권·주식 등의 유가증권과 특허권 등의 무체재산권 등의 재산권을 질권의 목적으로 하는 질권이다. 질권은 유치적 효력에 의해 질물을 채무자가 사용·수익하지 못함으로써 받는 불이익을 가지고 채무변제를 압박하는 수단이지만, 유가증권에 표상된 재산권의 입질(入質)은 설정자의 이용을 제한하는 기능은 감소되고, 교환가치를 제한하는 수단으로서 증권의 점유이전을 필요로 한다. 현실적으로도 동산질권보다 권리질권의 담보력이 효율성의 측면에서 우세하므로 채권질이나 유가증권질 등이 대출담보제도로서 활용된다.

2) 질권을 설정할 수 있는 권리채권질권

채권질권도 동산질권과 같이 양도할 수 없는 채권은 질권을 설정할 수 없다. 일반적으로 무기명채권, 지시채권, 지명채권, 주권(株券)은 양도할 수 있으므로 질권을 설정할 수 있다. 반면, 질권을 설정할 수 없는 채권으로는 부양청구권, 연금청구권, 재해보상청구권 등이 있다.

 용어해설 : 무기명채권, 지시채권, 지명채권

◆ **무기명채권** : 특정의 채권자가 지정되지 않고 증권의 소지인에게 변제하여야 하는 증권적 채권으로, 증권적 채권이면서도 증서상에는 채권자가 표시되지 않는 채권이다. 무기명수표, 무기명주식, 무기명사채, 철도승차권, 상품권, 무기명국·공채 등이 이에 속한다. 지명소지인출급채권(指名所持人出給債權)은 무기명채권과 같은 효력이 있다.

◆ **지시채권** : 특정한 사람 또는 그 사람으로부터 순차적으로 지시받은 사람에게 변제할 증권적 채권(證券的 債權)으로, 상법에서 정하는 전형적인 유가증권인 어음·수표·창고증권·화물상환증·선하증권은 지시문구가 없어도 당연히 법률상의 지시채권이지만, 그것들에 대하여는 1차적으로 상법·어음법·수표법이 적용된다. 이 밖에 민법의 적용을 받는 지시채권을 발행하는 것도 자유이지만, 실제로는 그 예를 거의 볼 수 없다.

◆ **지명채권** : 채권자가 특정되어 있는 보통 채권으로, 증권적 채권(지시채권·무기명채권)에 대비된다. 지명채권에 있어서는 채권증서(證書)가 하나의 증거방법에 불과하므로 증서가 없더라도 다른 방법으로 채권을 입증하여 청구할 수 있다. 이 점에서 채권의 성립·존속·행사·양도에 증권을 필요로 하는 증권적 채권과 구별된다.

3) 권리질권을 설정하는 방법

권리질권의 설정은 질권설정계약과 목적물의 인도에 해당하는 증서나 증권의 교부에 의하여 성립한다. 그러나 지명채권은 채무자에 대한 대항요건으로서의 통지나 승낙과 채무자 이외의 제3자에 대한 대항요건으로서 통지서 또는 승낙서상의 확정일자가 필요하다. 또한, 지시채권의 경우에는 증권의 교부에 있어서 배서가 요구된다. 주권(株券, 주식)에 대한 질권설정은 기명주식과 무기명주식에 따라 차이가 있다.

무기명주식은 무기명채권에 대한 질권설정방법과 같다. 따라서 질권설정계약과 주권의 교부에 의해 질권이 성립한다. 기명주식에 대한 질권설정은 상법에서 규정하고 있는데, 약식질과 등록질의 방법이 있다.

약식질은 질권설정계약과 주권의 점유로 성립하고, 등록질은 질권설정계약과 주권의 점유 외에 주식발생회사에 대한 등록이 요구된다. 즉 질권설정자가 질권등록청구서를 주권과 함께 보내면 회사는 질권자의 성명과 주소를 주주명부에 기재하고 그 성명을 주권에 기재한 후, 등록필통지서를 주권과 함께 질권자에게 보낸다. 약식질과 등록질은 모두 확정일자를 그 요건으로 하지는 않지만, 질권설정계약서나 등록필통지서에 확정일자를 받아 놓으면 조세체납처분시에 입증자료로 활용될 수 있다.

유치권의 법률관계

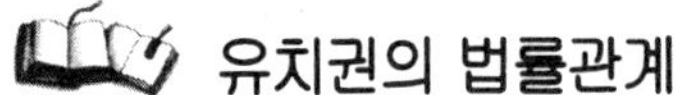

1. 유치권의 의의

유치권(留置權)은 타인의 물건이나 유가증권을 점유한 사람이 그 물건이나 유가증권에 관해 생긴 채권이 있는 경우, 그 채권의 변제를 받을 때까지 그 물건이나 유가증권을 유치할 수 있는 담보물권이다.

세탁소에 맡긴 세탁물에 대하여 세탁비를 내지 않는 경우에 세탁소 주인은 유치권을 행사하여 세탁물의 반환을 거부하는 경우, 가전제품의 수리를 맡기고 수리비를 내지 않는 경우 수리업자가 가전제품의 반환을 거절할 수 있는 것이 유치권의 대표적인 경우이다.

> **! 유치권의 성립요건**
>
> 유치권은 채권자와 채무자간의 설정계약에 의해 성립하는 약정담보물권이 아니라 법률의 규정에 의해 설정되는 법정담보물권으로, 유치권이 성립되기 위해서는 다음의 요건이 요구된다.
> ① 유치권의 목적이 될 수 있는 것은 동산, 부동산, 유가증권이어야 한다.
> ② 채권이 그 목적물에 관하여 생겨야 한다. 이 점은 질권과 차이가 있다.
> ③ 채권이 변제기에 있어야 한다.
> ④ 유치권자는 타인의 물건이나 유가증권을 점유하는 사람이어야 한다.
> ⑤ 당사자간에 유치권의 발생을 배제하는 특약이 없어야 한다.

2. 유치권의 효력

1) 유치적 효력

유치권자는 채무자가 채무를 변제할 때까지 목적물을 유치할 수 있다. 유치라 함은 목적물의 점유를 계속하면서 인도를 거절하는 것을 말한다. 유치권은 채권이 아닌 물권이므로 채무자 이외의 모든 제3자에 대해서 대항력을 갖는다. 따라서 유치물의 소유권이 제3자에게 이전된 경우에는 변제청구는 채무자에게 해야 하지만, 유치권은 제3자에게도 행사할 수 있다.

유치권자는 유치물이 경매된 경우에도 경락인에게 대항할 수 있다. 따라서 유치권자에게는 실질적으로 우선변제권이 인정된다.

2) 경매신청권

유치권자는 채권의 변제를 위해 유치물을 경매할 수 있다. 경매가 부적당한 경우에는 법원의 허가와 감정인의 평가에 의해 유치물의 소유권을 취득함으로써 변제에 대신할 수 있는 간이변제충당도 가능하다.

3) 우선변제권

민법에서는 유치권에 대해 우선변제권을 명문으로 인정하고 있지는 않다. 그러나 경락인은 유치권자의 채권을 변제하지 않으면 목적물을 수취할 수 없으므로 실질적으로는 우선변제권도 인정되는 결과이다. 그러나 이 경우에는 목적물의 매각대금에서 우선변제받는 것은 아니므로 원칙적으로는 우선변제라고 할 수는 없다. 그러나 간이변제충당의 경우에는 우선변제권이 인정되고, 유치권자가 수취한 과실에서도 채권의 변제에 충당할 수 있으므로 이 경우에도 우선변제권이 인정된다.

4) 과실수취권 및 유치물사용권

유치권자는 유치물의 과실을 수취하여 다른 채권자보다 먼저 채권의 변제에 충당할 수 있다. 한편, 유치권자는 물건의 보존에 필요한 범위에서 유치물을 사용할 수 있다.

5) 비용상환청구권

유치권자가 유치물에 관하여 유지비 등의 필요비를 지출한 경우에는 소유자에게 그 비용의 상환을 청구할 수 있다. 반면, 유익비는 그 가액의 증가가 현존하는 경우에 한하여, 소유자의 선택에 따라 지출한 금액이나 증가액의 상환을 청구할 수 있다. 이 경우 유익비를 담보하기 위해서 유치권을 행사하는 것은 허용되지 않는다.

3. 유치권의 소멸

1) 채무변제

유치권은 담보물권이므로 담보물권의 소멸상 부종의 원칙에 의해 피담보채권이 변제 등으로 소멸하면 유치권도 소멸한다.

2) 다른 담보의 제공

채무자는 상당한 담보를 제공하여 유치권의 소멸을 청구할 수 있다.

3) 점유의 상실

점유는 유치권의 요소이므로 점유를 상실하는 경우에는 유치권도 소멸한다. 그러나 부당하게 점유를 상실당한 경우에는 점유물반환청구권에 의해 점유를 회복할 수 있고, 점유를 회복한 때에는 점유를 상실하지 않은 것으로 된다.

 ## 자산유동화에 관한 법률

1. 자산유동화제도

자산유동화제도는 금융기관 등이 보유하고 있는 채권이나 토지 등의 자산을 조기에 현금화하여 자금조달을 원활하게 하여 금융기관의 재무구조를 튼튼하게 하고, 주택저당채권을 증권화하여 장기주택자금을 안정적으로 공급함으로써 주택금융기반을 확충하기 위하여 금융기관 등으로부터 자산을 양도받아 이를 기초로 증권을 발행·판매한 후 그 자산의 관리 또는 처분에 의하여 발생하는 수익을 투자자에게 배분하는 제도이다.

자산유동화제도는 주로 미국이나 독일에서 인정되어온 선진담보로서, 우리나라에서는 담보물권의 부종성으로 인해 인정되지 않았으나 1998년 자산유동화에 관한 법률의 제정으로 일정 범위에서 도입되기 시작했다.

자산유동화제도는 유동화증권을 발행하는 것으로 유동화증권은 묶여 있는 비현금화 상태의 자산, 즉 매출채권·대출채권·부동산·부동산 저당채권등을 근거자산으로 현금화(유동화)하기 위해 발행되는 증권을 말한다.

유동화증권은 크게 나누어 자산유동화증권(ABS : Asset Backed Security)과 주택저당채권 유동화증권(MBS : Mortgage Backed Securty)이 있다.

ABS는 자산을 기초자산 및 담보로 하여 비현금화된 자산을 유동화(현금화)하기 위해 발행하는 증권으로 금융기관이 갖고 있는 대출채권과 같이 현금 흐름을 발생시키는 자산을 모아서 그것을 담보로 증권을 발행하여 자본시장에서 자금 조달을 위해서 발행된 증권이다.

MBS는 주택수요자가 은행 등의 금융기관들로부터 주택자금 대출을 받고 저당권을 설정하게 된다. 이때 금융기관은 저당채권을 갖게 되는데 이를 주택저당담보부채권(Mortgage)이라 하며, 이를 기초로 새로운 대출자원을 마련하는 방법으로 발행되는 증권을 말한다.

2. 주택저당채권유동화제도

주택저당채권유동화제도는 서민의 주택구입을 돕고 건설경기를 활성화하기 위해서, 서민들이 주택가격의 20~30% 정도 현금만 가지고 있으면 주택을 구입할 수 있도록 금융회사가 장기저리로 주택자금을 20~30년간 대출해주고 이때 확보한 주택저당채권을 채권시장에 매각해서 새로운 주택자금의 대출을 위한 재원을 마련하도록 하는 유동화제도이다.

'자산유동화에관한법률'은 주택금융회사가 주택저당채권 및 중도금채권을 담보로 직접 담보부채권을 발행하거나 저당채권을 직접 매각하는 방식은 배제하는 대신, 유동화전문회사 또는 별도의 유동화중개기관에 의한 증권화 및 담보부채권 발행만을 허용하고 있다.

따라서 이러한 주택저당채권유동화제도를 통해서 주택금융기관이 주택자금을 대출해주고 받은 저당채권을 만기 이전에 중개기관을 통해 투자자에게 매각하거나, 이를 담보로 증권을 발행하여 새로운 주택자금을 마련하게 된다.

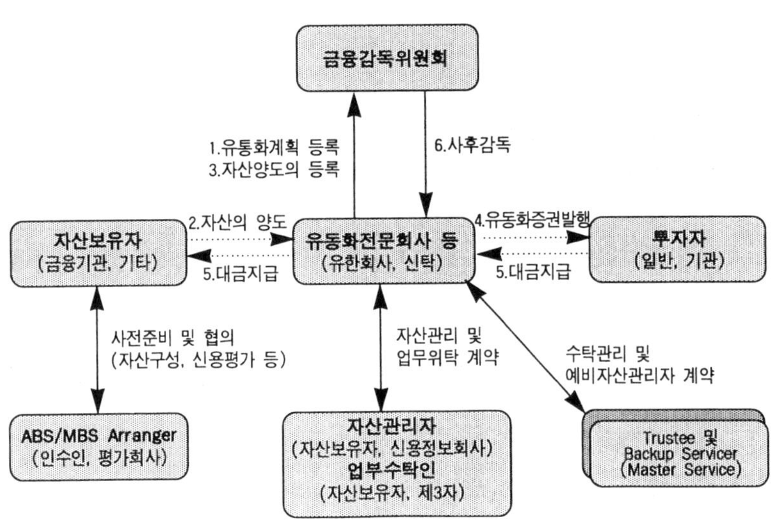

 ## 가등기담보권

---

1. 가등기담보제도의 의미

가등기담보는 채무자가 채무를 이행하지 않을 경우에 담보로 설정한 부동산 소유권을 채권자에게 이전할 것을 예약하고 소유권이전청구권보전을 위한 가등기를 하는 방법에 의한 물적 담보를 말한다. 예를 들면, 채무자가 채권자로부터 5,000만원을 대출받으면서 채무자가 소유한 건물(시가 9,000만원)에 대해 채권자를 권리자로 하여 소유권이전을 보전하기 위한 가등기를 하게 된다. 가등기는 본등기 전에 본등기의 순위를 미리 확보하는 효력이 있으므로, 이후에 채무자가 당해 건물에 대한 처분행위가 있더라도 채권자가 우선하게 된다. 채무자가 변제기까지 채무를 변제하지 못하면 채권자는 가등기에 터잡은 소유권이전본등기를 함으로써 당해 건물의 소유권을 취득하게 된다.

이와 같이 가등기담보제도에서는 피담보채권액과 건물시가와의 차액인 4,000만원이 채권자에게 돌아가므로 고리대금업자의 폭리 수단으로 악용되는 부작용이 있었으나, 1983년에 제정된 '가등기담보에관한법률'에서는 채권자에게 청산의무를 부과하여 피담보채권액과 부동산시가와의 차액을 정산하도록 규정하고 있다.

2. 가등기담보권의 실행

1) 가등기담보권실행의 방법

채권자가 담보계약에 의한 담보권을 실행하여 담보 목적부동산의 소유권을 취득하기 위해서는 채권의 변제기 후에 청산금의 평가액을 채무자 등에게 통지하고, 통지가 채무자 등에게 도달한 날로부터 2개월이 경과하고 나서 청산금을 채무자 등에게 지급하여야 한다. 채권자는 청산금을 채무자 등에게 지급한 때에 목적부동산의 소유권을 취득하거나 가등기에 터잡은 본등기를 청구할 수 있다. 채권자는 청산금 채권이 압류 또는 가압류된 경우에는 청산기간이 경과한 후에 청산금을 공탁할 수 있다.

가등기담보권의 실행은 권리취득을 통한(청산방법) 실행과 경매에 의한 방법이 있는데, 경매에 의한 경우는 저당권 등의 다른 담보권의 실행과 유사하다.

2) 채무자 등에의 통지

채무자의 채무불이행이 있는 경우 채권의 변제기 후에 청산금의 평가액을 채권자와 물상보증인이나 담보가등기 후 소유권을 취득한 제3자에게 통지해야 한다. 통지해야 하는 내용은 청산금의 평가액, 통지 당시 목적부동산의 평가액, 원본, 이자, 위약금, 손해배상금, 담보권실행비용 등이다.

이러한 통지가 채무자 등에게 도달한 날로부터 2개월이 경과되면 채권자는 일정한 절차를 밟아서 목적부동산의 소유권을 취득하게 된다.

3) 청산금의 지급

(1) 청산금의 지급의무

채권자가 소유권이전등기를 하기 위해서는 청산금을 채무자에게 지급해야 한다. 그러나 담보부동산에 관하여 이미 소유권이전등기가 경료된 경우에는 청산기간의 경과 후에 청산금을 채무자에게 지급한 때에 목적부동산의 소유권을 취득한다. 청산금지급의무와 부동산소유권이전등기 및 인도의무는 동시이행관계에 있다. 따라서 채무자는 청산금지급시까지 본등기 및 인도를 거부할 수 있다.

(2) 청산금공탁

채무자 등의 청산금채권이 압류나 가압류된 경우 채권자는 청산금을 법원에 공탁할 수 있고, 이 경우 채무자 · 압류채권자에게 공탁의 통지를 하여야 한다.

(3) 채무자 등의 등기말소청구권

가등기담보권자가 청산기간의 경과로서 목적부동산의 소유권을 취득한 후에도 채무자 등은 청산금채권을 변제받을 때까지 반환시까지의 이자와 손해액을 포함한 채무액을 채권자에게 지급하고 그 채권담보의 목적으로 경료된 소유권이전등기의 말소를 청구할 수 있다. 단, 채무의 변제기가 경과된 때로부터 10년이 경과하거나 또는 선의의 제3자가 소유권을 취득하는 때에는 예외적으로 말소를 청구하지 못한다.

(4) 후순위권리자의 권리행사

후순위권리자는 그 순위에 따라서 채무자 등이 지급받을 청산금에 대하여 채무자 등에게 통지된 평가액의 범위에서 청산금지급시까지 그 권리를 행사할 수 있고, 후순위권리자의 요구가 있을 때에는 채권자는 이를 지급하여야 한다.

보증제도

보증제도의 개관

1. 보증의 의미

금전소비대차 등에서 채권자는 채무자가 계약을 지키지 않고 채무의 내용을 이행하지 않을 경우를 대비하여 채권의 확보방안으로 채무자 이외의 제3자의 재산으로 채권을 담보하는 제도가 보증이다. 이 경우 채무자 이외의 제3자를 보증인이라 하고, 보증인이 부담하는 채무를 보증채무라고 하며, 보증채무를 발생케 하는 계약을 보증계약이라고 한다.

보증은 보증인의 일반재산으로 채권을 담보하지만 다른 채권자에 우선할 수 있는 우선변제권이 없는 점에서 채권자가 다른 채권자에 우선하여 부동산이나 동산·주식 등의 특정재산으로부터 우선변제를 받을 수 있는 저당권, 질권 등 물적 담보제도와 구별된다.

2. 보증의 성립

1) 보증계약의 당사자

보증은 주채무자로부터 보증인이 되어 달라는 부탁을 받고 보증인이 되는 경우와 부탁 없이 자청하여 보증인이 되는 경우가 있으나, 어느 경우나 보증인과 채권자가 보증계약의 당사자이고 주채무자는 보증계약과는 직접 관계가 없다. 그러나 현실적으로는 주채무자가 보증인의 사전 허락을 받아 대리인으로서 채권자와 보증계약을 체결하는 경우가 많다.

보증인이 채권자와 보증계약을 함에 있어서 주채무자에 의하여 기만당하거나 채무자의 자력, 담보 등에 관하여 착오가 있더라도 이를 보증계약의 내용으로 하지 않는 한 보증계약을 취소할 수 없다. 보증계약은 특별한 방식을 요구하지 않으므로 보증에 관한 당사자(보증인과 채권자)의 합의만 있으면 성립하나, 다툼을 피하기 위해서는 서면으로 명확히 할 필요가 있다.

2) 보증인의 자격

보증계약도 행위능력이 필요하다. 한편 법률상 또는 계약상 보증인을 세워야 할 의무가 있는 경우에는 그 보증인은 행위능력과 변제능력이 있어야 하고, 보증인이 변제자력이 없게 된 경우에는 채권자는 자신이 특정인을 보증인으로 지명한 경우 이외에는 그 요건을 갖춘 사람으로 보증인의 변경을 요구할 수 있다.

3) 보증채무와 주채무의 관계

보증채무는 주채무의 존재를 필요로 하므로 주채무가 성립하지 않거나 소멸하였을 때에는 무효이며, 주채무가 취소된 때에는 보증계약도 소급하여 무효가 되고, 주채무가 조건부로 효력이 생길 때에는 보증채무도 조건부로 효력이 생긴다. 장래의 채무를 위한 보증이나 장래 증감하는 채무를 결산기에 있어서 일정한 한도액까지 보증하는 근보증(根保證) 또는 계속적 보증도 가능하다.

3. 보증의 내용과 효력

1) 일반보증

보증의 내용은 보증계약에 의하여 정해진다. 보증채무의 범위는 주채무의 범위보다 넓어서는 안 되며, 만약 넓을 때에는 주채무의 한도로 감축된다. 그러나 보증채무가 주채무보다 적은 것은 상관이 없다. 특약이 없는 한 보증채무는 주채무의 이자, 위약금, 손해배상, 기타 주채무에 종속한 채무를 포함하지만 보증계약 성립 후에 주채무자와 채권자가 계약으로 주채무의 내용을 확장하는 경우 등과 같이 동일성이 없는 경우에는 보증채무가 확장되지 않는다.

2) 근보증 · 계속적 보증

계속적 보증계약에 기간 약정이 없는 때에는 보증인은 보증계약 체결 후 상당한 기간이 경과되면 보증계약을 해지할 수 있으며, 계속적 보증은 원칙적으로 상속되지 않는다.

또한, 보증계약 체결 당시 예상할 수 없었던 특별한 사정, 즉 채무자의 자산상태가 급격히 악화된 경우에는 상당한 기간이 경과되지 않더라도 보증계약을 해지할 수 있다.

3) 보증의 효력

(1) 보증인에 대한 채무이행의 청구

채권자는 주채무자가 채무이행을 하지 않는 때에는 보증인에게 보증채무의 이행을 청구할 수 있다.

(2) 보증인의 최고 · 검색의 항변권 등

보증인은 채권자가 주채무자에게 이행청구를 하지 않고 보증인에게 청구한 때에는 주채무자가 변제능력이 있다는 사실 및 그 집행이 용이하다는 것을 증명하여 먼저 주채무자에게 청구할 것을 요구할 수 있다. 그러나 연대보증인은 최고 · 검색의 항변권이 없다.

최고 · 검색의 항변권을 행사하였음에도 불구하고 채권자가 주채무자에게 청구하는 것을 태만히 하여, 그 후 주채무자로부터 주채무의 전부나 일부를 변제받지 못하게 된 때에는 곧 청구하였으면 변제받을 수 있었을 한도에서 보증인은 그 채무를 면하게 된다. 보증인은 주채무자가 채권자에 대하여 가지는 항변사유로 채권자에게 대항할 수 있다.

(3) 주채무자와 보증인에게 발생한 사유의 효력

주채무자에 관하여 생긴 사유는 원칙적으로 모두 보증인에게 효력이 생긴다. 따라서 주채무가 소멸하는 때에는 보증채무도 소멸한다. 그러나 보증인에게 생긴 사유는 주채무를 소멸시키는 행위(변제, 대물변제, 공탁, 상계 등)이외에는 주채무자에게 영향을 미치지 않는다.

4) 보증인의 구상권

보증인은 채권자에 대한 관계에 있어서는 자기의 채무를 변제하는 것이지만, 주채무자에 대한 관계에 있어서는 타인의 채무를 변제하는 것이 된다. 따라서 보증인의 변제 등으로 주채무자가 채무를 면하게 된 경우에는 보증인은 주채무자에 대하여 구상할 수 있는 권리를 가진다.

주채무자의 부탁으로 보증인이 된 사람은 과실 없이 변제, 기타의 출재(出財)로 주채무의 전부 또는 일부를 소멸하게 한 때에는 출재한 금액의 한도 내에서 주채무자에게 구상할 수 있는 권리를 가진다.

주채무자의 부탁 없이 보증인이 된 사람이 변제, 기타 자기의 출재로 주채무의 전부 또는 일부를 소멸하게 한 때에는 채무를 면하게 한 행위 당시 또는 구상권을 행사할 당시에 주채무자가 이익을 받고 있는 한도 내에서 구상할 수 있는 권리를 가진다.

보증인이 통지의무를 게을리 하면 구상할 수 있는 권리가 제한된다. 보증인이 주채무자에게 미리 통지하지 않고 변제, 기타 출재로 주채무를 소멸하게 한 경우에 주채무자가 채권자에게 대항할 수 있는 사유가 있었을 때에는 그 사유로 보증인에게 대항할 수 있어 그 범위에서 보증인의 구상권이 제한

된다. 한편 주채무자가 통지를 게을리하여 부탁받은 보증인이 선의로 이중 변제한 경우에는 보증인은 주채무자에게 구상할 수 있다.

4. 연대보증

연대보증이라 함은 보증인이 주채무자와 연대하여 채무를 부담함으로써 주채무의 이행을 담보하는 보증채무를 말한다. 연대보증은 채권의 담보를 목적으로 하는 점에서 보통의 보증과 같으나 보증인에게 최고·검색의 항변권이 없으므로 채권자의 권리담보가 보다 확실하다.

채권자는 연대보증인이 여러 명인 경우 어느 연대보증인에 대하여서도 주채무의 전액을 청구할 수 있다. 연대보증은 보증인이 주채무자와 연대하여 보증할 것을 약정하는 경우에 성립한다. 연대보증인에게는 앞서 설명한 최고·검색의 항변권이 없으나 주채무자가 채권자에 대하여 가지는 항변권과 구상권 등은 가지고 있다.

5. 신원보증

1) 신원보증의 의의와 종류

신원보증은 고용계약에 부수하여 체결되는 보증계약이다. 신원보증에는 노무자가 장래 고용계약상의 채무불이행으로 인하여 사용자에 대하여 손해배상채무를 부담하는 경우에 그 이행을 담보하는 일종의 장래채무의 보증 또는 근보증(根保證), 노무자가 사용자에 대하여 채무를 부담하는지 부담하지 않는지를 묻지 않고 노무자 고용에 의하여 발생한 모든 손해를 담보하는 일종의 손해담보계약(損害擔保契約), 기타 모든 재산상의 손해뿐만 아니라 노무자의 신상에 관하여 노무자 본인이 고용상의 의무를 위반하지 않을 것과 질병, 기타에 의하여 노무에 종사할 수 없는 경우에 사용자에게 일체의 폐를 끼치지 않을 것을 담보하는 신원인수(身元引受)가 있다.

2) 신원보증의 내용과 효력

신원보증도 보증인과 사용자와의 신원보증계약에 의하여 성립하는데 신원보증의 계약내용이 광범위하고 장기간에 걸쳐 있는 것이 일반적이므로 신원보증시 노무자의 성실성, 노무의 내용, 보증기간 등에 유의하여 신원보증계약을 체결하여야 한다.

신원보증과 관련하여 신원보증법이 있는데, 이에 위반하여 신원보증인에게 불리한 계약을 체결하는 것은 무효이다. 동 법에 의하면 기간을 정하지 않은 신원보증계약의 보증기간은 그 보증계약일로부터 3년간이고, 기능습득자의 신원보증기간은 5년으로 되어 있다. 신원보증계약기간은 5년을 초과하지 못하고 이를 초과한 기간은 5년으로 단축된다. 또한 기간갱신을 할 수 있으나 5년을 초과할 수 없도록 하고 있다.

피용자를 고용한 사용자는 피용자가 업무상 부적임이거나 불성실하여 이로 말미암아 신원보증인의 책임을 야기할 염려가 있음을 안 때, 피용자의 임무 또는 임지를 변경함으로써 신원보증인의 책임을 가중하거나 또는 그 감독이 곤란하게 될 때에는 신원보증인에게 지체 없이 알려 신원보증인에게 계약해지의 기회를 주어야 한다.

신원보증인의 보증책임이 발생한 경우 법원은 신원보증인의 손해배상의 책임과 그 금액을 정함에 있어 피용자의 감독에 관한 사용자의 과실 유무, 신원보증인이 신원보증을 하게 된 사유 및 그에 대한 주의 정도, 피용자의 임무·신원의 변화, 기타 일체의 사정을 참작하도록 하고 있다. 신원보증계약은 신원보증인의 사망으로 그 효력이 상실되고 상속되지 않는다. 단, 이미 발생한 채무는 상속된다.

6. 보증보험제도

보증보험제도는 특수한 보증제도로서 보증보험회사와 이용자가 보증보험계약을 체결하고 그 보험증권으로 보증을 대신할 수 있는 제도이다. 인적담보제도는 보증인의 자력(資力)에 의존하는 것이므로 그 자력이 부족하면 채권을 담보할 수 없게 되므로 보증인의 자력확보가 문제였다.

보증보험제도는 이를 보완할 수 있는 제도이다.

보증보험은 가압류, 가처분 등의 보증공탁시 공탁금을 보증보험증권으로 대체함으로써 비교적 많은 금액을 현금으로 납입해야 하는 불편을 덜어주며 각종 할부구매, 신원보증의 경우는 물론 형사사건의 보석보증금 납부가 필요할 때에도 이용된다.

보증보험계약 체결시 보증보험회사에 납부하여야 할 보험료는 보험상품에 따라 차등이 있으나, 공탁보증보험의 경우 보험가입금액의 0.75%, 보석보증보험의 경우 보험가입금액의 0.8%의 저렴한 보험료로 각종 보증을 대신할 수 있는 편리한 제도이다.

보증채무의 법률관계

1. 보증채무의 의미와 성질

보증채무는 주된 채무자가 그의 채무를 이행하지 않는 경우에 이를 이행해야 할 채무로서 채권자와 보증인 사이의 보증계약에 의해서 성립한다. 즉 보증계약은 주채무자와 보증인간의 계약이 아니라 보증인과 채권자간의 계약이다. 보증인은 주채무자의 부탁에 의해 보증인이 되거나, 부탁 없이 보증인이 될 수 있다.

보증채무는 인적 담보제도의 전형적인 유형으로서 보증인의 전재산을 책임재산에 편입시켜서 주채무자의 채무이행을 담보한다. 보증채무는 보충성이 있지만 부담부분이 없다는 점에서 연대채무와 다르다.

보증채무는 주채무와 독립한 별개의 채무이지만 보증채무의 내용은 주채무자가 이행하지 아니하는 채무이므로 채무내용은 주채무와 동일하다. 보증채무는 주채무에 종속되므로 주채무의 존재를 전제로 해야 한다. 따라서 주채무가 무효·취소·변경·소멸되면 보증채무도 무효·변경·소멸된다.

주채무에 대한 채권이 제3자에게 이전되면 보증인에 대한 채권도 원칙적으로 이전된다. 그러나 채무인수로 주채무자의 변경이 있는 경우 보증채무는 원칙적으로 소멸하며, 주채무자가 사망하여 주채무의 상속이 이루어질 경우 보증채무는 존속한다.

보증채무는 주채무에 대해서 보충적인 지위를 가지게 되므로 채권자가 보증인에게 청구를 한 경우에 최고·검색의 항변권을 행사할 수 있다.

【보증채무의 법률관계】

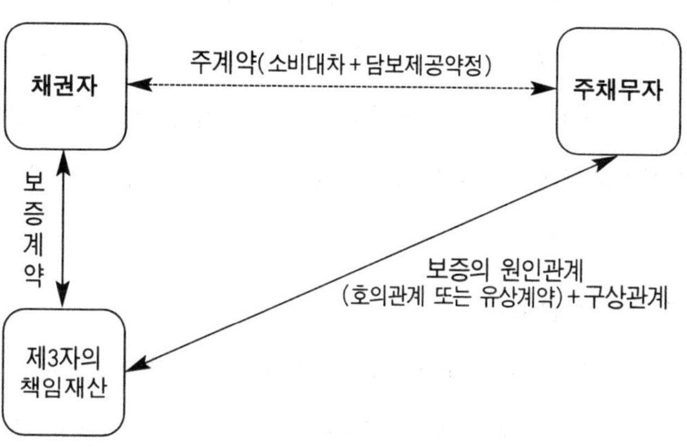

2. 보증채무의 성립

1) 보증계약

보증계약은 채권자와 보증인 사이에 성립하며 보증인이 주채무자가 되어 달라는 부탁의 여부는 보증계약의 성립에 영향을 미치지 않으며 주채무자는 보증계약과 관계가 없다. 그러나 보증인이 주채무자의 부탁을 받고 보증계약을 체결하는 경우가 대부분이지만 부탁의 유무는 보증계약의 요건은 아니고 구상권의 범위에 차이가 있다.

2) 보증채무의 요건

(1) 주채무에 관한 요건

보증채무가 성립하기 위해서는 주채무가 존재해야 하고, 주채무는 대체적 급부이어야 하며, 장래채무나 정지조건부채무의 경우에도 가능하다. 또한, 장래의 불특정채무의 경우에는 근보증으로 되므로 보증기간과 책임한도액을 정하지 않았더라도 보증계약이 유효하다. 그러나 장래채무에 대한 보증채무의 효력발생시기는 현재가 아니라, 장래 피담보채권이 발생하는 때로 해석된다.

(2) 보증인에 대한 요건

보증인의 자격은 특별한 제한이 없다. 단, 채무자가 보증인을 세울 의무가 있는 경우에는 보증인은 변제능력과 행위능력이 있는 사람이어야 한다. 이때 보증계약의 성립 후에 보증인이 행위능력을 상실한 경우에도 계약의 효력에는 영향이 없으며, 변제능력상실의 경우 채권자는 보증인의 변경을 청구할 수 있다.

3) 보증채무의 내용

보증채무자가 부담하는 채무의 내용은 주채무자가 부담하는 채무의 내용과 동일하다. 주채무의 목적, 형태, 범위가 동일성을 잃지 않고 변경된 때에는 보증채무도 변경된다.

보증채무의 범위는 주채무의 범위를 넘지 않아야 하고, 만약 보증채무가 주채무보다 큰 경우에는 주채무의 범위로 감축된다. 보증채무는 주채무의

이자, 위약금, 손해배상, 기타 종속한 채무, 주채무에 관한 계약의 해제 · 해지에 의한 원상회복의무 및 손해배상의무도 보증채무에 의하여 담보된다.

보증채무는 주채무와 독립적이므로 보증채무에 대해서만 별도로 위약금, 기타 손해배상액을 예정할 수 있다.

3. 채권자와 보증인의 권리

1) 채권자의 권리

주채무와 보증채무의 이행기가 다가온 때에는 채권자는 채무자와 보증인에 대해서 각각 또는 동시, 순차로 채무의 전부나 일부의 이행을 청구할 수 있다.

2) 보증인의 권리

(1) 주채무자의 항변권

보증인은 주채무자가 채권자에게 항변할 수 있는 사유로 채권자에게 대항할 수 있다. 이러한 보증인이 행사할 수 있는 주채무자의 항변권으로는 기한유예의 항변권, 동시이행의 항변권, 주채무의 부존재 · 소멸의 항변권, 주채무자의 상계권을 원용할 수 있는 권리, 주채무자가 취소권 · 해제권을 갖는 경우 보증인의 이행거절권 등이 있다.

(2) 최고 · 검색의 항변권

최고(催告)의 항변권은 채권자가 보증인에게 채무 이행을 청구한 때에 보증인은 주채무자에게 변제자력이 있다는 사실 및 주채무자에 대한 집행이 용이하다는 것을 증명하여 주채무자에게 먼저 청구할 것을 항변할 수 있는 것을 말하고, 검색(檢索)의 항변권은 보증인의 재산이 아닌 주채무자의 재산에 대해서 먼저 집행하라고 항변하는 것을 말한다.

최고 · 검색의 항변권을 행사하기 위해서는 보증인, 주채무자가 변제자력이 있음을 증명해야 한다. 이러한 증명에는 채무자가 반드시 전액을 다 갚을 자력이 있을 것까지는 필요 없고, 거래관념상 채무의 상당액을 변제할 자력이 있음을 증명하면 된다. 그리고 집행이 용이하다는 것은 많은 시일과 비용을 들이지 않고 쉽게 채권을 실행할 수 있음을 말한다.

보증인이 최고 · 검색의 항변권을 행사한 경우에 채권자는 먼저 주채무자에게 최고하거나 주채무자의 재산에 대해서 집행하지 않으면 보증인에게 다시 이행을 청구하지 못한다. 그리고 보증인이 이러한 항변을 했음에도 불구하고 채권자가 주채무자에 대한 최고나 집행을 게을리하여 주채무자로부터 전부나 일부의 변제를 받지 못한 경우, 보증인은 채권자가 즉시 최고, 집행했을 경우에 변제받을 수 있었던 범위에서 그 의무를 면한다.

예외적으로 연대보증인이나 주채무자가 파산선고를 받은 경우, 주채무자가 행방불명인 경우 등에는 보증인이 최고 · 검색의 항변권을 갖지 못한다.

4. 주채무자와 보증인에 관하여 생긴 사유의 효력

1) 주채무자에 관하여 생긴 사유의 절대적 효력

채권자와 주채무자 사이에서 주채무자에게 생긴 사유는 모두 보증인에 대해서 절대적 효력이 있다. 따라서 주채무를 소멸시킨 행위가 무효 또는 취소로 인하여 효력을 상실하여 주채무가 다시 부활하면 보증채무도 부활하게 된다. 또한, 주채무자에 대한 채권이 양도되면 원칙적으로 보증인에 대한 채권도 수반하여 양도되고 보증인에게 별도의 통지나 보증인의 승낙을 필요로 하지 않는다. 또한, 주채무에 대한 모든 시효의 중단도 보증인에 대해서도 효력이 있다.

2) 보증인에 관하여 생긴 사유의 상대적 효력

채권자와 보증인 사이에서 보증인에 관하여 생긴 사유는 채권을 만족시키는 사유를 제외하고는 상대적 효력만 있으므로, 주채무자에 대해서는 효력이 없다.

5. 보증인의 구상권

1) 구상권의 범위

채무자의 부탁에 의해 보증인이 된 경우에는 위임사무처리비용의 상환에 준하고, 채무자의 부탁이 없는 경우에는 사무관리에 준하여 처리하면 된다. 그러나 채무자의 의사에 반하는 보증채무의 경우에는 부당이득반환에 준하여 구상할 수 있다.

구상권(求償權)이란 일정한 법률상 이유에 의하여 특정인에게 자기가 행한 출재(出財)의 반환을 청구할 수 있는 권리를 말한다.
따라서 보증인의 재산의 출재로 채무자가 면책이 된 경우에는 보증인은 주채무자에게 그 대가의 상환을 청구할 수 있다.

2) 수탁보증인의 구상권

(1) 면책행위에 기인한 사후구상권

수탁(受託)보증인은 과실 없이 변제, 기타의 출재로 주채무를 소멸케 한 때에는 주채무자에 대하여 구상할 수 있다. 이 경우 보증인은 주채무의 전부나 일부를 소멸시켜야 하고, 그 주채무의 소멸이 보증인의 출재로 인한 것이어야 하므로, 채무면제와 같이 출재가 없는 경우에는 구상권이 인정되지 않는다. 보증인이 채무의 변제기 전에 변제한 경우에는 변제기가 도래하기 전에는 구상할 수 없다.

　보증인에게 통지의무를 게을리한 과실이 있는 경우 구상권의 행사가 제한된다. 사전면책통지의무를 게을리하고 주채무를 소멸시킨 때에는 주채무자는 채권자에게 대항할 수 있는 사유로 보증인에게 대항할 수 있으며 그 한도에서 구상권을 행사할 수 없다. 그리고 그 사유가 상계인 경우에는 상계로 소멸할 채권은 보증인에게 이전된다.

　보증인이 사후(事後)면책통지의무를 게을리한 때에는 주채무자가 선의로 채권자에게 이중으로 변제 등 유상(有償)의 면책행위를 한 때에 주채무자는 자기의 면책행위의 유효를 주장할 수 있다.

(2) 보증인의 사전구상권

　보증인은 예외적으로 ① 보증인이 과실 없이 채권자에게 변제할 재판을 받은 때, ② 주채무자가 파산선고를 받은 경우 채권자가 파산재단에 가입하지 않은 때, ③ 채무의 이행기가 확정되지 않고 그 최장기도 확정할 수 없는 경우에 보증계약 후 5년을 경과한 때, ④ 채무의 이행기가 도래한 때에는 주채무자에게 사전(事前)구상권을 행사할 수 있다.

　그러나 사전구상의 경우 채권자가 전부변제를 받지 않은 동안은 주채무자는 보증인에게 자기를 면책시키거나 자기에게 담보를 제공할 것을 청구할 수 있고, 주채무자는 배상할 금액을 공탁하거나 담보를 제공하거나 또는 보증인을 면책케 함으로써 배상의무를 면할 수 있다.

3) 부탁받지 않은 보증인의 구상권

부탁받지 않은 보증인의 구상권의 범위는 첫째, 보증인으로 된 것이 주채무자의 의사에 반하지 않는 경우에는 주채무자는 그 당시에 받은 이익의 한도 내에서 배상하여야 하고 면책된 날 이후의 이자와 손해는 포함되지 않는다. 둘째, 보증인으로 된 것이 주채무자의 의사에 반하는 경우에는 구상 당시 현존하는 이익의 한도 내에서 배상하여야 한다. 이때 주채무자가 구상한 날 이전에 상계원인이 있음을 주장한 때에는 그 상계로 소멸할 채무는 보증인에게 이전된다.

부탁을 받지 않은 보증인에게는 사전구상권이 인정되지 않으며 사전 또는 사후 통지를 게을리한 경우에는 수탁보증인처럼 구상권이 제한된다. 단, 주채무자는 면책행위 이후에 부탁받지 않은 보증인에게 통지할 의무는 없으며 이 때문에 보증인이 선의로 변제하더라도 보증인은 그 변제의 유효를 주장할 수 없다.

6. 공동보증

공동보증은 동일한 주채무에 대하여 여러 명의 보증인이 보증채무를 부담하는 것을 말한다. 공동보증은 여러 명이 동시 또는 순차적으로 채권자와 보증계약을 체결하는 방법으로 성립된다.

공동보증인은 채권자에 대해서 주채무액을 균등한 비율로 분할하여 보증채무를 부담하는데, 이를 분별의 이익이라 한다. 그러나 주채무가 불가분이

거나 각 채무자가 서로 연대하여 채무를 보증하는 보증연대의 경우, 공동보증인이 각각 주채무자와 연대하여 채무를 부담하는 연대보증의 경우에는 분별의 이익이 인정되지 않는다.

공동보증인 간에 분별의 이익이 있는 경우에 공동보증인 중 1명이 자기가 부담하는 보증채무액을 초과하여 변제한 경우에는 부탁 없는 보증인의 구상권에 관한 규정이 준용되며 분별의 이익이 없는 때에는 연대채무의 구상권에 관한 규정이 준용된다.

주채무자에 대한 구상권과 다른 공동보증인에 대한 구상권은 선택적으로 행사할 수 있으며, 부진정연대의 관계에 있으므로 출재한 보증인이 주채무자를 상대로 구상권에 의한 소송을 제기해서 승소판결을 받더라도 현실적으로 변제받기 전까지는 다른 보증인에 대한 구상권을 행사할 수 있다.

연대채무의 법률관계

1. 연대채무의 의미

연대채무(連帶債務)는 여러 명의 채무자가 동일한 내용의 채무에 대하여 각각 독립적으로 전체 채무를 이행해야 하고, 그 중 한 명의 채무자가 채무 전부를 이행하게 되면 모든 채무자의 채무가 소멸하는 다수당사자간의 채권·채무관계이다. 연대채무는 각 채무자의 모든 일반재산이 책임재산으로 되므로 채권의 효력을 강화하면서 인적 담보로서의 역할을 한다.

연대채무는 채무자의 수만큼 여러 개의 채무가 독립하여 존재하므로 복수의 채무 상호간에는 주종의 구별이 없으며, 채무자 한 명의 행위에 무효·취소사유가 있더라도 다른 채무자의 채무에 영향을 미치지 않으며, 각 채무자의 채무는 이행기나 이자 등이 각각 달라도 상관 없으며, 여러 명의 채무자 중 한 명에 대해서만 보증채무를 성립시킬 수 있으며, 채무자 중 한 명에 대한 채권만을 분리해서 양도할 수도 있다.

연대채무에서는 채무자 한 명에게 생긴 사유가 다른 채무자에게도 미치는절대적 효력이 인정되는 사유가 많으므로 불가분채무보다는 담보적 효력이 약하지만, 여러 명의 채무자사이에 주종의 구별이 인정되는 보증채무보다는 담보적 효력이 강한 편이다.

2. 연대채무의 성립

연대채무는 당사자간의 약정에 의해서 성립되는 약정연대채무와 당사자간의 약정 유무와 관계 없이 법률의 규정에 의해서 성립되는 법정연대채무가 있다.

1) 약정연대채무

연대의 약정은 계약으로 하는 것이 일반적이지만 유언으로도 가능하며, 연대의 특약은 묵시적으로도 가능하다. 연대에 관한 계약은 채무자 전원이 동시에 할 필요는 없지만, 채무자 사이에 연대에 관한 사전·사후의 합의는 필요하다. 그리고 법률에서 명문으로 연대를 추정하는 규정이 없다면 연대채무로 추정되지 않는다. 단, 예외적으로 상법 제57조 제1항은 여러 사람이 한 명 또는 전원에게 상행위가 되는 행위로 인하여 채무를 부담한 때에는 연대하여 변제할 책임이 있다고 규정하여 상행위의 경우에는 연대의 추정을 인정한다.

2) 법정연대채무

법정연대채무는 공동행위나 사업관여자에게 공동의 책임을 부담케 하여 행위를 신중하게 하고 채권자를 두텁게 보호하기 위해서 법률에 특별한 규정을 두어 연대채무의 성립을 인정하며, 특히 거래의 신속·안전·확실이 요구되는 상법이나 특별법의 경우에 이러한 규정이 다수 있다.

민법상의 법정연대채무에는 법인의 불법행위관여자의 책임(제35조), 사용대차의 공동차주(제616조), 공동임차인의 의무(제654조), 일상가사에 관한 부부의 책임(제832조) 등이 있다.

3. 연대채무에서 채권자의 권리

채권자는 연대채무자 중 한 명이나, 모든 연대채무자에 대하여 동시 또는 순차로 채무의 전부나 일부의 이행을 청구할 수 있다. 따라서 연대채무자 한 명이 채권자에게 사해행위를 하는 경우 다른 연대채무자가 변제자력이 있어도 채권자취소권을 행사할 수 있다.

또한, 여러 명의 연대채무자를 공동피고로 하여 소송을 제기할 수 있으며 일부의 변제를 받은 때에는 그 잔액에 대해서 다른 채무자에게 재판상·재판외로 청구할 수 있다.

연대채무자의 여러 사람 또는 한 명이 파산선고를 받은 때는 채권자는 파산선고시에 가진 채권의 전액에 대하여 각 파산재단의 배당에 참가할 수 있다(파산법 제19조). 채권자가 채권의 일부를 이미 변제받은 경우에도 채권전액에 대한 배당가입이 인정된다.

4. 한 명의 연대채무자 한 명에게 생긴 사유의 효력

1) 절대적 효력

절대적 효력은 앞에서 설명한 바와 같이 채무자 한 명에게 생긴 사유가 다른 연대채무자에게도 미치는 효력을 말한다. 변제, 대물변제, 공탁은 법률에 규정이 없는 경우에도 채권자에게 만족을 주므로 절대적 효력이 있으며, 그밖에도 이행의 청구 · 경개 · 상계 · 해지 · 해제 · 채권자지체도 절대적 효력이 있으며 혼동 · 면제 · 소멸시효완성은 부담부분에 한해 절대적 효력이 인정되는 제한적 절대적 효력이 있다.

2) 상대적 효력

위의 절대적 효력이 인정되는 사유 이외의 경우에는 연대채무자 한 명에게 생긴 사유는 다른 채무자에게는 그 효력이 없다. 시효중단의 경우(단, 이행의청구에 의한 시효중단은 절대적 효력을 인정) · 채무불이행 · 확정판결 등은 상대적 효력만 인정되나, 이에 관한 민법 제423조는 임의규정이므로 당사자의 특약으로 절대적 효력을 부여할 수 있다.

 민법 제423조 【효력의 상대성의 원칙】

전 제7조의 사항 외에는 어느 연대채무자에 관한 사항은 다른 연대채무자에게 효력이 없다.

5. 연대채무자의 구상권

1) 연대채무자의 부담부분

부담부분은 내부관계에서 출재를 분담하는 비율을 말하는 것으로 구체적인 액수를 의미하는 것이 아니다. 부담부분의 결정은 먼저 당사자의 특약에 의해서 정해지고 특약이 없는 경우에는 연대채무로부터 받는 이익의 비율로 결정되며, 이 비율도 분명하지 않을 경우는 균등한 것으로 추정된다. 혼동 · 면제 · 소멸의 경우에는 부담부분에 한해서 절대적 효력이 인정된다.

2) 구상권의 성립요건

연대채무자가 다른 연대채무자에게 구상권을 행사하기 위해서는 첫째, 채무의 전부나 일부에 대한 공동면책이 있어야 하며, 둘째 자기재산의 감소로 타인재산을 증가하게 하는 등 자신의 재산을 출재하여야 한다. 면제나 시효완성은 부담부분의 범위에서 절대적 효력은 인정되지만, 출재가 없으므로 구상권은 발생하지 않는다.

3) 구상권의 범위

구상권의 범위에는 출재한 금액, 면책된 날 이후의 법정이자, 필요비, 기타 공동면책을 위하여 피할 수 없었던 손해(예를 들어 채권자로부터 소송을 당해서 패소하여 지급한 소송비용 및 집행비용) 등이 해당된다.

4) 구상권의 제한

(1) 사전 · 사후 통지의무

연대채무자가 공동면책을 위해 출재를 한 때에는 채무자 및 다른 연대채무자에게 사전 · 사후에 통지를 해야 한다. 통지를 하지 않은 경우에는 채무자나 다른 연대채무자가 이중변제할 위험이 있으며 간편하게 변제할 수 있는 기회를 잃게 될 수 있으므로, 과실이 없는 피구상권자를 보호하기 위해 그 연대채무자의 구상권은 제한된다.

(2) 사전통지의무를 게을리한 경우

연대채무자가 사전통지를 하지 않은 경우에는 채권자에게 대항할 수 있는 사유를 가지고 있는 다른 연대채무자는 그 부담부분에 한하여 채권자에게 대항할 수 있는 사유로써 면책행위를 한 채무자에게 대항할 수 있다. 그러나 대항사유가 상계인 경우에는 출재한 채무자는 구상을 받지 못하는 대신에 상계로 소멸할 채권을 이전받는다.

통지해태에는 과실을 요하지 않지만, 채권자로부터 청구가 있었던 사실과 채무자 중 누군가가 변제하려는 것을 이미 알고 있는 연대채무자에게는 통지할 필요가 없다. 그러나 통지를 한 경우에도 다른 채무자가 항변권을 행사할 시간적 여유를 주지 않고 즉시 변제한 경우에는 사전통지가 인정되지 않는다.

(3) 사후통지의무를 게을리한 경우

다른 연대채무자가 이미 출재한 사실을 모른 채 채권자에게 선의로 이중변제하는 것을 방지하기 위해 출재자가 사후통지를 게을리한 때, 선의의 제2출재채무자는 자신이 한 출재행위의 유효성을 주장할 수 있다.

제2의 면책행위는 과실 있는 제1의 출재채무자와 선의의 제2출재채무자 사이에서만 유효하다고 보는 것이 일반적이므로, 제1변제자는 제2변제자 이외의 다른 변제자에 대해서는 구상권을 가지고 채권자에 대한 관계에서는 제1변제행위가 유효하며 제2변제자는 채권자에게 반환청구할 수 있다.

6. 상환무자력자의 구상권

1) 상환무자력자의 부담부분

연대채무자 중 상환자력이 없거나 행방불명이 된 경우에 그 사람의 부담부분은 구상권자 및 다른 자력이 있는 채무자가 각자의 부담부분에 비례하여 분담한다. 그러나 구상권자에게 과실이 있는 때에는 다른 연대채무자에게 분담을 청구하지 못한다.

2) 연대의 면제와 구상권

연대의 면제는 채권자가 각 채무자에게 연대하여 채무전부를 이행할 의무를 면제시키고, 각 채무자에게 자기의 부담부분을 이행할 의무만을 남겨두는 것을 말한다. 즉 채권자가 특정한 연대채무자에게 부담부분 이상을 청구

하지 않고 다른 채무자에게 전부 청구하겠다는 것으로서, 연대의 면제를 받은 채무자의 부담부분은 채권자에게 이전된다.

연대의 면제는 채무가 분할가능한 경우에 할 수 있으며, 연대의 면제에 의해 연대채무가 분할채무로 된다.

사례 : 연대의 면제

A, B, C가 채권자 D에게 900만원의 연대채무를 부담하던 중 B가 D에게 900만원을 변제한 경우, 원칙적으로 A, B, C의 부담부분은 각각 300만원씩지만, A가 무자력으로 변제능력이 없고 C가 연대의 면제를 받았다면 C는 자신의 부담부분인 300만원의 채무만 부담하고, A가 부담하여야 할 300만원은 B와 C가 이를 나누어 각각 150만원씩 부담하여야 하지만, C가 부담할 150만원은 채권자 D가 부담하게 된다. 따라서,

B : 300만원 + 150만원 = 450만원

C : 300만원

D: 150만원

7. 구상권자의 대위권

연대채무자는 변제할 정당한 이익이 있는 사람이므로 변제에 의하여 당연히 채권자를 대위한다. 즉 변제자는 다른 연대채무자에 대해서 구상권을 취득하는데 그 구상권의 범위에서 채권자의 권리가 법률상 당연히 변제자에게 이전하게 된다. 이는 변제자를 보호하려는 제도로서 변제자대위라고 한다.

연대보증의 법률관계

연대보증은 보증인이 주채무자와 연대하여 채무를 부담하여 주채무의 이행을 담보하는 보증채무로서, 그 본질은 보증채무이다. 그러므로 주채무가 무효, 취소, 부존재 등의 원인으로 소멸하면 연대보증인도 면책이 되며, 연대보증인의 채무범위는 주채무보다 클 수 없다.

연대보증인이 여러 명인 경우에도 분별의 이익은 없으므로 채권자는 누구에게나 전액청구를 할 수 있다는 점에서 보증연대와 차이가 있다. 그러나 보충성은 인정되지 않아, 연대보증인은 최고검색의 항변권을 행사할 수 없으므로 그 담보적 효력이 큰 편이다. 이러한 이유로 실제 거래에서는 단순보증보다는 주로 연대보증이 이용되고 있다.

연대보증은 보증인과 채권자간에 보증인이 주채무자와 연대하여 보증한다는 것을 약정하거나 법률의 규정에 의해 성립한다. 상법 제57조에 의하면 보증이 상행위인 경우는 항상 연대보증으로 된다. 또한, 보증인이 사전·사후에 최고·검색의 항변권을 포기하는 경우에도 연대보증으로 된다.

연대보증도 보증채무이므로 그 효력은 보통의 보증채무와 같지만, 연대보증인은 채권자의 청구에 대해서 최고·검색의 항변권이 없다는 점에 차이가 있다.

 보증연대의 법률관계

보증연대는 보증인이 여러 명인 경우 각 보증인이 서로 연대하여 채무를 부담하는 것으로, 각 보증인이 전액을 변제할 특약인 연대의 특약을 하거나, 분별의 이익을 포기한 경우를 말한다.

> **! 분별의 이익**
>
> 여러 명의 보증인이 보증채무를 부담하는 경우에 각 보증인은 채권자에 대해서 균등한 비율로 분할한 일부에 대해서만 보증채무를 부담하게 되는데 이를 분별의 이익이라 한다.

보증연대의 경우에도 각 보증인끼리만 연대 특약(전액변제의 특약)을 한 경우에는 각 보증인들은 채권자에 대해서는 분별의 이익을 잃지 않기 때문에 전액의 변제의무는 보증인 상호간의 내부적인 채권관계에 그치지만, 주채무자가 가담하여 각 보증인과 주채무자가 연대 특약을 한 경우에는 보증인들은 완전히 분별의 이익을 잃는다. 그러나 보증연대의 경우도 본질은 보증채무이므로 연대보증과는 달리 보증인은 최고 · 검색의 항변권을 갖는다.

부진정연대채무의 법률관계

부진정연대채무는 여러 명의 채무자가 동일한 내용의 채무에 관하여 각각 독립해서 전부의 급부를 이행할 의무를 부담하고, 그 가운데 한 사람이나 여러 사람이 급부를 하면 모든 채무자의 채무가 소멸하지만, 채무자 사이에 주관적 관련이 없기 때문에 그 한 사람에 대해서 생긴 목적도달 이외의 사유는 다른 채무자에게 영향을 미치지 않고 채무자 사이에는 구상권도 발생하지 않는 채권관계를 말한다.

채권을 만족시키는 사유 이외의 것은 상대적 효력밖에 없으므로 연대채무에 비하여 담보적 효력이 강화되어 있다. 또한, 부진정연대채무자 사이에는 구상권과 부담부분이 없다.

부진정연대채무가 발생하는 경우로는 동일한 손해에서 여러 사람이 각기 전액의 배상의무를 부담하는 경우로서, 책임무능력자의 불법행위에 대한 법정감독의무자의 책임과 감독대행자의 책임(민법 제755조), 피용자의 배상의무와 사용자의 배상의무(민법 제756조), 동물의 가해행위에 대한 점유자와 보관자의 책임(민법 제759조), 공동불법행위(민법 제760조) 등이 있다.

부진정연대채무에 있어서 채권자는 연대채무와 같이 각 부진정연대채무자에 대해 동시 또는 순차로, 전부 또는 일부의 청구를 할 수 있다.

채권을 만족시키는 사유(변제, 대물변제, 공탁 등)는 절대적 효력이 있으며, 그 이외의 사유는 상대적 효력만 인정된다. 상계에 대해서는 학설은 절대적 효력을 인정하지만, 판례는 상대적 효력만을 인정한다.

　대내적으로 부진정연대채무자간에는 주관적인 공동관계가 없기 때문에 부담부분이 없으며 구상관계도 발생하지 않는다. 그러나 채무자간에 내부적으로 특별한 법률관계가 있다면 그 법률관계에 의해 구상관계가 생길 수 있다. 판례는 공동불법행위자 상호간에도 구상권을 인정하고 있다.

근보증의 법률관계

1. 근보증의 개념

근보증 또는 계속적 보증은 채권자와 채무자간의 계속적 물품공급계약, 계속적 금전대차 등과 같이 계속적 거래관계(기본계약)로부터 발생하는 다수의 증감변동하는 채무에 대해서 보증인이 장래의 결산기에 일정한도까지 담보할 것을 목적으로 하는 인적 담보제도이다.

민법 제482조 제2항에서는 보증은 장래의 채무에 대해서도 할 수 있다고 규정하고 있다. 여기서 장래의 채무에는 특정한 채무뿐만 아니라 불특정한 채무도 포함된다. 즉 보증채무는 주된 채무를 전제로 하지만 주된 채무가 현재 발생하지 않아도 장래에 성립할 가능성이 있는 때에는 보증계약은 유효하다. 그러나 포괄근저당권과 같이 채무발생의 원인조차도 한정하지 않는 무제한적인 포괄근보증은 무효이다.

2. 근보증의 종류

1) 신용보증

신용보증은 일정한 계속적인 여신계약에서 발생하는 장래의 채무를 보증하는 것을 말한다. 신용보증은 근저당권과 비슷한 점도 있지만, 채무의 한도액을 정하지 않은 경우가 많고 보증인의 전재산이 책임재산으로 되므로 근저당권보다 보증인에게 책임이 더 무거운 경우가 있다.

또한, 보증기간을 정하지 않거나 보증인이 주채무자와의 친분관계로 인해서 주채무자의 재산상태를 파악하지 못한 채 마지못해 보증계약을 체결하는 경우가 빈번하므로 보증인의 책임을 경감시킬 필요가 있다.

2) 신원보증

신원보증은 주로 고용계약에 부수하여 체결되는 계약으로서 피용자가 사용자에게 손해를 입힌 경우에 이를 보증하는 것을 말한다. 주로 채무불이행이나 불법행위로 인하여 피용자가 사용자에게 손해배상의무 등을 부담하는 경우에 이를 보증하게 된다. 신원보증에서는 사용자에게 손해가 발생했더라도 피용자가 무과실로 인해서 채무를 부담하지 않는 경우에는 보증인도 책임을 지지 않는다.

그러나 근래에는 신원보증보다는 보증보험을 많이 이용하므로 과거와 달리 신원보증에 관한 법률분쟁들은 줄어들고 있는 형편이다.

3. 근보증의 특징

근보증은 피담보채권이 증감·변동하므로 채무가 변제 등에 의해 일시적으로 소멸 또는 감소하더라도 새로운 채무가 발생하는 경우에는 보증채무가 다시 확대된다는 점에서 특정보증과 차이가 있다.

근보증은 처음부터 보증채무의 발생범위, 내용 등이 추상적이고 미확정이므로 불확실성이 증대되며 근보증계약이 존속하는 동안 일정사유가 발생할 때마다 계속하여 보증채무를 부담하게 되므로 나아가 상속인까지도 보증채무를 상속하는 경우도 있으며, 부담하는 보증채무의 액수도 일시적 보증보다 훨씬 광범위하다는 특성이 있다.

4. 보증인의 해지권

1) 임의해지권

보증기간이 정해져 있지 않거나 정해져 있는 경우에도 그 기간이 지나치게 장기간인 경우에는 보증계약 후 상당 기간이 경과한 후에는 보증인이 임의로 계속적 보증계약을 해지할 수 있는 것을 임의해지권이라 한다. 임의해지권이 인정되기 위해서는 다음의 요건을 갖추어야 한다.

① 보증기간이 정해져 있지 않거나 정해져 있더라도 그 기간이 지나치게 장기간인 경우

② 보증인이 부담할 보증책임의 한도액이 정해져 있지 않은 경우

③ 보증계약의 성립 후 상당한 기간이 경과한 경우

보증인이 해지권을 행사한 경우에는 즉시 해지의 효력이 발생하는 것이 아니라, 채권자의 보호를 위하여 해지통고 후 상당한 기간이 경과한 후에 효력이 발생하는 것으로 본다.

2) 특별해지권

특별해지권은 보증기간이 정해져 있더라도 법률상 특별한 사정이 생긴 경우에는 보증인에게 계속적 보증계약의 해지권이 인정되는 것을 말한다. 여기서 특별한 사정에 대해서는 일괄적으로 설명할 수 없으나, 예상하기 어려운 현저한 사정변경을 말하는 것으로 예를 들면, 주채무자의 자산상태가 현저히 악화되거나, 보증인의 주채무자에 대한 신뢰가 깨진 경우, 채무자의 자산상태가 악화됨을 알면서 채권자가 보증인에게 아무런 통지도 없이 계속해서 채무자와 거래하는 경우 등을 들 수 있다.

5. 보증인의 책임범위의 제한

근보증에서 보증인이 부담하는 책임은 그 책임한도액을 정한 경우에는 그 범위에서 책임을 지게 되고, 보증계약에서 한도액을 정하지 않는 때에는 여신계약 등의 기본계약에서 여신한도가 정해져 있는 경우에는 그 범위에서 책임을 진다. 따라서 채권자와 채무자만의 합의에 의해 여신한도액이 증액

된 경우에는 보증인이 부담하는 보증채무의 한도액은 영향을 받지 않는다.

한도액의 범위에 이자가 포함되는가에 관해서는 당사자의 약정이 있는 경우에는 이에 따르지만 약정이 없는 경우에도 이자를 포함하는 것이 보증인의 책임을 제한하는 취지에 부합한다. 판례도 이자는 한도액에 포함되는 것으로 해석하고 있다.

제2장 사례·판례편

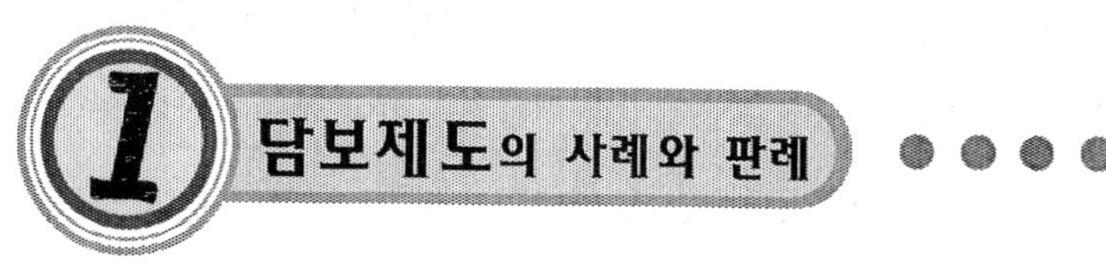

담보제도 일반

1. 담보의 종류와 방법

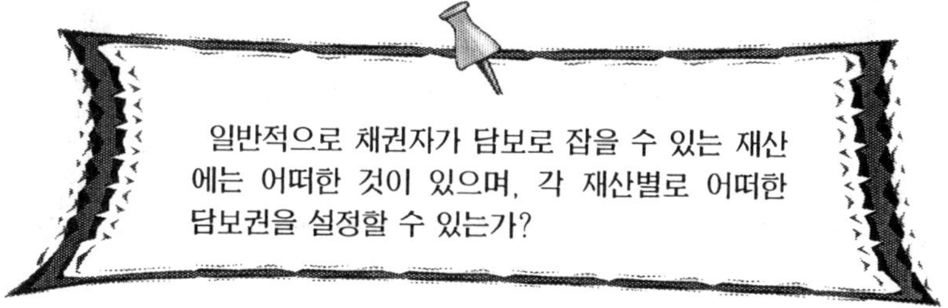

해 설　담보의 목적으로 될 수 있는 재산은 채무자의 재산 중 양도성이 있는 재산에 한한다. 그러나 법률상 또는 특약에 의해 양도금지가 되어 있는 것에 대해서는 담보로 할 수 없다.

저당권을 설정할 수 있는 재산으로는 토지나 건물 등의 부동산, 지상권·전세권 등의 부동산물권, 등기한 선박, 공장재단, 광업재단, 광업권, 입목, 어업권, 등록한 자동차, 항공기, 건설기계 등이 있다.

질권을 설정할 수 있는 재산으로는 동산, 양도가 금지되지 않은 채권, 창고증권, 화물상환증, 선하증권, 사채, 주식, 무체재산권 등이 있다.

양도담보권을 설정할 수 있는 재산에는 양도성이 있는 재산이 해당한다. 그러나 질권이나 저당권을 설정할 수 없는 경우에도 양도담보권을 설정할 수 있는 경우가 있으므로 그 범위가 매우 넓다.

2. 금전거래에 있어서 이행확보방법

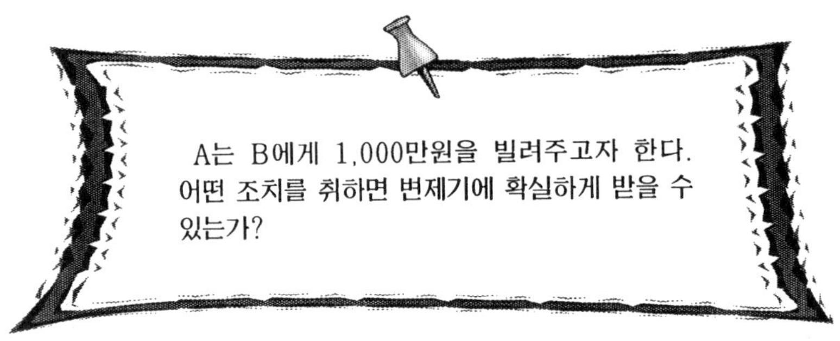

해 설 금전거래에 있어서 채무자가 갚을 날짜에 갚지 않을 경우 채권자는 돈을 받기 위하여 법원에 소송을 제기하고 판결을 받아 강제집행을 하게 되는데, 많은 시간과 비용이 들 뿐만 아니라 이런 절차를 밟고서도 돈을 받지 못하는 경우가 많이 있다. 그러나 사회생활을 하면서 일절 금전거래를 하지 않을 수는 없다. 이러한 경우에는 ① 채무자 B의 부동산에 저당권을 설정하는 방법, ② B의 동산이나 부동산에 양도담보를 설정하는 방법, ③ B의 부동산에 대하여 대물변제예약을 하는 방법, ④ 금전소비대차계약공정증서 또는 약속어음공정증서를 작성하는 방법 등이 있으니, 이 방법들 중

에서 당사자의 사정에 따라 선택하면 된다.

그 중에서 저당권설정, 부동산양도담보, 대물변제예약의 경우에는 당사자 사이에 설정계약을 한 후 등기를 하여야 하고, 동산양도담보 및 금전소비대차계약공증, 약속어음공증의 경우에는 공증인사무소에서 공증의뢰를 하면 된다.

저당권

1. 저당권이 설정된 채권의 소멸시효가 완성된 경우 저당권의 말소

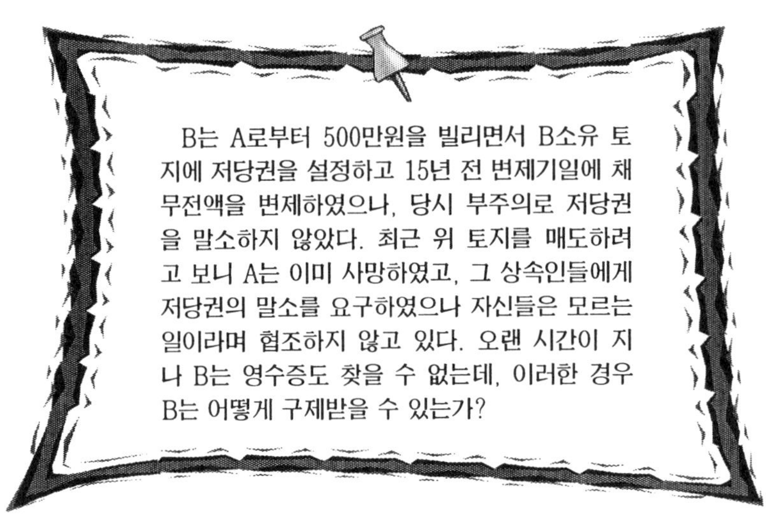

해 설   오랜 시일이 지나서 A에게 채무전액에 대한 변제사실을 입증하기 곤란한 경우에는 채무변제를 원인으로 즉, 피담보채무소멸을 원인으로 한 저당권의 말소를 구하는 것은 곤란할 것이다. 그러나 민법 제163조에서 "채권은 10년간 행사하지 않으면 소멸시효가 완성한다."라고 규정하고 있으며, 민법 제369조에서 "저당권으로 담보한 채권이 시효의 완성 기타 사유로 인하여 소멸한 때에는 저당권도 소멸한다."라고 규정하고 있다. 또한 위 사례와 관련된 판례는 "경매개시 이전에 이미 피담보채권이 소멸되었으

면 담보물권의 부종성에 의하여 저당권은 소멸되었다고 볼 것이므로, 아직 말소되지 아니한 저당권설정등기에 기하여 경매가 진행되어 경락허가결정이 확정되고, 그 대금지급이 완료되었다 하더라도 위 경락허가결정은 무효이므로 경락인은 저당물의 소유권을 취득할 수 없다."라고 판시한 바 있다 (대판 68다2334).

　따라서 B는 저당권말소등기절차에 협력하지 않는 A의 상속인들을 상대로 대여금채무의 변제사실을 입증할 수 없더라도 피담보채권의 시효소멸을 이유로 저당권말소등기절차이행청구소송을 제기할 수 있다.

2. 전세계약이 기간만료로 종료된 경우 전세권에 설정한 저당권의 실행방법

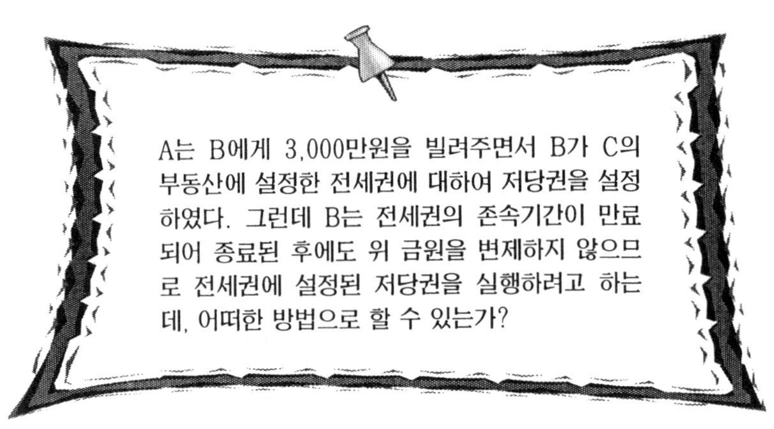

해 설   판례는 "전세권이 기간만료로 종료된 경우 전세권설정등기의 말소등기 없이도 당연히 소멸하고, 저당권의 목적물인 전세권이 소멸하면 저당권도 당연히 소멸하는 것이므로 전세권을 목적으로 한 저당권자는 전세권의 목적물인 부동산의 소유자에게 더 이상 저당권을 주장할 수 없다. 전세권에 대하여 저당권이 설정된 경우 그 저당권의 목적물은 물권인 전세권 자체이지 전세금반환채권은 그 목적물이 아니고, 전세권의 존속기간이 만료되면 전세권은 소멸하므로 더 이상 전세권 자체에 대하여 저당권을 실행할 수 없게 된다. 이러한 경우에는 민법 제370조, 제342조 및 민사소송법 제733조에 의하여 저당권의 목적물인 전세권에 갈음하여 존속하는 것으로 볼 수 있는 전세금반환채권에 대한 압류 및 추심명령 또는 전부명령을 받거나 제3자가 전세금반환채권에 대하여 실시한 강제집행절차에서 배당요구를 하는 등의 방법으로 자신의 권리를 행사하여 비로소 전세권설정자에 대해 전세금의 지급을 구할 수 있게 된다. 원래 동시이행항변권은 공평의 관념과 신의칙에 입각하여 각 당사자가 부담하는 채무가 서로 대가적 의미를 가지고 관련되어 있을 때 그 이행에 있어서 견련관계를 인정하여 당사자 일방은 상대방이 채무를 이행하거나 이행의 제공을 하지 아니한 채 당사자 일방의 채무의 이행을 청구할 때에는 자기의 채무이행을 거절할 수 있도록 하는 제도인 점, 전세권을 목적물로 하는 저당권의 설정은 전세권의 목적물 소유자의 의사와는 상관없이 전세권자의 동의만 있으면 가능한 것이고, 원래 전세권에 있어 전세권설정자가 부담하는 전세금반환의무는 전세금반환채권에 대한 제3자의 압류 등이 없는 한 전세권자에 대해 전세금을 지급함으로써 그 의무이행을 다할 뿐이라는 점에 비추어 볼 때, 전세권저당권이 설정된 경우에도 전세권이 기간만료로 소멸되면 전세권설정자는 전세금반환채권에 대한 제3자의 압류 등이 없는 한 전세권자에 대하여만 전세금반환의무를 부담한다.”고 하였다(대판 98다31301). 그러므로 위 사례의 경우에 있어서도 A는 B의 전세금반환채권에 대하여 압류 및 추심명령을 받아 추심하거나 또는 압류 및 전부명령을 받아 전부금청구를 하는 방법으로(이 경우 저당권의 존재를 증명하는 등기부등본을 집행법원에 제출하면 되고 별도의 채무명의가 필요한 것이 아님) 위 채권을 지급 받아야 하며, 이와 같은 압류 및 추심 또는 전부명령의 법적 절차 없이 C가 직접적으로 A에게 전세금을 반환할 의무는 없다.

그래서 전세권의 존속기간만료 후 A가 아무런 법적 조치를 취하지 않고 있던 사이에 C가 B에게 전세금을 돌려주고 나면, A는 C에게 그 전세금의 반환을 청구할 수 없게 된다.

3. 저당된 건물을 철거한 후 신축한 건물을 철거 전의 저당권으로 경매할 수 있는가?

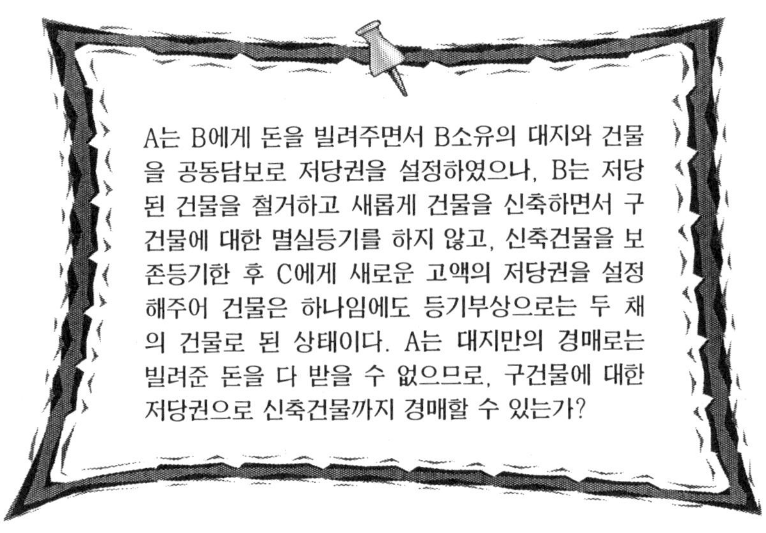

해 설 저당권이 설정된 건물을 수리 또는 증축함에 있어서 그 증축부분이 구조상·이용상으로 기존건물과 구분되는 독립성이 없어 독립한 소유권의 객체가 되지 않는 경우와 같이 기존건물과 현존건물의 동일성이 인정되는 때에는 현존건물이 다시 보존등기 되었다 하여도 후에 등기한 보존등기는 무효인 것이고, 기존건물에 설정된 저당권의 효력이 현존건물에도 미치게 된다(대판 67마439).

그러나 위 사안과 같이 기존건물을 철거하고 새롭게 건물을 신축한 경우에 대하여 판례는 건물이 멸실된 경우에 멸실된 건물에 대한 등기용지는 폐쇄될 운명에 있으며(대판 93다24810), 멸실된 건물과 신축된 건물이 위치나 기타 여러 가지 면에서 서로 같다고 하더라도 그 두 건물이 동일한 건물이라고는 할 수 없으므로, 신축건물의 물권변동에 관한 등기를 멸실건물의 등기부에 등재하여도 그 등기는 진실에 부합하지 아니하는 것으로서 무효이고, 비록 신축건물의 소유자가 멸실건물의 등기를 신축건물의 등기로 전용(轉用)할 의사로서 멸실건물의 등기부상 표시를 신축건물의 내용으로 표시변경등기를 하였다고 하더라도 그 등기가 무효임에는 변함이 없으며(민법 제186조, 대판 80다441 ; 91다39184), 구건물 멸실 후에 신축건물이 신축되었고 구건물과 신축건물 사이에 동일성이 없는 경우 멸실된 구건물에 대한 근저당권설정등기는 무효이며, 이에 기하여 진행된 임의경매절차에서 신축건물을 경락받았다고 하더라도 그 소유권을 취득할 수 없다고 한다(대판 92다15574 ; 75다2211).

그러므로 신축건물과 멸실된 건물이 그 재료, 위치, 구조 기타의 면에서 유사하다고 하여도 양자가 동일성이 인정되는 건물이라고 할 수는 없으므로, 신축건물에 대하여는 기존건물에 설정되었던 저당권의 효력이 미치지 않는다고 볼 수 있다. 다만, 대지에 대한 저당권은 그대로 유효한 것이므로 민법 제365조(저당지상의 건물에 대한 경매청구권)에 의하여 대지에 대한 경매신청과 함께 저당권이 설정된 이후에 저당대지에 신축된 건물에 대하여는 경매를 신청할 수 있다. 판례도 민법 제365조에 기한 일괄경매청구권은 「저당권설정자가 건물을 축조하여 소유하고 있는 경우」에 한하지만, 토지와 그 지상건물의 소유자가 이에 대하여 공동저당권을 설정한 후 건물을 철거하고 그 토지상에 새로이 건물을 축조하여 소유하고 있는 경우에는 건물이 없는 나대지상에 저당권을 설정한 후 그 설정자가 건물을 축조한 경우와 마찬가지로 저당권자는 민법 제365조에 의하여 그 토지와 신축건물의 일괄경매를 청구할 수 있다고 하였다(대판 97마2935).

이러한 경우 A는 대지의 경락대금에 대하여만 저당권설정당시의 순위에 따른 우선변제를 받을 수 있고, 건물의 경락대금에 대하여는 우선변제를 받을 수 없으며, 다른 일반채권자와 동일하게 가압류를 하거나 채무명의를 확보하여 배당요구를 할 수 있을 뿐이다.

4. 저당권이 설정된 토지가 수용된 경우 저당권의 행사방법

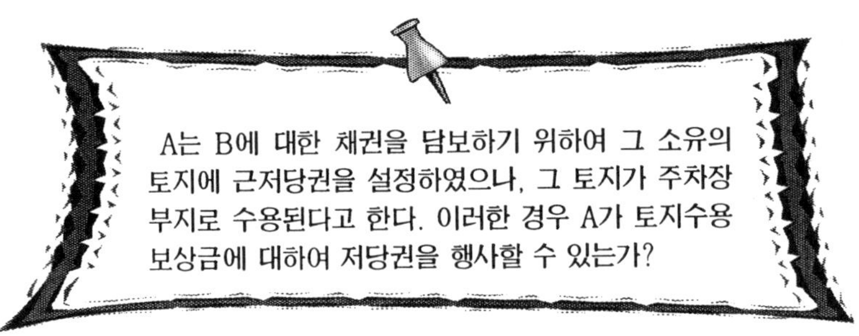

 **해설**   약정담보물권에 있어서 그 목적물이 멸실·훼손 또는 공용징수(公用徵收)로 인하여 보험금지급청구권·손해배상청구권·보상금청구권 등으로 변하는 경우에는 이 보험금지급청구권·손해배상청구권·보상금청구권 등에 담보물권의 효력이 미치는데 이를 물상대위(物上代位)라 하며, 이는 우선변제적 효력이 있는 담보물권 즉 질권과 저당권에 한하여 인정되는 것으로서, 민법은 이를 질권에서 규정하고 저당권에 준용하고 있다.

　민법 제370조 및 제342조에서 저당권자는 저당물의 멸실, 훼손 또는 공용징수로 인하여 저당권설정자가 받을 금전 기타 물건에 대하여도 이를 행사할 수 있고, 이 경우에는 그 지급 또는 인도 전에 압류하여야 한다고 규정하고 있으며, 토지수용법 제69조에서도 "담보물권의 목적물이 수용 또는 사용되었을 경우에는 당해 담보물권은 그 목적물의 수용 또는 사용으로 인하여 채무자가 받을 보상금에 대하여 행사할 수 있다. 다만, 그 지불 전에 이를 압류하여야 한다."라고 규정한다.

　판례는 "민법 제370조, 제342조에 의한 저당권자의 물상대위권(物上代位權)의 행사는 민사소송법 제733조에 의하여 담보권의 존재를 증명하는 서류를 집행법원에 제출하여 채권압류 및 전부명령을 신청하거나, 민사소송법 제580조에 의하여 배당요구를 하는 방법에 의하여 하는 것이고, 이는 늦어도 민사소송법 제580조 제1항 각 호 소정의 배당요구의 종기까지 하여야 하는 것으로 그 이후에는 물상대위권자로서의 우선변제권을 행사할 수 없다고 하여야 할 것이고, 위 물상대위권자로서의 권리행사의 방법과 시한을 위와 같이 제한하는 취지는 물상대위의 목적인 채권의 특정성을 유지하여 그 효력을 보전하고 평등배당을 기대한 다른 일반 채권자의 신뢰를 보호하는 등 제3자에게 불측의 손해를 입히지 아니함과 동시에 집행절차의 안정과 신속을 꾀하고자 함에 있다."라고 하였다(대판 2000다4272).

　또한 "저당권자의 물상대위권은 어디까지나 그 권리실행의사를 저당권자 스스로 법원에 명확하게 표시하는 방법으로 저당권자 자신에 의하여 행사되어야 하는 것이지, 저당권자 아닌 다른 채권자나 제3채무자의 태도나 인식만으로 저당권자의 권리행사를 의제할 수는 없으므로, 저당권자 아닌 다른 채권자나 제3채무자가 저당권의 존재와 피담보채무액을 인정하고 있고, 나아가 제3채무자가 채무액을 공탁하고 공탁사유를 신고하면서 저당권자를 피공탁자로 기재하는 한편, 저당권의 존재를 증명하는 서류까지 제출하고 있다 하더라도 그것을 저당권자 자신의 권리행사와 같이 보아 저당권자가 그 배당절차에서 다른 채권자들에 우선하여 배당 받을 수 있는 것으로 볼 수 없으며, 저당권자로서는 제3채무자가 공탁사유신고를 하기 이전에 스스로 담보권의 존재를 증명하는 서류를 제출하여 물상대위권의 목적채권을 압류하거나 법원에 배당요구를 한 경우에 한하여 공탁금으로부터 우선배당을 받을 수 있을 뿐이다."라고 하였다(대판 98다62688).

따라서 A는 물상대위권자로서 담보권의 존재를 증명하는 서류를 첨부하여 집행법원에 B의 수용보상채권에 대한 채권압류 및 전부명령을 신청하거나, 위 수용보상금이 공탁된 경우에는 강제집행절차상 늦어도 배당요구의 종기까지 배당요구를 하는 방법에 의함으로써 우선배당을 받을 수 있다.

5. 저당물이 이전된 후 저당권설정자 겸 종전소유자도 저당권등기 말소청구가 가능한가?

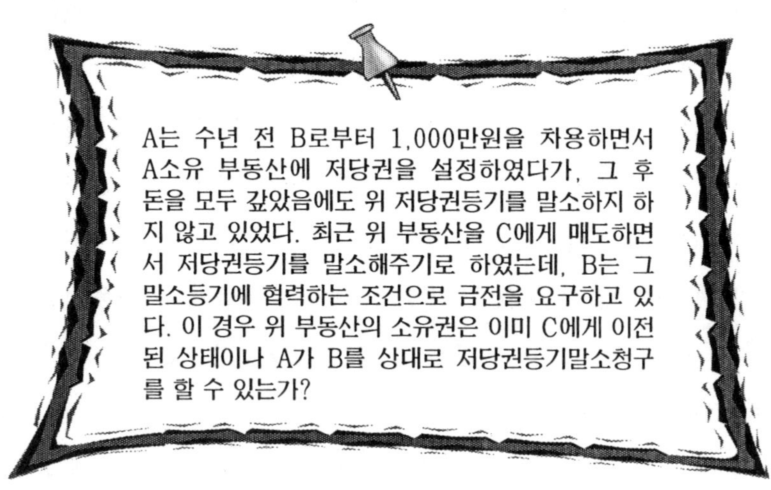

해설 부동산에 관한 법률행위로 인한 물권의 득실변경은 등기하여야 그 효력이 생기고, 등기는 등기권리자와 등기의무자 또는 대리인이 등기소에 출석하여 이를 신청하여야 하며, 다만 대리인이 변호사 또는 법무사인 경우에는 대법원규칙이 정하는 사무원을 등기소에 출석하게 하여 이를 신청할 수 있고, 판결에 의한 등기는 승소한 등기권리자 또는 의무자만으로, 상속에 의한 등기는 등기권리자만으로 이를 신청할 수 있다(민법 제186조, 부동산등기법 제28조, 제29조).

그런데 위 사례와 같이 저당목적물인 부동산의 소유자가 변경된 경우 저당권설정자 겸 종전소유자가 저당권자에 대하여 피담보채권의 소멸로 인한 저당권설정등기의 말소를 청구할 수 있는지가 문제된다.

이에 관한 판례를 보면, "근저당권이 설정된 후에 그 부동산의 소유권이 제3자에게 이전된 경우에는 현재의 소유자가 자신의 소유권에 기하여 피담보채무의 소멸을 원인으로 그 근저당권설정등기의 말소를 청구할 수 있음은 물론이지만, 근저당권설정자인 종전의 소유자도 근저당권설정계약의 당사자로서 근저당권소멸에 따른 원상회복으로 근저당권자에게 근저당권설정등기의 말소를 구할 수 있는 계약상 권리가 있으므로, 이러한 계약상 권리에 터잡아 근저당권자에게 피담보채무의 소멸을 이유로 하여 그 근저당권설정등기의 말소를 청구할 수 있다고 봄이 상당하고, 목적물의 소유권을 상실하였다는 이유만으로 그러한 권리를 행사할 수 없다고 볼 것은 아니다."라고 한다(대판 93다16338).

그러므로 위 사례와 같은 경우 현재의 소유자 C가 저당권자 B를 상대로 피담보채무의 소멸을 이유로 한 위 저당권의 말소를 청구할 수 있음은 당연한 것이고, 저당권설정자 겸 종전의 소유자인 A도 위 저당권의 말소청구가 가능하다.

6. 기존건물에 대한 저당권의 효력을 증축부분에 미치게 하는 저당권변경등기의 효력

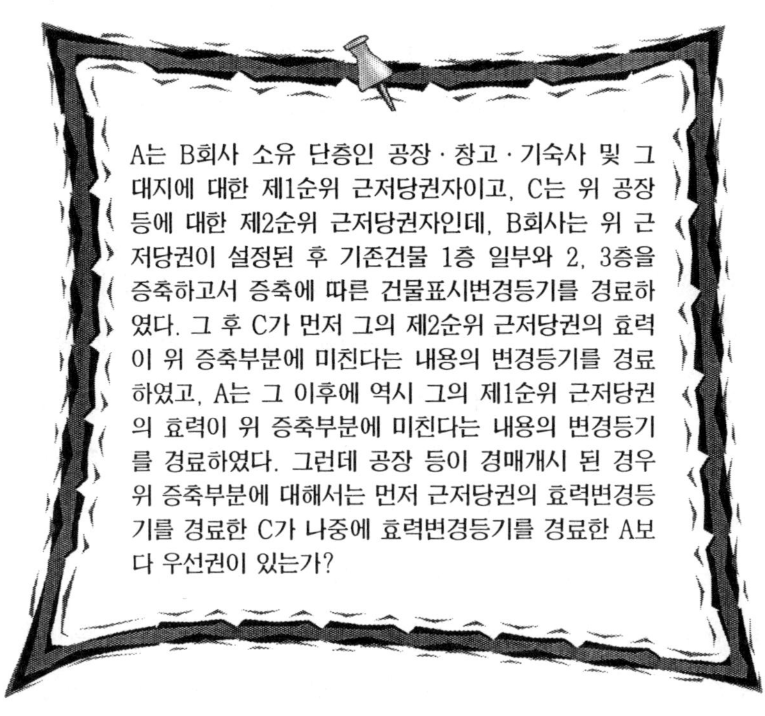

A는 B회사 소유 단층인 공장·창고·기숙사 및 그 대지에 대한 제1순위 근저당권자이고, C는 위 공장 등에 대한 제2순위 근저당권자인데, B회사는 위 근저당권이 설정된 후 기존건물 1층 일부와 2, 3층을 증축하고서 증축에 따른 건물표시변경등기를 경료하였다. 그 후 C가 먼저 그의 제2순위 근저당권의 효력이 위 증축부분에 미친다는 내용의 변경등기를 경료하였고, A는 그 이후에 역시 그의 제1순위 근저당권의 효력이 위 증축부분에 미친다는 내용의 변경등기를 경료하였다. 그런데 공장 등이 경매개시 된 경우 위 증축부분에 대해서는 먼저 근저당권의 효력변경등기를 경료한 C가 나중에 효력변경등기를 경료한 A보다 우선권이 있는가?

해 설   저당권이 설정된 건물이 증축된 경우 그 저당권의 효력과 관련된 판례는 "법률상 1개의 부동산으로 등기된 기존건물이 증축되어 증축부분이 구분소유의 객체가 될 수 있는 구조상 및 이용상의 독립성을 갖추었다고 하더라도 이로써 곧바로 그 증축부분이 법률상 기존건물과 별개인 구분건물로 되는 것은 아니고, 구분건물이 되기 위해서는 증축부분의 소유자의 구분소유의사가 객관적으로 표시된 구분행위가 있어야 할 것이고, 기존

건물에 관하여 증축 후의 현존건물의 현황에 맞추어 증축으로 인한 건물표
시변경등기가 경료된 경우에는 특별한 사정이 없는 한 그 소유자는 증축부
분을 구분건물로 하지 않고 증축 후의 현존건물 전체를 1개의 건물로 하려
는 의사였다고 봄이 상당하다. 이 경우 증축부분이 기존건물의 구성부분이
거나 이에 부합된 것으로서 기존건물과 증축 후의 현존건물 사이에 동일성
이 인정된다면, 위 건물표시변경등기는 증축 후의 현존건물을 표상하는 유
효한 등기라고 할 것이고, 또한 기존건물에 대하여 이미 설정되어 있던 저
당권의 효력은 법률에 특별한 규정이나 설정행위 등에 다른 약정이 없는 한
증축부분에도 미친다고 할 것이므로 기존건물에 설정된 저당권의 효력을 증
축부분에 미치게 하는 취지의 저당권변경등기를 할 수 없는 것이고, 설사
그러한 등기가 경료되었다고 하더라도 아무런 효력이 없다. 한편 증축부분
이 기존건물의 구성부분이거나 이에 부합된 것이 아닌 별개의 건물이고 이
를 구분건물로 할 의사였다면 구분건물로서 등기를 하여야 할 것이지 건물
표시변경등기를 할 수는 없는 것이므로, 그 건물표시변경등기가 경료된 후
기존건물에 설정된 저당권의 효력을 증축부분에 미치게 하는 취지의 저당권
변경등기를 하였다고 하더라도 그 저당권의 효력이 별개의 건물인 증축부분
에 미칠 수는 없다고 할 것이다."라고 하였다(대판 98다32540 ; 98다35020).

　따라서 위 사례에 있어서도 B회사가 기존건물에 관하여 증축 후의 현존건
물의 현황에 맞추어 증축으로 인한 건물표시변경등기를 하였으므로 B회사
는 위 증축부분을 구분건물로 하지 않고 증축 후의 현존건물 전체를 1개의
건물로 하려는 의사였다고 볼 수 있으며, 그렇다면 기존건물과 증축부분을
구분하여 배당할 필요가 없으며, 위 저당권변경등기의 선 · 후에 관계없이

기존건물에 설정된 저당권의 순위에 따라서 배당이 이루어져야 할 것이므로 A가 C에 우선하여 배당받게 된다.

7. 저당권설정계약의 당사자

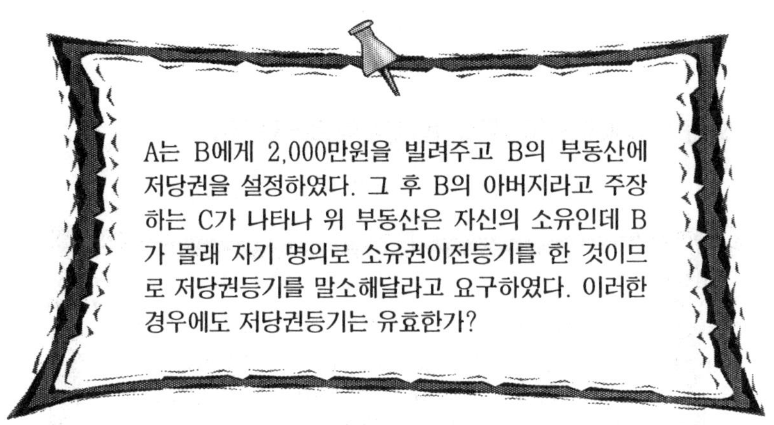

해 설   저당권설정계약의 당사자는 저당권을 취득하는 저당권자와 저당목적물의 소유자인 저당권설정자이다. 저당권설정자는 채무자인 것이 일반적이지만 반드시 채무자에 한정되는 것은 아니고 제3자인 경우에도 가능하다. 이와 같이 제3자가 채무자의 채무를 위하여 자신의 재산에 저당권을 설정하는 경우 제3자를 물상보증인이라고 한다.

저당권설정자가 저당부동산의 등기부상 소유자로 기재되어 있는 경우에도 진정한 소유자가 아닌 경우에 우리 민법은 등기의 공신력을 인정하지 않으므로 원칙적으로 이러한 저당권은 무효로 된다.

위의 사례에서 C의 주장이 사실인 경우 저당권등기는 무효로 되나, B와 C가 서로 짜고 C로부터 B로 소유권을 이전할 의사가 없이 B명의의 소유권이전등기를 했다는 점을 입증할 수 있다면 이러한 사실을 모르고 저당권을 취득한 A의 저당권설정등기는 유효하고 C는 저당권등기의 말소를 청구할 수 없다.

8. 등기된 피담보채권액과 실제의 피담보채권액

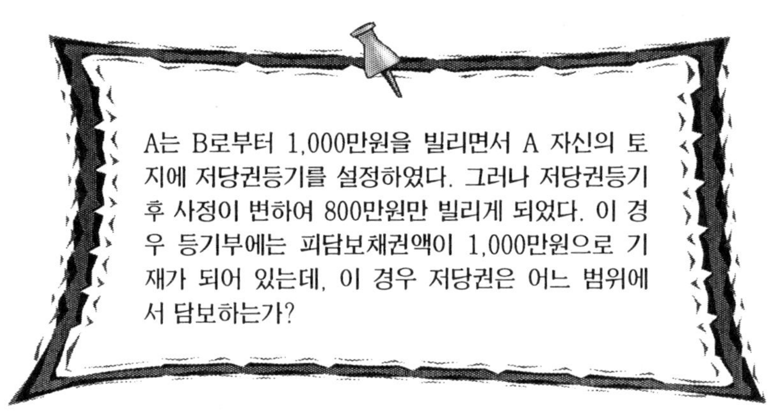

해설   저당권등기의 피담보채권액은 필요적 기재사항으로 반드시 기재가 되어야 저당권등기가 유효하게 된다. 그러나 실제 채권액과 등기된 액이 다른 경우에 등기가 무효로 되는 것이 아니라 실제 채권액의 범위에서 등기는 유효하다고 할 수 있다.

그러므로 A는 등기부의 내용을 변경하지 않더라도 아무런 문제가 없으나,

사후 분쟁이 발생할 소지를 없애기 위해서는 변경등기에 의해 800만원으로 변경할 필요가 있다.

9. 채권자가 모르게 저당권등기가 말소된 경우

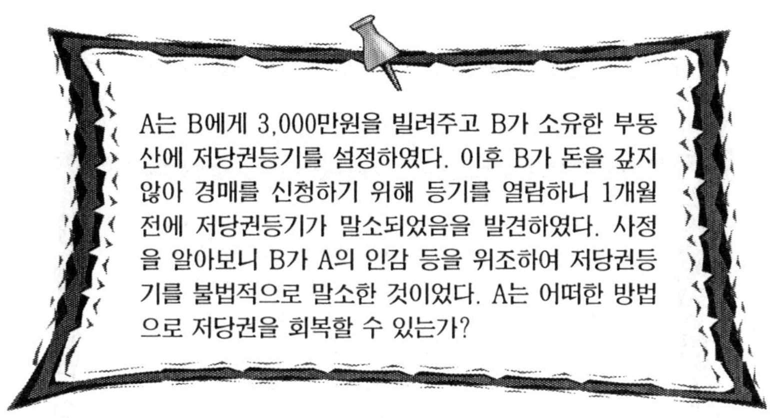

해설   위의 사례에서 저당권말소등기는 실체관계에 부합하지 않는 무효의 등기이므로 A는 말소된 등기의 회복등기를 구하는 소송에 의해 저당권등기의 회복을 할 수 있다.

A의 권리를 증명할 수 있는 방법은 등기부에 저당권이 유효하게 기재되어 있어야 하는데 A는 현재 자신의 저당권을 증명할 방법이 없으므로 B에 대해 회복등기에 협력해줄 것을 요구하고, B가 협력하지 않는 경우에는 법원에 말소회복등기의 소송을 제기하여 그 확정판결로서 저당권회복등기를 한 후 경매를 신청할 수 있다.

만약 B가 저당권등기를 말소한 후 그 부동산을 제3자에게 처분한 경우에는 제3자는 A의 저당권말소회복등기와 관련하여 이해관계를 갖는 자이므로, A는 B에 대한 말소회복등기소송과 함께 제3자에 대해 회복등기에 승낙을 해줄 것을 구하는 소송을 제기할 필요가 있다.

10. 효력이 상실된 저당권등기로 새로운 채무를 담보하는 경우

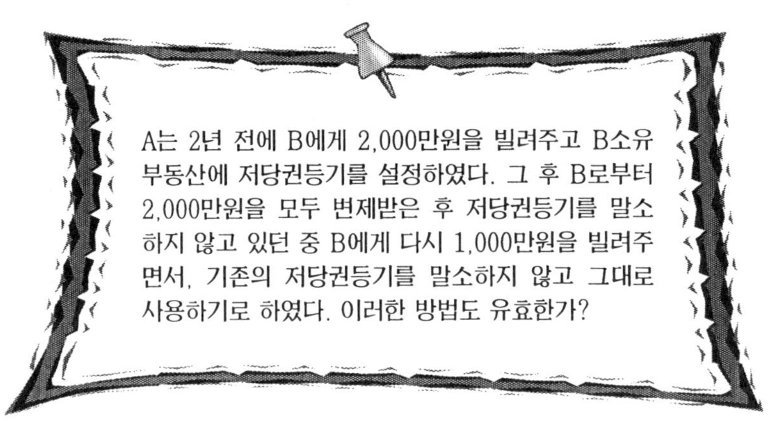

해설　　사례의 경우 원칙적으로는 종전의 저당권등기는 이미 효력을 상실한 것이므로 말소 후 다시 새로운 저당권등기를 설정해야 하지만, 당사자에게는 복잡한 절차를 생략하고 비용을 절감하는 장점이 있으므로, 실제 거래에서는 구등기를 말소하고 새로운 등기를 설정하지 않고 구등기를 그대로 사용하는 경우가 일반적인데, 이를 등기의 유용(流用)이라고 한다.

먼저 발생한 채권이 변제된 후 나중에 발생한 채권의 성립과 함께 종전 저

당권등기의 유용을 합의한 시기 사이에 등기부상 이해관계가 있는 제3자가 없다면 등기의 유용이 가능하다. 그러나 만약 그 부동산에 대하여 후순위저당권을 취득한 자와 같이 종전 저당권등기의 존속으로 인해 그 권리행사에 불이익을 받는 제3자(이해관계 있는 제3자)가 있는 경우에는 등기의 유용은 허용되지 않는다.

따라서 B소유 부동산에 등기부상 이해관계 있는 제3자가 없는 경우에는 A와 B의 합의에 의해 종전 저당권등기를 이용할 수 있지만, 이해관계 있는 제3자가 존재하는 경우에는 무효등기의 유용에 관한 합의는 효력을 갖지 못한다.

11. 저당권에 의해 담보되는 지연이자의 범위

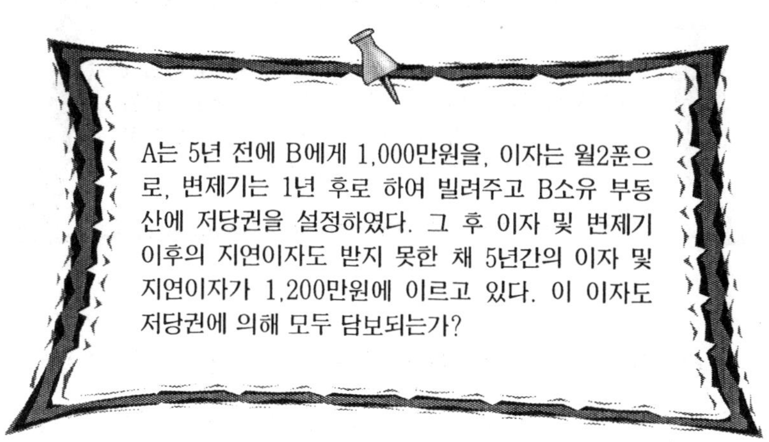

해설   저당권자는 저당권에 의해 담보되는 채권의 전부에 대해 우선변제권을 갖는 것이 원칙이나, 채무자에 대한 다른 채권자의 이익을 고려하여 민법 제360조는 저당권에 의해 담보되는 채권의 범위를 원본, 이자, 위약금, 채무불이행으로 인한 손해배상은 원칙적으로 모두 저당권에 의해 담보되지만, 지연이자에 관해서는 원본의 이행기일을 경과한 후의 1년분에 한해서만 저당권을 행사할 수 있다고 규정하고 있다.

따라서 A는 저당권에 의해 원금와 이자는 전액 담보되지만 지연이자는 변제기 후 1년 이내의 범위에서만 저당권에 의해 담보된다.

12. 건물의 증축과 저당권의 범위

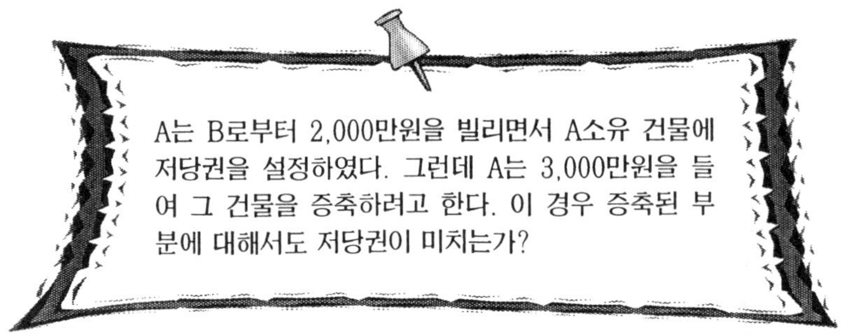

해설   저당건물의 증축에 대해서는 저당권자의 저당권 행사에 불이익을 초래하지 않으므로 저당목적물의 동일성을 변경시키지 않는 경우에는 건물의 증축도 가능하다.

증축된 부분에 대해서 저당권의 효력이 미칠 것인가의 여부는 거래관념상

그 부분이 독립된 건물로 평가될 수 있는가에 따라 달라질 수 있다. 만약 증축된 부분에 대해서 독립성이 인정되지 않는 경우에는 증축부분은 기존 건물의 부합물이나 종물로서 저당권의 효력이 미치게 된다.

13. 저당물의 수용과 물상대위

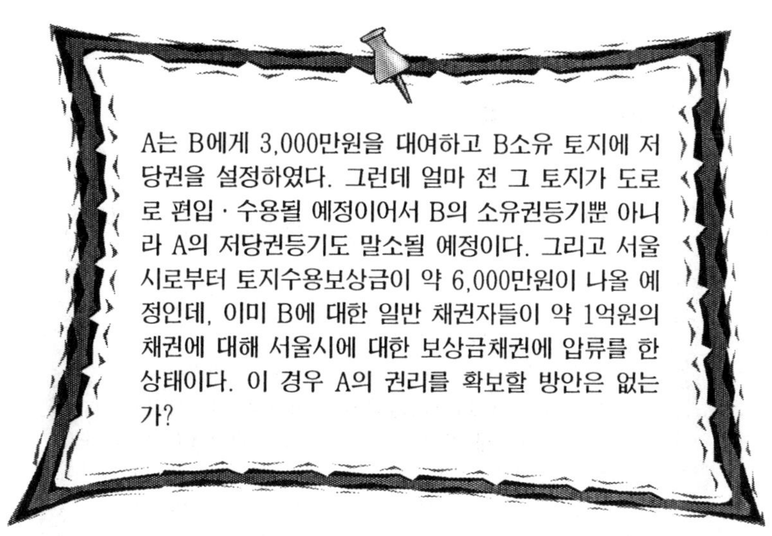

해설 저당물이 멸실, 훼손 또는 공용징수 등으로 그 목적물에 대신하는 금전 기타의 물건의 목적물 소유자에게 귀속되는 경우, 저당권의 우선변제적 성질이 그 목적물에 대신하는 것에 대해서도 여전히 유지되는 것을 물상대위성(物上代位性)이라 한다. 이러한 물상대위제도는 우선변제적 효력이 있는 담보물권에 일반적으로 인정된다.

위 사례에서 A가 B의 토지에 대해 다른 채권자보다 우선하여 저당권을 가지고 있는 경우에는 A는 여전히 B의 서울시에 대한 토지수용보상금채권에 대해 우선권을 주장할 수 있다. 그러나 우선권을 주장하기 위해서는 보상금채권을 압류해야 하는데, 다른 채권자들의 압류만으로 바로 우선권을 주장할 수 있는 것은 아니고, A의 명의로 다시 물상대위권 행사를 위한 압류를 하여야 한다.

14. 유저당계약의 효력

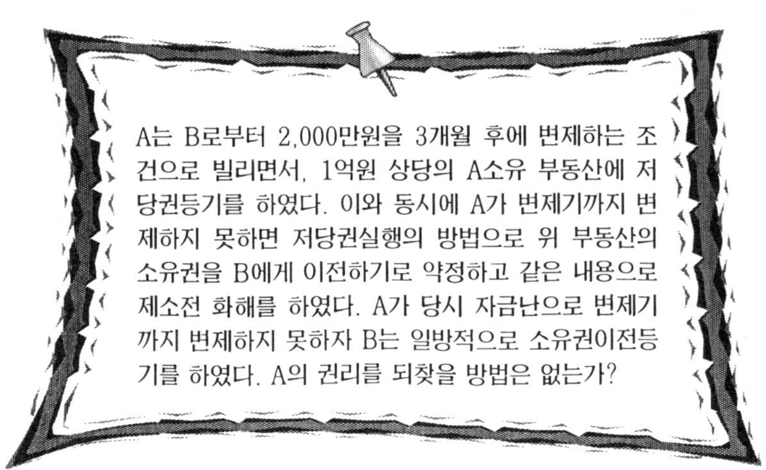

해 설 저당권을 실행하는 일반적인 방법은 담보권실행을 위한 경매절차를 거치는 것이지만, 이러한 경매절차는 상당히 번거롭고 담보목적물의 가치가 저평가될 수 있다. 따라서 저당권설정계약의 당사자들은 저당

권설정계약시에 채무불이행이 있는 경우 저당목적물의 소유권을 저당권자가 취득하거나, 기타 임의의 방법으로 저당목적물을 처분, 환가해도 좋다고 하는 유저당(流抵當) 약정을 하는 경우가 있다.

위 사례에서는 A가 B로부터 청산금의 지급을 받기 전이므로로 A는 지연이자를 포함한 채무원리금 전액을 신속히 B에게 변제하거나, 만일 B가 그 변제금의 수령을 거절하는 경우에는 B를 상대로 변제공탁을 먼저한 후에 피담보채무의 소멸을 원인으로 하여 양도담보의 등기 및 저당권등기의 말소를 청구할 수 있다. 그러나 만약 목적부동산이 이러한 내용을 모르는 선의의 제3자에게 이전된 경우에는 A는 소유권을 되찾을 수 없게 된다.

15. 저당권설정과 법정지상권 1

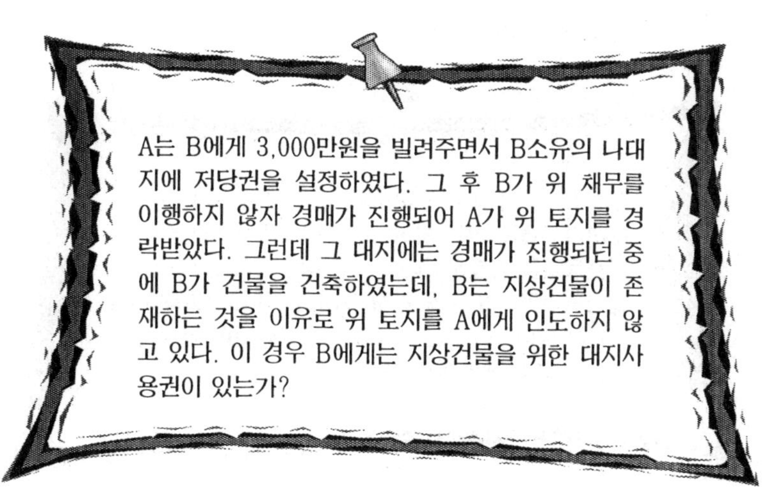

해 설   토지와 건물이 동일한 자의 소유였다가 일정한 사유에 의해 토지와 건물의 소유자가 달라진 경우, 건물소유자가 그 건물의 소유를 위해 토지를 사용할 수 있는 권리를 법정지상권이라고 한다. 즉 민법 제366조는 '저당물의 경매로 인하여 토지와 그 지상건물이 다른 소유자에 속한 경우에는 토지 소유자는 건물소유자에 대하여 지상권을 설정한 것으로 본다.'라고 규정하고 있다.

　법정지상권이 성립되기 위해서는 저당권을 설정하는 때에 토지와 그 지상건물이 존재해야 한다. 위 사례와 같이 저당권을 설정할 당시에 나대지였던 토지에 사후에 건물이 축조된 경우에는 건물소유자는 A에 대해 법정지상권이나 대지사용권은 주장할 수 없다.

16. 저당권설정과 법정지상권 2

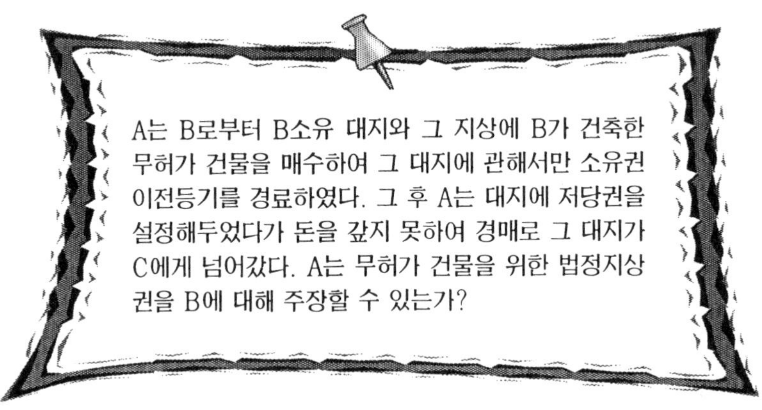

해 설　　법정지상권은 저당권설정 당시에 토지소유자와 건물소유자가 동일한 사람인 경우에 인정된다. 미등기건물의 소유권은 그 건물을 건축한 원시취득자가 갖게 된다. 그후 원시취득자로부터 건물을 매수하여 소유권을 취득하고자 하는 자는 우선 그 원시취득자의 보존등기를 거쳐 건물에 관한 소유권이전등기를 하여야만 소유권을 갖게 된다. 등기없이 건물을 양수한 사람은 그 건물에 대한 처분권만 가지며 소유권을 가진 것으로는 볼 수 없다.

따라서 A가 무허가건물을 매수하였다고 하더라도 등기가 없는 경우에는 그 건물의 소유권은 여전히 A에게 있다. 따라서 저당권설정 당시에 토지는 A의 소유이지만 건물은 B의 소유이므로 토지와 건물이 동일인의 소유라고 볼 수 없다.

위 사례에서는 저당권의 설정 당시에 건물과 토지소유자가 달라진 상태에 있으므로 A는 경락으로 토지소유권을 취득한 C에 대해 미등기 무허가건물의 소유를 위한 법정지상권을 주장할 수 없다.

17. 저당부동산에 대한 제3취득자

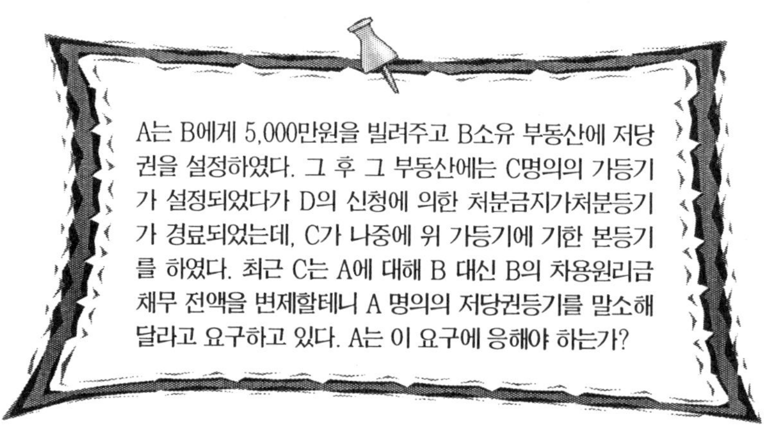

해설 부동산에 대해 처분금지가처분등기가 경료되면 그 이후의 가처분의 취지에 반하는 다른 처분은 모두 그 가처분권리자에 대한 관계에서 무효이다. 한편, 이미 가등기가 경료된 부동산의 경우에는 그 가등기에 기한 본등기가 경료되는 순간 가등기의 순위보전적 효력에 의해 가등기명의자는 그 가등기를 경료한 시점에서 본등기를 한 것과 동일한 효력을 인정받는다. 그리고 가등기와 본등기 사이에 위 사례에서와 같이 D에 의한 처분금지가처분이 되어 있다고 하더라도 C 명의의 본등기는 가등기의 시점에서 가처분보다 우선하므로 그 가등기가 원인무효 등과 같은 무효사유가 없는 한, 가처분을 가지고 C에게 대항할 수 없다.

위 사례에서 C는 유효하게 저당부동산을 취득한 제3자에 해당하므로 A로서는 C의 대위변제나 변제의 제공이 있으면 이를 거부할 수 없고, 그 변제가 완결되면 C의 청구에 의해 B명의의 저당권설정등기를 말소할 의무를 부담한다.

18. 후순위저당권자의 선순위등기 말소청구

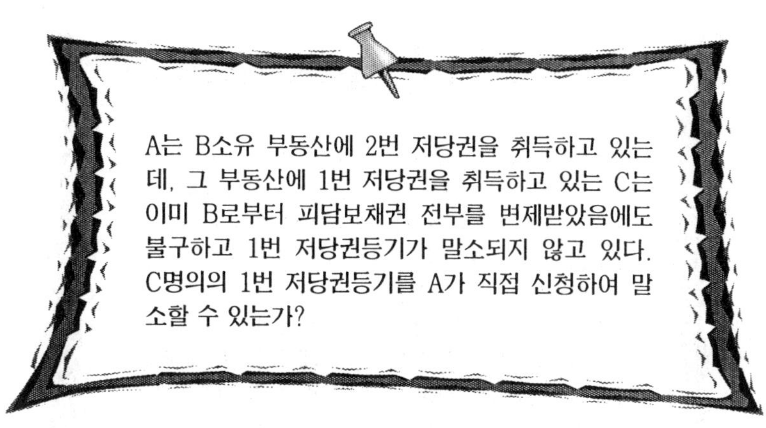

해 설 우리 민법은 선순위저당권의 피담보채권이 변제됨으로써 그 저당권등기가 말소되면 후순위저당권자의 순위가 상승하는 순위상승의 원칙을 채택하고 있다. 따라서 선순위저당권자가 자신의 피담보채권 전액을 변제받고도 저당권등기를 말소하지 않고 있으면 후순위권리자는 적어도 등기부상으로는 그 순위가 상승하지 못하는 결과로 된다.

따라서 A는 C와의 공동신청에 의해 A를 등기권리자로, C를 등기의무자로 하여 C명의의 저당권설정등기의 말소를 신청할 수 있고, C가 이에 응해주지 않는 경우 직접 C를 상대방으로 하여 C 명의의 저당권설정등기 말소를 소송상 청구할 수 있다.

19. 피담보채권과 저당권의 분리처분

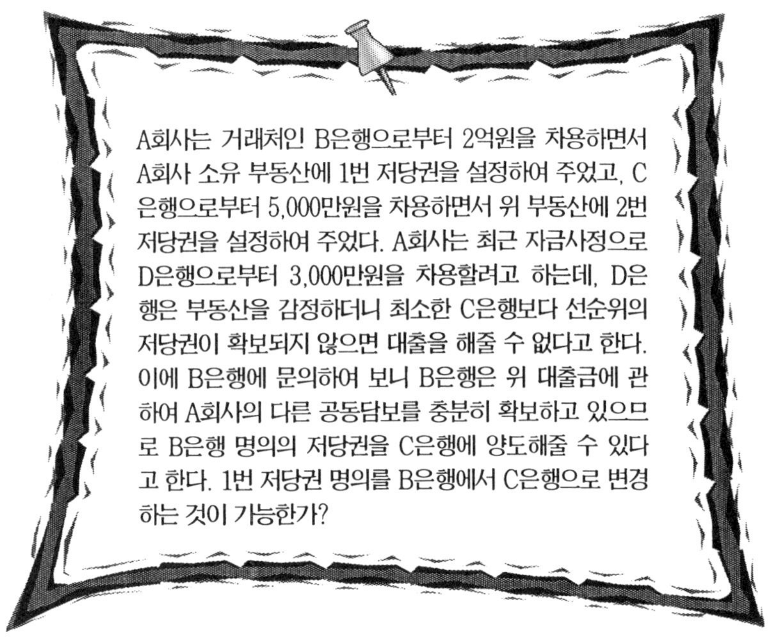

해설 민법상 저당권은 피담보채권과 저당권이 동일한 운명에 놓여있다는 부종성의 원칙을 엄격하게 고수하고 있다. 따라서 저당권자가 투하자본을 회수하려면 피담보채권과 함께 저당권을 양도할 수밖에 없으며, 피담보채권을 무담보화하면서 저당권만을 양도하는 방법은 없다.

따라서, 위 사례에서는 피담보채무를 그대로 둔 채 저당권자의 명의만을 B은행에서 C은행으로 변경할 수는 없다.

20. 공동저당

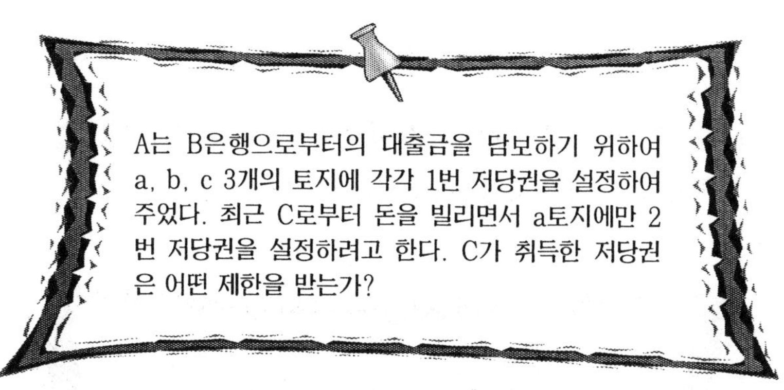

해 설   동일한 채권의 담보를 위하여 수 개의 목적물 위에 저당권을 설정하는 것을 공동저당이라고 한다. 공동저당의 경우 각 저당권의 설정시기는 동일할 필요가 없고 a부동산에 대해 1번, b부동산에 대해 2번 저당권을 설정하는 것과 같이 순위가 동일할 필요도 없다. 또 공동저당은 수 개의 저당권이므로 부동산 이외의 물건을 목적으로 하는 저당권에 관해서도 인정된다.

위 사례에서는 a, b, c 토지가 동시에 경매되는 경우이든, 각각 경매되는 경우이든 C는 민법 제368조에 의해 a토지에 관한 저당권을 갖는 것만으로도 자신의 권리행사에 어떤 제한을 받지 않는다.

 근저당권

1. 근저당권자의 채권총액이 채권최고액 초과시 채권최고액만 변제하면 근저당권을 말소가 가능한가?

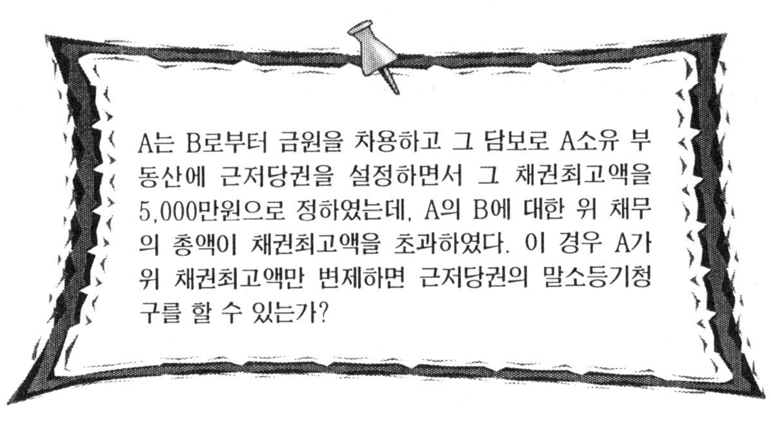

해 설   근저당권에 관하여 민법 제357조에서는 "① 저당권은 그 담보할 채무의 최고액만을 정하고 채무의 확정을 장래에 보류하여 이를 설정할 수 있다. 이 경우에는 그 확정될 때까지의 채무의 소멸 또는 이전은 저당권에 영향을 미치지 아니한다. ② 전 항의 경우에는 채무의 이자는 최고액 중에 산입한 것으로 본다."라고 규정하고 있으며, 저당권의 피담보채권의 범위에 관하여는 민법 제360조에서 "저당권은 원본, 이자, 위약금, 채무불이행으로 인한 손해배상 및 저당권의 실행비용을 담보한다. 그러나 지연배상에 대하여는 원본의 이행기일을 경과한 후의 1년분에 한하여 저당권을

행사할 수 있다."라고 규정하고 있다. 그런데 위 사례에서와 같이 근저당권자의 채권총액이 채권최고액을 초과하는 경우, 채무자 겸 근저당권설정자가 위 채권최고액만을 변제하면 근저당권말소등기청구가 가능한지가 문제된다.

이에 관하여 판례는 "원래 저당권은 원본, 이자, 위약금, 채무불이행으로 인한 손해배상 및 저당권의 실행비용을 담보하는 것이며, 이것이 근저당에 있어서의 채권최고액을 초과하는 경우에 근저당권자로서는 그 채무자 겸 근저당권설정자와의 관계에 있어서는 그 채무의 일부인 채권최고액과 지연손해금 및 집행비용만을 받고 근저당권을 말소시켜야 할 이유는 없을 뿐 아니라, 채무금 전액에 미달하는 금액의 변제가 있는 경우에 이로써 우선 채권최고액 범위의 채권에 변제·충당한 것으로 보아야 한다는 이유도 없으니, 채권 전액의 변제가 있을 때까지 근저당의 효력은 잔존채무에 여전히 미친다고 할 것이고, 근저당에 의하여 담보되는 채권액의 범위는 차순위 담보권자, 담보물의 제3취득자 및 단순한 물상보증인으로서의 근저당권설정자에 대한 관계에서 거론될 수 있을 것이다."라고 한다(대판 2000다59081).

그러므로 위 사례에서 보면 A는 근저당권최고액만을 변제하고 근저당권의 말소등기절차이행청구를 할 수 없다.

2. 재차 돈을 빌려주면서 말소하지 않고 있었던 기존 근저당권 등기를 이용할 수 있는가?

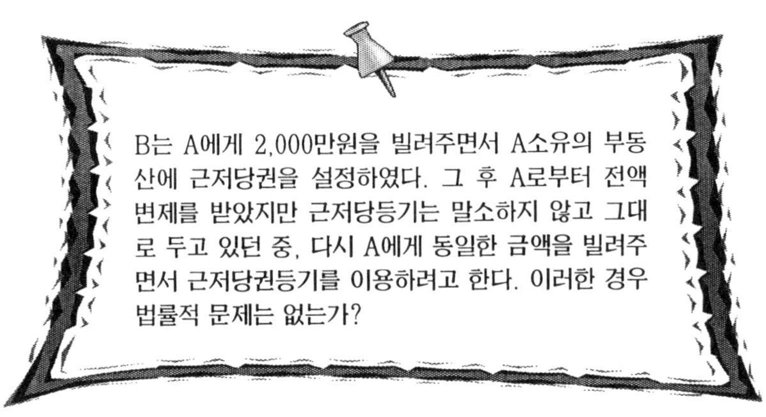

해설 저당권으로 담보한 채권이 변제로 인하여 소멸한 때에는 저당권도 소멸하는 것이므로 이 경우 저당권은 말소되어야 한다. 그러나 어떤 등기가 행하여져 있던 중 그것이 실체적 권리체계에 부합하지 않는 것이어서 무효로 된 후 그 등기에 부합하는 실체적 권리관계가 있게 된 때에, 이 등기는 유효한가 하는 문제가 생기는데 이를 무효등기유용(無效登記流用)의 문제라고 한다. 이러한 무효등기의 유용은 특히 저당권에 관하여 문제되는 바, 위 사례와 같이 변제로 인한 피담보채권(被擔保債權)의 소멸로 인하여 이미 그 효력을 상실한 저당권등기가 아직 말소되지 않고 그대로 남아 있는 경우에 당사자 사이의 계약으로써 그 무효로 된 등기를 다른 저당권을 위한 등기로 이용하여도 이를 유효한 것으로 볼 수 있느냐에 관한 것이다.

이에 관한 판례는 "실질관계의 소멸로 무효로 된 등기의 유용은 그 등기를 유용하기로 하는 합의가 이루어지기 전에 등기상 이해관계가 있는 제3자가 생기지 않은 경우에 한하여 허용된다."고 한다(대판 93다31702). 또한 "부동산의 소유자 겸 채무자가 채권자인 저당권자에게 당해 저당권설정등기에 의하여 담보되는 채무를 모두 변제함으로써 저당권이 소멸된 경우 그 저당권설정등기 또한 효력을 상실하여 말소되어야 할 것이나, 그 부동산의 소유자가 새로운 제3의 채권자로부터 금전을 차용함에 있어 그 제3자와의 사이에 새로운 차용금 채무를 담보하기 위하여 잔존하는 종전 채권자 명의의 저당권설정등기를 이용하여 이에 터잡아 새로운 제3의 채권자에게 저당권이전의 부기등기를 경료하기로 하는 내용의 저당권등기유용의 합의를 하고 실제로 그 부기등기를 경료하였다면, 그 저당권이전등기를 경료받은 새로운 제3의 채권자로서는 언제든지 부동산의 소유자에 대하여 그 등기유용의 합의를 주장하여 저당권설정등기의 말소청구에 대항할 수 있다고 할 것이고, 다만 그 저당권이전의 부기등기 이전에 등기부상 이해관계를 가지게 된 자에 대하여는 위 등기유용의 합의사실을 들어 위 저당권설정등기 및 그 저당권이전의 부기등기의 유효를 주장할 수는 없다."라고 판시하였다(대판 97다56242). 이것은 구등기가 소멸되었더라면 그 순위가 올라갔을 후순위 권리자에게는 구등기가 유용됨으로써 입게 될 손해를 방지하기 위한 취지이다. 그러므로 위 사례에 있어서 귀하는 구등기에 부합하는 등기유용에 관한 합의 전에 등기부상 이해관계인이 나타나 있지 않는 한 종전의 근저당권 등기를 그대로 이용할 수 있다.

3. 근저당권부채무인수로 변경등기된 때 그 근저당권이 인수인의 신채무도 담보하는지 여부?

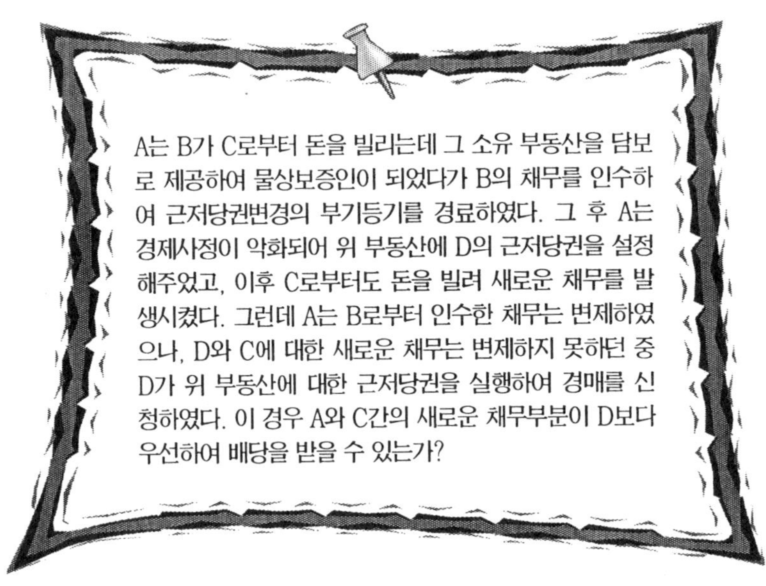

해설 민법 제459조에서는 채무인수와 보증, 담보의 소멸에 관하여 "전 채무자의 채무에 대한 보증이나 제3자가 제공한 담보는 채무인수로 인하여 소멸한다. 그러나 보증인이나 제3자가 채무인수에 동의한 경우에는 그러하지 아니하다."라고 규정하고 있다. 그런데 위 사례와 관련된 판례는 "물상보증인이 근저당권채무자의 계약상의 지위를 인수한 것이 아니라 다만 그 채무만을 면책적으로 인수하고 이를 원인으로 하여 근저당권 변경의 부기등기가 경료된 경우, 특별한 사정이 없는 한 그 변경등기는 당초 채무자가 근저당권자에 대하여 부담하고 있던 것으로서 물상보증인이 인수한

채무만을 그 대상으로 하는 것이지, 그 후 채무를 인수한 물상보증인이 다른 원인으로 근저당권자에 대하여 부담하게 된 새로운 채무까지 담보하는 것으로 볼 수는 없다."는 입장을 취하고 있다(대판 98다40657).

또한 "채무가 인수되는 경우에 구 채무자의 채무에 관하여 제3자가 제공한 담보는 채무인수로 인하여 소멸하되 다만 그 제3자(물상보증인)가 채무인수에 동의한 경우에 한하여 소멸하지 아니하고 신채무자를 위하여 존속하게 되는 바, 이 경우 물상보증인이 채무인수에 관하여 하는 동의는 채무인수인을 위하여 새로운 담보를 설정하겠다는 의사표시가 아니라 기존의 담보를 채무인수인을 위하여 계속 유지하겠다는 의사표시에 불과하여 그 동의에 의하여 유지되는 담보는 기존의 담보와 동일한 내용을 갖는 것이므로, 근저당권에 관하여 채무인수를 원인으로 채무자를 교체하는 변경등기(부기등기)가 마쳐진 경우 특별한 사정이 없는 한 그 근저당권은 당초 구 채무자가 부담하고 있다가 신채무자가 인수하게 된 채무만을 담보하는 것이지, 그 후 신채무자(채무인수인)가 다른 원인으로 부담하게 된 새로운 채무까지 담보하는 것으로 볼 수는 없다."라고 하였다(대판 2000다56204).

따라서 위 사례에서 A가 B의 채무를 인수한 후 C로부터 돈을 빌리면서 새로이 발생한 채무는 위 인수채무의 범위에 포함되지 않는다 할 것이므로, 위 채무인수로 인한 근저당권변경등기에 기하여 우선변제권을 주장할 수는 없을 것으로 보인다.

4. 포괄근저당의 효력범위

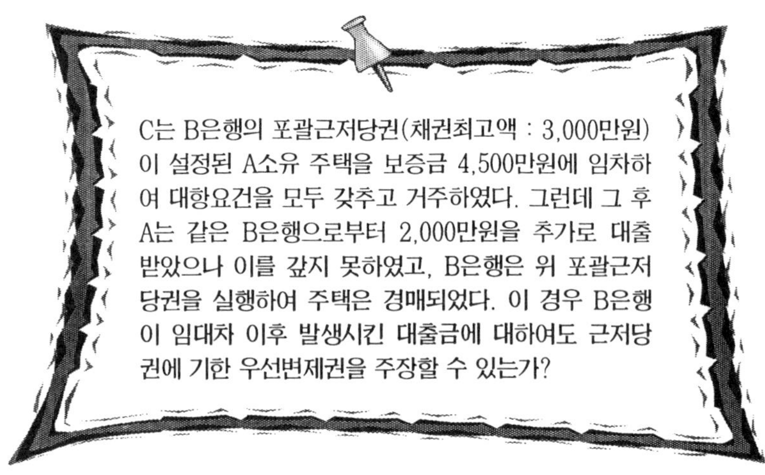

해 설 포괄근저당은 기본계약이 없고 당사자 사이에서 발생하는 현재와 장래의 모든 채권을 일정한 한도액까지 담보하는 근저당을 말한다. 그러나 실제로는 당사자 사이에서 현재 체결되어 있는 당좌대월계약·계속적 어음할인계약 등을 열거하면서 그러한 계약에서 생기는 채권 기타 일체의 채권을 담보한다는 형식으로 설정되는 것으로서 주로 은행거래에서 사용되고 있다.

이러한 포괄근저당의 효력범위에 관하여 판례는 "은행과의 근저당권설정계약서에 그 피담보채무를 특정하지 아니하고, 그 범위를 현재 및 장래에 부담하는 보증채무 등 여신거래로 인한 모든 채무로 정하고 있는 경우, 이는 이른바 포괄근저당권을 설정한다는 문언임이 명백하므로, 채무자의 당초 대출금채무뿐만 아니라, 근저당권설정등기를 마친 이후에 채무자가 채권자

에게 추가로 부담하게 된 연대보증채무까지도 그 피담보채무에 속한다고 보아야 하고, 그로 인하여 채무총액이 근저당권의 채권최고액을 초과하게 되어 채권자인 은행의 내부적 경영지침으로 정한 담보비율을 유지할 수 없게 된다는 사유가 있다는 것만으로 이러한 채권자의 담보취득행위가 이례(異例)에 속하는 것이라거나, 근저당권의 피담보채무를 당초 대출원리금으로 제한하기로 하는 개별약정이 있었다고 할 수는 없다."라고 하였다(대판 2000다44911). 다만, "근저당권설정계약서가 부동문자로 인쇄된 일반거래약관의 형태를 취하고 있어도 이는 처분문서이므로 그 진정성립이 인정되는 때에는 특별한 사정이 없는 한 그 계약서의 문언에 따라 의사표시의 내용을 해석하여야 하는 것이나, 그 계약체결의 경위와 목적, 피담보채무액, 근저당설정자와 채무자 및 채권자와의 상호관계 등 제반 사정에 비추어 당사자의 의사가 계약서 문언과는 달리 일정한 범위 내의 채무만을 피담보채무로 약정한 취지라고 해석하는 것이 합리적이라고 인정되는 경우에는 당사자의 의사에 따라 그 담보책임의 범위를 제한할 수 있다."라고 한다(대판 99다32332 ; 2001다36962).

따라서 위 사례의 경우에도 근저당권의 담보범위에 관하여 근저당권설정계약당시의 제반 사정, 즉 A와 은행간의 피담보채무범위에 대한 구체적 의사, 체결경위 등에 따라 합리성이 인정될 수 있는 범위 내에서 개별·구체적으로 결정되어져야 할 것으로 보이지만, 특별한 사정이 없다면 포괄근저당으로서 추가대출금도 위 근저당권이 담보하는 것으로 볼 수 있다.

5. 근저당권부채권 확정 전 일부 대위변제시 근저당권이 대위 변제자에게 이전되는가?

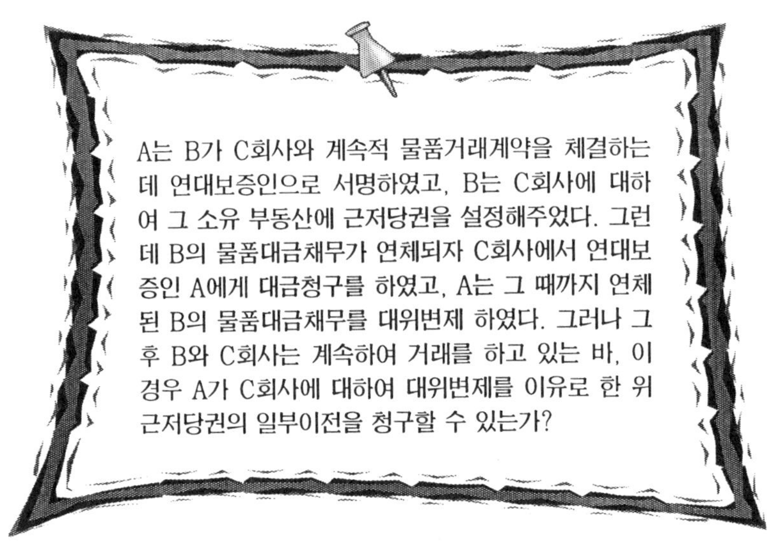

해 설 대위변제에 관하여 민법 제481조~제483조에 의하면 변제할 정당한 이익이 있는 자는 변제로 당연히 채권자를 대위하고, 채권자를 대위한 자는 자기의 권리에 의하여 구상할 수 있는 범위에서 채권 및 그 담보에 관한 권리를 행사할 수 있으며, 보증인은 미리 전세권이나 저당권의 등기에 그 대위를 부기하지 아니하면 전세물이나 저당물에 권리를 취득한 제3자에 대하여 채권자를 대위하지 못하고, 채권의 일부에 대하여 대위변제가 있는 때에는 대위자는 그 변제한 가액에 비례하여 채권자와 함께 그 권리를 행사한다고 규정하고 있다.

또한 민법 제357조 제1항에서 "저당권은 그 담보할 채무의 최고액만을 정

하고 채무의 확정을 장래에 보류하여 이를 설정할 수 있다. 이 경우에는 그 확정될 때까지의 채무의 소멸 또는 이전은 저당권에 영향을 미치지 아니한다."라고 규정하고 있다. 그러므로 위 사례와 같이 근저당부채권관계가 계속됨으로 인하여 그 피담보채권이 확정되지 아니하는 동안에 채권의 일부대위변제로 근저당권이 대위변제자에게 이전되는지 문제될 수 있다.

판례는 "근저당권은 계속적인 거래관계로부터 발생·소멸하는 불특정다수의 채권 중 그 결산기에 잔존하는 채권을 일정한 한도액의 범위 내에서 담보하는 것으로서 그 거래가 종료하기까지 그 피담보채권은 계속적으로 증감·변동하는 것이므로, 근저당 거래관계가 계속되는 관계로 근저당권의 피담보채권이 확정되지 아니하는 동안에는 그 채권의 일부가 대위변제되었다 하더라도 그 근저당권이 대위변제자에게 이전될 수 없다."라고 한다(대판 2000다54451).

또한 "근저당권이라고 함은 계속적인 거래관계로부터 발생하고 소멸하는 불특정다수의 장래채권을 결산기에 계산하여 잔존하는 채무를 일정한 한도액의 범위 내에서 담보하는 저당권이어서, 거래가 종료하기까지 채권은 계속적으로 증감·변동되는 것이므로, 근저당 거래관계가 계속 중인 경우, 즉 근저당권의 피담보채권이 확정되기 전에 그 채권의 일부를 양도하거나 대위변제한 경우 근저당권이 양수인이나 대위변제자에게 이전할 여지가 없다."라고 하였다(대판 95다53812).

그러므로 위 사례에서도 A는 C회사에 대하여 근저당권의 피담보채권이 확정되기 전에 행해진 일부대위변제를 이유로 위 근저당권의 일부 이전을 청구할 수 없을 것으로 보인다.

6. 부동산의 가압류 이후에 설정된 근저당권의 배당순위

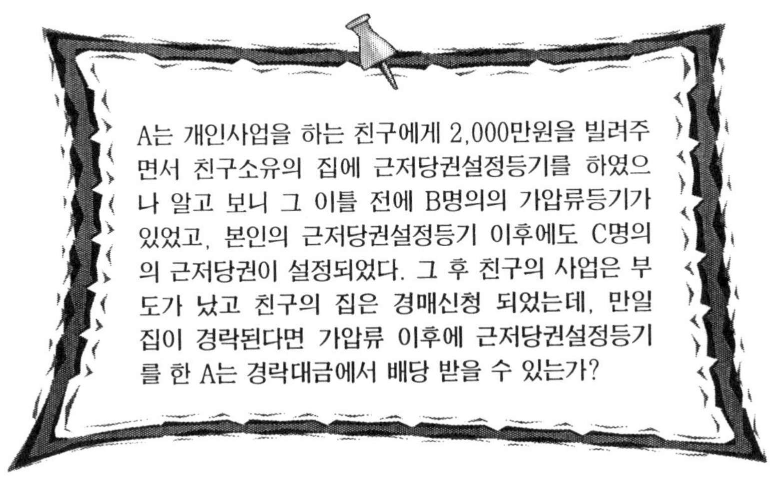

해 설 가압류는 금전채권의 집행을 보전하기 위한 보전처분으로서, 가압류 이후에 설정된 근저당권자는 가압류의 처분금지의 효력에 의하여 가압류채권자에게 대항할 수 없다. 그러나 이는 근저당권자가 선순위 가압류채권자에게 근저당권자로서의 우선변제권을 인정받지 못한다는 것이지, 가압류채권자가 근저당권자에게 우선하여 변제 받는다는 것은 아니다. 즉 선순위 가압류채권자와 후순위 근저당권자간의 배당관계는 평등배당이라 함이 판례의 입장이다(대판 94마417). 그리고 동일한 근저당권자간에는 먼저 등기를 경료한 근저당권자가 우선변제를 받게 된다. 따라서 선순위 가압류채권자와 각 근저당권자는 동 순위로서 각 채권액에 따라 안분배당을 받되, 1번 근저당권은 2번 근저당권에 우선하므로 1번 근저당권자는 2번 근저당권자가 받을 배당액으로부터 자기(1번 근저당권자)의 채권액을 충족시킬 때까지 2번 근저당권자 배당액에서 우선적으로 변제를 받을 수 있다.

예를 들어 위의 사례에서 경매비용을 제외한 총 배당할 금액이 3,000만원이고 선순위 가압류권자 B와 후순위 근저당권자 C의 채권액이 각각 2,000만원이라면 B와 귀하 및 C의 배당액은 각 채권액의 비율(B : 귀하 : C=2,000만원 : 2,000만원 : 2,000만원=1 : 1 : 1)에 따라 배당되므로 각 1,000만원(3,000만원×2,000만원/6,000만원)을 배당받아야 할 것이나 귀하는 후순위 근저당권자 C에 우선하므로 귀하의 채권액 2,000만원과 위 배당액 1,000만원과의 차액 1,000만원은 C의 배당액 1,000만원에서 우선적으로 변제받게 된다.

따라서 B와 1,000만원, A가 2,000만원을 배당받게 되어 후순위 근저당권자 C는 남는 배당금이 없으므로 위 배당에서는 변제받을 수 없게 된다.

7. 채권최고액을 초과한 채권의 변제청구

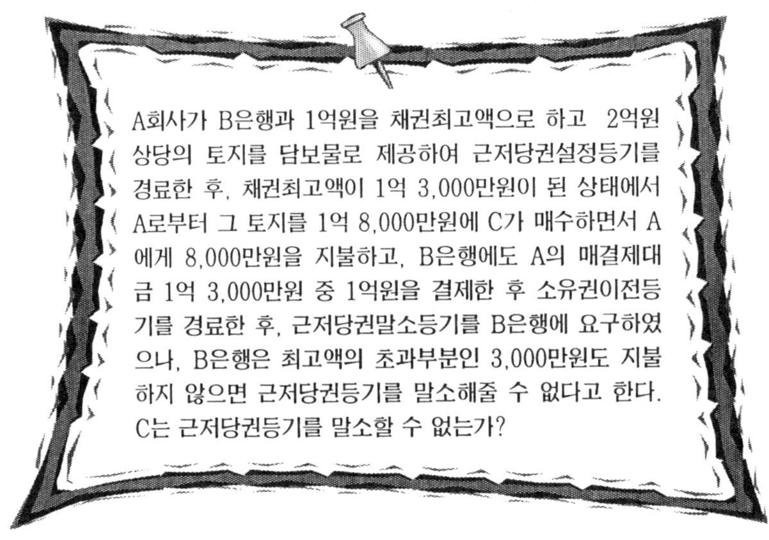

해 설   민법 제357조는 근저당권은 담보할 최고액만을 정하고 채무의 확정을 장래에 유보하면서 저당권을 설정한 것이라고 규정하고 있으므로, 근저당권은 최고액의 범위에서만 담보하는 것으로 볼 수 있다.

따라서 최고액 이상은 근저당권자가 담보범위에 포함되지 않는다. 양수인 C는 초과부분의 채무에 대해 지불할 책임이 없다. 그러므로 위 사례에서 C가 A의 미결제금액 1억 3,000만원 중 책임을 질 최고액이 결산기 이전에 최고액을 초과하여 발생된 3,000만원이 있다고 하더라도 그 부분은 일반채무로서 A회사가 부담할 채무에 불과하다.

그러므로 B은행이 근저당권말소등기신청에 협조하지 않는 경우에는 근저당권말소등기청구소송을 제기하여 C단독으로 말소등기를 청구할 수 있다.

8. 저당부동산의 제3취득자

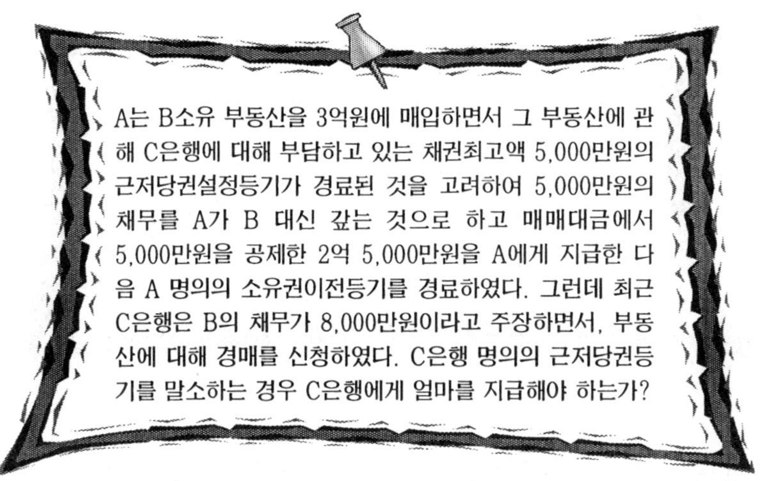

해설 저당부동산에 대하여 소유권을 취득한 자를 제3취득자라 한다. 제3취득자는 자신이 소유하게 된 부동산이 경매를 통하여 넘어가게 되면 자신의 권리를 상실할 위험에 처하게 된다. 따라서 제3취득자도 근저당권을 설정해준 채무자를 대신하여 그의 채무를 변제할 정당한 이해관계 있는 자에 해당하므로 채무자의 의사에 반해서도 채무를 대신 변제할 수 있다.

제3취득자의 변제에 대해 민법은 저당부동산에 대해 소유권, 지상권 또는 전세권을 취득한 제3자는 저당권자에게 그 부동산으로 담보된 채권을 변제하고 저당권의 소멸을 청구할 수 있도록 허용하고 있다. 그러므로 B가 C은행 명의의 근저당권설정등기를 말소하기 위해서는 8,000만원 전액을 변제하지 않으면 안 되는 것과는 달리, A는 근저당권설정등기에서 정한 채권최고액에 해당하는 5,000만원을 변제하면 근저당권의 소멸을 청구할 수 있다.

9. 근저당권의 상속과 합병

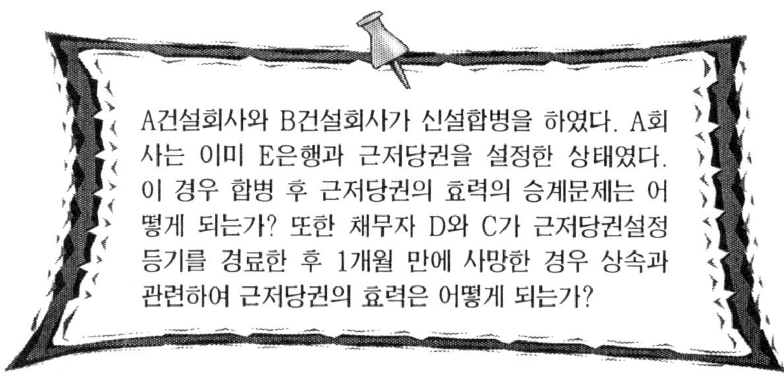

해설 근저당권설정계약의 당사자가 개인인 채권자와 채무자이
거나 회사인 경우 개인의 사망이나 회사의 합병이 이루어진 경우에는 근저
당관계가 그대로 상속인이나 존속회사에 이전되는가라는 문제와 관련하여,
기본계약상의 채권자나 채무자의 지위가 합병이나 상속에 의하여 합병 후
존속회사나 상속인에게 승계되면 근저당권도 이에 수반하여 합병이나 상속
전의 기본계약에 기초하여 생긴 채권 · 채무가 원칙적으로 존속회사나 상속
인에게 승계되는 것으로 볼 수 있다.

회사합병의 경우 근저당권자나 근저당권설정자가 합병에 의해 소멸되고
다른 법인이 성립된 경우에는 근저당권은 합병의 시점에서 담보하고 있던
채권 · 채무 이외에 합병 후의 존속법인이 취득한 채권 · 채무도 담보하게 된
다. 따라서 회사합병의 경우 근저당관계는 당연히 합병 후의 존속법인에게
승계된다. 채무자에 관하여 상속이 개시된 경우에는 근저당권은 피상속인이
채무자가 생전에 부담했던 채무와 근저당권자와 채무자의 합의에 의해 정한

채무자의 상속인이 상속 개시 후에 부담할 채무를 담보한다.

10. 근저당권설정 전에 발생한 채무에 대한 담보권 행사

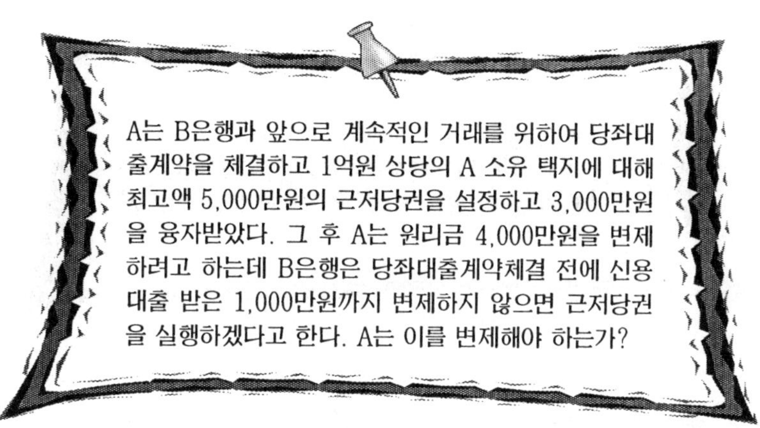

해 설 근저당권은 기본계약에서 계속적으로 발생하는 장래의 채권·채무를 최고액의 범위에서 담보하는 저당권이다. 따라서 근저당권 설정 전에 근저당권자와 채무자간에 이미 발생한 채무는 채무 발생 후에 설정된 근저당권에 의해 담보되지 않는다. 그러나 이 경우에도 근저당권설정 당사자간에 이미 발생한 채권까지 최고액에 포함시키기로 하는 합의가 있는 경우에는 가능하다.

위 사례에서는 이러한 합의가 존재하지 않으므로 채무자 A는 결산기의 채권액인 4,000만원을 변제하면 근저당권등기를 말소할 수 있다. 그러나 신용대출로 인한 1,000만원은 일반채무로서 변제해야 한다.

 양도담보

1. 대물변제의 예약 · 양도담보

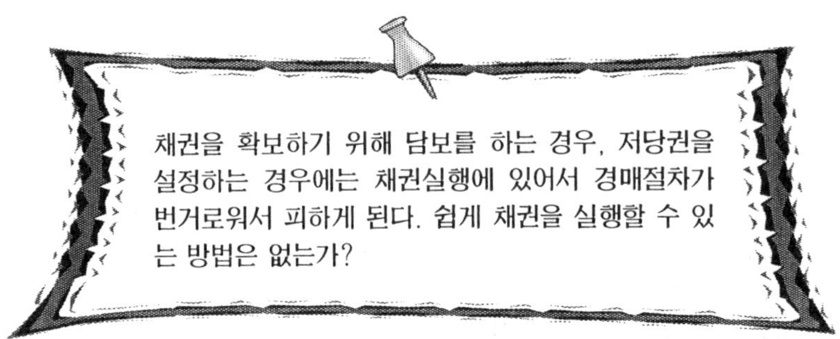

해 설 채권을 확보하기 위한 담보물권에는 저당권설정 외에도 대물변제의 예약이나 양도담보의 방법이 있다. 이러한 방법들은 담보를 실행하는데 있어 저당권 등이 경매절차를 통해 만족을 얻는데 반해, 간단한 절차로 채권실행이 가능해 일반거래에서 많이 활용된다.

대물변제의 예약은 대물변제가 예약의 형식으로 행해지는 것으로, 대물변제는 채무자가 채권자의 승낙을 얻어 본래 이행해야 할 급부와는 다른 급부를 현실적으로 함으로써 본래의 채무가 변제된 것과 같은 효과를 가져오는 요물계약의 일종이다.

예약은 본계약에 대응하는 개념으로 장차 본계약을 체결할 것을 약속하는 계약을 말한다. 따라서 대물변제의 예약은 이들 두 제도인 대물변제라는 제도와 예약이라는 제도가 결합하여 이루어진 것으로, 채무자가 기일에 빚을 갚지 않으면 그 담보물의 소유권이 채권자에게 바로 이전된다. 예를 들어 1억원의 금전대차를 함에 있어서 기한 안에 변제를 하지 않으면 특정 부동산의 소유권을 이전한다고 약정하는 경우를 들 수 있다.

대물변제의 예약시 그 물건의 예약 당시의 가액이 차용액과 이에 붙인 이자의 합산액을 넘을 수 없으며(민법 제607조), 이를 넘은 경우에는 그 예약은 효력이 없다.

양도담보는 담보의 목적이 되는 재산권을 이전함으로써 신용수수료의 목적을 이루는 것을 말한다. 양도담보에는 두 가지의 형태가 있는데, 첫 번째는 매매의 형식에 의해 신용을 수수하고 신용을 받은 자가 매매대금을 반환하여 목적물을 다시 찾는 것이고, 두 번째는 신용의 수수료를 채권의 형식으로 존속시키고 신용을 준 자가 그 반환을 청구할 권리를 가지며 신용을 받은 자가 이에 응하지 않는 경우에는 목적물에 의하여 만족을 얻는 것이다. 전자를 매도담보, 후자를 협의의 양도담보라고 한다. 일반적으로 양도담보는 협의의 양도담보를 말한다.

양도담보는 현재 판례와 학설에 의해 그 효력이 인정된다.

2. 양도담보된 돼지가 새끼를 낳은 경우 새끼돼지에게도 양도 담보권의 효력이 미치는가?

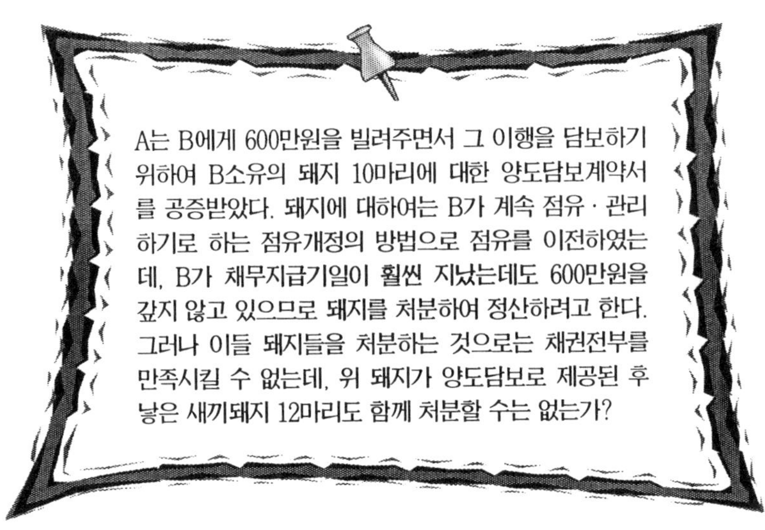

해 설   동산을 목적으로 하는 양도담보설정계약을 체결함과 동시에 채무불이행시 강제집행을 수락하는 공정증서를 작성한 경우, 양도담보설정자가 그 피담보채무를 불이행한 때에는 양도담보권자는 양도담보권을 실행하여 담보목적물인 동산을 환가함에 있어서 집행증서에 기하지 아니하고 양도담보의 약정내용에 따라 이를 사적으로 남에게 처분하거나 스스로 취득한 후 정산하는 방법으로 환가할 수도 있지만, 집행증서에 기하여 담보목적물을 압류하고 강제경매를 실시하는 방법으로 환가할 수 있다.

그런데 양도담보목적물이 돼지 등의 가축인 경우 그 가축이 양도담보로 제공된 후 낳은 새끼에 대해서도 양도담보의 효력이 미칠 수 있을 것인지가

문제될 수 있다.

이에 관하여 판례는 "돼지를 양도담보의 목적물로 하여 소유권을 양도하되 점유개정의 방법으로 양도담보설정자가 계속하여 점유·관리하면서 무상으로 사용·수익하기로 약정한 경우, 양도담보목적물로서 원물인 돼지가 출산한 새끼돼지는 천연과실에 해당하고 그 천연과실의 수취권은 원물인 돼지의 사용·수익권을 가지는 양도담보설정자에게 귀속되므로, 다른 특별한 약정이 없는 한 천연과실인 새끼돼지에 대하여는 양도담보의 효력이 미치지 않는다."라고 한 바 있다(대판 96다25463).

민법 제102조에서도 "천연과실은 그 원물로부터 분리하는 때에 이를 수취할 권리자에게 속한다."라고 규정하고 있다. 그러므로 A의 경우에도 돼지 새끼에 대하여는 양도담보계약에 기하여 환가할 수는 없을 것으로 보인다. 만일 돼지를 환가하여 변제에 충당하고도 모자라는 채권액에 대하여는 일반 채권자로서 가압류 등의 보전조치를 취한 후 집행력 있는 채무명의를 확보하여 경매하는 방법 등을 이용하여야 할 것이다.

3. 양도담보된 기계를 설정자의 일반채권자가 경매신청한 경우 동산양도담보권의 보호

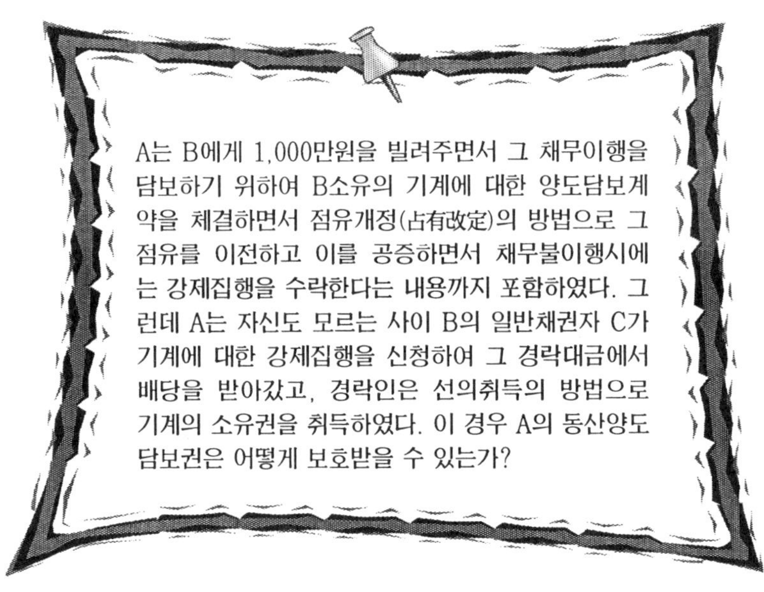

A는 B에게 1,000만원을 빌려주면서 그 채무이행을 담보하기 위하여 B소유의 기계에 대한 양도담보계약을 체결하면서 점유개정(占有改定)의 방법으로 그 점유를 이전하고 이를 공증하면서 채무불이행시에는 강제집행을 수락한다는 내용까지 포함하였다. 그런데 A는 자신도 모르는 사이 B의 일반채권자 C가 기계에 대한 강제집행을 신청하여 그 경락대금에서 배당을 받아갔고, 경락인은 선의취득의 방법으로 기계의 소유권을 취득하였다. 이 경우 A의 동산양도담보권은 어떻게 보호받을 수 있는가?

해 설　점유개정이라 함은 의사표시만으로 이루어지는 점유이전 방법의 하나로서 목적물을 양도한 후에도 그 목적물을 양도인이 계속해서 점유하고, 점유이전의 합의만으로 점유는 이전되며, 양수인은 양도인을 직접점유자로 하여 스스로는 간접점유를 취득하게 되는 것을 말한다. 이와 같이 점유개정에 있어서는 양도를 한 후에도 점유는 여전히 양도인이 갖기 때문에 외부에서는 양수인에게 권리가 이전되었다는 것을 알 수 없는 것이다.

　사례처럼 점유개정의 방법에 의한 동산양도담보권자가 타인에 의하여 그 권리를 침해당한 경우 그로 인해 얻은 타인의 이익을 법률상 원인 없는 부당이득으로 보아 그 반환청구를 할 수 있는지 문제될 수 있다.

이에 관한 판례는 "동산에 대하여 양도담보권설정계약이 이루어진 경우에 양도담보권자는 양도담보권설정자를 제외한 제3자에 대한 관계에 있어서는 자신이 그 동산의 소유자임을 주장하여 권리를 행사할 수 있다."라고 하였으며(대판 98다47283), 또한 "집행채무자의 소유가 아닌 경우에도 강제집행절차에서 그 유체동산을 경락 받아 경락대금을 납부하고 이를 인도 받은 경락인은 특별한 사정이 없는 한 그 소유권을 선의취득한다 할 것인 바, 일반채권자가 채무자에 의해 제3자에게 양도담보로 제공한 동산에 대하여 강제집행을 신청하여 배당을 받은 경우, 경락으로 인하여 경락인이 그 소유권을 선의취득의 방법으로 취득하고 이에 따라 양도담보권자는 그 소유권을 상실하게 되는 결과 일반채권자는 채무자 아닌 제3자 소유의 동산에 대한 경락대금을 배당 받음으로써 법률상 원인 없이 이득을 얻고 그로 인하여 양도담보권자는 손해를 입었으므로, 양도담보권자에 대하여 이를 부당이득으로서 반환할 의무가 있다."라고 하였다(대판 96다51332).

그러므로 이 경우 기계의 선의취득자인 경락인에 대하여는 대항할 수 없을 것이고, 양도담보된 동산을 강제집행신청하여 자기의 채권을 만족받은 일반채권자는 채무자가 아닌 제3자 소유의 동산에 대한 경락대금을 배당 받음으로써 법률상 원인 없이 이득을 얻고 그로 인하여 양도담보권자에게 손해를 입혔다 할 것이므로, 양도담보권자인 A는 일반채권자 C를 상대로 부당이득반환청구소송을 제기하여 보호받을 수 있다.

4. 양도담보로 제공된 동산의 선의취득가능 여부

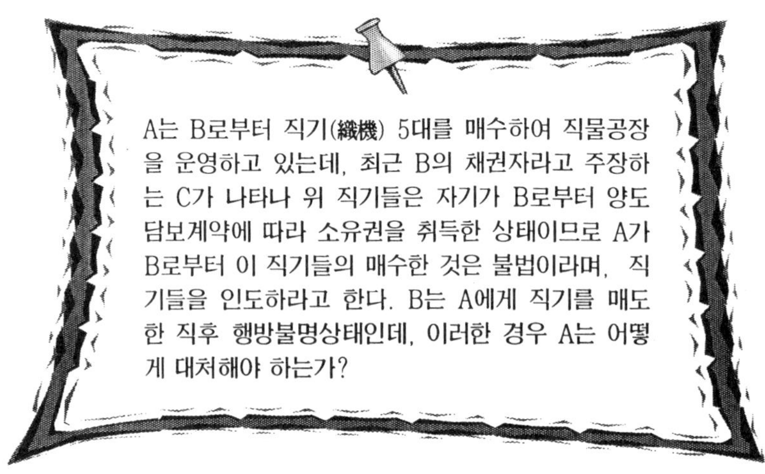

해 설   양도담보계약은 채권담보의 목적으로 '담보목적물의 사용·수익권은 채무자에게 유보'한 채 '소유권 그 자체를 채권자에게 이전하여 담보목적 범위 내에서만 소유권을 행사케' 하는 담보계약이며, 일정기간 안에 변제를 하게 되면 채무자가 그 소유권을 다시 회복하기로 하는 담보제도로서, 그 효력은 채무자는 채권자로 하여금 제3자에 대한 관계에서 소유자로서 권리를 실행시키기 위하여 그 목적물에 대한 소유권을 이전하여야 하고, 채권자는 채무자가 채무를 이행하지 아니할 때는 목적물을 시가에 의하여 처분하여 피담보채무의 변제에 충당하되 잉여가 있으면 이를 반환하고 부족하면 다시 채무자에게 청구하는 것이다(대판 4287민상124).

그리고 동산에 관한 양도담보계약이 이루어지고 양도담보권자가 점유개정의 방법으로 인도를 받았다면 그 청산절차를 마치기 전이라 하더라도 양

도담보권자에게 담보목적물에 대한 사용·수익권은 없지만, 제3자에 대한 관계에 있어서는 그 물건의 소유자임을 주장하고 그 권리를 행사할 수 있다(대판 93다44739). 그런데 선의취득(善意取得)에 관하여 민법 제249조는 평온(平穩), 공연(公然)하게 동산을 양수한 자가 선의이며 과실 없이 그 동산을 점유한 경우에는 양도인이 정당한 소유자가 아닌 때에도 즉시 그 동산의 소유권을 취득한다고 규정하고 있으므로, 양도담보된 동산을 선의취득할 수 있는지 문제된다.

그러나 양도담보에 있어서는 목적물에 대한 현실의 점유를 설정자가 하고 있으므로, 양도담보된 동산을 취득한 제3자가 양도담보의 존재에 관하여 그 사실을 전혀 알지 못하고[善意], 또한 그것을 알지 못함에 과실이 없는 경우[無過失]에는 제3자는 양도담보의 부담이 없는 소유권을 취득하게 되며, 양도담보권자는 선의취득자에게 인도청구를 할 수 없다고 하여야 할 것이다.

판례도 집행채무자의 소유가 아닌 경우에도 강제집행절차에서 그 유체동산을 경락받아 경락대금을 납부하고 이를 인도받은 경락인은 특별한 사정이 없는 한 그 소유권을 선의취득한다 할 것인 바, 일반 채권자가 채무자에 의해 제3자에게 양도담보로 제공한 동산에 대하여 강제집행을 신청하여 배당을 받은 경우, 경락으로 인하여 경락인이 그 소유권을 선의취득의 방법으로 취득하고 이에 따라 양도담보권자는 그 소유권을 상실하게 되는 결과가 된다고 한다(대판 96다51332). 따라서 A도 C의 인도청구에 대하여 선의취득을 주장할 수 있다.

5. 양도담보로 제공된 공장기계에 공장저당권이 설정된 경우 양도담보권의 효력

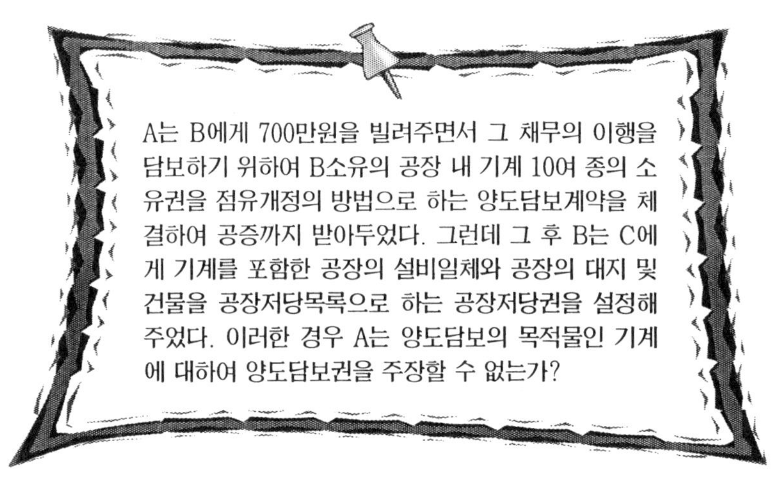

해설 동산에 관하여 양도담보계약이 이루어지고 양도담보권자가 점유개정의 방법으로 인도를 받았다면 그 청산절차를 마치기 전이라 하더라도 담보목적물에 대한 사용·수익권은 없지만, 제3자에 대한 관계에 있어서는 그 물건의 소유자임을 주장하고 그 권리를 행사할 수 있다(대판 93다44739 ; 98다47283).

그리고 공장저당법 및 민법의 각 규정을 종합하여 보면 공장의 토지 또는 건물에 설치된 기계·기구, 기타의 공용물은 공장저당법 제7조 소정의 기계·기구목록에 기재되어야만 공장저당의 효력이 미치게 된다(대판 93마116 ; 94다20174). 그런데 양도담보설정된 동산이 공장저당의 목적이 된 경우에 관하여 판례를 보면, 공장저당법 제4조 및 제5조의 규정에 의하여 저당권의

목적이 되는 것으로 목록에 기재되어 있는 동산이라고 하더라도 그것이 저당권설정자가 아닌 제3자의 소유인 경우에는 위 저당권의 효력이 미칠 수 없다고 할 것이고(대판 92마576), 그 목록에 기재되어 있는 동산이 점유개정의 방법에 의하여 이미 양도담보로 제공되어 있는 것인 경우에도 그 동산은 제3자인 저당권자와의 관계에 있어서는 양도담보권자의 소유에 속하므로, 마찬가지로 공장저당법에 의한 저당권의 효력이 미칠 수 없다고 한다(대판 98ㄱ64).

따라서 A의 경우에도 C가 공장저당권에 기하여 경매신청을 할 경우에는 민사소송법 제509조에 의한 제3자이의 소(第3者異議의 訴) 등을 제기하면서 임의경매절차의 정지신청을 하여 권리관계를 다투어야 할 것이다.

6. 공장저당권의 실행으로 양도담보된 기계가 경매된 경우
   양도담보권자의 보호방법

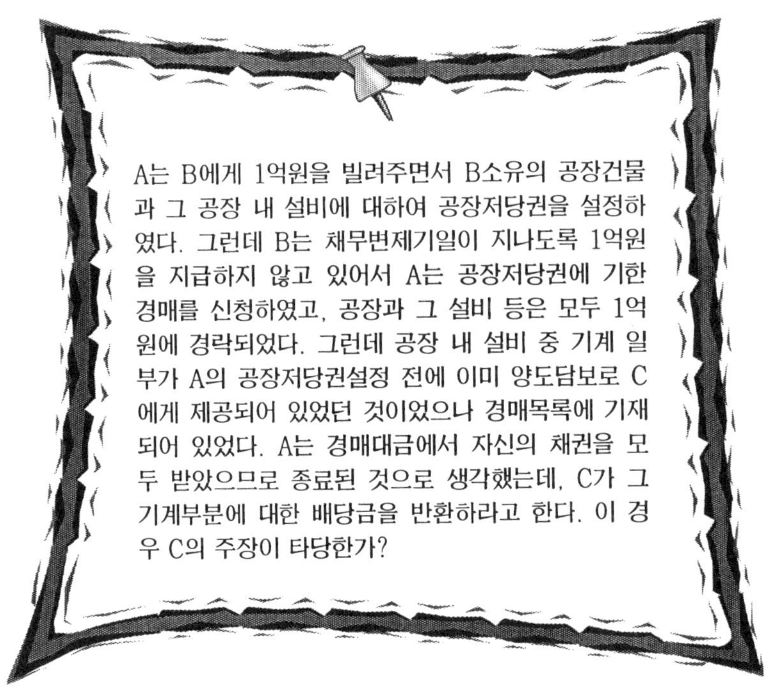

해설   사례와 같이 양도담보로 제공된 공장 내 일부 기계가 공장저당권에 기한 일괄경매로 그 소유권이 이전된 경우 양도담보권자의 권리보호가 문제된다.

관련 판례는 "채무자 이외의 자의 소유에 속하는 동산을 경매한 경우에도 경매절차에서 그 동산을 경락 받아 경락대금을 납부하고 이를 인도 받은 경락인은 특별한 사정이 없는 한 소유권을 선의취득한다고 할 것이지만, 그

동산의 매득금은 채무자의 것이 아니어서 채권자가 이를 배당 받았다고 하더라도 채권은 소멸하지 않고 계속 존속한다고 할 것이므로, 배당을 받은 채권자는 이로 인하여 법률상 원인 없는 이득을 얻고 소유자는 경매에 의하여 소유권을 상실하는 손해를 입게 되었다고 할 것이니, 그 동산의 소유자는 배당을 받은 채권자에 대하여 부당이득으로서 배당 받은 금원의 반환을 청구할 수 있다고 할 것인 바, 이와 같은 이치는 제3자 소유의 기계·기구가 그의 동의 없이 공장저당법 제4조, 제5조의 규정에 의한 저당권의 목적이 되어 공장저당법 제7조의 목록에 기재되는 바람에 공장에 속하는 토지 또는 건물과 함께 일괄경매되어 경락되고 채권자가 그 기계·기구의 경락대금을 배당 받은 경우에도 경락인이 그 기계·기구의 소유권을 선의취득하였다면 마찬가지라고 보아야 한다."라고 하였다(대판 98다6800).

따라서 C에게 양도담보된 기계는 A의 공장저당권에서 제외되었어야 할 부분이었으나 일괄경매되었고 A는 그로부터 배당금을 수령한 것이므로, 이는 채무자 이외의 자의 소유에 속하는 동산의 경락대금으로서 부당이득이 된다고 볼 수 있어 이를 반환할 의무가 있다.

7. 양도담보부 미등기부동산이 제3자에 의해 가압류된 경우 양도담보권의 보호

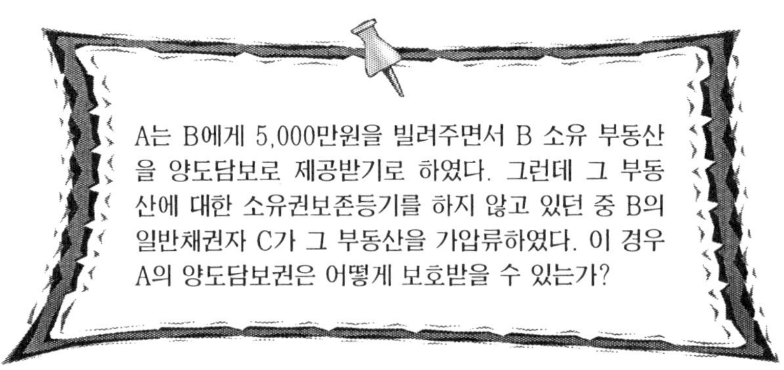

 **해 설**   양도담보라 함은 채권담보를 위하여 담보목적물에 대한 권리를 양도(讓渡)함으로써 신용수수(信用授受)의 목적을 달성하는 담보제도로서, 부동산양도담보는 물권적 합의(物權的 合意), 즉 양도담보계약 이외에 소유권이전등기가 이루어짐으로써 그 효력이 발생된다.

이러한 양도담보의 효력은 대외적(제3자와의 관계)으로는 양도담보권자가 형식상 소유권을 취득하게 되고, 대내적(양도담보권설정자와의 관계)으로는 담보의 목적을 넘어서 권리를 행사해서는 안 될 의무를 갖게 된다.

따라서 양도담보계약에 의하여 부동산소유권이전등기를 행하게 되면 그 소유권은 담보권자에게 이전되므로 담보제공자의 일반채권자는 압류를 할 수 없게 될 것이다. 그러나 부동산양도담보에 기한 소유권이전등기를 미처 경료하지 아니한 경우에는 아직 '양도담보가 설정되기 이전의 단계' 이므로 가등기담보등에관한법률 제3조 소정의 담보권실행에 관한 규정이 적용될

여지가 없는 한편, 채권자는 양도담보의 약정을 원인으로 하여 채무자에 대하여 담보목적물에 관하여 소유권이전등기절차의 이행을 청구할 수 있을 뿐이므로(대판 98다51220), 담보제공자의 일반채권자가 그 담보제공된 부동산을 압류할 수 있다. 이러한 경우 미등기의 양도담보권자의 지위는 아직 '양도담보가 설정되기 이전의 단계'이므로 어떠한 우선변제권을 주장할 수도 없고, 제3자이의를 제기하는 것도 불가능하다.

그러므로 A는 일반채권자로서 부동산을 가압류한 후, B에 대한 승소확정판결 등의 채무명의를 확보하여 부동산을 경매하여 그 매득금으로부터 C와 채권액에 비례하여 안분배당을 받아 채권의 만족을 얻어야 할 것이다.

8. 채무자가 소유 기계에 이중으로 양도담보계약을 체결한 경우 권리관계

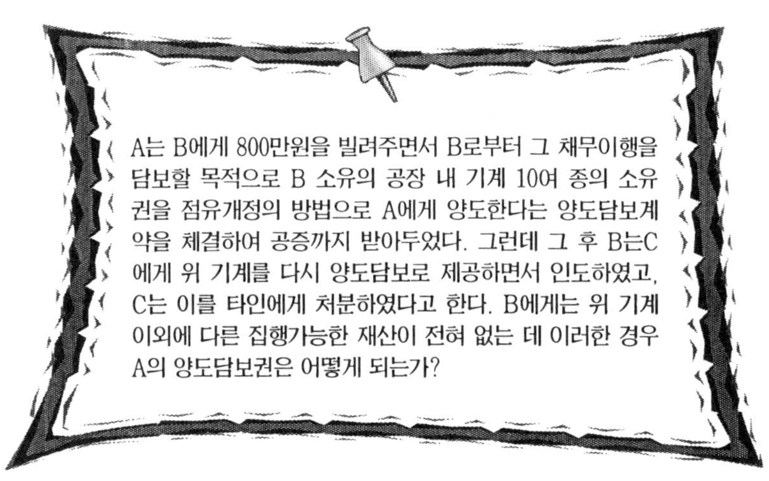

해 설　판례는 "동산에 대하여 점유개정의 방법으로 양도담보를 일단 설정한 후에는 양도담보권자나 양도담보설정자가 그 동산에 대한 점유를 상실하였다고 하더라도 그 양도담보의 효력에는 아무런 영향이 없다 할 것이고, 양도담보권실행을 위한 환가절차(換價節次)에 있어서는 환가로 인한 매득금에서 환가비용을 공제한 잔액 전부를 양도담보권자의 채권변제에 우선 충당하여야 하고 양도담보설정자의 다른 채권자들은 양도담보권자에 대한 관계에 있어서 안분배당을 요구할 수 없으며, 동산에 대하여 점유개정의 방법으로 이중양도담보를 설정한 경우 원래의 양도담보권자는 뒤의 양도담보권자에 대하여 배타적으로 자기의 담보권을 주장할 수 있으므로 뒤의 양도담보권자가 양도담보의 목적물을 처분함으로써 원래의 양도담보권자로

하여금 양도담보권을 실행할 수 없도록 하는 행위는 이중양도담보설정행위가 횡령죄나 배임죄를 구성하는지 여부나 뒤의 양도담보권자가 이중양도담보설정행위에 적극적으로 가담하였는지 여부와 관계 없이 원래의 양도담보권자의 양도담보권을 침해하는 위법한 행위라고 할 것이다."라고 하였다(대판 99다65066).

그러므로 사례에서 B가 A에게 양도담보물로 제공한 공장기계를 C에게 다시 양도담보로 제공하여 C가 이를 처분하였고, A가 이미 양도담보권을 취득하였다는 사실을 C가 알았거나 적어도 조금만 주의를 기울였다면 이를 알 수 있었을 경우라면 A는 C에 대하여 양도담보권을 침해한 위법이 있음을 이유로 손해배상청구를 할 수 있을 것이다. 그리고 그 손해액은 A의 채권액을 한도로 C가 기계를 처분할 때 당시의 시가상당액을 청구하면 될 것이다.

 공장저당

1. 공장저당권 실행시 공장 내 일부 기계가 경매목적물로 명시되지 않은 경우

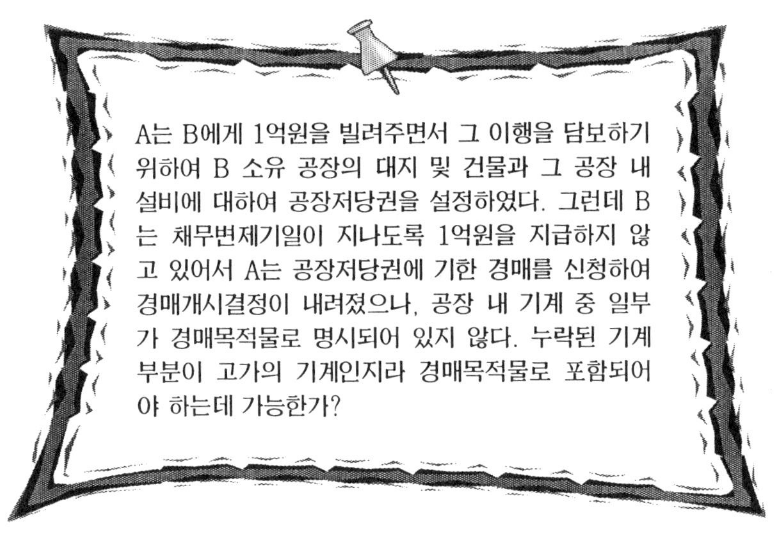

해설 공장저당법 제4조에 의하면 "공장의 소유자가 공장에 속하는 토지에 설정한 저당권의 효력은 건물을 제외한 그 토지에 부가되어 이와 일체를 이루는 물건과 그 토지에 설치된 기계·기구, 기타의 공장의 공용물에 미친다. 그러나 설정행위에 특별한 약정이 있는 경우와 민법 제406조의 규정에 의하여 채권자가 채무자의 행위를 취소할 수 있는 경우에는 그러하지 아니하다."라고 규정하고 있으며, 공장저당법 제5조에서는 "전 조의

규정은 공장의 소유자가 공장에 속하는 건물에 설정한 저당권에 준용한다." 라고 규정하고 있다.

판례에서도 "공장저당법 제4조, 제5조는 공장에 속하는 토지 또는 건물에 설정한 저당권의 효력은 그 토지 또는 건물에 설치된 기계·기구, 기타의 공장공용물에 미치고, 공장저당법 제10조 제1항은 공장저당권의 목적인 토지 또는 건물에 대한 압류의 효력이 공장공용물에 미친다고 하여 집행의 불가분성을 규정하고 있으므로, 법원의 경매절차에서 공장저당권의 목적인 토지 또는 건물에 대한 경매개시결정이 내려져 위 토지 또는 건물이 압류된 경우에는 특별한 사정이 없는 한 공장저당권의 목적인 토지 또는 건물과 함께 그 공장공용물도 법률상 당연히 일괄경매되어 경락허가결정도 일괄하여 이루어지는 것이고, 경매법원이 경매개시결정에서 공장공용물을 경매목적물로 명시하지 아니하거나 경매목적물의 감정평가와 물건명세서에서 이를 누락하였다고 하여도 이를 달리 볼 것은 아니라 할 것이며, 경매법원이 경락허가결정에서 그 목적물을 표시함에 있어 공장공용물을 누락하였다고 하더라도 특별한 사정이 없는 한 이는 오기, 기타 이에 유사한 오류가 있음에 불과한 것으로서 경매법원은 이를 보충하는 경정결정을 할 수 있다."라고 한다(대판 99마2273).

따라서 사례에서도 A와 B 사이에 특정기계부분을 저당권의 효력범위에서 제외시킨다는 등의 특별한 약정이 없었다면, 경매법원은 이를 보충하는 경정결정을 내려 경매목적물로 포함시킬 수 있을 것으로 보인다.

2. 공장저당목적 부동산경락허가결정시 공장공용물이 누락된 때 경정결정을 할 수 있는가?

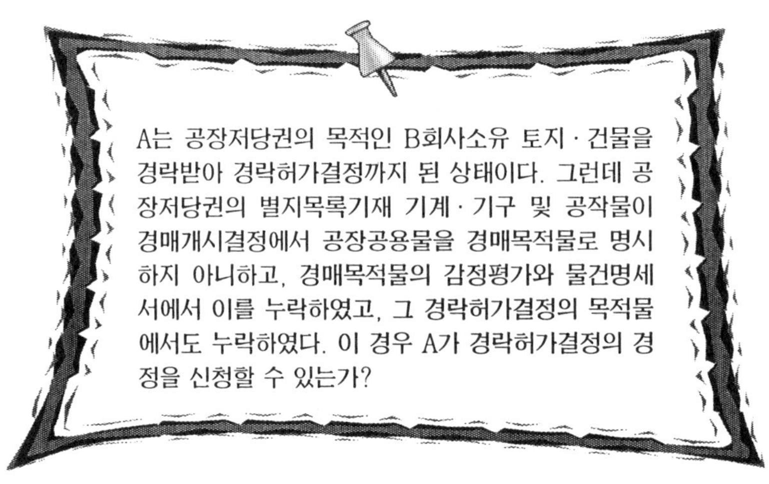

해 설   판결의 경정에 관하여 민사소송법 제211조 제1항에 의하면 "판결에 잘못된 계산이나 기재, 그 밖에 이와 비슷한 잘못이 있음이 분명한 때에는 법원은 직권 또는 당사자의 신청에 따라 경정결정을 할 수 있다."라고 규정하고 있으며, 민사소송법 제224조 제1항 본문은 "결정과 명령에는 그 성질에 위반되지 아니하는 한 판결에 관한 규정을 준용한다."라고 규정하고 있으므로 판결경정에 관한 민사소송법 제211조 제1항은 결정에도 준용된다.

그리고 사례와 관련된 판례를 보면, "공장저당법 제4조, 제5조는 공장에 속하는 토지 또는 건물에 설정한 저당권의 효력은 그 토지 또는 건물에 설치된 기계·기구, 기타의 공장공용물에 미치고, 공장저당법 제10조 제1항은

공장저당권의 목적인 토지 또는 건물에 대한 압류의 효력이 공장공용물에 미친다고 하여 집행의 불가분성(不可分性)을 규정하고 있으므로, 법원의 경매절차에서 공장저당권의 목적인 토지 또는 건물에 대한 경매개시결정이 내려져 그 토지 또는 건물이 압류된 경우에는 특별한 사정이 없는 한 공장저당권의 목적인 토지 또는 건물과 함께 그 공장공용물도 법률상 당연히 일괄(一括)경매되어 경락허가결정도 일괄하여 이루어지는 것이고, 경매법원이 경매개시결정에서 공장공용물을 경매목적물로 명시하지 아니하거나 경매목적물의 감정평가와 물건명세서에서 이를 누락하였다고 하여도 이를 달리 볼 것은 아니라 할 것이며, 경매법원이 경락허가결정에서 그 목적물을 표시함에 있어 공장공용물을 누락하였다고 하더라도 특별한 사정이 없는 한 이는 오기, 기타 이에 유사한 오류가 있음에 불과한 것으로서 경매법원은 이를 보충하는 경정결정을 할 수 있다."라고 하였다(대판 99마2273).

그러므로 A도 경락허가결정의 경정을 신청해볼 수 있을 것으로 보인다.

3. 공장저당법상의 근저당

B는 A은행으로부터 1985년 1월 공장을 담보로 하여 5,000만원을 최고액으로 하는 공장저당법에 의한 근저당권을 설정하고 계속 거래하여 오던 중 1987년 8월 20일에 채무전액을 변제하였으나 말소등기는 하지 않은 상태에서 운영자금이 필요하여 다시 A은행으로부터 4억원을 대출받고 보통저당권을 1987년 9월에 설정하였다. 최근 불경기로 인하여 2번 저당권의 원금을 상환하지 못하자 A는 경매를 신청하겠다고 1번 공장저당법상의 근저당권은 채권변제에 의해 이미 소멸된 것이므로 2번 저당권에 의해 경매하면 환가대상은 토지와 건물만 되므로 시가는 약 5억원이 되지만 경매로 환가되면 금액이 남지 않는다고 주장한다. 실제 건물과 토지의 시가는 5억원이나 기계 · 기구 등이 최신형의 고가품이어서 실제로는 6억원 정도로 평가된다. 만일 부동산의 경매가 실행된다면 부동산 시가 5억원만을 기준으로 환가처분되는가?

해 설 근저당권은 계속적인 거래관계에서 발생하는 불특정한 채권을 장래 결산기까지 일정한 한도액까지 담보하는 것이므로 비록 어느 시점에서 그 채무가 변제되었다 할지라도 근저당권은 소멸되지 않고 유효하게 존속한다. 또한 저당목적물인 토지와 건물이 공장용인 경우에는 공장저당법이 우선 적용되므로 공장에 설치된 기계·기구, 기타 공장공용물까지 담보목적에 포함되므로 우선변제시 환가의 대상이 된다.

사례에서 A은행이 B의 공장용 토지건물에 1번의 선순위근저당권을 공장저당법에 의하여 설치하고 그 후 다시 민법상의 저당권을 설정한 후 선순위근저당권에 의한 4,000만원의 채권을 결제기에 A가 B에게 변제한 사실만 있고 그 근저당권설정등기를 말소하지 않았으므로 근저당권은 유효하게 존속한다. 따라서 이 경우에도 공장저당법이 그대로 적용된다. 또한 A가 공장용 토지와 건물에 A은행에 1987년 9월에 2번 저당권을 설정하였으나, B가 제공한 담보물이 공장용 토지와 건물이므로 공장저당법이 적용된다.

따라서 A은행이 압류하여 경매처분하는 경우라도 약 5억원 상당의 토지와 건물만을 대상으로 하여 환가하여 우선변제 받아서는 안 되며, 6억원 상당의 기계와 기구 등의 공장용 공용물까지 합하여 환가대상으로 해야 한다.

4. 공장저당법상 기계나 기구의 교체

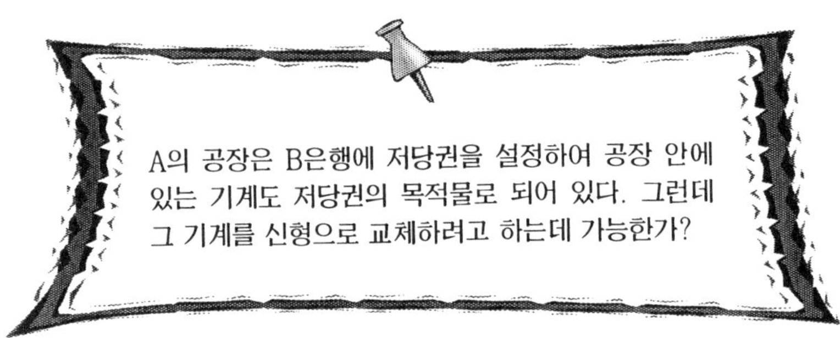

해 설　A는 B은행과 공장저당권설정계약을 체결하여 그 공장에 설치된 기계를 저당목적물로 하였으므로, 저당권설정 당시에 저당목적물의 목록을 작성하여 등기소에 제출하였으며, 그 목록 중에서 새로 교체하려는 기계에 대하여 저당권자인 B은행의 사전 승인을 얻어 기존의 기계를 새로운 기계로 교체할 수 있다. 이 경우 저당권자는 정당한 사유가 없으면 그 교체에 대하여 승인을 하여야 한다.

저당물의 교체에 대한 저당권자의 승인이 있으면 기존의 기계에 대한 저당권은 소멸하고, 새로운 기계에 저당권의 효력이 미친다. 그러나 이러한 효력을 제3자에게 대항하기 위해서는 그러한 사실을 저당목적물 목록의 변경등기를 하여야 한다. 저당권설정자는 이 목록의 변경등기는 변경사실이 발생한 때에 지체 없이 신청할 의무가 있다.

5. 빌린 공장건물에 설치한 기계의 담보방법

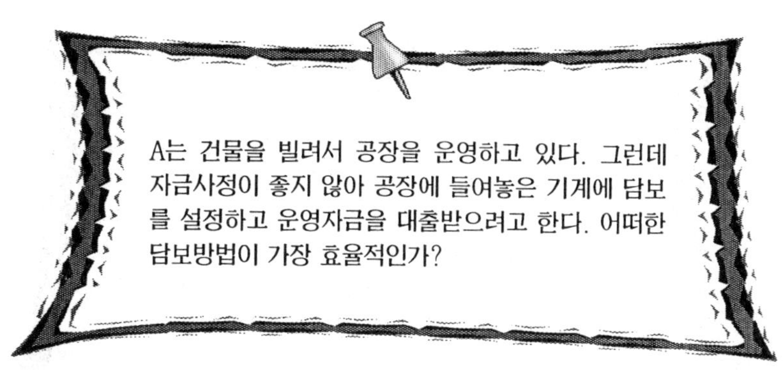

해 설 저당권설정은 처분행위이므로 저당권설정자는 처분권을
가져야 한다. 따라서 공장저당의 부가물이나 공용물에 대해 공장저당권의
효력이 미치기 위해서는 그 본체인 토지나 건물에 대하여 저당권을 설정한
처분권이 있어야 한다. 타인의 건물을 빌린 사람은 처분권이 없으므로 공장
건물에 저당권을 설정하여 기계를 공장건물의 공용물로 하는 것은 힘들다.

그리고 빌린 건물에 설치한 기계를 공장재단의 구성물로 하기 위해서는
건물 소유자의 승낙이 필요하지만, 사실상 건물 소유자가 자신의 건물을 공
장재단구성물로 승낙하는 것은 기대하기 힘들다.

그러므로 빌린 건물에 설치한 기계를 공장저당의 토지나 건물의 공용물로
하거나 재단구성물로 하기보다는 기계·기구만으로 담보화할 수 있는 양도
담보가 적절하다.

6. 공장저당권 설정 후에 새로 설치한 기계에 대한 저당권의 효력

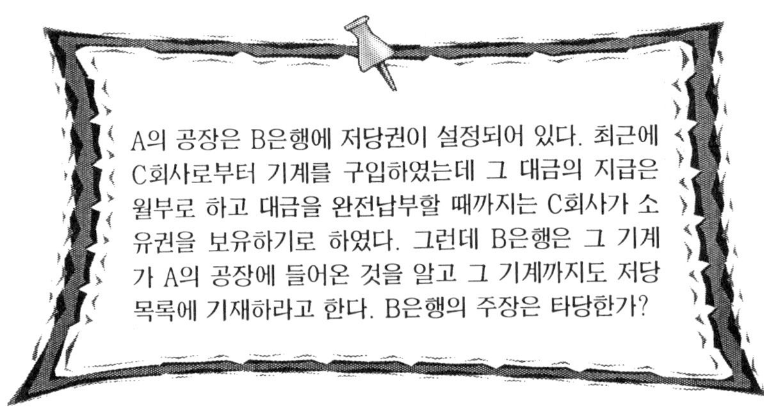

해 설   공장저당법에서는 공장의 토지나 건물에 설치된 공용물인 기계나 기구에도 저당권의 효력이 미친다. 따라서 공장저당법에 의해 공장저당권을 설정하는 경우에는 공장의 부동산과 공용물이 동일한 소유자에게 속해야 한다.

우선 A는 B은행과 공장저당권설정계약을 체결한 후에 새로 기계를 설치한 것이므로 담보목적인 기존의 기계와 새 기계를 교체하지 않은 경우에는 새 기계를 담보목적으로 할 의무는 없다. 또한 새 기계는 C회사로부터 월부로 매입하여 소유권이 C회사에 유보되어 있는 상태이므로 B은행의 요구를 들어줄 필요가 없다. 만약 새 기계에 대해서도 공장저당권의 효력이 미치게 하기 위해서는 C회사와 새 기계에 대한 신탁양도계약으로 소유권을 취득한 후에 공장저당목록의 변경등기에 의해 담보목적물을 추가하는 방법을 생각할 수는 있다.

7. 저당권이 설정된 기계를 양수한 사람의 지위

A는 B로부터 B의 공장에 있는 기계를 매수하여 사용하고 있다. 그런데 C은행이 그 기계에 대해 저당권을 설정하고 있으므로 압류를 하겠다고 한다. 이 경우 A는 어떠한 항변을 할 수 있는가?

해설 공장저당법은 공장의 소유자가 저당권자의 동의를 얻어 부가물을 분리하거나 공용물의 설치를 폐지하는 경우에는 그 물건에 대한 저당권이 소멸하는 것으로 한다. 그리고 공장의 소유자가 저당권자에 의해 압류되기 전에는 정당한 이유가 있으면 저당권자에게 부가물의 분리나 공용물의 설치, 폐지에 대한 동의를 구하면 저당권자는 동의를 거절할 수 없다.

그러나 공장의 소유자가 저당권자의 동의를 얻지 않고 저당권이 설정된 공장에 속하는 토지나 건물에 부가된 물건을 분리하거나 공용물건의 설치, 폐지를 하여 그것을 양도, 입질하여 제3자에게 인도된 경우에는 저당권이 소멸하지 않으므로 저당권의 효력을 주장하여 추급이 가능하다.

사례에서 A가 B로부터 기계를 매수할 때에 그 기계에 대한 C은행의 저당권이 설정된 지를 모르고 B의 완전한 소유물로 믿고 이에 과실이 없다면 A는 저당권이 설정되지 않은 완전한 소유권을 취득하므로 C은행이 압류를 할 수 없다.

동산담보물권

1. 임차보증금반환채권에도 질권을 설정할 수 있는가?

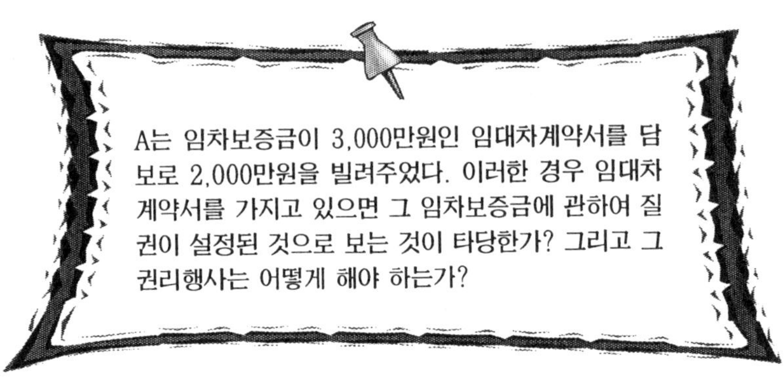

해설　질권은 채권담보를 위하여 채권자가 채무자 또는 제3자 소유의 일정한 재산을 점유하고 채무의 변제가 있을 때까지 이를 유치(留置)함으로써 그 변제를 간접적으로 강제할 수 있는 권리이다. 질권은 동산질권과 권리질권으로 구분되는데, 임차보증금은 채권으로서 권리질권의 대상이 될 수 있으나, 부동산의 사용 · 수익을 목적으로 하는 권리는 질권의 대상이 되지 않는다(민법 제345조 단서).

따라서 임차권은 질권의 대상이 아니지만, 임차보증금반환채권은 장래에 지급될 차임과 임차물의 사용 · 수익시 발생하는 일체의 손해배상을 담보하기 위한 지명채권으로서 질권의 대상이 된다고 할 수 있다. 그리고 민법 제346조에 의하여 권리질권의 설정은 법률에 다른 규정이 없으면 그 권리의

양도에 관한 방법에 의하여야 한다. 그런데 임차보증금반환채권은 지명채권
이므로 지명채권의 양도방법에 의하여 채권자인 임차인이 임대인에게 임차
보증금반환채권에 질권이 설정된 것을 통지하거나, 임대인이 임차인과 질권
자 사이의 임차보증금반환채권의 질권설정계약을 승낙하여야 하고, 이러한
임차인의 통지나 임대인의 승낙은 확정일자 있는 증서에 의하여야만 제3자
에 대하여 효력이 발생한다.

　또한 일반적인 채권양도와는 달리 임대차계약서가 있는 때에는 임차계약
서를 질권설정자인 임차인으로부터 받아 놓아야만 질권의 효력이 발생한다.
나아가 질권자는 그 권리행사에 있어서 민사소송법에 정한 방법 외에 질권
의 목적이 된 채권을 임대인에게 직접 청구할 수 있다(대판 4292민상937).

2. 건축공사수급인이 공사대금미지급으로 신축건물에 대하여 유치권 행사를 할 수 있는가?

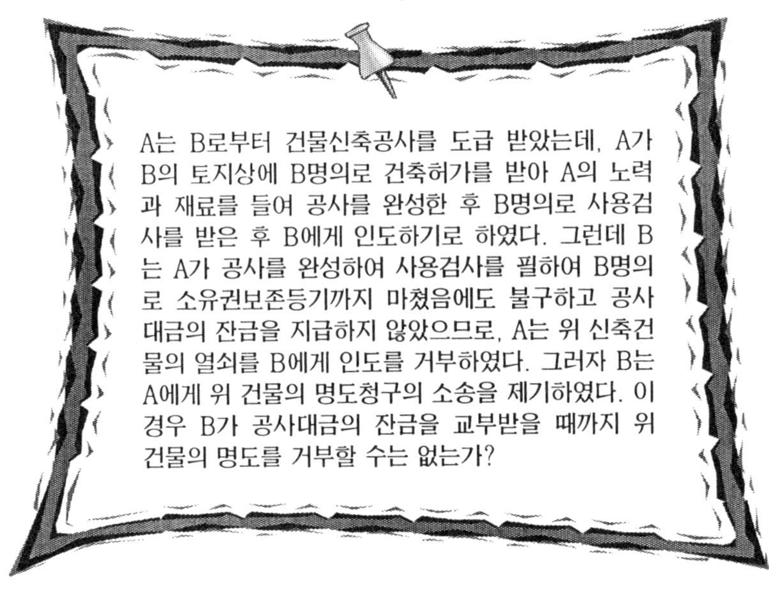

A는 B로부터 건물신축공사를 도급 받았는데, A가 B의 토지상에 B명의로 건축허가를 받아 A의 노력과 재료를 들여 공사를 완성한 후 B명의로 사용검사를 받은 후 B에게 인도하기로 하였다. 그런데 B는 A가 공사를 완성하여 사용검사를 필하여 B명의로 소유권보존등기까지 마쳤음에도 불구하고 공사대금의 잔금을 지급하지 않았으므로, A는 위 신축건물의 열쇠를 B에게 인도를 거부하였다. 그러자 B는 A에게 위 건물의 명도청구의 소송을 제기하였다. 이 경우 B가 공사대금의 잔금을 교부받을 때까지 위 건물의 명도를 거부할 수는 없는가?

해 설   건물도급계약관계에 있어서 건물의 소유권귀속관계에 관한 판례는 "일반적으로 노력과 재료를 들여 건물을 건축한 사람은 그 건물의 소유권을 원시취득하는 것이고, 다만 도급계약에 있어서 수급인이 자기의 노력과 재료를 들여 건물을 완성하였더라도 도급인과 수급인 사이에 도급인 명의로 건축허가를 받아 소유권보존등기를 하기로 하는 등 완성된 건물의 소유권을 도급인에게 귀속시키기로 합의한 것으로 보여질 경우에는 그 건물의 소유권은 도급인에게 원시적으로 귀속된다."라고 한다(대판 91다25505).

사례의 경우에도 신축된 건물의 소유권은 도급인 B에게 귀속시키기로 합의한 것으로 볼 수 있다. 그런데 수급인 A가 공사대금의 잔금을 교부받을 때까지 건물의 인도를 거부할 수 있을 것인지에 관하여 살펴보면, 민법 제320조(유치권의 내용) 제1항에서는 "타인의 물건 또는 유가증권을 점유한 자는 그 물건이나 유가증권에 관하여 생긴 채권이 변제기에 있는 경우에는 변제를 받을 때까지 그 물건 또는 유가증권을 유치할 권리가 있다."라고 규정하고 있으며, 민법 제321조(유치권의 불가분성)에서는 "유치권자는 채권전부의 변제를 받을 때까지 유치물 전부에 대하여 그 권리를 행사할 수 있다."라고 규정하고 있다.

또한 판례는 "주택건물의 신축공사를 한 수급인이 그 건물을 점유하고 있고, 또 그 건물에 관하여 생긴 공사대금채권이 있다면, 수급인은 그 채권을 변제 받을 때까지 건물을 유치할 권리가 있다고 할 것이고, 이러한 유치권은 수급인이 점유를 상실하거나 피담보채무가 변제되는 등 특단의 사정이 없는 한 소멸되지 않는다."라고 한 바 있다(대판 95다16202 ; 95다16219).

그러므로 A는 공사대금잔금을 지급 받을 때까지 건물의 인도를 거부할 수 있을 것으로 보인다. 참고로 건물도급계약에 있어서 그 건물의 소유권을 도급인에게 귀속시키기로 약정한 경우가 아니고, 수급인이 자기의 노력과 재료로 건물을 완성하여 수급인이 원시적으로 그 건물의 소유권을 취득하는 경우에 관하여 판례는 "유치권은 타물권인 점에 비추어 볼 때 수급인의 재료와 노력으로 건축되었고 독립한 건물에 해당되는 기성부분은 수급인의 소유라 할 것이므로, 수급인은 공사대금을 지급 받을 때까지 이에 대하여 유치권을 가질 수 없다"(대판 91다14116).

3. 공사대금채권에 기한 건물유치권자가 경락인에게 피담보채권 변제청구가 가능한가?

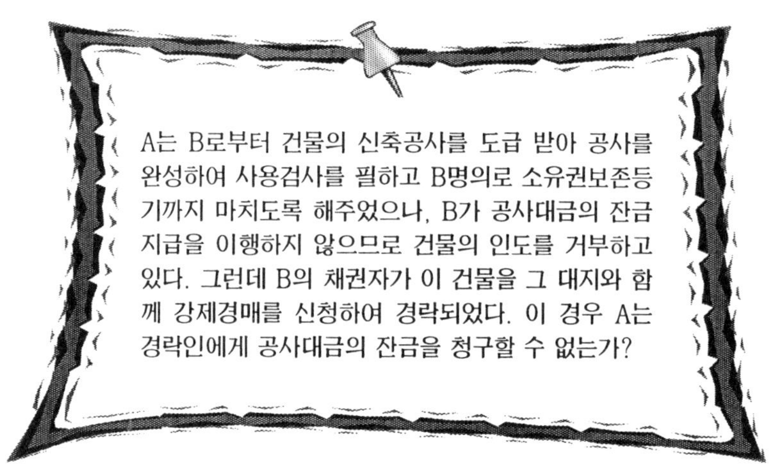

해 설 건축공사의 수급인이 공사대금채무의 불이행을 이유로 건물에 대하여 유치권을 행사할 수 있는지에 관하여 판례는 "주택건물의 신축공사를 한 수급인이 그 건물을 점유하고 있고, 또 그 건물에 관하여 생긴 공사대금채권이 있다면, 수급인은 그 채권을 변제 받을 때까지 건물을 유치할 권리가 있다고 할 것이고, 이러한 유치권은 수급인이 점유를 상실하거나 피담보채무가 변제되는 등 특단의 사정이 없는 한 소멸되지 않는다."라고 한다(대판 95다16202 ; 95다16219).

그런데 민사소송법 제608조 제3항에서는 "경락인은 유치권자에게 그 유치권으로 담보하는 채권을 변제할 책임이 있다."라고 규정하고 있으므로 위 사안에서 A가 경락인에게 건물에 대한 유치권으로 담보하는 채권, 즉 공사

대금의 잔금을 청구할 수 있는지가 문제된다.

이와 관련하여 판례는 "공장신축공사 공사잔대금채권에 기한 공장건물의 유치권자가 공장건물의 소유회사가 부도가 난 다음에 그 공장에 직원을 보내 그 정문 등에 유치권자가 공장을 유치·점유한다는 안내문을 게시하고 경비용역회사와 경비용역계약을 체결하여 용역경비원으로 하여금 주야 교대로 2인씩 그 공장에 대한 경비·수호를 하도록 하는 한편, 공장의 건물 등에 자물쇠를 채우고 공장출입구 정면을 대형 컨테이너로 가로막아 차량은 물론 사람들의 공장출입을 통제하기 시작하고 그 공장이 경락된 다음에도 유치권자의 직원 10여 명을 보내 그 공장 주변을 경비·수호하게 하고 있었다면, 유치권자가 그 공장을 점유하고 있었다고 볼 여지가 충분하다."는 이유로, 유치권자의 점유를 인정하지 아니한 원심판결을 파기한 사례에서 "민사소송법 제728조에 의하여 담보권의 실행을 위한 경매절차에 준용되는 민사소송법 제608조 제3항은 경락인은 유치권자에게 그 유치권으로 담보하는 채권을 변제할 책임이 있다고 규정하고 있는 바, 여기에서 '변제할 책임이 있다.'는 의미는 부동산상의 부담을 승계한다는 취지로서 인적 채무까지 인수한다는 취지는 아니므로, 유치권자는 경락인에 대하여 그 피담보채권의 변제가 있을 때까지 유치목적물인 부동산의 인도를 거절할 수 있을 뿐이고 그 피담보채권의 변제를 청구할 수는 없다."라고 하였다(대판 95다8713).

따라서 이 경우도 A로서는 공사대금의 잔금이 지급될 때까지 건물의 인도를 거절할 수는 있지만, 경락인을 상대로 공사대금의 잔금지급을 청구할 수는 없을 것 같다.

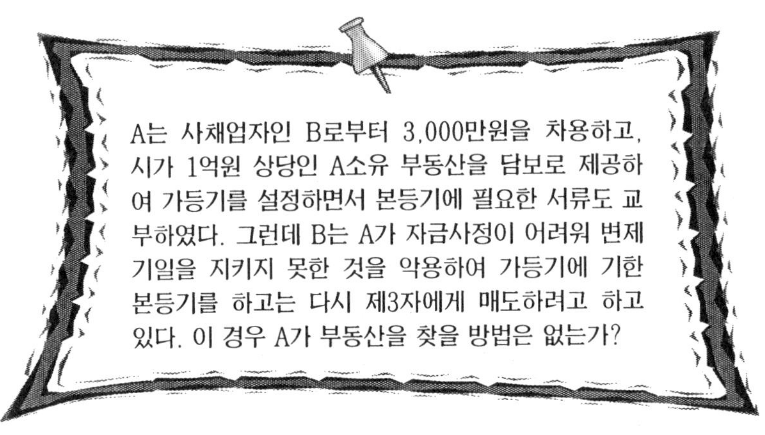 가등기담보권

1. 가등기담보권자의 청산의무

해 설   가등기에는 담보를 목적으로 하는 '담보가등기(擔保假登記)' 와 매매예약 등에 의한 '일반 가등기' 가 있는데, 그 판단 여부에 관하여 판례는 "당해 가등기가 실제상 채권담보를 목적으로 한 것인지 여부에 의하여 결정되는 것이지, 당해 가등기의 등기부상 원인이 매매예약으로 기재되어 있는지 아니면 대물변제예약으로 기재되어 있는가 하는 형식적 기재에 의하여 결정되는 것이 아니다."라고 하였으며(대판 98마1333), 또한 "담보가등기 인지의 여부는 그 등기부상 표시나 등기시에 주고받은 서류의 종류에 의하여 형식적으로 결정될 것이 아니고, '거래의 실질과 당사자의 의사해석' 에 따라 결정될 문제라고 할 것이다."라고 한다(대판 91다36932).

　A가 B로부터 3,000만원을 차용하면서 시가 1억원 상당의 가옥을 담보로 제공하였으므로 담보가등기를 하였다고 할 수 있다. 가등기담보등에관한법률 제3조, 제4조에 의하면 채권자가 담보계약에 의한 담보권을 실행하여 그 담보목적부동산의 소유권을 취득하기 위해서는 그 채권의 변제기 후에 청산금(통지당시의 목적부동산의 가액에서 그 채권액을 공제한 금액)의 평가액과 통지당시의 목적부동산의 평가액 및 민법 제360조에 규정된 피담보채권액을 명시하여 채무자 등에게 통지하고, 그 통지가 채무자 등에게 도달한 날로부터 2월의 청산기간이 경과한 후, 청산금은 채무자 등에게 지급하여야 한다고 규정하고 있다.

　B는 청산절차를 이행하지 않았고, A에게 청산금을 지급하지도 않았으므로 비록 본등기를 하였더라도 그 본등기는 무효로 되어 B는 소유권을 취득하지 못하는 것이고, 제3자에게 매도할 권리도 없다고 하겠다. 그러나 만일 매매계약이 체결되어 선의의 제3자에게 소유권이 이전된다면 그 제3자에게 대항할 수 없으므로 소유권을 회복하기 어렵게 될 수 있다.

　따라서 A는 가옥에 대해 처분금지가처분신청을 하여 B가 가옥을 처분하지 못하도록 조치한 다음, 피담보채권액 3,000만원을 변제 또는 공탁하여 B의 명의로 되어 있는 소유권이전등기를 말소시키든지, B에게 청산절차의 이행과 청산금의 지급을 청구하는 것이 적절하다.

2. 돈을 빌려주고 소유권이전등기청구권을 가등기해둔 경우 채권회수방법

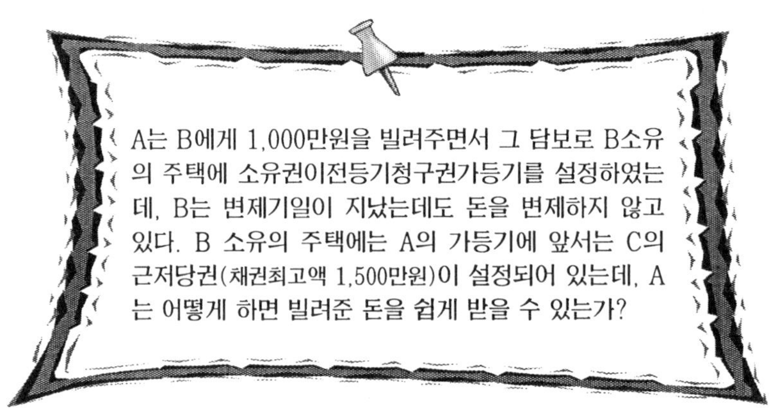

해 설   A가 B에게 돈을 빌려주고 그 담보조로 B소유의 주택에 소유권이전청구권가등기를 하였다면, 이것은 '담보가등기(擔保假登記)'로서 가등기담보등에관한법률에 의하여 담보권실행의 절차를 밟아 채권을 회수할 수 있다. 즉 담보가등기권리자는 그의 선택에 따라 청산절차에 따라 채권 대신에 목적부동산의 소유권을 취득하든지 아니면 법원에 목적부동산의 경매를 신청하여 채권을 회수할 수 있다.

우선, 채권자는 목적부동산의 시가를 평가하여 그 평가액에서 채권액을 공제한 금액, 즉 청산금액을 채무자에게 통지하고 2개월간의 청산기간이 경과한 후 청산금을 지급하고 가등기에 기한 본등기를 청구하여 소유권을 취득함으로써 채권회수에 대신할 수 있다.

그리고 그 주택에 저당권 등 선순위담보권이 설정되어 있을 때에는 선순

위담보권에 의하여 담보된 채권액도 함께 공제하고 청산금을 정하여야 한다 (가등기담보등에관한법률 제4조 제1항). 담보권실행의 통지에 관한 판례에서도 "가등기담보등에관한법률에 의하면 가등기담보권자가 담보권실행을 위하여 담보목적 부동산의 소유권을 취득하기 위해서는 그 채권의 변제기 후에 소정의 청산금평가액 또는 청산금이 없다고 하는 뜻을 채무자 등에게 통지하여야 하고, 이 때의 채무자 등에는 채무자와 물상보증인뿐만 아니라 담보가등기 후 소유권을 취득한 제3취득자가 포함되는 것이므로, 위 통지는 이들 모두에게 하여야 하는 것으로서 채무자 등의 전부 또는 일부에 대하여 통지를 하지 않으면 청산기간이 진행할 수 없게 되고, 따라서 가등기담보권자는 그 후 적절한 청산금을 지급하였다 하더라도 가등기에 기한 본등기를 청구할 수 없으며, 양도담보의 경우에는 그 소유권을 취득할 수 없다."라고 하였다(대판 94다36162).

또한, 채권자로서는 위와 같은 절차를 밟지 아니하고 법원에 담보가등기된 부동산의 경매를 신청한다면, 경매절차에서 담보가등기는 저당권과 동일한 취급을 받으므로 경락대금에서 채권최고액 1,500만원의 근저당권 다음으로 우선배당을 받아 채권의 만족을 받을 수 있을 것이다.

따라서 A는 위 두 가지 방법 중 편리한 방법을 선택하여 채권을 회수할 수 있을 것으로 보여진다.

3. 담보가등기 된 부동산이 선순위저당권의 실행으로 경락된 경우 가등기의 효력

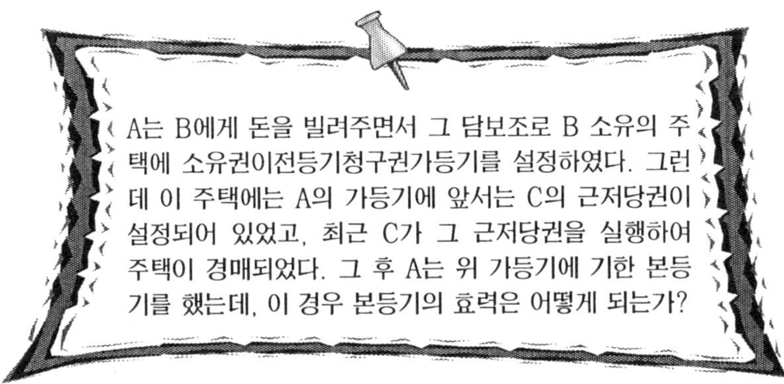

해 설 가등기담보등에관한법률 제15조에 의하면 "담보가등기가 경료된 부동산에 대하여 경매 등이 행하여진 때에는 담보가등기권리는 그 부동산의 매각에 의하여 소멸한다."라고 규정하고 있다. 판례에서도 "가등기담보등에관한법률 제15조는 담보가등기가 경료된 부동산에 대하여 경매 등이 행하여진 때에는 담보가등기권리는 그 부동산의 매각에 의하여 소멸한다고 규정하고 있으므로, 경락인이 경락허가결정을 받아 그 경락대금을 모두 지급함으로써 소유권을 취득하였다면 담보가등기권리는 소멸되었다고 보아야 할 것이고, 그 후에 경료된 가등기에 기한 본등기는 원인을 결여한 무효의 등기이며, 그 가등기에 기한 본등기가 종전 소유자와의 대물변제합의에 기하여 이루어진 것이라 하여도 이는 소유권을 경락인이 취득한 후에 무효인 가등기를 유용하는 것에 해당하므로 역시 무효이다."라고 하였다 (대판 93다52853).

C의 선순위 근저당권 실행으로 주택은 경락되었고, 경락인의 경락대금 완납으로 A의 가등기는 소멸되었다고 볼 수 있어 그 후 소멸된 가등기에 기한 본등기는 원인무효의 등기로 보아야 할 것이다.

4. 채권자 아닌 제3자 명의로 설정된 저당권 또는 채권담보 목적의 가등기의 효력

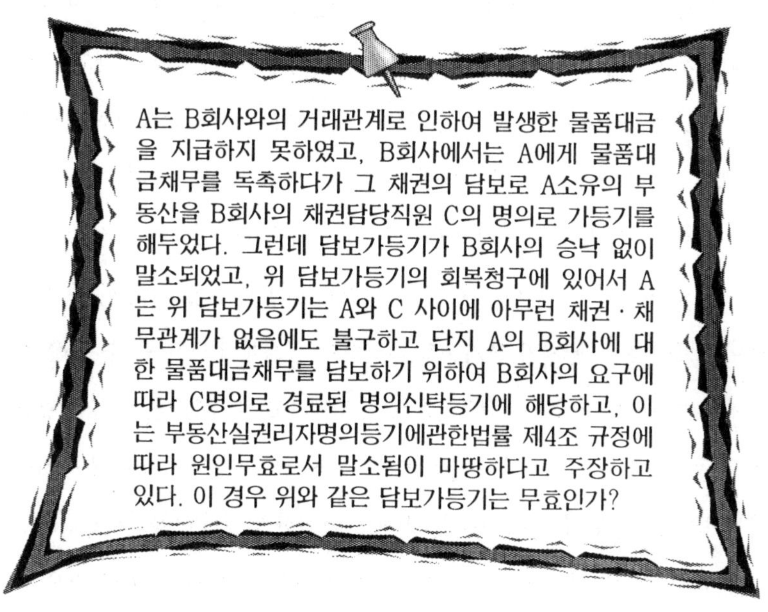

해 설 부동산실권리자명의등기에관한법률 제4조에서는 명의신 탁약정의 효력에 관하여 "① 명의신탁약정은 무효로 한다. ② 명의신탁약정에 따라 행하여진 등기에 의한 부동산에 관한 물권변동은 무효로 한다. 다만, 부동산에 관한 물권을 취득하기 위한 계약에서 명의수탁자가 그 일방당사자가 되고 그 타방당사자는 명의신탁약정이 있다는 사실을 알지 못한 경우에는 그러하지 아니하다."라고 규정하고 있다.

그런데 채권자 아닌 제3자 명의로 설정된 저당권 또는 채권담보 목적의 가등기의 효력에 관한 판례를 보면, "채권담보의 목적으로 채무자 소유의 부동산을 담보로 제공하여 저당권을 설정하는 경우에는 담보물권의 부종성의 법리에 비추어 원칙적으로 채권과 저당권이 그 주체를 달리할 수 없는 것이지만, 채권자 아닌 제3자의 명의로 저당권등기를 하는데 대하여 채권자와 채무자 및 제3자 사이에 합의가 있었고, 나아가 제3자에게 그 채권이 실질적으로 귀속되었다고 볼 수 있는 특별한 사정이 있거나, 거래경위에 비추어 제3자의 저당권등기가 한낱 명목에 그치는 것이 아니라 그 제3자도 채무자로부터 유효하게 채권을 변제받을 수 있고 채무자도 채권자나 저당권 명의자인 제3자 중 누구에게든 채무를 유효하게 변제할 수 있는 관계, 즉 묵시적으로 채권자와 제3자가 불가분적 채권자의 관계에 있다고 볼 수 있는 경우에는 그 제3자 명의의 저당권등기도 유효하다고 볼 것인 바, 이러한 법리는 저당권의 경우뿐만 아니라 채권담보를 목적으로 가등기를 하는 경우에도 마찬가지로 적용된다고 보아야 할 것이고, 이러한 법리가 부동산실권리자명의등기에관한법률에 규정된 명의신탁약정의 금지에 위반된다고 할 것은 아니다."라고 하였다(대판 2000다49879).

따라서 사례에서 C를 근저당권자로 한 담보가등기는 유효하고 부동산실권리자명의등기에관한법률 제4조에 따라 원인무효라는 A의 주장은 받아들여지지 않는다.

5. 가등기담보권 실행에 의한 청산절차 종료 후 담보 목적물의 사용 · 수익권 귀속 여부

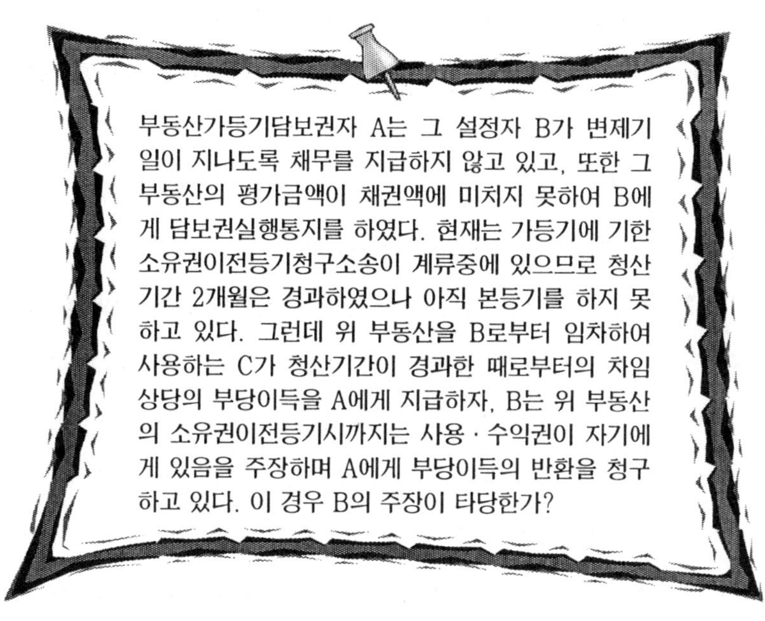

해 설   가등기담보권의 실행으로 청산절차가 종료된 후 담보목
적물에 대하여 사용 · 수익권을 가지는 사람이 누구인지에 관하여 판례는
"일반적으로 담보목적으로 가등기를 경료한 경우 담보물에 대한 사용 · 수
익권은 가등기설정자인 소유자에게 있다고 할 것이나, 가등기담보약정은 채
무자가 본래의 채무를 이행하지 못할 경우 채권자에게 담보목적물의 소유권
을 이전하기로 하는 예약으로서 유상계약인 쌍무계약적 재산권이전약정에
해당하므로 그 성질에 반하지 않는 한 매매에 관한 민법규정이 준용된다 할
것이고(민법 제567조), 채권자가 가등기담보권을 실행하여 그 담보목적부동

산의 소유권을 취득하기 위하여 가등기담보등에관한법률에 따라 채무자에게 담보권실행을 통지한 경우 청산금을 지급할 여지가 없는 때에는 2월의 청산기간이 경과함으로써 청산절차는 종료되고, 이에 따라 채권자는 더 이상의 반대급부의 제공 없이 채무자에 대하여 소유권이전등기청구권 및 목적물인도청구권을 가진다 할 것임에도 채무자가 소유권이전등기의무 및 목적물인도의무의 이행을 지연하면서 자신이 담보목적물을 사용·수익할 수 있다고 하는 것은 심히 공평에 반하여 허용될 수 없으므로, 이러한 경우 담보목적물에 대한 과실수취권 등을 포함한 사용·수익권은 청산절차의 종료와 함께 채권자에게 귀속된다고 보아야 한다."라고 하였다(대판 2000다20465).

그러므로 이 경우도 가등기담보권의 실행으로 청산절차가 종료된 후 담보목적물에 대한 사용·수익권은 채권자 A에게 있다고 하여야 할 것이므로, 채무자 B는 비록 A가 소유권이전등기를 경료받지 못하였다고 하여도 A가 C로부터 수령한 청산기간종료 후의 차임상당의 금원을 부당이득으로 청구할 수는 없을 것으로 보인다.

6. 담보가등기된 후 대항요건을 갖춘 주택임차인의 청산금에 대한 권리

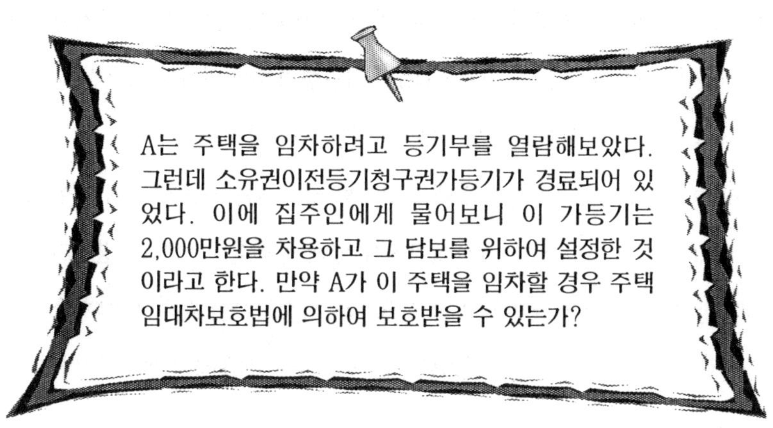

해 설   소유권이전등기청구권의 가등기에는 ① 진정한 매매예약으로 인한 소유권이전등기청구권보전의 가등기가 있고, ② 채권담보의 목적으로 경료된 담보가등기가 있다. 그런데 ① 의 경우 주택임차인이 주택임대차보호법상의 대항력을 갖추기 이전에 소유권이전등기청구권보전의 가등기가 설정되어 있을 경우에는 그러한 가등기에 기한 본등기가 되면 부동산등기법 제6조 제2항이 "가등기를 한 경우에는 본등기의 순위는 가등기의 순위에 의한다."라고 규정하고 있으므로 그 본등기의 순위는 가등기의 순위로 되어 가등기 후에 대항력을 갖춘 주택임차권보다 선순위가 되므로 그 주택임차인은 본등기를 경료한 자에게 대항하지 못한다.

그리고 ② 의 경우에 주택임차인이 주택임대차보호법상의 대항력을 갖추기 이전에 담보가등기가 설정된 경우에는 가등기담보등에관한법률 제12조

제1항이 "담보가등기권자는 그 선택에 따라 제3조의 규정에 의한 담보권을 실행하거나 목적부동산의 경매를 청구할 수 있다. 이 경우 경매에 관하여는 담보가등기권리를 저당권으로 본다."라고 규정하고 있어 담보가등기권자가 경매를 신청할 수도 있고, 가등기담보등에관한법률에 의하여 담보권을 실행하여 청산절차를 거쳐 그 가등기에 기한 본등기를 할 수도 있다.

따라서 담보가등기권자가 경매를 신청할 경우에는 가등기 후에 대항요건을 갖춘 주택임차인이 그 경매절차에서 당해 주택을 경락받은 경락자에게 대항할 수 없을 것은 당연하고, 대항요건과 확정일자를 갖춘 경우나 소액임차인에 해당된다면 그 경매절차에서 배당요구를 신청하여 배당 받아야 할 것이다.

그러나 담보가등기채권자가 가등기담보등에관한법률 제3조에 의하여 담보권을 실행할 때에는 목적부동산의 가액에서 자기의 채권액(담보가등기보다 선순위 담보권자의 채권액을 포함. 여기에는 소액임차인의 우선변제채권도 포함될 것임)을 공제한 청산금을 채무자 등에게 지급하여야 하나, 담보가등기 후에 등기된 저당권자 전세권자 및 담보가등기권리자는 채권의 명세와 증서를 위 채권자에게 제시 · 교부하여 자기의 채권을 지급받아야 한다.

그런데 가등기담보등에관한법률은 후순위권리자의 정의에 확정일자를 갖춘 우선변제권이 인정되는 주택임차인은 명시하지 않고 있으나(가등기담보등에관한법률 제2조 제5호), 이러한 주택임차인도 후순위권리자에 포함되는 것으로 해석되어 우선변제권을 행사할 수 있어야 할 것으로 보인다.

한편, 그러한 우선변제권은 없고 담보가등기 후에 대항력만 갖춘 주택임차인의 경우에는 원칙적으로 담보가등기권리자에게 대항력을 행사할 수 없

지만(대판 2000다47682), 가등기담보등에관한법률 제5조 제5항이 "담보가등기 후에 대항력 있는 임차권을 취득한 자에게는 청산금의 범위 안에서 민법 제536조〔동시이행의 항변권〕의 규정을 준용한다."라고 규정하고 있으므로, 채무자에게 지급될 청산금이 있을 경우에는 담보가등기채권자에게 동시이행의 항변을 할 수 있을 것으로 보인다.

7. 가등기권리자와 조세채권과의 우선관계

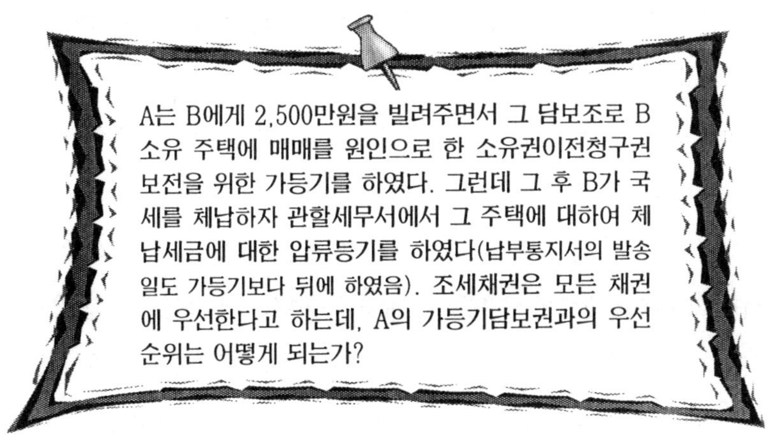

해 설 국세기본법 제35조 제2항은 "납세의무자를 등기의무자로 하고, 채무불이행을 정지조건으로 하는 대물변제의 예약에 기하여 권리이전청구권의 보전을 위한 가등기, 기타 이와 유사한 담보목적으로 된 가등기가 되어 있는 재산을 압류하는 경우에 당해 가등기에 기한 본등기가 압류 후에 행하여진 때에는 그 가등기의 권리자는 그 재산에 대한 체납처분에 대하여

그 가등기에 기한 권리를 주장할 수 없다. 다만, 국세 또는 가산금(그 재산에 대하여 부과된 국세와 가산금을 제외)의 법정기일 전에 가등기된 재산에 대하여는 그러하지 아니하다.”라고 규정하고 있다. 여기서의 ‘법정기일’이라 함은 국세채권과 저당권 등에 의해 담보된 채권간의 우선 여부를 결정하는 기준일로서 국세기본법 제35조 제1항 제3호 각 목에 해당하는 기일을 말한다.

그런데 A의 가등기는 국세의 납부통지서 발송일 전에 설정되었으므로 위 조항에 비추어 볼 때 국세에 우선한다. 다만, 위 조항 단서에 규정하는 바와 같이 담보에 제공된 재산에 대해 부과된 국세 중 토지초과이득세, 상속세, 증여세와 재평가세 및 그 가산금은 언제나 다른 채권에 우선한다(국세기본법 시행령 제18조).

참고로 가등기 이후 경료된 국세압류등기의 효력에 관하여 판례를 보면, “국세압류등기 이전에 소유권이전청구권보전의 가등기가 경료되고 그 후 본등기가 이루어진 경우, 그 가등기가 매매예약에 기한 순위보전의 가등기라면 그 이후에 경료된 압류등기는 효력을 상실하여 말소되어야 할 것이지만, 그 가등기가 채무담보를 위한 가등기, 즉 담보가등기라면 그 후 본등기가 경료되더라도 가등기는 담보적 효력을 갖는데 그치므로 압류등기는 여전히 유효하므로 말소될 수 없다.”라고 하면서, “가등기 이후 국세압류등기가 경료된 사안에서 당해 가등기가 담보가등기라는 점에 관한 소명자료가 제출되어 담보가등기인지의 여부에 관하여 이해관계인 사이에 실질적으로 다투어지고 있는 경우에는 가등기에 기한 본등기권자의 태도여하에 불구하고 형식적 심사권밖에 없는 등기공무원으로서는 당해 가등기를 순위보전의 가등기로 인정하여 국세압류등기를 직권말소할 수 없고, 또한 당해 가등기가 담

보가등기인지 여부는 당해 가등기가 실제상 채권담보를 목적으로 한 것인지 여부에 의하여 결정되는 것이지, 당해 가등기의 등기부상 원인이 매매예약으로 기재되어 있는지 아니면 대물변제예약으로 기재되어 있는가 하는 형식적 기재에 의하여 결정되는 것이 아니다."라고 한 바 있다(대판 98마1333).

근저당권에서 피담보채권의 확정사유

근저당권의 피담보채권은 계속해서 발생, 변경, 소멸되는 특성이 있으므로 피담보채권액도 유동적이다. 그러나 담보권은 궁극적으로 경매 등의 환가절차를 전제로 하고 있으므로, 환가절차가 진행되기 위해서는 피담보채권이 확정되어 피담보채권액이 고정되어야 한다. 이러한 피담보채권이 확정되는 사유에 관해서는 민법에는 규정이 없다. 판례와 학설에 의해 인정되는 확정사유는 다음과 같다.

- 피담보채권의 확정
- 기본계약의 결산기의 도래
- 기본계약의 해지
- 근저당권의 존속기간만료
- 채무자의 어음부도에 의한 지급정지
- 채무자의 은행거래정지
- 채무자의 행방불명, 채무자의 영업정지
- 경매절차의 개시
- 법적 정리절차 (파산절차, 화의개시신청, 회사정리절차 등)의 개시결정

 보증제도의 사례와 판례

 보증채무

1. 보증인의 동의 없이 주채무의 목적이나 형태가 변경된 경우 보증채무의 범위

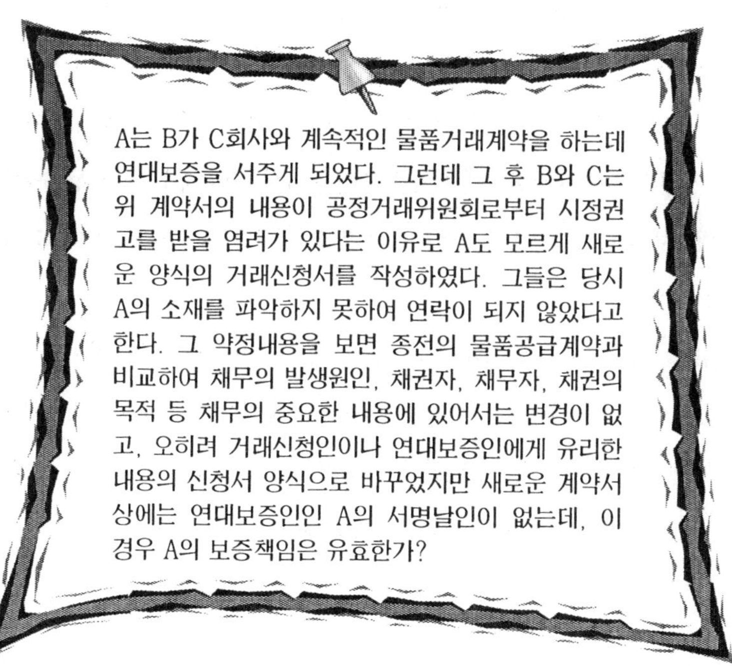

A는 B가 C회사와 계속적인 물품거래계약을 하는데 연대보증을 서주게 되었다. 그런데 그 후 B와 C는 위 계약서의 내용이 공정거래위원회로부터 시정권고를 받을 염려가 있다는 이유로 A도 모르게 새로운 양식의 거래신청서를 작성하였다. 그들은 당시 A의 소재를 파악하지 못하여 연락이 되지 않았다고 한다. 그 약정내용을 보면 종전의 물품공급계약과 비교하여 채무의 발생원인, 채권자, 채무자, 채권의 목적 등 채무의 중요한 내용에 있어서는 변경이 없고, 오히려 거래신청인이나 연대보증인에게 유리한 내용의 신청서 양식으로 바꾸었지만 새로운 계약서상에는 연대보증인인 A의 서명날인이 없는데, 이 경우 A의 보증책임은 유효한가?

 **해설** 민법 제428조 및 제429조, 제430조에 의하면 보증인은 주채무자가 이행하지 아니하는 채무를 이행할 의무가 있고, 보증채무는 주채무의 이자, 위약금, 손해배상, 기타 주채무에 종속한 채무를 포함하며, 보증인의 부담이 주채무의 목적이나 형태보다 중한 때에는 주채무의 한도로 감축한다고 규정하고 있다. 그러므로 연대보증인은 주채무의 한도 내에서 보증책임이 있다 할 것이나, 이 경우처럼 보증계약이 성립한 후 그 내용의 일부를 변경하는 새로운 계약서를 작성하면서 보증인의 서명날인을 받지 아니한 경우에도 보증인의 책임을 그대로 인정할 수 있을 것인지가 문제된다.

판례는 "보증계약이 성립한 후에 보증인이 알지도 못하는 사이에 주채무의 목적이나 형태가 변경되었다면, 그 변경으로 인하여 주채무의 실질적 동일성이 상실된 경우에는 당초의 주채무는 경개로 인하여 소멸하였다고 보아야 할 것이므로 보증채무도 당연히 소멸하겠지만, 그 변경으로 인하여 주채무의 실질적 동일성이 상실되지 아니하고 동시에 주채무의 부담내용이 축소 · 감경된 것에 불과한 경우에는 보증인은 그와 같이 축소 · 감경된 주채무의 내용에 따라 보증책임을 진다고 할 것이다"(대판 2001다628 ; 97다1013)라고 한다.

따라서 A의 경우에는 B와 C 회사간에 새로이 작성된 거래신청서의 내용으로 보아 기존의 거래신청서와 그 실질적인 동일성을 유지하는 것으로 볼 수 있는 것이라면, A의 서명날인이 누락되었다고 하더라도 기존 거래신청서상의 보증책임도 소멸되지 않고 그대로 존재한다고 볼 수 있다.

2. 보증채무 자체의 이행지체로 인한 지연손해금은 보증한도액과 는 별도로 부담하는가?

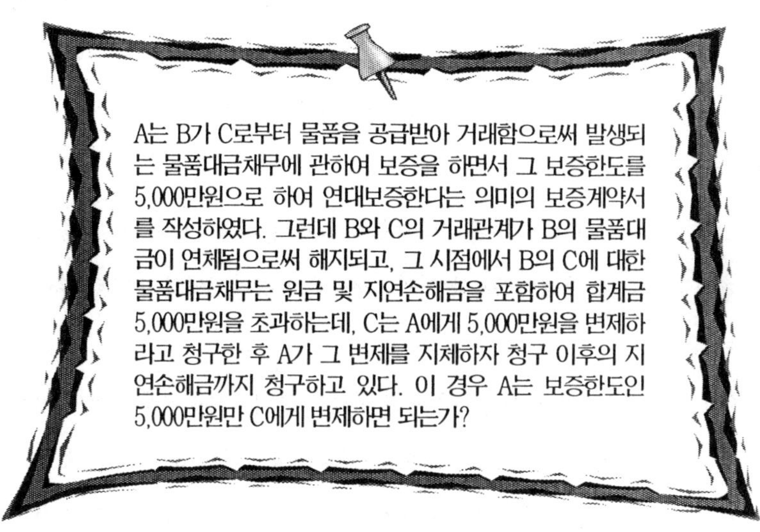

해설 민법 제428조 제1항에서는 보증채무의 내용에 관하여 "보증인은 주채무자가 이행하지 아니하는 채무를 이행할 의무가 있다."라고 규정하고 있다. 그리고 보증한도액을 정한 보증에 있어서 그 한도액을 주채무의 원금만을 기준으로 정한 것인지 아니면 주채무에 대한 이자·지연손해금 등 부수채무까지 포함하여 정한 것인지의 여부는 먼저 계약당사자의 의사에 따라서 결정하여야 하나, 특별한 약정이 없으면 그 한도액은 주채무에 대한 이자·지연손해금 등 부수채무까지 포함하여 정한 것으로 보아야 한다 (대판 98다64639). 그런데 보증채무 자체의 이행지체로 인한 지연손해금은 보증한도액과는 별도로 부담하는 것인지에 관하여 판례를 보면, "보증채무

는 주채무와는 별개의 채무이기 때문에 보증채무 자체의 이행지체로 인한 지연손해금은 보증한도액과는 별도로 부담하고, 이 경우 보증채무의 연체이율에 관하여 특별한 약정이 없는 경우라면 그 거래행위의 성질에 따라 상법 또는 민법에서 정한 법정이율에 따라야 하며, 주채무에 관하여 약정된 연체이율이 당연히 여기에 적용되는 것은 아니지만, 특별한 약정이 있다면 이에 따라야 한다."라고 하였다(대판 99다12123).

그러므로 A는 B의 C에 대한 보증채무 5,000만원과 A가 C로부터 보증채무를 청구당한 이후 완제일까지의 지연손해금은 보증한도액과 별도로 부담하게 될 것이다.

참고로 보증채무의 연체이율에 관한 판례를 보면, "보증채무 자체의 이행지체로 인한 지연손해금을 지급보증한도액과 별도로 부담하는 경우, 보증채무의 연체이율에 관하여 특별한 약정이 없는 경우라면 그 거래행위의 성질에 따라 상법 또는 민법에서 정한 법정이율에 따라야 할 것이지, 주채무에 관하여 약정된 연체이율이 당연히 여기에 적용된다고 볼 것은 아니다."라고 한다(대판 97다1433).

3. 보증계약체결 후 채권자와 채무자간 손해배상액을 예정한 경우 보증인의 책임 여부

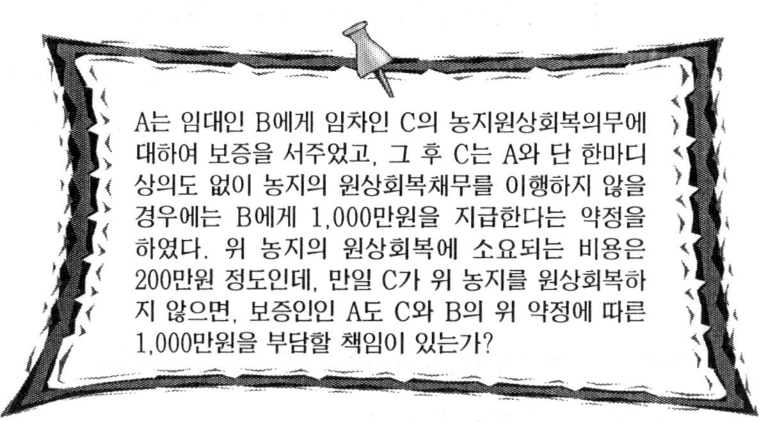

A는 임대인 B에게 임차인 C의 농지원상회복의무에 대하여 보증을 서주었고, 그 후 C는 A와 단 한마디 상의도 없이 농지의 원상회복채무를 이행하지 않을 경우에는 B에게 1,000만원을 지급한다는 약정을 하였다. 위 농지의 원상회복에 소요되는 비용은 200만원 정도인데, 만일 C가 위 농지를 원상회복하지 않으면, 보증인인 A도 C와 B의 위 약정에 따른 1,000만원을 부담할 책임이 있는가?

해 설   C와 B의 위와 같은 약정은 농지의 원상회복의무를 불이행한 경우 손해에 대한 예정으로 보아야 할 것인데, 이러한 손해배상의 예정이 보증인의 관여 없이 행하여진 것이므로 보증인에게 어떠한 효력을 미치느냐가 문제로 된다.

이에 관련된 판례를 보면, 보증인은 특별한 사정이 없는 한, 채무자가 채무불이행으로 인하여 부담하여야 할 손해배상채무에 관하여도 보증책임을 진다고 할 것이다. 따라서 보증인으로서는 채무자의 채무불이행으로 인한 채권자의 손해를 배상할 책임이 있다고 할 것이지만, 원래 보증인의 의무는 보증계약성립 후 채무자가 한 법률행위로 인하여 확장 · 가중되지 아니하는 것이 원칙이므로, 채무자의 채무불이행시의 손해배상의 범위에 관하여 채무자와 채권자 사이의 합의로 보증인의 관여 없이 그 손해배상예정액이 결정되었다고 하더라도, 보증인으로서는 위 합의로 결정된 손해배상예정액이 채무불이행으로 인하여 채무자가 부담할 손해배상책임의 범위를 초과하지 아니한 한도 내에서만 보증책임이 있다고 하였다(대판 94다38250).

따라서 A도 훼손된 농지의 원상회복에 소요되는 비용에 대하여는 보증책임을 부담하여야 하겠지만, A의 관여 없이 B와 C가 약정한 1,000만원 전부에 대하여 책임을 지지는 않을 것으로 보인다.

4. 주채무자에게만 채권양도통지를 한 경우 그 양도통지가 보증인에게도 효력이 있는가?

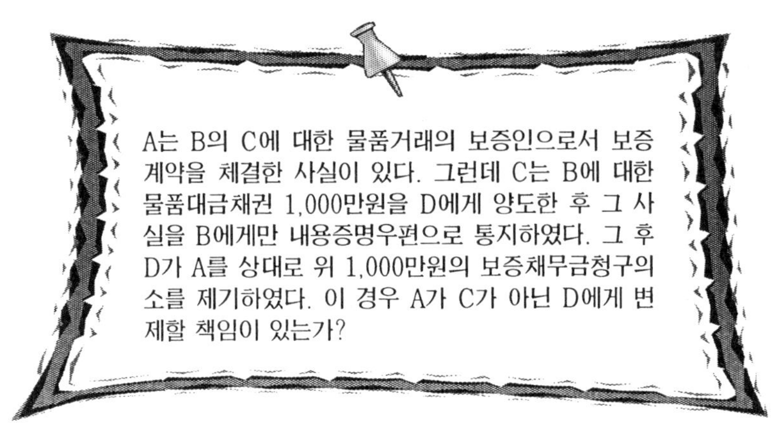

A는 B의 C에 대한 물품거래의 보증인으로서 보증계약을 체결한 사실이 있다. 그런데 C는 B에 대한 물품대금채권 1,000만원을 D에게 양도한 후 그 사실을 B에게만 내용증명우편으로 통지하였다. 그 후 D가 A를 상대로 위 1,000만원의 보증채무금청구의 소를 제기하였다. 이 경우 A가 C가 아닌 D에게 변제할 책임이 있는가?

 **해설** 채권의 양도성에 관하여 민법 제449조 제1항에서는 "채권은 양도할 수 있다. 그러나 채권의 성질이 양도를 허용하지 아니하는 때에는 그러하지 아니하다."라고 규정하고 있으며, 지명채권양도의 대항요건

에 관하여 민법 제450조에서는 "① 지명채권의 양도는 양도인이 채무자에게 통지하거나 채무자가 승낙하지 아니하면 채무자, 기타 제3자에게 대항하지 못한다. ② 전 항의 통지나 승낙은 확정일자 있는 증서에 의하지 아니하면 채무자 이외의 제3자에게 대항하지 못한다."라고 규정하고 있다.

그런데 사례에서 A는 최초 B에 대한 보증인으로서 C와 보증계약을 체결하였을 뿐인데도, A가 전혀 알지도 못하는 D가 보증인의 책임을 물어 소송을 제기하였으므로 D에 대하여도 보증책임을 져야 하는지가 문제된다고 할 것이다.

판례는 "채권양도에 있어서 주채무자에 대한 채권양도통지 등 대항요건을 갖추었으면 보증인에 대하여도 그 효력이 미친다."라고 하였다(대판 75다1100). 따라서 A는 양수인 D에게 보증채무를 이행하여야 할 책임을 부담한다.

5. 보증채무 자체의 이행지체로 인한 지연손해금은 보증한도액과 는 별도로 부담하는가?

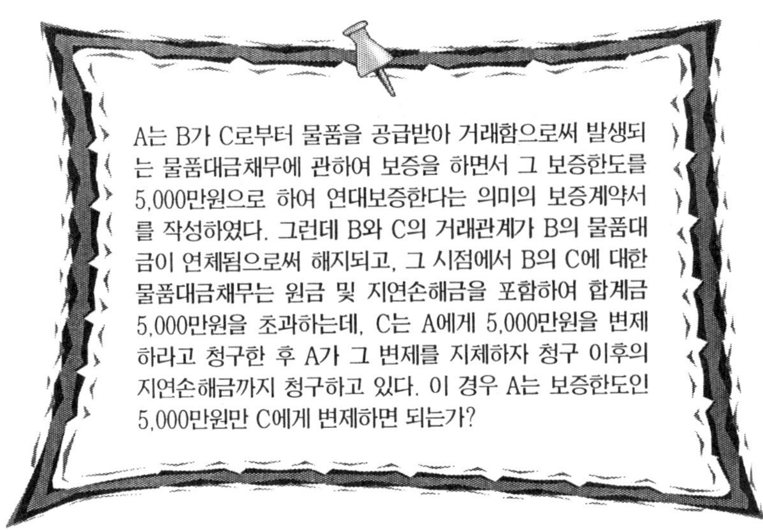

해 설　　민법 제428조 제1항에서는 보증채무의 내용에 관하여 "보증인은 주채무자가 이행하지 아니하는 채무를 이행할 의무가 있다."라고 규정하고 있다. 그리고 보증한도액을 정한 보증에 있어서 그 한도액을 주채무의 원금만을 기준으로 정한 것인지 아니면 주채무에 대한 이자·지연손해금 등 부수채무까지 포함하여 정한 것인지의 여부는 먼저 계약당사자의 의사에 따라서 결정하여야 하나, 특별한 약정이 없으면 그 한도액은 주채무에 대한 이자·지연손해금 등 부수채무까지 포함하여 정한 것으로 보아야 한다(대판 98다64639).

　　그런데 보증채무 자체의 이행지체로 인한 지연손해금은 보증한도액과는 별도로 부담하는 것인지에 관하여 판례는 "보증채무는 주채무와는 별개의

채무이기 때문에 보증채무 자체의 이행지체로 인한 지연손해금은 보증한도액과는 별도로 부담하고, 이 경우 보증채무의 연체이율에 관하여 특별한 약정이 없는 경우라면 그 거래행위의 성질에 따라 상법 또는 민법에서 정한 법정이율에 따라야 하며, 주채무에 관하여 약정된 연체이율이 당연히 여기에 적용되는 것은 아니지만, 특별한 약정이 있다면 이에 따라야 한다."라고 하였다(대판 99다12123).

따라서 A는 B의 C에 대한 보증채무 5,000만원과 A가 C로부터 보증채무를 청구당한 이후 완제일까지의 지연손해금은 보증한도액과 별도로 부담하게 된다.

6. 상행위로 인한 채무의 경우 다수 채무자간, 채무자 · 보증인간의 연대책임

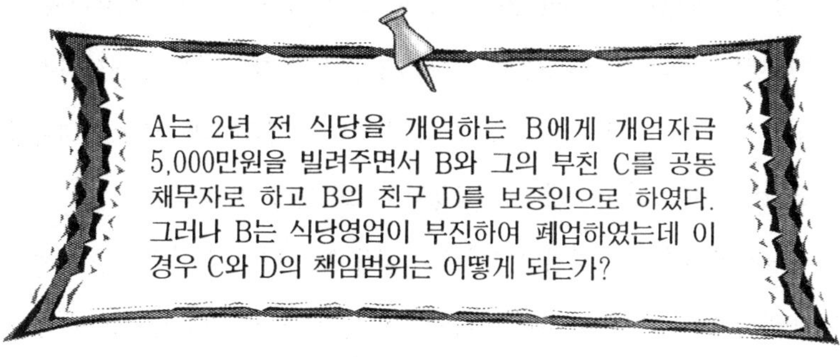

해 설   민법상으로는 채무자가 2명 이상인 경우 특별한 의사표시가 없으면 각 채무자는 균등한 비율로 의무를 부담하는 분할채무로 보고,

그 보증인이 있을 경우 보증인은 주채무자 재산에 먼저 집행하라는 최고 · 검색의 항변권과 채무액을 보증인별로 분할하여 부담한다는 분별의 이익을 가지는 것이 원칙이다(민법 제408조, 제437조, 제439조).

그러나 상행위로 인한 채무의 경우에는 상법상 특별한 규정이 있는 바, 즉 수인이 그 1인 또는 전원에게 상행위가 되는 행위로 인하여 채무를 부담할 때 특약이 없는 한 연대하여 변제할 책임이 있으며, 그 보증인이 있는 경우에 그 보증이 상행위이거나 또는 주채무가 상행위로 인한 것인 때에는 주채무자와 보증인은 연대하여 책임을 지게 된다(상법 제57조).

그러므로 사례를 민법상의 채무로 본다면 B와 C의 채무는 분할채무로 보아 B와 C는 각각 2,500만원의 채무를 부담하고 보증인 D는 최고 · 검색의 항변권을 행사할 수 있을 것이다. 그러나 식당업은 상법 제46조 제9호에 해당하는 '객의 집래(集來)를 위한 시설에 의한 거래'를 영업으로 하는 공중접객업(상법 제151조)이라고 할 수 있고, 상법의 규정은 그 거래당사자 일방만이 '상인성(商人性)'을 지닌 경우에도 적용되며 영업을 위한 준비로서의 개업준비행위는 영업목적행위는 아니나 영업을 위한 행위인 이상 상인자격을 취득한 이후의 행위만이 아니라 개업준비행위로 행하여진 금전소비대차행위도 상법 제47조의 규정에 의거 상행위로 보아야 할 것이다.

따라서 이 경우에는 상법이 적용되어 공동채무자 C와 보증인 D는 대여금 5,000만원에 대하여 연대하여 변제할 책임이 있다 할 것이고, 이자에 대한 약정이 없다면 상사법정이율(연 6푼) 및 단기의 상사시효(5년)의 적용을 받게 될 것이다(상법 제54조, 제64조).

7. 공동보증인

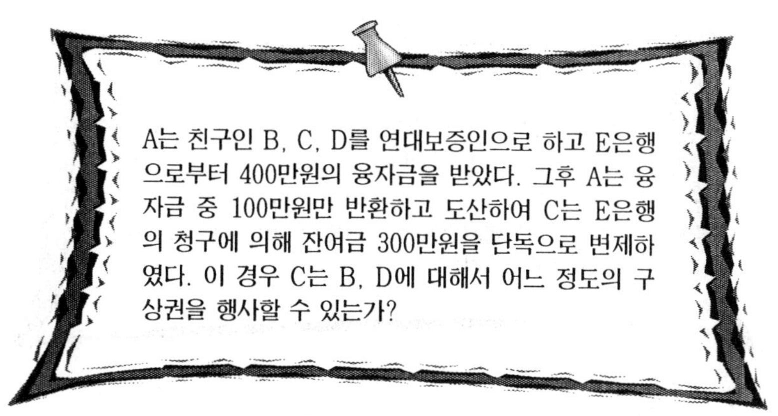

해설 공동보증인은 여러 명의 보증인이 동일한 채무를 보증하는 관계이다. 공동보증인은 하나의 계약으로 보증인으로 된 경우뿐만 아니라, 각각 별개의 계약으로 보증인이 된 경우에도 주채무액을 균등한 비율로 분할한 액에 대해서만 보증채무를 부담한다.

공동보증에서는 보증인 사이에 내부적으로 채무액을 미리 배분하는 경우가 있는데, 이를 부담부분이라 한다. 사전에 부담부분이 정해져 있는 경우에는 그 부담부분을 초과하여 변제한 부분을 구상할 수 있으며, 부담부분이 결정되어 있지 않는 경우에는 보증인 사이에 평등하게 분담되므로 1인당 비율분을 넘어서 변제할 부분을 구상할 수 있다.

사례에서는 부담부분이 결정되어 있지 않으므로 각자에게는 부담부분이 100만원씩으로 배당되고 C는 100만원을 넘어서 변제한 200만원을 B, D에 대해서 1인당 비율로 분할한 100만원씩을 구상받을 수 있다.

8. 보증채무의 상속

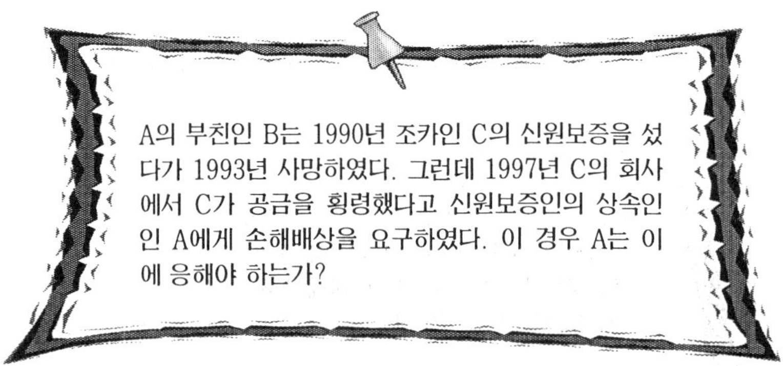

해 설 신원보증은 피고용자의 행위로 인해 사용자가 입게 될 손해를 대신 배상해 주기로 하는 약정을 말한다. 일반적으로 신원보증계약을 체결할 때 기간을 따로 정하지 않는데, 이러한 경우 보증계약은 3년간 유효하다. 그러나 기간을 정한 경우에도 최장 5년을 넘지 못한다. 또한 신원보증법에 의하면 신원보증인이 사망하면 계약의 효력도 상실된다.

그러므로 상속인인 A는 배상책임이 없다. 단, C의 횡령행위가 부친의 사망 이전에 신원보증계약이 유효하던 중 발생한 것이라면 부친의 배상책임이 확정된 것이므로 이 경우에는 배상책임이 상속인에게 상속된다.

 **연대보증**

1. 연대보증의 면제

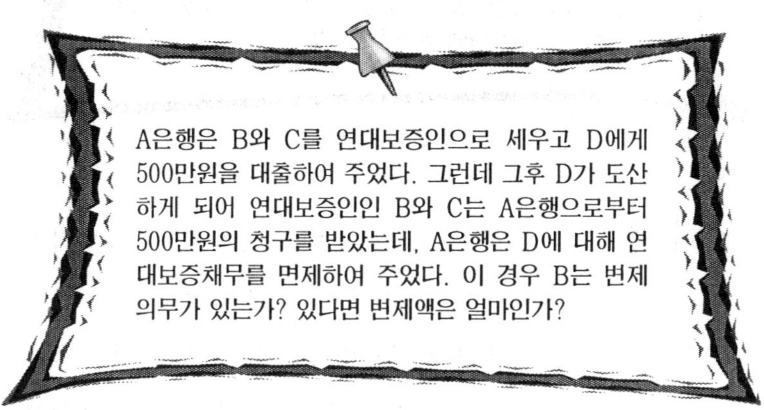

해 설 보증인은 보증채무를 이행했을 때 구상권의 범위에서 채권자가 가지고 있던 담보권, 기타 일체의 권리를 법률상 당연히 행사할 수 있게 되는 반면, 채권자가 주채무자 등에 대해서 가지고 있었던 권리를 고의나 과실에 의해 상실했을 때는 상환받을 수 없게 된 범위에서 보증인은 책임을 면할 수 있다.

사례에서 부담부분의 정함이 없는 경우에는 B와 C의 부담부분은 250만원씩이므로 A은행이 D에 대해서 연대보증채무를 면제하고 있으면 B는 D의 부담부분의 250만원에 대한 책임을 면하므로 자기부담부분인 250만원만 변제하면 연대보증채무를 면할 수 있다.

2. 저당권자와 연대보증인

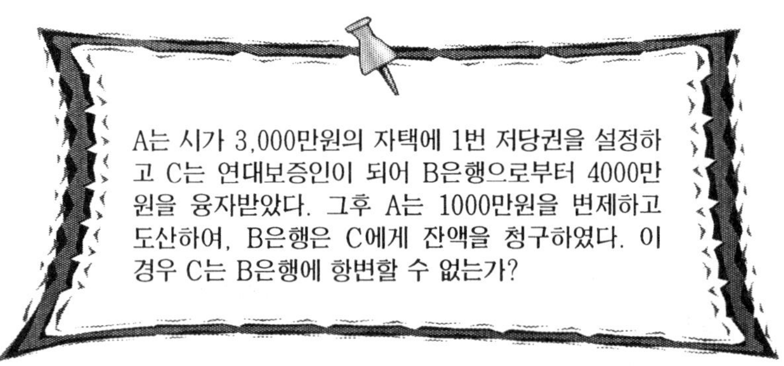

해설   C는 A가 B은행에 대해 반대채권을 가지고 있는 경우가 아니면 그 청구에 응해야 한다. 연대보증인은 최고 및 검색의 항변권을 갖고 있지 않으므로 채권자의 연대보증인에 대한 청구는 정당하다. 그러나 C가 A의 채무를 대위변제하더라도 B은행이 가지고 있는 1순위의 저당권을 취득할 수 있으므로 최대한의 손해는 방지할 수 있다.

3. 채권자의 저당권말소와 연대보증인의 면책

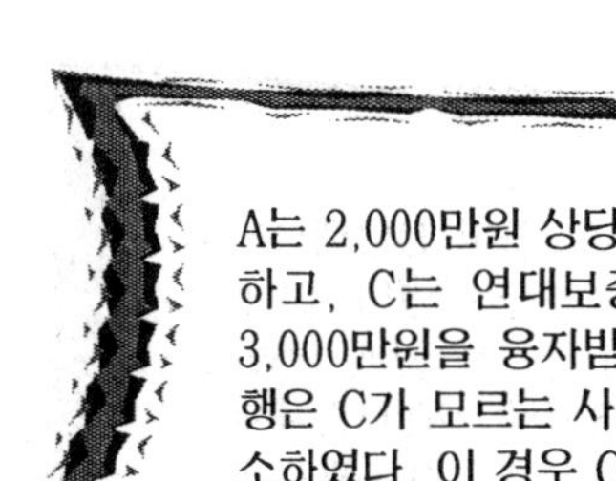

해설   C는 B은행에 대해 A 소유 부동산의 저당권을 말소한 것을 이유로 저당권의 실행에 의해 변제를 받을 수 있었던 2,000만원에 대한 지급을 거절할 수 있으므로 잔액 1,000만원에 대해서만 연대보증인으로 책임이 있다.

민법은 변제에 있어서 정당한 이익이 있는 보증인, 물상보증인, 담보물의 제3취득자를 위해 채권자에게 담보의 보존의무를 부과하고 있다. 따라서 채권자가 고의로 담보를 포기하거나 보증의 면제를 하면 그 담보나 보증이 존속하여 있으면 회수할 수 있었던 금액에 대해서 연대보증인은 책임을 면하고, 채권자는 이 부분을 연대보증인으로부터 회수할 수 없게 된다.

채권자의 담보보존의무는 보증인의 가입, 탈퇴, 담보의 교환 등에 있어서 문제가 되므로 보증인은 보존의무에 대하여 유의할 필요가 있으며 채권자도 이러한 경우에 이해관계인의 승낙을 받는 등의 예방조치를 취할 필요가 있다.

4. 수인의 보증인과 분별의 이익

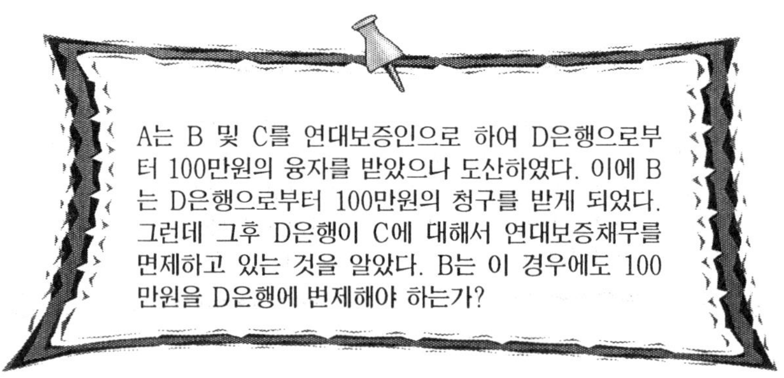

해 설   B는 원칙적으로 D은행에 대해서 50만원만 변제하면 그 나머지에 대해서는 책임을 면할 수 있다. 보증채무는 주채무에 종속하고 이를 담보하는 목적을 갖고 있지만, 보증채무의 면제가 주채무자의 동의를 얻지 않고 행해져도 주채무자와의 관계에 있어서는 영향이 없다. 그러나 다른 공동보증인이나 담보제공자가 수인인 경우에는 채권자와 보증채무의 면제를 받고 있지 않는 사람들과의 관계에 있어서는 당연히 영향을 받는다.

보증인이 보증채무를 이행했을 때에는 보증인은 구상권의 범위에서 채권자가 가지고 있던 담보권과 기타 일체의 권리를 법률상 당연히 행사할 수 있게 되는 반면, 채권자가 주채무자 등에 대해서 가지고 있었던 권리를 고의나 과실에 의해 상실했을 때는 상환을 받을 수 없게 된 범위에서 보증인은 책임을 면한다.

사례에서 부담부분에 대해 정하지 않은 경우에는 B, C의 부담부분은 50만원씩 되므로 D은행이 C에 대해 연대채무를 면제하고 있으면 B는 C의 부

담부분인 50만원만큼의 책임을 면하므로 결국 자기의 부담부분인 50만원만 변제하면 연대보증채무를 면할 수 있다.

5. 주채무자의 파산과 보증인의 책임

해설 채무자는 파산선고를 받으면 파산법 제16조에 의해 기한의 이익을 상실하도록 되어 있는데, 이는 파산채권에 대한 인적 또는 물적 담보 관계에 대해서는 본래의 변제기가 도래하지 않으면 청구할 수 없다는 의미이다. 개인파산에 대해서 면책 결정이 있고 파산절차가 종결된 경우에도 보증의 목적인 주된 채무가 남아 있는 이상 보증채무는 아직 존속하는 것으로 볼 수 있다. 따라서 주채무자인 A주식회사가 파산선고를 받아도 B는 보증인이나 연대보증인에게 당초의 약정에 따른 일체의 권리를 행사할 수 있으며, 파산절차가 종료한 후에도 마찬가지이다. 주채무자가 파산선고를 받은 경우뿐 아니라, 채권자가 파산절차에 의해 배당을 받아서 파산이 종료해도 보증인에 대해서는 영향이 없으므로 채권자는 미변제액을 청구할 수 있다.

6. 보증인에 대한 시효중단의 효력

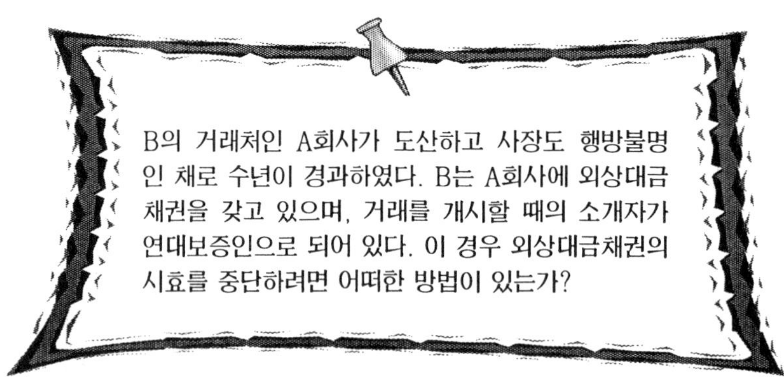

해설 보증계약에서 보증인에게 발생한 사유는 주채무자에게 영향을 미치지 않으므로 주채무자인 회사에 시효중단의 절차가 취해지지 않으면 주채무의 시효소멸에 따라 보증채무도 소멸한다. 그러나 연대보증인인 경우에는 연대보증에 대하여 시효의 중단절차를 취하면 주채무의 시효도 중단된다. 보증채무는 부종성이 있으므로 주채무가 시효 등의 이유로 소멸하면 보증채무도 소멸하고 주채무에 대하여 시효의 중단이 있으면 보증인에 대해서도 항상 그 효력이 미친다. 그러나 보증인에게 발생한 사유는 주채무자에게 영향을 미치지 않는다. 따라서 보증인에 대하여 시효중단의 절차를 취해도 주된 채무의 소멸시효는 중단하지 않는다.

그러나 연대보증에 있어서는 보통의 보증과 달라서 연대채무와 동일하게 취급되므로 연대보증인에 대한 청구는 주채무에 대해서도 효력을 미친다. 따라서 연대보증인을 상대로 재판상 청구, 지급명령신청을 하여 시효를 중단시킬 수 있다.

7. 연대보증계약에서 주채무자가 바뀐 경우 연대보증인의 책임

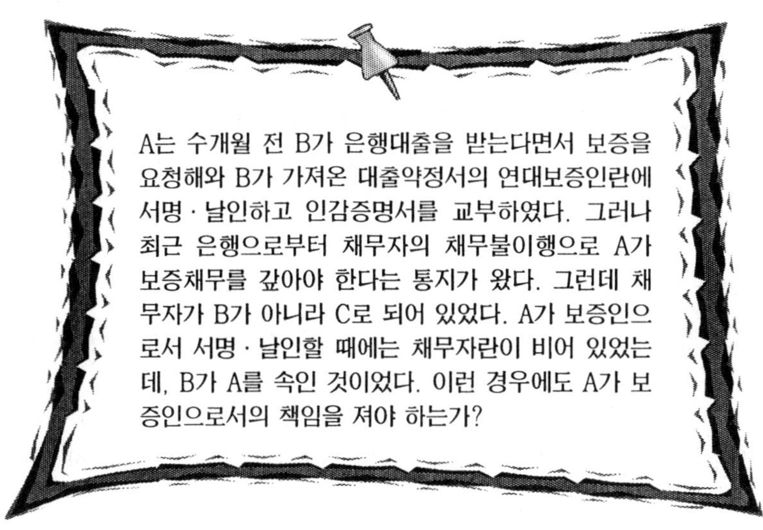

해 설 채무자란이 공백인 상태에서 B를 위하여 보증해달라는 요청을 받고 B에게 보증을 선다는 의사로써 보증하였으나, B가 그것을 C에 대한 보증행위로 바꾸었다면 그것은 B의 사기행위로 볼 수 있다.

사기나 공갈로 인하여 자기의 진실한 의사와 다른 형태의 의사가 표현된 경우에는 이러한 사실을 이유로 그 의사표시를 취소할 수 있으므로, 원칙적으로 A는 보증행위를 취소할 수 있다. 그러나 민법 제110조 제2항은 "상대방은 의사표시에 관하여 제3자가 사기나 강박을 행한 경우에는 상대방이 그 사실을 알았거나 알 수 있었을 경우에 한하여 그 의사표시를 취소할 수 있다."라고 규정하고 있으며, 민법 제126조는 "대리인이 그 권한 외의 법률행위를 한 경우에 제3자가 그 권한이 있다고 믿을 만한 정당한 이유가 있는 때에 본인은 그 행위에 대하여 책임이 있다.”라고 규정하고 있다.

그리고 주채무자가 바뀐 보증계약의 보증인의 책임에 관한 판례는 승용차 할부매매계약과 보증보험계약상 B의 연대보증인이 되기로 한 C가 백지의 보증보험약정서상 연대보증인란에 인감도장을 날인하고 B에게 인감증명서와 인감도장을 건네주었는데, B가 D를 구입자로 하여 할부매매계약 및 보증보험계약을 체결한 경우 권한을 넘은 표견대리의 성립을 인정한 판례(대판 92다31781)가 있으며, 지입차주가 지입회사명의로 리스하는 덤프트럭에 관하여 리스보증보험계약상 연대보증을 위하여 보증인의 인감증명서를 제출하였는데, 지입회사가 잘못하여 그 서류를 다른 지입차주가 같은 지입회사명의로 리스할 덤프트럭에 관한 리스보증보험계약을 체결하는데 사용한 경우 보증인의 표현대리책임을 인정한 판례(대판 95다20973)가 있다.

그러나 ‘보험회사를 대리하거나 보험계약체결을 보조하는 지위’에 있는 자동차판매회사의 영업사원이 자동차구매자의 연대보증인으로부터 교부받은 보증관계서류를 임의로 다른 구매자를 위한 할부판매보증보험의 연대보증계약에 사용한 경우에는 표견대리책임의 성립을 부인한 경우도 있다(대판 97다55478).

따라서 사례에서 상대방인 은행이 이 같은 과정을 알았겠는가 하는 것이 문제로 된다. 만약 은행이 이러한 사실을 모르고 그 행위를 하였다면 A는 결국 책임을 면할 수 없다. 그런데 일상생활상 경험에 비추어보면 은행은 일반적으로 고객들의 이면에 숨은 구체적인 사정을 잘 모르고서 대량적으로 거래행위를 하는 것이므로, 은행은 사기의 사실을 몰랐다고 볼 수 있다. 그렇다면 A는 은행에 대하여 이러한 사실을 주장할 수 없고 보증인으로서의

책임을 면할 수 없게 된다. 다만, A가 은행이 이러한 사실을 미리부터 알고 있었다고 입증할 수 있는 경우에는 책임을 면할 수 있다.

8. 물상보증 · 연대보증 피담보채무중첩시 근저당권이 소멸된 경우 연대보증계약의 효력

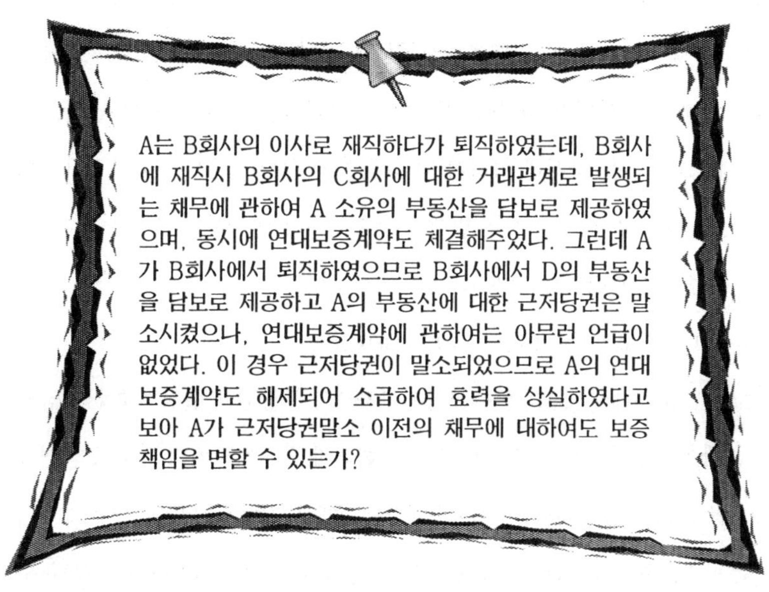

해 설   계속적인 거래관계로부터 장래 발생할 불특정 채무를 연대보증하면서 동시에 그 불특정채무를 담보하기 위하여 근저당권설정등기를 하여 물상보증도 한 경우에 연대보증에 의하여 담보되는 주채무와 근저당권의 피담보채무가 별개의 채무인가 또는 그와 달리 근저당권에 의하여

담보되는 채무가 연대보증에 의하여도 담보되는 것인가는 당사자의 의사해석의 문제라 할 것이다. 통상적으로는 연대보증계약과 물상보증계약이 서로 별개의 계약으로 법률상 부종성이 없어 물상보증계약이 해제되었다 하여 반드시 연대보증계약도 해제된다고 보기는 어려울 것이다.

그런데 물상보증과 연대보증의 피담보채무의 중첩성이 인정될 경우 근저당권이 소멸하면 연대보증계약은 어떻게 될 것인지에 관하여 판례는 "물상보증과 연대보증의 피담보채무의 중첩성이 인정될 경우, 특히 근저당권이 담보하는 피담보채무와 연대보증계약상의 주채무가 동일한 것으로 보아야 할 경우에 달리 특별한 사정이 없는 한 근저당권의 소멸과 동시에 연대보증계약도 해지되어 '장래에 향하여 그 효력을 상실한다.'고 봄이 상당하므로 연대보증인은 위 해지 이전에 발생한 보증채무에 대하여는 연대보증계약을 해지하였다고 하더라도 면제 등의 특별한 사정이 없는 한 그 책임을 면할 수는 없다."라고 한 바 있다(대판 97다34808).

그러므로 사례에서 A의 연대보증채무가 A의 부동산에 설정해준 근저당권의 피담보채무와 동일한 것으로 본다고 하더라도 근저당권의 말소로 연대보증계약도 해지(이 경우에는 연대보증계약이 장래에 향하여 소멸되므로 그 해지 이전에 발생된 채무에 대하여는 보증책임을 부담하게 될 것임)되었다고 주장할 수는 있지만, 해제(이 경우에는 연대보증계약이 연대보증계약체결시에 소급하여 효력이 상실되므로 해제 이전에 발생된 채무에 대해서도 보증책임을 면하게 될 것임)되었다고 주장할 수는 없을 것이다.

9. 소비대차의 형식상 주채무자가 보증채무이행한 연대보증인에 대한 구상의무범위

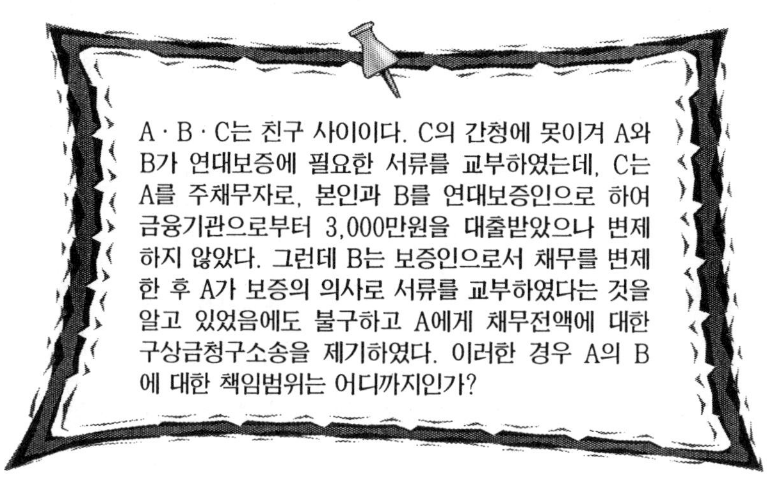

해 설   형식상의 주채무자가 실질적으로는 실질적인 주채무자를 연대보증한 경우 다른 연대보증인의 구상권에 관하여 판례는 "채권자와 소비대차계약을 체결한 자로서 채권자에 대한 관계에서는 주채무자로서의 책임을 지는 자라고 하더라도 내부관계에서 실질상의 주채무자가 아닌 경우에는 연대보증책임을 이행한 연대보증인에 대하여 당연히 구상의무를 부담하는 것은 아니지만, 실질상의 주채무자 · 연대보증인 · 형식상의 주채무자 3자간의 실질적인 법률관계에 비추어 형식상의 주채무자가 실질상의 주채무자를 연대보증한 것으로 인정할 수 있는 경우에는, 그 형식상의 주채무자는 공동보증인간의 구상권행사의 법리에 따라 연대보증인에 대하여 구상의무를 부담한다 할 것이고, 한편 구상권범위산정의 기준이 되는 부담부분은 그

에 관한 특약이 없는 한 균등한 것으로 추정된다.”라고 하면서 “C와 친분관계에 있던 A와 B가 C의 부탁으로 아무 대가 없이 C의 자금조달을 위하여 금융기관과의 어음거래약정상 A는 형식상의 주채무자가 되고 B는 그 연대보증인이 되었는데 A와 B는 서로 그 사정을 알고 있었던 경우, A가 대외적인 관계에서는 어음거래약정의 주채무자로서 어음할인금을 변제할 의무를 부담하지만, A와 B 및 C 사이의 내부관계에서는 궁극적으로 C가 어음할인금을 변제할 의무를 부담하는 것이므로, B가 연대보증인으로서 어음할인금을 변제하였다 하더라도 A가 형식상의 주채무자에 불과함을 알고 있는 이상 A에게 이를 구상할 수는 없다. 다만, A와 B 사이에서 어음거래약정에 따른 어음할인금채무의 보증책임 또는 이행책임을 B만이 부담하며 A는 이를 부담하지 않기로 하는 특약이나 그러한 취지의 명시적 내지 묵시적 양해가 있지 않은 이상, 대외적인 관계에서 연대보증인이 된 B와 주채무자가 된 A로서는 적어도 그들 내부관계에서는 실질상의 주채무자인 C의 어음할인금채무의 상환을 각기 연대보증한다는 취지의 양해가 묵시적으로나마 있었던 것으로 봄이 상당하여 B로서는 공동보증인간의 구상권행사의 법리에 따라 A에 대하여 구상할 수 있고, 그 구상범위는 부담부분에 관하여 그들 사이에 특별한 약정이 없으므로 부담부분이 균등한 것으로 되어 A는 B가 대위변제한 금액의 1/2에 대한 구상의무가 있다.”라고 하였다.

그리고 위와 같은 경우 연대보증인의 변제자대위와 구상권의 관계에 관하여는 “연대보증인이 자신의 출재로 채무자를 대신하여 주채무를 변제하면 채권자가 주채무자 및 다른 연대보증인에 갖고 있던 채권(원채권) 및 담보권이 연대보증인에게 법률상 당연히 이전되지만, 변제자대위는 주채무를 변제

함으로써 주채무자 및 다른 연대보증인에 대하여 갖게 된 구상권의 효력을 확보하기 위한 제도인 관계상, 대위에 의한 원채권 및 담보권의 행사범위는 구상권의 범위로 한정된다."라고 한 바 있다(대판 98다22451).

따라서 사례에서도 B는 A에 대하여 변제한 채무 1/2의 한도에서 구상권을 행사할 수 있음에 그친다고 할 것이다.

10. 할부자동차가 양도된 경우 할부금에 대한 연대보증인의 책임

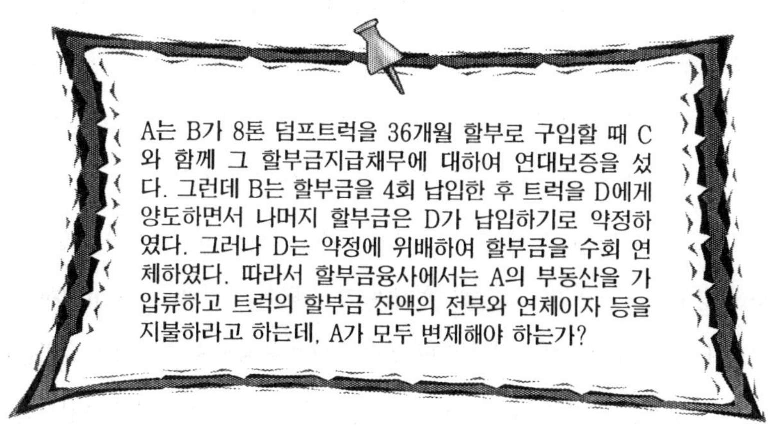

해설   민법 제459조는 "전 채무자의 채무에 대한 보증이나 제3자가 제공한 담보는 채무인수로 인하여 소멸한다. 그러나 보증인이나 제3자가 채무인수에 동의한 경우에는 그러하지 아니하다."라고 규정하고 있으며, 종래의 채무자와 인수인이 중첩적 또는 병존적으로 채무를 부담하는 중첩적 채무인수(重疊的 債務引受) 또는 병존적 채무인수(竝存的 債務引受)의 경우에

는 종래의 채무자가 채무관계에서 탈퇴하지 않는 것이므로 보증이나 담보가 소멸하지 않을 것은 당연하고, 이 규정의 채무인수는 채무인수로 인하여 인수인은 종래의 채무자와 지위를 교체하여 새로이 당사자로서 채무관계에 들어서서 종래의 채무자와 동일한 채무를 부담하고 동시에 종래의 채무자는 채무관계에서 탈퇴하여 면책되는 면책적 채무인수(免責的 債務引受)를 의미한다고 할 것이다.

또한, 이 규정의 취지는 보증인이나 제3자는 채무자의 지급능력을 고려하여 보증을 하거나 담보를 제공한 것이므로, 면책적 채무인수로 채무자가 변경되어 필연적으로 책임재산에 변화가 생기면 예상하지 못한 불이익을 입게 될 위험성이 있기 때문에 면책적 채무인수의 경우에 보증인이나 물상보증인을 보호하기 위하여 보증인의 보증이나 제3자가 제공한 담보는 그의 동의가 없는 한 채무인수로 인하여 소멸되도록 한 것이다(대판 96다27476).

그리고 민법 제454조 제1항은 "제3자가 채무자와의 계약으로 채무를 인수한 경우에는 채권자의 승낙에 의하여 그 효력이 생긴다."라고 규정하고 있으며, 판례는 "채무인수의 효력이 생기기 위하여 채권자의 승낙을 요하는 것은 '면책적 채무인수'의 경우에 한하고, 채무인수가 면책적인가 중첩적인가 하는 것은 채무인수계약에 나타난 당사자 의사의 해석에 관한 문제이며, 채권자의 승낙에 의하여 채무인수의 효력이 생기는 경우, 채권자가 승낙을 거절하면 그 이후에는 채권자가 다시 승낙하여도 채무인수로서의 효력이 생기지 않는다."라고 한 바 있다(대판 98다33765).

그런데 채무인수와 유사한 것으로서 이행인수(履行引受)가 있다. 판례를 보면 "채무자와 인수인의 계약으로 체결되는 병존적 채무인수는 채권자로

하여금 인수인에 대하여 새로운 권리를 취득하게 하는 것으로 '제3자를 위한 계약'의 하나로 볼 수 있고, 이와 비교하여 이행인수는 채무자와 인수인 사이의 계약으로 인수인이 변제 등에 의하여 채무를 소멸케 하여 채무자의 책임을 면하게 할 것을 약정하는 것으로 인수인이 채무자에 대한 관계에서 채무자를 면책케 하는 채무를 부담하게 될 뿐 채권자로 하여금 직접 인수인에 대한 채권을 취득케 하는 것이 아니므로, 결국 제3자를 위한 계약과 이행인수의 판별기준은 계약당사자에게 제3자 또는 채권자가 계약당사자 일방 또는 인수인에 대하여 직접 채권을 취득케 할 의사가 있는지 여부에 달려 있다 할 것이고, 구체적으로는 계약체결의 동기, 경위 및 목적, 계약에 있어서의 당사자의 지위, 당사자 사이 및 당사자와 제3자 사이의 이해관계, 거래관행 등을 종합적으로 고려하여 그 의사를 해석하여야 한다."라고 하였다(대판 97다28698).

그렇다면 사례에서 B의 할부금융사에 대한 채무를 D가 인수키로 하는 약정이 '면책적 채무인수'인지 또는 '중첩적 채무인수'인지, 아니면 '이행인수'인지가 문제되는데, 판례를 보면, "부동산의 매수인이 매매목적물에 관한 임대차보증금반환채무 등을 인수하는 한편, 그 채무액을 매매대금에서 공제하기로 약정한 경우, 그 인수는 특별한 사정이 없는 이상 매도인을 면책시키는 '면책적 채무인수'가 아니라 '이행인수'로 보아야 하고, 면책적 채무인수로 보기 위해서는 이에 대한 채권자의 승낙이 있어야 한다."라고 하였으며(대판 97다1273), "부동산의 매수인이 매매목적물에 관한 근저당권의 피담보채무, 가압류채무, 임대차보증금반환채무를 인수하는 한편 그 채무액을 매매대금에서 공제하기로 약정한 경우, 다른 특별한 약정이 없는 이상 이는 매도인을 면책시키는 채무인수가 아니라 이행인수로 보아야 하고, 매수인이 위 채무를 현실적으로 변제할 의무를 부담한다고도 해석할 수 없으며, 특별한 사정이 없는 한 매수인이 매매대금에서 그 채무액을 공제한 나머지를 지급함으로써 잔금지급의무를 다하였다 할 것이고, 또한 위 약정의 내용은 매도인과 매수인의 계약으로 매수인이 매도인의 채무를 변제하기로 하는 것으로서 매수인은 제3자의 지위에서 매도인에 대하여만 그의 채무를 변제할 의무를 부담함에 그치므로 채권자의 승낙이 없으면 그에게 대항하지 못할 뿐 당사자 사이에서는 유효하게 성립한다."(대판 92다23193)고 한 바 있으며, 더욱이 할부금융사가 인수약정을 승낙한 바가 없음에 비추어 사안에서 B의 할부금융사에 대한 채무를 D가 인수키로 하는 약정은 이행인수로 보아야 한다.

따라서 A는 B의 연대보증인으로서 B와 D 사이에 위와 같은 이행인수가 있었다고 하여도 연대보증인으로서 할부금융사의 청구에 응하여야 할 것이다. 다만, 주채무자인 B에 대하여는 A가 할부금융사에 변제한 금액을 구상할 수 있고, 공동보증인인 C에 대하여도 그 부담부분에 관한 특약이 없는 한 균등부담이므로 변제액의 반액을 청구할 수 있을 뿐이다(민법 제424조).

11. 실제 채권액보다 적은 금액을 채권계산서에 기재한 경우
연대보증인면책 여부

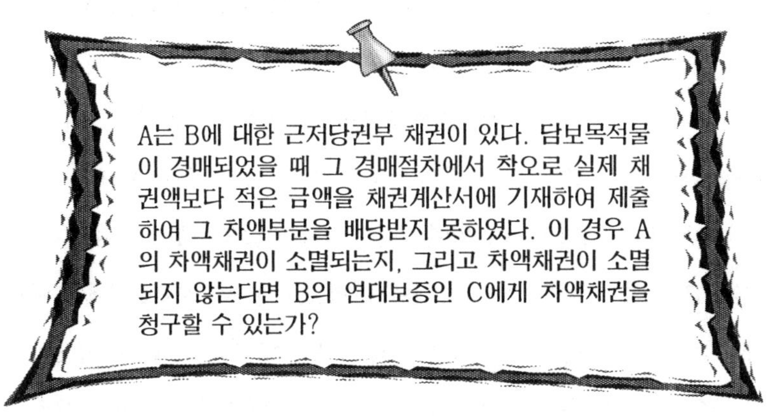

해 설　민법 제485조(채권자의 담보상실, 감소행위와 법정대위자의 면책)에서는 "제481조의 규정에 의하여 대위할 자가 있는 경우에 채권자의 고의나 과실로 담보가 상실되거나 감소된 때에는 대위할 자는 그 상실 또는 감소로 인하여 상환을 받을 수 없는 한도에서 그 책임을 면한다."라고 하였다.

그런데 사례 사안과 관련된 판례는 "경매절차에서 채권자가 실제 채권액보다 적은 금액을 채권계산서에 기재하여 경매법원에 제출하였다고 하여 채권자의 나머지 채권액이 소멸되는 것은 아니다."라고 하였으며, "담보권실행을 위한 경매에서 배당된 배당금이 담보권자가 가지는 수 개의 피담보채권 전부를 소멸시키기에 부족한 경우에는 민법 제476조에 의한 지정변제충당은 허용될 수 없고, 채권자와 채무자 사이에 변제충당에 관한 합의가 있었다고 하여 그 합의에 따른 변제충당도 허용될 수 없으며, 획일적으로 가장 공평·타당한 충당방법인 민법 제477조 및 제479조의 규정에 의한 법정변제충당의 방법에 따라 충당하여야 하는 것이고, 이러한 법정변제충당은 이자 혹은 지연손해금과 원본간에는 이자 혹은 지연손해금과 원본의 순으로 이루어지고, 원본 상호간에는 그 이행기의 도래여부와 도래시기 그리고 이율의 고저와 같은 변제이익의 다과에 따라 순차적으로 이루어지나, 다만 그 이행기나 변제이익의 다과에 있어 아무런 차등이 없을 경우에는 각 원본 채무액에 비례하여 안분하게 되는 것이다."라고 하였고, "경매절차에서 채권자가 착오로 실제 채권액보다 적은 금액을 채권계산서에 기재하여 경매법원에 제출함으로써 배당받을 수 있었던 채권액을 배당받지 못한 경우, 채권자가 채권계산서를 제대로 작성하였다면 배당을 받을 수 있었는데 이를 잘못 작성하는 바람에 배당을 받지 못한 금액 중 연대보증인이 연대보증한 채무에 충당되었어야 할 금액에 대하여는 채권자의 담보상실, 감소에 관한 민법 제485조를 유추하여 연대보증인으로 하여금 면책하게 함이 상당하다 할 것이므로, 이와 같은 경우 연대보증인이 채권자에게 부담할 채무액은, 채권자가 채권계산서를 제대로 작성하였다면 배당을 받을 수 있었던 금액을 법정충당의 방법으로 채권자의 각 채권에 충당한 다음 연대보증인이 연대보증한 채권 중 회수되지 못한 잔액이 있다면 그 금액이 된다고 할 것이다."라고 하였다(대판 2000다51339).

사례에서 A가 채권계산서를 제대로 작성하였다면 배당을 받을 수 있었는데 이를 잘못 작성하는 바람에 배당을 받지 못한 금액 중 연대보증인 C가 연대보증한 채무에 충당되었어야 할 금액에 대하여는 A의 담보상실, 감소에

관한 민법 제485조가 유추적용되므로 A가 C에게 청구할 수 없을 것으로 보인다.

12. 확정채무에 관하여 보증인의 동의 없이도 대출기간을 연장할 수 있는가?

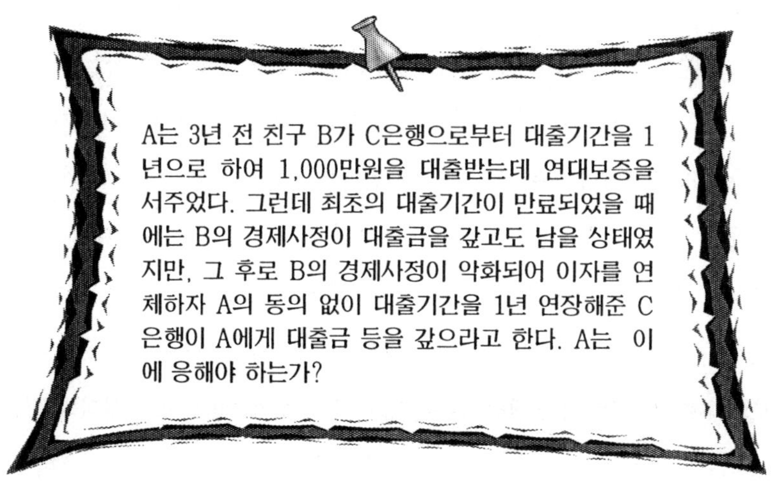

해 설   연대보증이란 보증인이 주채무자와 연대하여 채무를 부담함으로써 주채무의 이행을 담보하는 보증채무를 말한다. 채권자는 연대채무자 중 임의의 1명이나 수 명 또는 전원에 대하여 급부의 전부 또는 일부를 청구할 수 있고(민법 제413조), 수 명 또는 전원에 대하여 청구할 때에는 동시에 청구할 수도 있고 순차적으로도 청구할 수 있다(민법 제414조, 제437조의 단서).

그런데 보증인인 A의 동의 없이 주채무자의 변제기를 연장해준 경우 A의 책임이 감액 또는 면제되는 효력은 없는지가 문제된다. 판례를 보면 채무가 특정되어 있는 확정채무에 대하여 연대보증한 이상 연대보증인으로서는 자신의 동의 없이 피보증채무의 이행기를 연장해주었느냐의 여부에 상관 없이 그 연대보증채무를 부담한다고 하였으며(대판 94다4882), 보증계약체결 후 채권자가 보증인의 승낙 없이 주채무자에 대하여 변제기를 연장해준 경우, 그것이 반드시 보증인의 책임을 가중하는 것이라고는 할 수 없으므로 원칙적으로 보증채무에 대하여도 그 효력이 미친다고 하면서, 채권자의 청구가 연대보증인에 대하여 그 보증채무의 이행을 구하고 있음이 명백한 경우에는, 손해배상책임의 유무 또는 배상의 범위를 정함에 있어 채권자의 과실이 참작되는 과실상계의 법리는 적용될 여지가 없다고도 한 바 있다(대판 95다49141). 또한, 현실적인 자금의 수수 없이 형식적으로만 신규대출을 하여 기존채무를 변제하는 이른바 '대환'은 특별한 사정이 없는 한 형식적으로는 별도의 대출에 해당하나 실질적으로는 기존채무의 변제기의 연장에 불과하므로 그 법률적 성질은 기존채무가 여전히 동일성을 유지한 채 존속하는 준소비대차로 보아야 하고, 이러한 경우 채권자와 보증인 사이에 있어서 사전에 신규대출형식에 의한 대환을 하는 경우 보증책임을 면하기로 약정하는 등의 특별한 사정이 없는 한 기존채무에 대한 보증책임이 존속된다고 하였다(대판 97다16077). 다만, 계속적 보증의 경우에는 확정채무의 보증과는 달리 보증계약의 묵시적 갱신을 인정하지 않고 있다(대판 96다19413).

그러므로 사례와 같은 확정채무의 보증에 있어서는 보증인의 동의 없이 대출기간을 연장해주었다는 점으로 다툴 수 없을 것으로 보인다.

13. 동일채무에 대하여 연대보증과 근저당설정을 해준 경우 그 효력

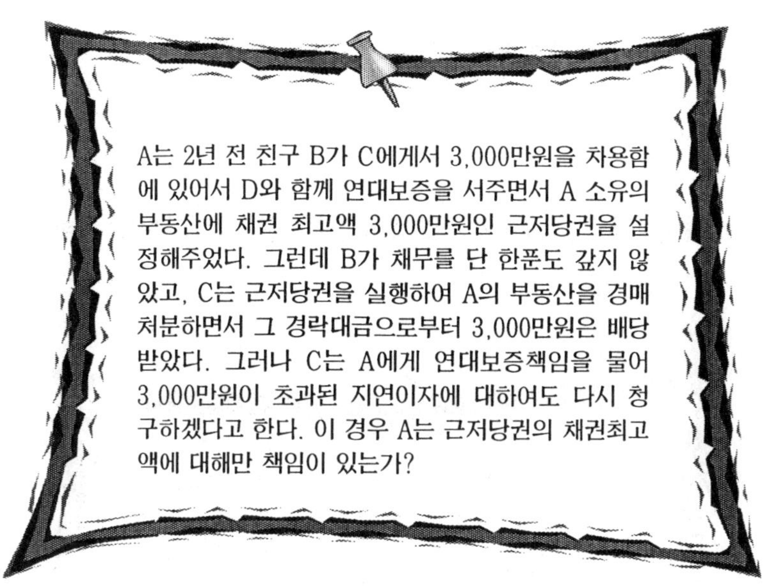

해설   이와 유사한 사건의 판례를 보면, "동일한 사람이 동일채권의 담보를 위하여 연대보증계약과 근저당권설정계약을 체결한 경우라 하더라도 위 두 계약은 별개의 계약이므로, 연대보증책임의 범위가 근저당권의 채권최고액의 범위 내로 제한되기 위해서는 이를 인정할 만한 특별한 사정의 존재가 입증되어야 하는 것이다."라고 하였다(대판 93다17980). 그리고 연대보증채무는 분별의 이익(공동보증에 있어서 공동보증인은 주채무액을 분할한 그 일부분에 대해서만 채무를 부담하는 보증인의 이익)이 없으므로 연대보증인이 여러 명이더라도 그 1명이 주채무의 전부를 변제할 의무가 있는 것이다.

따라서 A는 그 지연이자에 대하여서도 변제할 수밖에 없을 것이며, B에게 A가 변제한 금전 등의 구상을 청구할 수 있고, 다른 연대보증인인 D에게는 특별히 정한 바가 없다면 변제금의 절반을 구상할 수 있을 뿐이다.

14. 응급환자의 치료비에 대한 연대보증의 경우 보증 책임을 감축할 수 있는가?

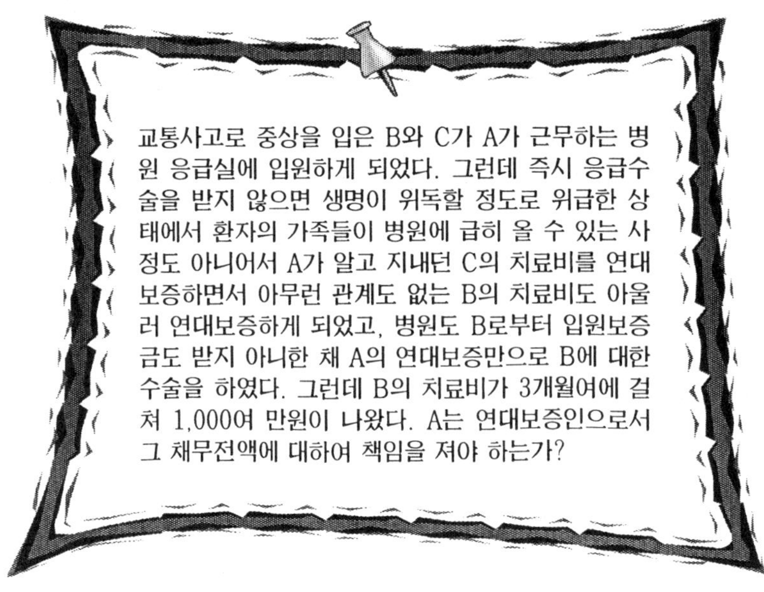

해설   원칙적으로 보증인은 보증계약에 따른 보증책임을 져야 한다. 그러나 보증을 서게 된 구체적인 사정에 따라 보증책임을 제한하는 예외적인 경우도 있다. 민법 제2조 제1항에서는 "권리의 행사와 의무의 이

행은 신의에 좇아 성실히 하여야 한다."라고 규정하고 있다. 또한 판례도 "교통사고로 B와 C가 중상을 입고 대학부속병원 응급실에 입원하게 될 당시 그들은 즉시 응급수술을 받지 아니하면 생명이 위독할 정도로 위급한 상태에 있었으나, 마침 추석명절이어서 교통체증이 심하여 가족들이 병원에 속히 내려올 수 없게 되자, C의 가족들이 위 대학의 교수 아들을 통하여 위 병원의사인 A에게 부탁하여 A가 C의 치료비를 연대보증하면서 위 병원의 의사로 재직하는 사정에 의하여 아무런 관계도 없는 B의 치료비도 아울러 연대보증하게 되었고, 병원도 B로부터 입원보증금도 받지 아니한 채 A의 연대보증만으로 B에 대한 수술을 하게 되었다면, A가 B를 위하여 보증을 하게 된 경위에 비추어 A는 우선 B로 하여금 서둘러 응급치료를 받게 한 다음 그의 가족들이 병원에 찾아올 경우 가족들로 하여금 보증인을 교체하게 할 생각으로 보증을 한 것이고, 병원측도 A가 위와 같은 생각으로 B의 치료비를 보증하는 것임을 잘 알고 있었다고 볼 여지가 있으며, A에 대하여 B의 치료비전액에 대한 보증책임을 묻는 것은 신의칙상 심히 부당한 결과가 되는 것이므로, A가 B의 치료비채무 전액을 보증하기로 한 입원서약서의 문면에도 불구하고 A는 B의 치료비 중 가족들이 병원에 찾아왔을 때까지의 치료비에 한하여 보증책임이 있는 것으로 본다든가 하여 그 보증책임을 제한함이 상당하다."라고 하였다(대판 92다17334).

　그러므로 사례에서도 교통사고로 B와 C가 중상을 입고 병원 응급실에 입원하게 될 당시 그들은 즉시 응급수술을 받지 아니하면 생명이 위독할 정도로 위급한 상태였는데, 가족들이 병원에 급히 올 수 없는 사정이었고, 또한 A가 알고 지내던 C의 치료비를 연대보증하면서 이 병원의 의사로 재직하는 사정에 의하여 아무런 관계도 없는 B의 치료비까지 연대보증하게 되었으며, 병원도 B로부터 입원보증금도 받지 않은 채 A의 연대보증만으로 B에 대한 수술을 하게 되었다면, A가 B를 위하여 보증을 하게 된 경위에 비추어 A는 우선 B를 서둘러 응급치료를 받게 한 다음 그의 가족들이 병원에 찾아올 경우 가족들로 보증인을 교체하게 할 의사(意思)로 보증을 한 것이고, 병원측도 A가 이 같은 의사로 B의 치료비를 보증하는 것임을 잘 알고 있었다고 볼 여지가 있으며, A에 대하여 B의 치료비 전액에 대한 보증책임을 묻는 것은 신의칙상 심히 부당한 결과가 된다. 그러므로 A가 B의 치료비채무 전액을 보증하기로 한 입원서약서의 문면에도 불구하고 A는 B의 치료비 중 가족들이 병원에 찾아왔을 때까지의 치료비에 한하여 보증책임이 있는 것으로 주장할 수 있다.

15. 혼인중 연대보증한 아내의 채무에 관한 이혼 후의 책임

우리 민법은 부부는 그 특유재산을 각자 관리, 사용, 수익하도록 하는 부부별산제를 채택하고 있으므로(민법 제831조) 혼인 생활중에도 일상가사대리로 인하여 연대책임을 지는 경우를 제외하고는 각자 책임을 지게 된다.

그러므로 혼인중에 연대보증을 선 것에 대하여는 아내와 이혼을 하더라도 연대보증인의 책임을 면할 수 없다. 다만, 이혼한 아내의 채무를 대신 갚아 주었을 경우에는 보증인으로서의 구상권을 행사할 수 있을 것이다.

16. 연대채무와 구상권

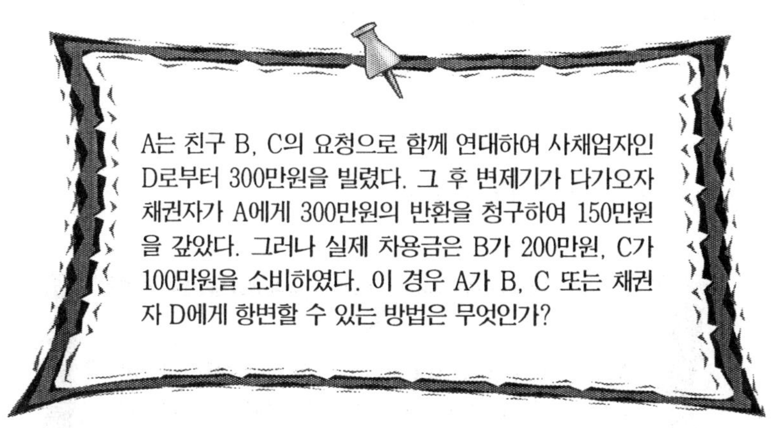

해설　연대채무는 여러 명의 채무자가 채무 전부에 관해 각자 이행의무를 부담하며 채무자 1명의 이행으로 다른 채무자도 책임을 면하는 채무를 말한다. 연대채무에서 각 채무자의 채무는 독립되어 있고, 채권자는 채무자 중 1명이나 전원에게 청구할 수 있으며 청구액의 제한도 없다. 연대채무자의 내부관계는 채무부담부분이 정해져 있는데, 특약이 있는 경우를 제외하고는 균등한 것으로 본다.

사례에서 A는 B, C와 300만원의 연대채무계약을 체결하였으므로 연대채무자인 A와 B, C는 채권자에 대해 각각 독립하여 300만원을 지급할 채무를 부담하고 채무자 중 1명이 300만원을 갚았다면 다른 사람의 채무도 모두 면제된다. 300만원 중 B가 200만원, C가 100만원을 사용한 경우 A는 사용한 금액이 없으므로 부담부분이 없으며 B가 2/3, C가 1/3을 부담해야 한다. 따라서 연채채무액 300만원 중 A가 채권자에게 150만원을 지급했다면 B는

150원의 2/3인 100만원을 부담하고 C는 1/3인 50만원을 부담해야 하므로 A는 B에게 100만원, C에게 50만원을 구상할 수 있다.

17. 연대채무자 중 1명의 변제

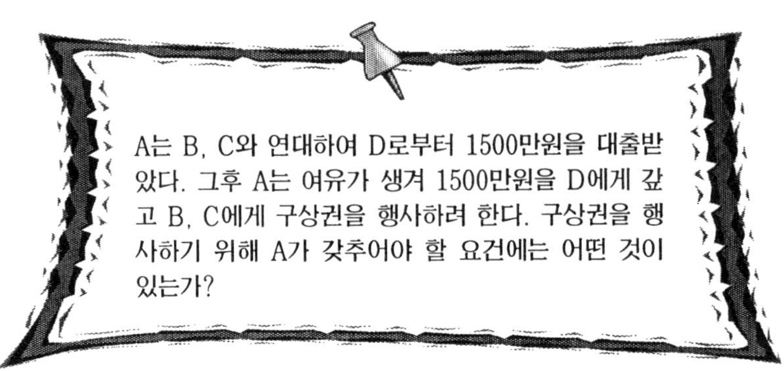

해 설   연대채무자 중의 한 사람이 변제하여 공동책임을 면하기 위해서는 다른 채무자에게 사전 및 사후에 변제 등의 행위로 공동면책을 했다는 사실을 통지해야 한다.

먼저 연대채무자 중 한 사람이 변제 등의 행위로 공동면책이 된 경우 사전에 통지를 게을리한 경우에는 다른 채무자가 채권자에 대항할 수 있는 사유를 가지고 있는 경우에는 그 부담부분에 대해 그 사유로 면책행위를 한 사람에게 대항할 수 있다. 한편 연대채무자 중 한 사람이 변제 등의 행위로 공동면책되었음을 다른 채무자에게 사후에 통지하는 것을 게을리하여 다른 채무자가 선의로 채권자에게 변제 등의 유사한 면책행위를 한 경우에는 그 채

무자는 자기의 면책행위를 주장할 수 있다.

따라서 연대채무의 면책행위를 하는 경우에는 다른 연대채무자에 대하여 사전, 사후의 통지를 반드시 해야 한다.

18. 교통사고 가해 운전자와 합의 후 차주에게 추가로 손해배상 청구가 가능한 지의 여부(부진정연대채무)

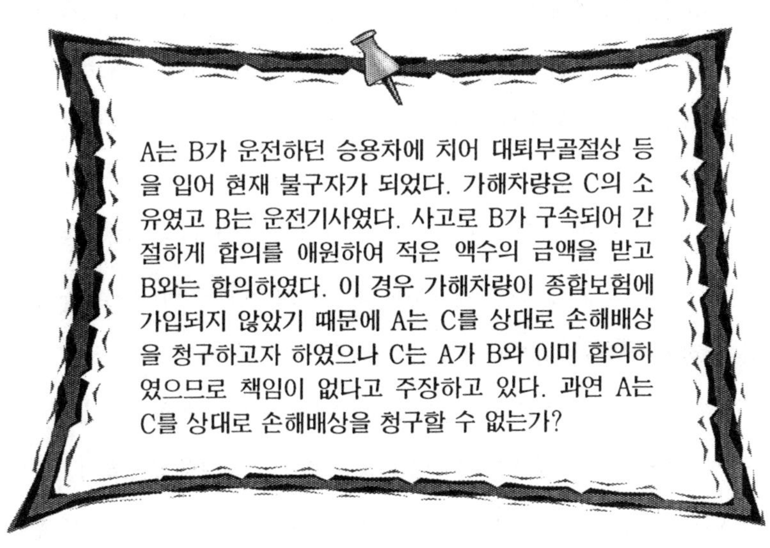

A는 B가 운전하던 승용차에 치어 대퇴부골절상 등을 입어 현재 불구자가 되었다. 가해차량은 C의 소유였고 B는 운전기사였다. 사고로 B가 구속되어 간절하게 합의를 애원하여 적은 액수의 금액을 받고 B와는 합의하였다. 이 경우 가해차량이 종합보험에 가입되지 않았기 때문에 A는 C를 상대로 손해배상을 청구하고자 하였으나 C는 A가 B와 이미 합의하였으므로 책임이 없다고 주장하고 있다. 과연 A는 C를 상대로 손해배상을 청구할 수 없는가?

해설 교통사고를 일으킨 운전자는 민법 제750조의 불법행위자로서 차주는 민법 제756조의 사용자 또는 자동차손해배상보장법 제3조의 자기를 위하여 자동차를 운행하는 자로서 독립하여 손해배상책임을 부담하게 된다. 이들의 책임을 법률상 부진정연대채무관계에 있다고 하며, A는 만족할 만한 보상을 받을 때까지 B, C 모두를 상대로 손해배상청구를 하거나, 자력이 있다고 보여지는 C만을 상대로 손해배상청구를 할 수도 있다.

A가 B와 합의한 내용이 단지 B의 형사상 책임을 묻지 않는다는 것이라면 B와 C 모두에 대하여 손해배상을 청구할 수 있고, 설사 그 합의내용이 민사상 책임까지도 묻지 않겠다는 내용이라고 하더라도 부진정연대채무의 성격상 합의의 효력은 B에게만 미치므로 C에 대하여는 여전히 별도의 손해배상청구를 할 수 있다.

판례도 "부진정연대채무에 있어서 채권자가 그 중의 1명의 채무자에 대하여 그 채무자의 부담부분이거나 또는 그 부담부분을 넘어선 전 청구권을 포기하는 의사표시를 한다 할지라도 다른 채무자들에게는 상대적 효력밖에 없는 것이다."라고 하였으며(대판 75다1513), "피해자가 부진정연대채무자 중 1명에 대하여 손해배상에 관한 권리를 포기하거나 채무를 면제하는 의사표시를 하였다 하더라도 다른 채무자에 대하여 그 효력이 미친다고 볼 수는 없다."라고 하였다(대판 80다2555 ; 88다카16959 ; 93다6560 ; 96다50896).

참고로 "부진정연대채무자 상호간에 있어서 채권의 목적을 달성시키는 변제와 같은 사유는 채무자 전원에 대하여 절대적 효력을 발생하나, 그 밖의 사유는 상대적 효력을 발생하는 데에 그치는 것으로서 연대채무에 관한 민법 제418조 제1항은 부진정연대채무에는 적용되지 않으므로 부진정연대채무자 중의 1명이 채권자에 대한 반대채권으로 채무를 대등액에서 상계하더라도 그 상계로 인한 채무소멸의 효력은 다른 부진정연대채무자에게 미치지 않는다."라고 한 바도 있다(대판 88다카4994).

 신원보증

1. 신원보증인의 책임한계

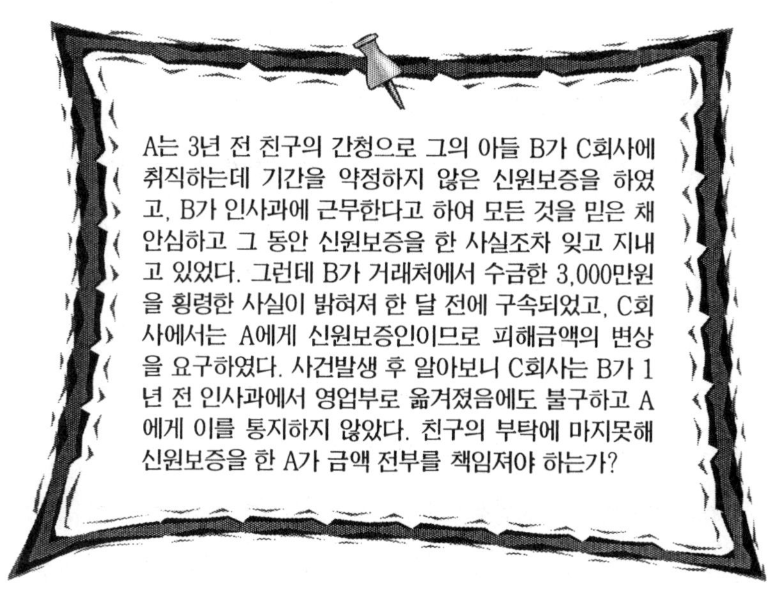

해 설　신원보증이란 인수, 보증, 기타의 명칭 여하를 불문하고 피용자가 장차 고용계약상의 채무불이행으로 사용자에 대하여 손해배상채무를 부담하는 경우에 그 이행을 담보하는 것으로, 일종의 장래채무보증 또는 근보증의 성질을 가진다.

취직을 하려면 대부분 신원보증인을 세울 것을 사실상 강요당하고 있고,

신원보증을 하는 사람도 단지 정실이나 의리 등의 이유 때문에 차마 거절하지 못하여 신원보증을 하게 되는 경우가 보통이다. 법률상 이러한 관계를 특별히 규율하지 않는다면 신원보증계약의 존속기간이 제한되지 않고 책임한도도 불명확하게 되어 신원보증인에게 가혹한 것이 될 수 있다.

그러므로 신원보증인의 책임을 완화하기 위하여 신원보증법을 두고 있는데, 구 신원보증법(2002. 1. 14. 법률 제6529호로 개정되기 전의 것, 이하 "구 신원보증법"이라 함) 제8조에서는 "신원보증법의 규정에 반하는 특약으로서 신원보증인에게 불이익한 것은 모두 무효로 한다."라고 규정하였다. 신원보증인은 피용자의 고의 · 과실로 인해 발생한 손해에 대하여 책임을 지는 것은 물론이고 피용자가 자기 임무를 수행함에 있어서 다른 사람을 사용하거나 보조를 받은 경우에는 그 보조자의 고의 · 과실로 인한 손해도 채무불이행의 이행보조자에 준하여 책임을 지고(대판 68다1230), 신원보증인이 책임을 지는 피용자의 행위는 업무집행의 기회 또는 업무집행의 권한을 이용 또는 악용해서 한 행위를 널리 포함한다(대판 66다974).

기간을 정하지 않은 신원보증계약은 성립일로부터 3년간 그 효력을 가지고, 다만 기능습득자의 신원보증계약기간은 5년으로 하고, 또한 신원보증계약기간은 5년을 초과하여 정하지 못하고, 이보다 장기간을 정한 때에는 5년으로 단축하며, 신원보증계약을 갱신할 수 있으나 그 기간은 갱신시부터 5년을 초과하지 못한다(구 신원보증법 제2조, 제3조).

사용자는 피용자가 업무상 부적임이거나 불성실한 사적(事跡)이 있어 이로 말미암아 신원보증인의 책임을 야기할 염려가 있음을 안 때 혹은 피용자의 임무 또는 임지를 변경함으로써 신원보증인의 책임을 가중하거나 그 감

독이 곤란하게 될 때에는 지체 없이 신원보증인에게 통지하여야 하고, 신원보증인이 사용자의 이러한 통지를 받거나 스스로 통지사유되는 사실을 안 때 또는 피용자의 고의·과실 있는 행위로 발생한 손해를 그가 배상한 경우에는 계약을 해지할 수 있다(구 신원보증법 제4조, 제5조).

그러므로 사용자에게 구 신원보증법 제4조 소정의 통지의무가 있다고 하더라도 사용자가 그 통지를 하지 않았다고 하여 곧바로 신원보증인의 책임이 면제되는 것은 아니지만, 신원보증인과 피보증인의 관계가 그러한 통지를 받았더라면 신원보증계약을 해지하였을 것이라는 특수한 사정이 있음에도 불구하고 이를 통지하지 아니하여 신원보증인으로부터 계약해지의 기회를 박탈하였다고 볼 수 있는 경우에는 신원보증인의 책임이 부정된다(대판 96다43904). 또한 보증채무가 현실화되어 있지 않은 한, 신원보증계약은 신원보증인의 사망으로 효력을 상실한다(구 신원보증법 제7조, 현행 신원보증법 제7조).

사례의 경우 현행 신원보증법 시행 이전에 신원보증계약이 체결된 것으로 보이는데, 이 경우에는 구 신원보증법이 적용되며 신원보증계약기간을 정하지 않았다고 하므로, A와 C회사의 신원보증계약은 3년간 효력을 가진다. 만일 3년이 지나지 않아 책임을 지는 경우라 하더라도 B가 인사과에서 영업부로 근무부서를 옮긴 것은 통지사유에 해당된다고 볼 수 있고, 이러한 통지의무를 게을리함으로써 A가 계약을 해지할 수 있는 기회를 잃었다면 법원이 배상책임 및 그 금액을 결정함에 있어서 고려하게 된다.

또한 법원은 신원보증인의 손해배상책임과 그 금액을 정함에 있어 피용자의 감독에 관한 사용자의 과실 유무, 신원보증인이 신원보증을 하게 된 사유 및 이를 함에 있어서 주의를 한 정도, 피용자의 임무 또는 신원의 변화, 기타 일체의 사정을 참작한다고 규정되어 있으므로(구 신원보증법 제6조), A는 C회사에 대해 손해배상책임의 감면을 주장할 수 있다.

참고로 2002년 1월 14일 법률 제6529호로 개정 · 시행되고, 이 개정법률 시행 후 최초로 계약하거나 갱신하는 신원보증계약부터 적용되는 현행 신원보증법(전면 개정)의 주요 골자는 다음과 같다.

1. 신원보증계약을 피용자가 업무를 수행하는 과정에서 그의 책임 있는 사유로 사용자에게 손해를 입힌 경우에 그 손해를 배상할 책임을 부담할 것을 약정하는 계약으로 정의하여 신원보증계약이 부종적 보증계약임을 분명히 한다(현행 신원보증법 제2조).

2. 기간을 정하지 아니한 신원보증계약의 존속기간을 3년에서 2년으로, 신원보증계약기간의 최장기한을 5년에서 2년으로 개정하는 등 신원보증인의 책임기간을 축소한다(현행 신원보증법 제3조).

3. 사용자가 고의 또는 중과실로 통지의무를 게을리하여 신원보증인이 해지권을 행사하지 못한 경우 그로 인하여 발생한 손해에 대하여는 그 한도에서 신원보증인의 책임이 면제되는 것으로 하여 통지의무위반의 효과를 규정한다(현행 신원보증법 제4조 제2항).

4. 신원보증계약의 기초되는 사정에 중대한 변경이 있는 경우를 신원보증인의 계약해지권 발생사유로 하여 신원보증인의 해지권발생사유를 확대한다(현행 신원보증법 제5조 제3호).

5. 피용자의 고의 또는 중과실로 인하여 발생한 손해가 있는 경우에 신원보증인의 배상책임이 발생하는 것으로 하고, 신원보증인이 수인인 경우에 특별

한 의사표시가 없으면 각 신원보증인은 균등한 비율로 의무를 부담하는 것으로 하여 공동신원보증인 사이에는 분별의 이익이 있음을 명문화한다(현행 신원보증법 제6조 제1항).

2. 신원보증인이 사망한 경우 그 상속인의 보증책임

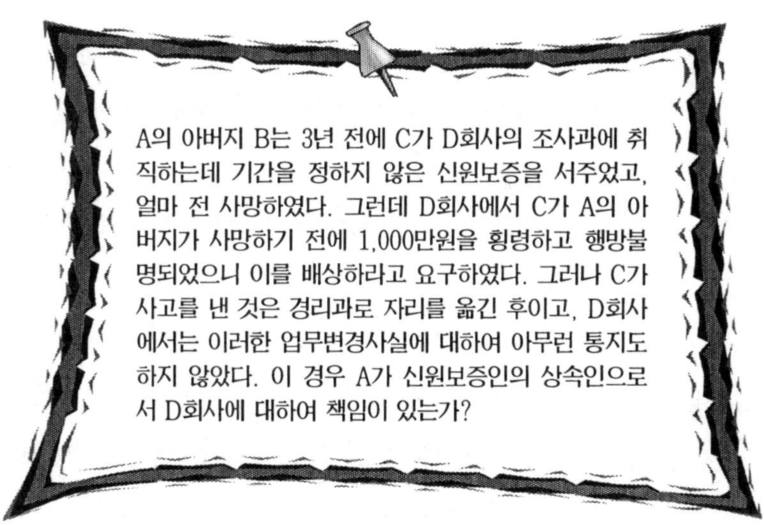

해 설   신원보증계약의 내용은 사용자에 의하여 일방적으로 정해지는 것이 보통이어서 책임의 범위가 매우 넓어지는 경우가 많다. 결국 신원보증인은 항상 가혹한 책임을 지게 될 위험을 지니게 되므로, 신원보증인의 책임을 합리적으로 조정하기 위하여 신원보증법이 제정되어 있다.

구 신원보증법(2002. 1. 14. 법률 제6529호로 개정되기 전의 것, 이하 구 신원보증법으로 칭함)상 신원보증계약기간을 정하지 않은 경우에는 보증계약기간을 3년으로 보게 되고, C가 기능습득자로서 그의 기능이 취직의 조건으로 된 때에는 5년으로 보게 되므로 B가 C의 D회사에 대한 손해배상책임을 지는 기간은 3년이다(구 신원보증법 제2조, 제3조).

그리고 신원보증법 제7조에서 "신원보증계약은 신원보증인의 사망으로 그 효력을 상실한다."고 규정하고 있으므로, B가 C회사에 대해서 부담하는 신원보증계약상의 책임은 보증기간인 3년이 되기 전일지라도 B가 사망한 때에 소멸된다. 그러나 C가 D회사에 손해를 입힌 시점이 B의 사망 전이므로 그 때에 이미 발생된 손해배상책임은 없어지는 것이 아니므로 상속인인 A는 D회사에 대해 배상할 책임이 있다고 할 것이다.

다만, A의 책임범위에 있어서는 신원보증법상 피용자가 불성실하거나 임무 또는 임지를 변경하여 신원보증인의 책임을 가중하게 하거나, 그 감독이 곤란하게 될 때에는 사용자는 신원보증인에게 이러한 사실을 통지해야 하고, 사용자가 이러한 통지의무를 게을리한 경우 보증책임을 경감할 수 있도록 규정하고 있으므로(구 신원보증법 제6조, 제7조), C가 조사과에서 경리과로 부서를 옮긴 것은 통지사유에 해당되는 것으로 볼 수 있다. 설령 A가 상속으로 D회사에 대하여 C가 끼친 손해를 책임져야 하는 경우에도 1,000만원 전액을 책임질 필요는 없을 것이다.

3. 중간퇴직으로 퇴직금지급 후에도 신원보증계약이 계속 유지되는가?

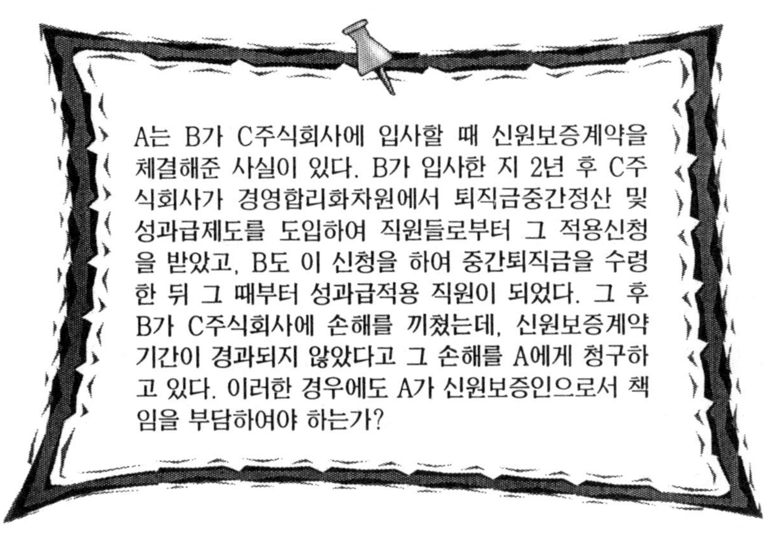

해설 '신원보증계약'이란 인수, 보증, 기타 명칭의 여하를 불문하고 피용자의 행위로 인하여 사용자가 받은 손해를 배상하는 것을 약정하는 계약을 말한다. 그러나 신원보증계약기간이 만료되지 않았다고 하더라도 퇴직금이 피용자의 행위로 인한 신원보증인의 신원보증채무의 구상권에 대한 담보적 구실도 한다는 점에서 볼 때 퇴직금이 지급된 경우에도 신원보증인의 보증책임이 그대로 존속한다고 볼 수 있는지에 의문이 있다.

판례는 "신원보증계약은 피용자의 행위로 인하여 사용자가 받은 손해를 배상함을 내용으로 하는 사용자와 신원보증인 사이의 계약이므로 약정한 신원보증기간이 종료되기 전이라 하더라도 피보증인인 피용자가 사용자와의 고용계약이 합의해지되어 고용관계가 소멸하면 그 때부터 신원보증계약의 효력은 상실된다 할 것이고, 퇴직금은 피용자의 행위로 인한 사용자의 손해 및 신원보증인의 신원보증채무의 구상권에 대한 담보적 구실을 할 수 있다 할 것이므로, 피용자와 사용자의 내부적 합의에 따라 계속근무를 전제한 일시퇴직, 신규입사의 처리를 한 사실이 있다 하더라도(피용자의 퇴직금중간정산요청에 따라 형식적으로 서류상으로만 퇴직한 것으로 처리하였을 뿐 실제로 퇴직한 것이 아니라 하여도 동일함) 그와 같은 합의가 당사자 사이에 내부적으로 어떠한 효력이 있음은 별론으로 하고 신원보증인에 대한 관계에 있어서는 피용자가 사용자인 회사를 일단 퇴직한 효력에는 변함이 없다 할 것이고 신원보증계약은 피용자의 퇴직사실로 당연 해지되어 효력을 상실하였다."라고 하였다(대판 85다카2195).

따라서 사례의 경우에도 A가 별도로 B가 퇴직금을 수령한 후에도 신원보증계약이 존속된다는 점에 대하여 동의를 해주는 등의 특별한 사정이 없었다면 B의 퇴직금 수령 후의 행위에 대한 보증책임을 부담하지 않게 될 것으로 보인다.

4. 신원보증인의 책임

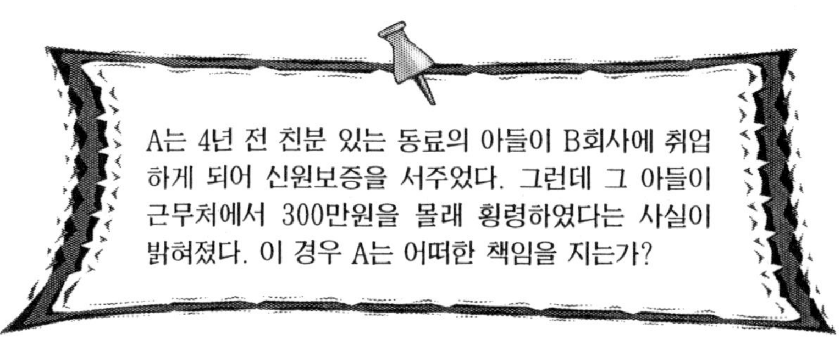

해설 신원보증은 고용계약에 부수하여 체결되는 계약으로 피용자가 장차 고용계약상 채무불이행으로 사용자에 대한 손해배상의무를 부담하는 경우에 그 이행을 담보하는 일종의 장래채무의 보증이다.

이에 관해서는 신원보증법이 있는데, 신원보증법은 신원보증계약에 적용되며 신원보증계약은 인수, 보증, 기타 명칭과 관계 없이 피용자의 행위로 사용자가 받은 피해를 배상할 것을 약정하는 계약이다. 신원보증계약의 존속기간은 원칙적으로 3년이며, 5년을 넘지 못한다. 신원보증법에서는 피용자의 임무나 임지를 변경함으로써 신원보증인의 책임을 가중하거나 감독이 곤란하게 될 때에는 신원보증인에게 통지해야 한다고 규정하고 있다. 그러나 사례와 같이 이러한 사유가 아닌 경우에는 특별한 사유가 없는 한 신원보증인인 A는 아들의 불법행위에 대해 책임을 진다. 그러나 이러한 횡령행위에 대해 회사가 감독을 태만히 하여 손해가 커진 것이라면 신원보증인의 책임도 경감될 수 있다.

 계속적 보증

1. 회사 임직원지위로 계속적 보증을 한 경우 퇴직을 이유로 한 보증계약해지권

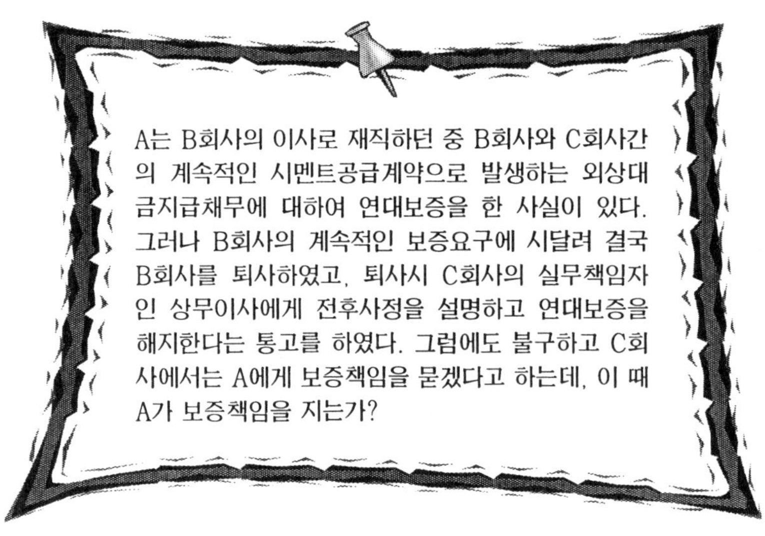

해설   채권자와 주채무자 사이의 계속적 거래관계로 인하여 현재 및 장래에 발생하는 불확정적 채무에 관하여 보증책임을 부담하기로 하는 이른바 '계속적 보증계약'에 있어서 보증책임의 한도액이나 보증기간에 관하여 아무런 정함이 없는 경우 보증인은 원칙적으로 변제기에 있는 주채무 전액에 관하여 보증책임을 부담한다(대판 88다3253).

　　다만, 보증 당시 주채무의 액수를 보증인이 예상하였거나 예상할 수 있었을 경우에는 그 예상범위로 보증책임을 제한할 수 있다 할 것이므로, 그 예상범위를 상회하는 주채무 과다발생의 원인이 채권자가 주채무자의 자산상태가 현저히 악화된 사실을 잘 알면서도(중대한 과실로 알지 못한 경우도 같음), 이를 알지 못하는 보증인에게 아무런 통보나 의사타진도 없이 고의로 거래규모를 확대함에 연유하는 등 '신의성실의 원칙에 반하는 사정이 있는 경우' 에 한하여 보증인의 책임을 합리적으로 제한할 수 있다(대판 94다42129 ; 2001다55871).

　　그런데 회사의 이사라는 지위에서 부득이 회사의 제3자에 대한 계속적 거래로 인한 채무에 대하여 연대보증인이 된 사람이 그 후 퇴사하여 이사의 지위를 떠난 경우와 관련된 판례는 "회사의 이사 등이 회사의 제3자에 대한 계속적 거래로 인한 채무를 연대보증한 경우 이사 등에게 회사의 거래에 대하여 재직중에 생긴 채무만을 책임 지우기 위해서는 그가 이사의 지위 때문에 부득이 회사의 계속적 거래로 인하여 생기는 회사의 채무를 연대보증하게 된 것이고, 또 회사의 거래 상대방이 거래할 때마다 거래 당시의 회사에 재직하고 있던 이사 등의 연대보증을 새로이 받아 오는 등의 특별한 사정이 있을 것임을 요하고, 그러한 사정이 없는 경우의 연대보증에까지 그 책임한도가 위와 같이 제한되는 것으로 해석할 수 없음은 물론이나, 계속적 거래관계로 인하여 발생하는 불확정한 채무를 보증하기 위한 이른바 계속적 보증에 있어서는 보증계약 성립 당시의 사정에 현저한 변경이 생겨 보증인에게 계속하여 보증책임을 지우는 것이 당사자의 의사해석 내지 신의칙(信義則)에 비추어 상당하지 못하다고 인정되는 경우에는, 상대방인 채권자에게 신의칙상 묵과할 수 없는 손해를 입게 하는 등의 특별한 사정이 없는 한 보증인은 일방적인 보증계약해지의 의사표시에 의하여 보증계약을 해지할 수 있다고 보아야 할 것이고, 회사의 이사라는 지위에 있었기 때문에 부득이 회사와 은행 사이의 계속적 거래로 인한 회사의 채무에 연대보증인이 된 자가 그 후 회사로부터 퇴직하여 이사의 지위를 상실하게 된 때에는 사회통념상 계속 보증인의 지위를 유지케 하는 것이 부당하므로, 연대보증계약 성립 당시의 사정에 현저한 변경이 생긴 것을 이유로 그 보증계약을 일방적으로 해지할 수 있다고 할 것이다."라고 하면서, 회사의 대표이사로서 재직중 계속적 보증을 한 후 대표이사직을 사임한 사람에 대하여 보증계약해지권은 인정하되, 보증책임범위의 제한은 인정하지 아니한 사례가 있다(대판 99다61750 ; 95다17533).

　따라서 A의 경우 이사라는 지위에서 부득이 B회사의 C회사에 대한 계속적 거래로 인한 외상대금지급채무에 대하여 연대보증인이 되었으며, 그 후 퇴사하여 이사의 지위를 떠났으므로 보증계약을 해지할 수 있고, 그 해지의 의사표시는 서면에 의할 것을 요구하지 않으므로 A가 C회사의 상무이사에게 통지하는 등 회사퇴직 후 해지통고를 하였으므로, 퇴직 후의 B회사의 C회사에 대한 채무에 대하여는 보증채무를 부담하지 않아도 될 것으로 보인다. 유의할 것은 회사의 이사로 재직하면서 보증 당시 이미 그 '채무가 특정되어 있는 확정채무'에 대하여는 이사직에서 퇴직하였다는 이유로 사정변경에 의한 해지권이 발생하지 않으며, 보증을 한 후 이사직을 사임하였다 하더라도 사정변경을 이유로 그 책임이 제한되는 것은 아니다. 판례도 "보증인이 회사의 이사라는 지위에 있었고 은행대출규정상 어쩔 수 없이 회사

의 채무에 대하여 연대보증을 하였다는 이유로 그 보증인의 책임을 보증인이 이사로 재직중에 있을 때 생긴 채무만으로 제한할 수 있는 경우는 '포괄근보증이나 한정근보증과 같이 채무액이 불확정적이고 계속적인 거래로 인한 채무에 대하여 보증한 경우'에 한하고, 회사의 이사로 재직하면서 '보증 당시 이미 그 채무가 특정되어 있는 확정채무'에 대하여는 보증을 한 후 이사직을 사임하였다 하더라도 사정변경을 이유로 보증계약을 해지할 수 있다거나 그 책임이 제한되는 것은 아니다."라고 한 바 있다(대판 98다46082).

2. 계속적 보증의 보증기간 자동연장조항의 효력

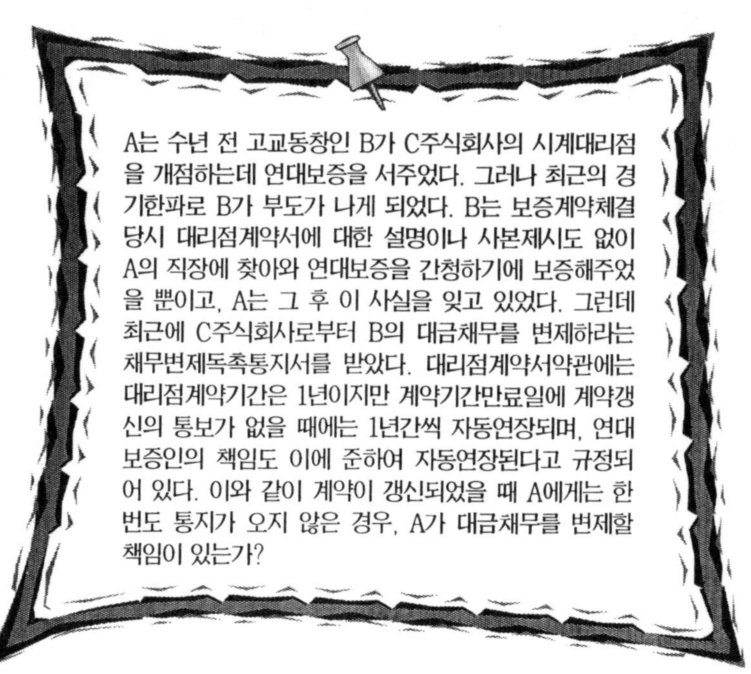

 **해 설**   대리점계약시 대리점개설자가 본사에 부담하는 모든 채무에 관하여 연대보증을 한 사람은 그 약정에 따라 대리점개설자의 모든 채무에 대하여 변제책임이 있는 것이 원칙이다. 그러나 약관의규제에관한법률에는 신의성실의 원칙에 반하여 공정을 잃은 약관조항 등 일정한 경우 약관조항을 무효로 하는 규정을 두고 있다(약관규제법 제6조~제16조).

사례에서의 대리점약관은 약관의규제에관한법률 제2조 제1항 소정의 약관에 해당하므로 같은 법률에 의한 규제를 받는다고 할 것인데, A의 보증기간이 B와 C 사이의 대리점계약기간의 연장에 따라 자동연장된다는 약관조항은 계약기간종료시 이의통지 등에 의해 보증인의 지위에서 벗어날 수 있다는 규정이 없는 등 계속적인 채권관계의 발생을 목적으로 하는 계약에서 묵시의 기간연장 또는 갱신이 가능하도록 규정하여 연대보증인에게 부당하게 불이익을 줄 우려가 있으므로 그 조항은 약관의규제에관한법률에 위반되어 무효이다(약관규제법 제9조 제5호).

3. 보증기간·한도 정함이 없는 계속적 보증계약의 보증인 사망시 상속인의 보증승계여부

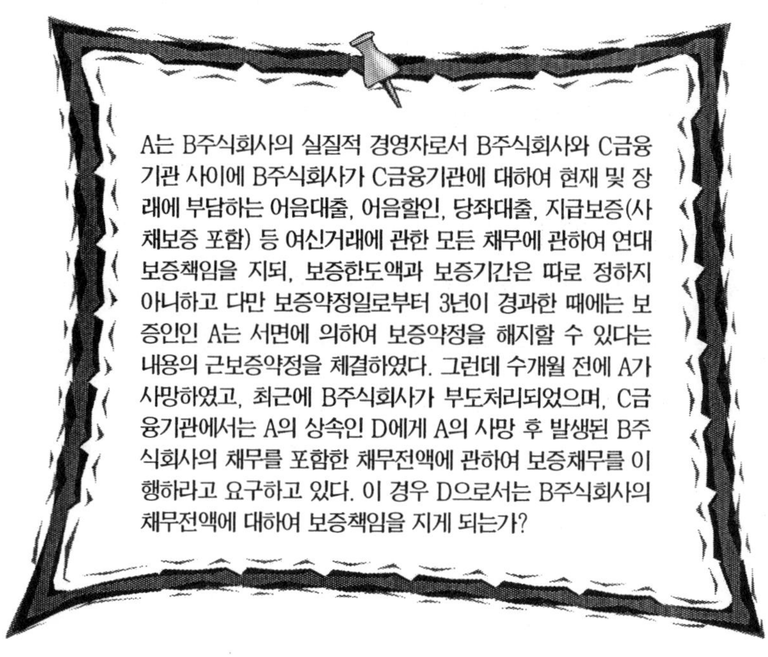

A는 B주식회사의 실질적 경영자로서 B주식회사와 C금융기관 사이에 B주식회사가 C금융기관에 대하여 현재 및 장래에 부담하는 어음대출, 어음할인, 당좌대출, 지급보증(사채보증 포함) 등 여신거래에 관한 모든 채무에 관하여 연대보증책임을 지되, 보증한도액과 보증기간은 따로 정하지 아니하고 다만 보증약정일로부터 3년이 경과한 때에는 보증인인 A는 서면에 의하여 보증약정을 해지할 수 있다는 내용의 근보증약정을 체결하였다. 그런데 수개월 전에 A가 사망하였고, 최근에 B주식회사가 부도처리되었으며, C금융기관에서는 A의 상속인 D에게 A의 사망 후 발생된 B주식회사의 채무를 포함한 채무전액에 관하여 보증채무를 이행하라고 요구하고 있다. 이 경우 D으로서는 B주식회사의 채무전액에 대하여 보증책임을 지게 되는가?

해설 채권자와 주채무자 사이의 계속적 거래관계로 인하여 현재 및 장래에 발생하는 불확정적 채무에 관하여 보증책임을 부담하기로 하는 보증계약을 이른바 '계속적 보증계약'이라고 한다. 그런데 보증한도액이 정해진 계속적 보증계약의 보증인이 사망한 경우, 그 상속인들이 보증인의 지위를 승계하는지에 관하여 판례를 보면, "보증한도액이 정해진 계속적 보증계약의 경우 보증인이 사망하였다 하더라도 보증계약이 당연히 종료되는 것은 아니고, 특별한 사정이 없는 한 상속인들이 보증인의 지위를 승계한다고 보아야 한다."라고 하고 있다(대판 99다19322, 19339).

　그러나 보증기간과 보증한도액의 정함이 없는 계속적 보증계약의 보증인이 사망한 경우, 그 상속인이 보증인의 지위를 승계하는지에 관해서는 "보증한도액이 정해진 계속적 보증계약의 경우 보증인이 사망하였다 하더라도 보증계약이 당연히 종료되는 것은 아니고 특별한 사정이 없는 한 상속인들이 보증인의 지위를 승계한다고 보아야 할 것이나, 보증기간과 보증한도액의 정함이 없는 계속적 보증계약의 경우에는 보증인이 사망하면 보증인의 지위가 상속인에게 상속된다고 할 수 없고 다만, 기왕에 발생된 보증채무만이 상속된다."라고 하였다(대판 2000다47187).

　그러므로 사례는 보증기간과 보증한도액의 정함이 없는 계속적 보증계약의 경우로서 D는 A의 사망 이전에 발생된 채무에 대해서만 보증책임을 부담하게 될 것으로 보인다.

4. 근보증계약의 해제

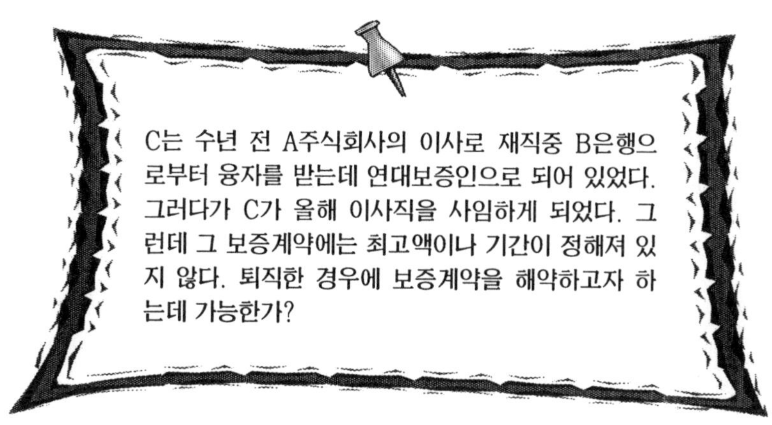

해설　근보증계약은 계속적 거래관계로부터 발생하는 다수의 채무를 일정한 결산기나 일정 한도액까지 보증하는 계약이다. 근보증에서 보증한도액을 정하지 않는 경우에는 주채무가 일반적인 거래관행에 비해 현저하게 확대된 경우에는 보증계약을 체결한 당시에 존재하고 있었던 주채무 이상의 책임을 부담하지 않으며, 보증기간을 정하지 않는 경우에도 보증계약이 종료하지 않는 한, 보증인은 주채무자가 채무를 부담할 때마다 항시 보증채무의 책임을 부담하게 된다.

그러므로 C는 이사직을 사임할 때 이미 발생하고 있었던 이사의 채무에 대해서는 당연히 채무를 부담해야 한다. 그리고 이사직을 사임한 후 발생한 회사채무에 대해서는 근보증계약의 해약의 의사표시를 하게 되면 그에 대한 책임부담이 없어진다.

부 록

면책적채무인수계약서

　　　　　을 甲으로　　　　　을 乙로 하여, 甲·乙 양인은 다음과 같이 채무인수계약을 체결한다.

제1조 채무인수인 甲은 채권자 乙이 채무자　　　　　에 대하여 가지고 있는 아래 채권에 관하여 채무자　　　　　의 채무인수를 이행할것 을 약속하며, 채권자 乙은 이를 승낙한다.

〈　아　　래　〉

채권자 乙이 채무자　　　　　에 대하여 가지고 있는　　　년　　　월　　　일자 금전소비대차 계약에 의한 원금　　　만원, 변제기　　　년　　　월　　　일, 이자 연　　　할의 비율, 이자 지급기일 매월 말일, 이자지급을 2개월분 이상 지체하였을 경우에는 원금의 일시지급의 특약,　　　년　　　월　　　일까지의 이자지급 필한 원급 전부의 채권.

제2조 채무인수인 甲은 채권자 乙에 대하여 전주의 금전소비대차계약의 취지에 따라 전 조의 채무를 이행하여야 한다.

제3조 채권자 乙을 채무자　　　　　에 대하여 제1조의 채권전부를 면제한다.

　위의 계약의 성립을 증여하기 위하여 본 증서 2통을 작성하여 甲·乙 각 1통씩 보존한다

년　　　월　　　일

시　　구　　동　　번지
채무인수인(甲)　　　　　(인)

시　　구　　동　　번지
채권자(乙)　　　　　(인)

채권양도계약서

양도인 :
양수인 :

 채권양도인 홍 길 동(이하 "갑" 이라 한다)과 채권양수인 ○○주식회사(대표이사 : ○○○)(이하 "을" 이라 한다)는 다음과 같이 채권양도계약을 체결한다.

 제1조 "갑" 과 "을" 사이의 대리점계약에 기반을 두고 "갑" 이 "을" 에 대해 현재 및 장래에 부담할 일체의 채무를 담보하기 위하여 "갑" 은 제2조의 채권을 "을" 에게 양도한다.

 제2조 【양도채권】
 1) "갑" 이 20 년 월 일자 전세계약에 기하여 제3채무자 (이하 "병" 이라 한다)에 대하여 갖고 있는 보증금 반환채권
 2) 채권 양도 금액 : 금 ________________원정

 제3조 【채권양도의 승낙】
 (1) "갑" 은 본 계약체결과 동시에 제3채무자의 승낙을 얻어야 한다.
 (2) 전 항의 승낙은 확정일자 있는 증서로 하여야 한다.

 제4조 【담보책임】
 (1) "갑" 은 위 양도채권이 타에 기 양도되었거나 가압류, 압류 등 권리의 하자가 없음을 담보한다.
 (2) "갑" 은 제3채무자가 "갑" 에게 상계적상에 있는 반대채권을 가지고 있지 않음을 확인한다.
 (3) 만일 전 1, 2항의 보증내용에 위반하는 사유로 인하여 "을" 에게 손해가 발생하는 경우는 "갑" 이 이를 배상하여야 한다.
 (4) "갑" 은 위 양도채권을 "을" 이 추심하여 양도 목적을 달성할 때까지 성실히 협력하여야 한다.

 제5조 【실행, 충당】 "을" 이 양도채권 변제기에 추심한 때에는 동 추심금액은 "갑" 의 "을" 에 대한 채무의 변제에 충당됨을 상호 확인한다.

 제6조 【합의관할】 본 계약과 관련하여 발생하는 분쟁에 관한 소송은 그 관할 법원을 지방법원으로 한다.

제7조【보완사항】본 계약서 각 조항의 해석에 관하여 당사자간에 다툼이 있거나 명시되지 않은 사항에 대해서는 일반 상관례에 따른다.

20 년 월 일

채권양도인(갑)

채권양수인(을) : 경기도 ○○시 ○○구 ○○3동 416
　　　　　　　○ ○ 주 식 회 사
　　　　　　　대 표 이 사 ○ ○ ○

　하기인 "병"은 상기 채권이 "갑"으로부터 "을"에게 양도되었음을 확인하고 이를 승낙하며 다음의 사항을 확인한다.

　1. "을"의 서면에 의한 확인 없이는 양도된 전세보증금의 일부나 전부를 "갑"에게 지불하지 않는다.
　2. 전세보증금반환청구권에 기하여 "병"이 "을"을 근저당권자로 하여 담보를 제공하는 경우에는 "병"은 "을"에 대하여 근저당권에 기하여 책임을 지는 범위 내에서는 "갑"에 대한 전세보증금반환채무가 소멸하며, 전세보증금의 반환과 근저당권말소서류 인수는 동시이행 조건으로 한다.

20 년 월 일

　"병" 승낙인(임대인)
　　주 소 :
　　주민번호 :
　　이 름 :　　　　　　　　(인)
　　전화번호 :

첨부 1. 인감증명서 각 1통
　　 2. 전세계약서 사본

○ 담보의 제공은 재산상 손실을 가져올 수도 있는 중요한 법률행위이므로 미리 뒷면 "담보제공자가 꼭 알아 두어야 할 사항"과 계약서의 내용을 잘 읽은 후 신중한 판단을 하시고,

○ 굵은 선 ☐으로 표시된 난(당사자란, 제1조 및 계약서 끝부분)은 담보 제공자가 반드시 자필로 기재하시기 바랍니다.

특정채무담보

저당권설정계약서

년   월   일

채 권 자 겸 저 당 권 자 주 소	________________	인

채 무 자 주 소	________________	인

저 당 권 설 정 자 주 소	________________	인

인감대조

위 당사자 사이에 아래와 같이 저당권 설정계약을 맺는다.

제1조【저당권의 설정】 저당권 설정자(이하 "설정자"라 한다)는 은행여신거래기본약관을 승인하고, 채무자의 채권자에 대한 다음 채무를 담보하기 위하여 이 계약서 끝부분에 기재한 물건(이하 "저당물건"이라 한다)에 저당권을 설정한다.

피담보 채무의 표시 :

거 래 일 정	년 월 일자 약정서		
금 액	금		
상 환 기 일	년 월 일		
이자율·지급시기	연 %		
지 연 배 상 금	상환기일에 지급을 아니한 때 또는 기한의 이익을 상실한 때에는 지급하여야 할 금액에 대하여 곧 연 %의 이율로 1년을 일로 보고 1일단위로 계산한 지체일수에 해당하는 지연배상금을 지급한다.		

제2조【공부와 실제의 불일치 등】 ① 저당물건의 실제가 이 계약서 끝부분 목록란의 기재나 공부상 기재와 맞지 아니한 부분이 있더라도 이 저당권은 실제물건 위에 그 효력이 미치며, 채권자가 채권보전상의 필요에 따라 청구하는 때에는 설정자는 곧 변경등기나 경정등기 기타 필요한 절차를 밟는다.

② 저당토지상에 미등기건물이 있는 경우 또는 장래 건물을 신축할 경우에 채권자가 채권 보전상 필요에 따라 청구하는 때에는, 설정자는 지체없이 그 보존등기를 하는 동시에 그 건물에 제1조에 의한 저당권을 추가 설정한다.

제3조【담보가치의 유지 등】 ① 설정자가 저당물건에 대하여 멸실·훼손 등 채권자의 채권보전에 지장을 초래할 현상변경 행위를 하고자 하는 때에는 미리 채권자의 승낙을 얻어야 한다.

② 설정자는 저당물건의 멸실·훼손·공용징수 기타의 사고 또는 현저한 가격의 하락이 있거나 그럴 염려가 있을 때에는 곧 이를 채권자에게 통지한다.

③ 제2항의 경우 설정자가 제3자로부터 수령할 배상금, 보상금 등의 채권이 발생한 때에는 설정자는 그 채권을 채권자에게 양도하고 이에 필요한 절차를 밟겠으며, 채권자는 그 수령금으로 다른 담보물의 제공 등 상당한 사유가 없는 한 피담보채무의 기한도래 전일지라도 은행여신거래기본약관 제13조에 준하여 채무의 변제를 충당할 수 있기로 한다.

제4조【보험계약】 ① 설정자는 저당물건에 대하여 채권보전에 필요한 범위 내에서 채권자가 지정하는 종류와 금액으로 보험계약을 맺고, 그 보험계약에 따른 권리 위에 채권자를 위하여 질권을 설정하여 그 보험증권을 채권자에게 교부하고, 이 저당권의 피담보채무가 존재하는 동안 이를 계속 유지한다.

② 설정자가 전항에 의한 보험계약 외에 저당물건에 대하여 따로 보험계약을 맺은 때에는 이를 곧 채권자에게 통지하며, 채권자가 채권보전상의 필요에 따라 청구하는 때에는 그 보험계약에 따른 권리에 대하여도 채권자를 위하여 질권을 설정한다.

③ 설정자가 제1항, 제2항에 정하는 바에 따르지 아니함으로써 채권자가 채권보전상 필요한 보험계약을 설정자를 대신하여 맺거나 계속하고 그 보험료를 지급한 때에는, 채무자와 설정자는 연대하여 채권자가 지급한 보험료, 기타의 제 비용에 대하여 은행여신거래기본약관 제5조에 준하여 곧 갚는다.

④ 제1항 내지 제3항에 의한 보험계약에 터잡아 채권자가 보험금을 수령한 때에는 다른 담보물의 제공 등 상당한 사유가 없는 한, 피담보채무의 기한도래 전일지라도 채권자는 그 수령금으로 은행여신거래기본약관 제13조에 준하여 채무의 변제에 충당할 수 있다.

제5조【지상권·전세권·임차권】 ① 설정자는 저당물건이 건물만인 경우, 그 대지에 지상권 또는 전세권이 설정되어 있는 때에는 그 기간이 만료한 때, 곧 그 설정계약 계속의 절차를 밟기로 한다.

② 제1항의 경우 그 대지에 관한 권리가 임차권인 때에도 설정자는 임차기간이 만료한 때에는 곧 임대차계약 계속의 절차를 밟고 또 토지 소유자의 변경으로 임차권의 내용에 변경이 생길 경우에는 미리 채권자에게 통지하기로 한다.

③ 설정자는 제1항의 지상권·전세권이나 제2항의 임차권에 관하여 해지, 기타 그 권리의 소멸 또는 변경을 초래할 염려가 있는 행위를 아니하며 또 그러한 염려가 있는 때에는 그 권리의 임의처분을 아니하기로 한다.

④ 저당건물이 화재, 기타의 원인으로 멸실하고 보험금 등으로 충당하고도 채무가 남은 경우에 설정자가 곧 건물을 신축하지 않는 때에는 지상권·전세권 또는 임차권의 처분은 채권자의 동의를 얻어 하기로 하고 채권자는 그 처분 대금으로 제3조 제3항에 준하여 나머지 채무의 변제에 충당할 수 있기로 한다.

제6조【저당물건의 처분·관리 등】 ① 저당물건의 처분은 법정절차에 의함을 원칙으로 하되, 설정자가 동의를 한 때에는 채권자는 적당하다고 인정되는 방법·시기·가격 등에 의하여 처분하고 그 취득금에서 제 비용을 뺀 잔액을 은행여신거래기본약관 제13조에 준하여 채무의 변제에 충당할 수 있다.

② 제1항에 처분방법 외에 채권자는 설정자를 위하여 저당물건을 관리하고 그 수익금으로 제1항에 준하여 채무의 변제에 충당할 수 있다.

③ 설정자가 행방을 감추거나 기타의 사유로 말미암아 저당물건이 정상적으로 관리·유지되지 아니하고 멸실·훼손·분실 등의 우려가 있는 때에는, 채권자는 저당물건을 점유하여 관리할 수 있다.

④ 제1항 내지 제3항의 경우 설정자는 지체없이 채권자의 처분 또는 관리에 필요한 협력을 다한다.

제7조【회보와 조사】 ① 설정자는 저당물건의 상황에 관하여 채권자로부터 청구가 있는 때에는 그에 따라 곧 회보하거나 조사에 필요한 협조를 한다.

② 변제 등으로 피담보채무가 소멸된 때에는 채권자는 저당권의 효력이 소멸되었음과 저당권 말소등기를 신청할 것을 설정자에게 통보한다.

제8조【제 절차 이행과 비용부담】 ① 설정자는 이 저당권의 설정·변경·갱정·이전·이관·말소 등에 관한 등기·등록을 하여야 할 때에는 채권자의 청구가 있는 대로 곧 필요한 절차를 밟는다.

② 전 항의 절차에 드는 비용이나 저당물건의 조사·점유·관리·처분 등에 관한 비용은 채무자와 설정자가 연대하여 부담하고, 채권자가 대신 지급한 때에는 은행여신거래기본약관 제5조에 준하여 이를 곧 갚는다.

제9조【다른 담보·보증약정과의 관계】 ① 설정자가 채무자의 채권자에 대한 같은 피담보채무에 관하여 따로 담보를 제공하고 있거나 보증을 하고 있는 경우에는 별도의 약정이 없는 한 그 담보나 보증은 이 계약에 의하여 변경되지 아니하며 이 계약에 의한 담보책임과 별개의 것으로 누적적으로 적용된다.

② 담보가치가 하락 등을 대비한 채권자의 청구에 의하여 설정자가 같은 피담보 채무에 관하여 담보제공과 동시에 같은 금액으로 연대보증을 한 경우, 그 중 어느 하나의 일부 또는 전부를 이행한 때에는 전 항에 불구하고 그 이행한 범위 내에서 다른 책임도 면한다.

제10조【담보 등의 변경·해지·해제】 설정자가 동의를 한 때나 동등한 가치 이상의 담보대체, 동등한 자력 이상의 보증인 교체 또는 일부 변제액에 비례한 담보나 보증의 해지·해제 등은 설정자가 대위변제할 경우의 구상실현에 불리한 영향이 없다고 판단될 때에는 거래상 필요에 따라 채권자는 다른 담보나 보증을 변경 또는 해지·해제할 수 있기로 한다.

제11조【특약사항】

　설정자 :　　　　　　　　　　　　　　　　　　　　　　　　(인)

저당물건 목록

대상목적물의 표시	순　위

※ 설정자는 다음 사항을 읽고 본인의 의사를 사실에 근거하여 자필로 기재하여 주십시오.

　(기재예시 : 1. 수령함, 2. 들었음)

1. 은행여신거래기본약관과 이 계약서 사본을 확실히 수령하였습니까?	
2. 위 약관과 계약서의 중요한 내용에 대하여 설명을 들었습니까?	

※ 설정자가 타인을 위하여 주택을 담보로 제공하는 경우에는 설정자는 이 계약서 작성일을 포함하여 3일 이내에 담보제공을 철회할 수 있습니다. 또한, 철회권을 미리 포기하고 이 설정계약을 즉시 확정할 수도 있습니다.

필요시 설정자는 위 기간이내에 본인의 의사를 다음란에 자필로 기재하여 주십시오.

　(기재예시 : 철회함.　　년　월　일, 포기함 :　　년　월　일)

담보제공의사를 철회합니까? (철회한 때에는 이 계약은 취소되고 설정자는 담보책임을 부담하지 않습니다. 이때 담보설정·해지에 드는 비용은 설정자가 전부 부담하여야 합니다.)	년　　　월　　　일
철회권을 포기합니까? (철회권을 포기한 때에는 이 설정계약은 즉시 확정됩니다.)	년　　　월　　　일

상　담　자	직 위 :　　　　　성 명 :　　　　　　(인)

이 계약서에 따라 등기되었음을 확인하고, 등기권리증을 수령함. 년　　　월　　　일　설정자　　　　　　(인)

담보제공자(저당권설정자)가 곧 알아두어야 할 사항

저당권이란

— 채무자가 기일에 채무를 상환하지 않으면, 채권자는 설정자가 제공한 담보물을 처분하여 우선적으로 변제받는 권리입니다.

— 따라서 자기소유의 부동산에 타인을 위하여 저당권을 설정하는 것은 타인의 채무불이행으로 인하여 자기재산을 잃게될 수 있는 위험을 부담하는 행위입니다.

담보종류에 따른 책임범위

—「특정채무담보」는 채무자가 채권자에 대하여 부담하는 특정된 채무만을 담보하는 것으로, 그 채무가 연기·재취급 또는 다른 여신으로 대환된 때에는 담보하지 않습니다.

—「근담보」는 채무자와 채권자 사이에 이미 맺어져 있거나 앞으로 맺게 될 거래계약으로부터 현재 발생되어 있거나 앞으로 발생할 채무를 채권최고액의 범위 내에서 담보하게 되는 것으로 세 가지 유형이 있으며, 각 유형에 따른 책임범위는 다음과 같습니다.

「특정채무담보」

특정된 거래계약(예 :   년 월   일자 여신거래약정서)으로부터 계속적으로 발생하는 채무를 담보하며, 그 채무가 기한 연기된 때에도 담보합니다. 그러나 재취급 또는 다른 여신으로 대환된 때에는 담보하지 않습니다.

「한정 근담보」

특정한 종류의 거래에 대하여 이미 맺어져 있거나 앞으로 맺게 될 거래계약으로부터 현재 발생되어 있거나 앞으로 발생하게 될 채무를 모두 담보하며, 그 채무의 연기나 재취급은 물론 같은 종류로 대환된 때에도 담보합니다. 그러나 다른 종류의 여신으로 대환된 때에는 담보하지 않습니다.

「포괄 근담보」

채무자가 채권자에게 부담하는 현재 및 장래의 모든 채무(여신거래로 인한 채무뿐만 아니라 기타 다른 형태의 채무를 포함한다)를 담보하며 그 책임범위가 아주 광범위하므로 포괄근담보를 선택할 경우 다시 한 번 신중히 생각한 후에 결정하십시오.

담보제공자가 연대보증까지 서는 경우

— 담보제공자가 연대보증을 별도로 서는 경우, 은행은 담보제공한 부동산 외에 담보제공자의 다른 일반재산에 대하여도 집행을 할 수 있습니다.

○ 담보의 제공은 재산상 손실을 가져올 수도 있는 중요한 법률행위이므로 미리 뒷면 "담보제공자가 꼭 알아두어야 할 사항"과 계약서의 내용을 잘 읽은 후 신중한 판단을 하시고,

○ 굵은 선 □□으로 표시된 난(당사자란 및 계약서 끝부분)은 담보 제공자 가 반드시 자필로 기재하시기 바랍니다.

근 담 보

근저당권설정계약서

년   월   일

채 권 자 겸	
저 당 권 자	________________ 인
주 소	

채 무 자	
	________________ 인
주 소	

저 당 권	
설 정 자	________________ 인
주 소	

인감대조

위 당사자 사이에 아래와 같이 근저당권 설정계약을 맺는다.

제1조 【근저당권의 설정】 근저당권 설정자(이하 "설정자"라 한다)는 은행여신거래 기본약관을 승인하고, 이 계약서 끝부분 "근저당물건 목록"란에 기재한 물건(이하 "근저당물건"이라 한다)에 다음 내용으로 근저당권을 설정한다.

1. 피담보채무의 범위 :

채권자는 피담보채무의 범위를 달리하는 다음의 세 유형 가운데 어느 하나를 설정자가 선택할 수 있음을 설명하였고, 설정자는 그 가운데 ☐에서 정한 채무(이자, 지연배상금, 기타 부대채무를 포함한다)를 담보하기로 한다.

특정근담보

채무자가 채권자(본·지점)에 대하여 다음 약정서에 의한 거래로 말미암아 현재 및 장래에 부담하는 모든 채무

년	월	일자	약정서
년	월	일자	약정서

한정근담보

채무자가 채권자(본·지점)에 대하여 다음 종류의 거래로 말미암아 현재 및 장래에 부담하는 모든 채무

　　　　　　　거래,　　　　　　거래

포괄근담보

채무자가 채권자(본·지점)에 대하여 현재 및 장래에 부담하는 다음 채무

가. 어음대출, 증서대출, 어음할인, 지급보증, 외국환거래, 기타 여신거래로 말미암은 모든 채무

나. 채권자와 제3자와의 위 '가'의 거래에 대한 보증채무

다. 채권자가 제3자와의 위 '가'의 거래로 말미암아 취득한 어음 또는 수표상의 채무

2. 채권최고액 :

가. | 금 |

나. 설정비용의 벌감 등을 위하여 채권최고액을 최초 채권액을 기준삼아 정하였다 하여도 이를 이유로 이 계약을 특정채무담보 저당권설정계약으로 해석하지 않기로 한다.

3. 근저당권 결산기

채권자는 근저당권 결산기를 정하는 다음 세 유형 가운데 어느 하나를 설정자가 선택할 수 있음을 설명하였고, 설정자는 〔   〕 에서 정한 날을 결산기로 하기로 한다.

지 정 형

년   월   일

자동확정형

정하지 아니한다.

이 경우 계약일부터 3년이 경과하면 설정자는 서면통지에 의하여 근저당권 결산기를 지정할 수 있기로 하되, 그 결산기는 통지 도달일부터 14일 이후가 되어야 하며, 이에 미달하는 때에는 통지 도달일부터 14일이 되는 날을 결산기로 한다. 다만, 5년이 경과할 때까지 설정자의 별도 의사표시가 없는 경우에는 계약일로부터 5년이 되는 날을 결산기로 한다.

자동확정형

정하지 아니한다.

이 경우 계약일부터 3년이 경과하면 설정자는 서면통지에 의하여 근저당권 결산기를 지정할 수 있기로 하되, 그 결산기는 통지 도달일부터 14일 이후가 되어야 하며, 이에 미달하는 때에는 통지 도달일부터 14일이 되는 날을 결산기로 한다.

제2조 【공부와 실제의 불일치 등】 ① 근저당물건의 실제가 이 계약서 끝부분 목록란의 기재나 공부상 기재와 맞지 아니한 부분이 있더라도 이 근저당권은 실제물건 위에 그 효력이 미치며, 채권자가 채권보전상의 필요에 따라 청구하는 때에는 설정자는 곧 변경등기나 경정등기, 기타 필요한 절차를 밟는다.

② 근저당 토지상에 미등기건물이 있는 경우 또는 장래 건물을 신축할 경우에 채권자가 채권 보전상 필요에 따라 청구하는 때에는, 설정자는 지체없이 그 보조 등기를 하는 동시에 그 건물에 제1조에 의한 근저당권을 추가 설정한다.

제3조 【담보가치의 유지 등】 ① 설정자가 근저당물건에 대하여 멸실 · 훼손 등 채권자의 채권보전에 지장을 초래할 현상변경 행위를 하고자 하는 때에는 미리 채권자의 승낙을 얻어야 한다.

② 설정자는 근저당물건의 멸실 · 훼손 · 공용징수, 기타의 사고 또는 현저한 가격의

하락이 있거나 그럴 염려가 있을 때에는 곧 이를 채권자에게 통지한다.

③ 제2항의 경우 설정자가 제3자로부터 수령할 배상금, 보상금 등의 채권이 발생한 때에는, 설정자는 그 채권을 채권자에게 양도하고 이에 필요한 절차를 밟겠으며, 채권자는 그 수령금으로 다른 담보물의 제공 등 상당한 사유가 없는 한 은행여신거래기본약관 제13조에 준하여 채무의 변제를 충당할 수 있기로 한다.

제4조【보험계약】 ① 설정자는 근저당물건에 대하여 채권보전에 필요한 범위 내에서 채권자가 지정하는 종류와 금액으로 보험계약을 맺고, 그 보험계약에 따른 권리 위에 채권자를 위하여 질권을 설정하여 그 보험증권을 채권자에게 교부하고, 이 근저당권의 피담보채무가 존재하는 동안 이를 계속 유지한다.

② 설정자가 제1항에 의한 보험계약 외에 근저당물건에 대하여 따로 보험계약을 맺은 때에는 이를 곧 채권자에게 통지하며, 채권자가 채권보전상의 필요에 따라 청구하는 경우에는 그 보험계약에 따른 권리에 대하여도 채권자를 위하여 질권을 설정한다.

③ 설정자가 제1항, 제2항에 정하는 바에 따르지 아니함으로써 채권자가 채권보전상 필요한 보험계약을 설정자를 대신하여 맺거나 계속하고 그 보험료를 지급한 때에는 채무자와 설정자는 연대하여 채권자가 지급한 보험료, 기타의 제 비용에 대하여 은행여신거래기본약관 제5조에 준하여 곧 갚는다.

④ 제1항 내지 제3항에 의한 보험계약에 터잡아 채권자가 보험금을 수령한 때에는, 다른 담보물의 제공 등 상당한 사유가 없는 한, 피담보채무의 기한도래전 일지라도 채권자는 그 수령금으로 은행여신거래기본약관 제13조에 준하여 채무의 변제에 충당할 수 있다.

제5조【지상권·전세권·임차권】 ① 설정자는 근저당 물건이 건물만인 경우, 대지에 지상권 또는 전세권이 설정되어 있는 때에는 그 기간이 만료한 때, 곧 그 설정계약 계속의 절차를 밟기로 한다.

② 제1항의 경우 그 대지에 관한 권리가 임차권인 때에도 설정자는 임차기간이 만료한 때에는 곧 임대차계약 계속의 절차를 밟고 또 토지 소유자의 변경이 있는 때에는 곧 임차권의 내용에 변경이 생길 경우에는 미리 채권자에게 통지하기로 한다.

③ 설정자는 제1항의 지상권·전세권이나 제2항의 임차권에 관하여 해지, 기타 그 권리의 소멸 또는 변경을 초래할 염려가 있는 행위를 아니하며 또 그러한 염려가 있는 때에는 그 권리의 보전에 필요한 절차를 밟겠으며 건물이 멸실한 경우라도 채권자의 동의없이 그 권리의 임의처분을 아니하기로 한다.

④ 근저당건물이 화재, 기타의 원인으로 멸실하고 보험금 등으로 충당하고도 채무가 남은 경우에 설정자가 곧 건물을 신축하지 않는 때에는 지상권·전세권 또는 임차

권의 처분은 채권자의 동의를 얻어 하기로 하고 채권자는 그 처분대전으로 은행여신거래기본약관 제13조에 준하여 나머지 채무의 변제에 충당할 수 있기로 한다.

제6조【근저당물건의 처분·관리 등】 ① 근저당물건의 처분은 법정절차에 의함을 원칙으로 하되, 설정자가 동의를 한 때에는 은행은 적당하다고 인정되는 방법·시기·가격 등에 의하여 처분하고 그 취득금에서 제 비용을 뺀 잔액을 은행여신거래기본약관 제13조에 준하여 충당할 수 있다.

② 제1항에 처분방법 외에 채권자는 설정자를 위하여 근저당물건을 관리하고 그 수익금으로 제1항에 준하여 채무의 변제에 충당할 수 있다.

③ 설정자가 행방을 감추거나 기타의 사유로 말미암아 근저당물건이 정상적으로 관리·유지되지 아니하고 멸실·훼손·분실 등의 우려가 있는 때에는, 채권자는 근저당물건을 점유하여 관리할 수 있다.

④ 제1항 내지 제3항의 경우 설정자는 지체없이 채권자의 처분 또는 관리에 필요한 협력을 다한다.

제7조【회보와 조사】 설정자는 근저당물건의 상황에 관하여 채권자로부터 청구가 있는 때에는 그에 따라 곧 회보하거나 조사에 필요한 협조를 한다.

제8조【제 절차 이행과 비용부담】 ① 설정자는 이 근저당권의 설정·변경·갱정·이전·이관·말소 등에 관한 등기·등록을 하여야 할 때에는 채권자의 청구가 있는 대로 곧 필요한 절차를 밟는다.

② 전 항의 절차에 드는 비용이나 근저당물건의 조사·점유·관리·처분 등에 관한 비용은 채무자와 설정자가 연대하여 부담하고, 채권자가 대신 지급한 때에는 은행여신거래기본약관 제5조에 준하여 이를 곧 갚는다.

제9조【다른 담보·보증약정과의 관계】 ① 설정자가 채무자의 채권자에 대한 같은 피담보채무에 관하여 따로 담보를 제공하고 있거나 보증을 하고 있는 경우에는 별도의 약정이 없는 한 그 담보나 보증은 이 계약에 의하여 변경되지 아니하며 이 계약에 의한 담보책임과 별개의 것으로 누적적으로 적용된다.

② 담보가치가 하락 등을 대비한 채권자의 청구에 의하여 설정자가 같은 피담보 채무에 관하여 담보제공과 동시에 같은 금액으로 연대보증을 한 경우, 그 중 어느 하나의 일부 또는 전부를 이행한 때에는 전 항에 불구하고 그 이행한 범위 내에서 다른 책임도 면한다.

제10조【담보 등의 변경·해지·해제】 설정자가 동의를 한 때나 동등한 가치 이상의 담보대체, 동등한 자력 이상의 보증인 교체 또는 일부 변제액에 비례한 담보나 보증의 해지·해제 등은 설정자가 대위변제할 경우의 구상실현에 불리한 영향이 없다

고 판단될 때에는 거래상 필요에 따라 채권자는 다른 담보나 보증을 변경 또는 해지·해제할 수 있기로 한다.

제11조【특약사항】

설정자 :   (인)

| |
| |

저당물건 목록

대상목적물의 표시	순　위

※ 설정자는 다음 사항을 읽고 본인의 의사를 사실에 근거하여 자필로 기재하여 주십시오.

(기재예시 : 1. 수령함, 2. 들었음)

1. 은행여신거래기본약관과 이 계약서 사본을 확실히 수령하였습니까?	
2. 위 약관과 계약서의 중요한 내용에 대하여 설명을 들었습니까?	

※ 설정자가 타인을 위하여 주택을 담보로 제공하는 경우에는 설정자는 이 계약서 작성일을 포함하여 3일 이내에 담보제공을 철회할 수 있습니다. 또한, 철회권을 미리 포기하고 이 설정계약을 즉시 확정할 수도 있습니다. 필요시 설정자는 위 기간이 내에 본인의 의사를 다음난에 자필로 기재하여 주십시오.

(기재예시 : 철회함.　 년　월　일, 포기함.　 년　월　일)

담보제공의사를 철회합니까? (철회한 때에는 이 계약은 취소되고 설정자는 담보책임을 부담하지 않습니다. 이때 담보설정·해지에 드는 비용은 설정자가 전부 부담하여야 합니다.)	년　　월　　일
철회권을 포기합니까? (철회권을 포기한 때에는 이 설정계약은 즉시 확정됩니다.)	년　　월　　일

상　담　자	직위 :　　　　　성　명 :　　　　　(인)

| |
| 이 계약서에 따라 등기되었음을 확인하고, 등기권리증을 수령함.
년　　월　　일　설정자　　　　　　(인) |

담보제공자(저당권설정자)가 곧 알아두어야 할 사항

저당권이란

— 채무자가 기일에 채무를 상환하지 않으면, 채권자는 설정자가 제공한 담보물을 처분하여 우선적으로 변제받는 권리입니다.
— 따라서 자기소유의 부동산에 타인을 위하여 저당권을 설정하는 것은 타인의 채무 불이행으로 인하여 자기재산을 잃게될 수 있는 위험을 부담하는 행위입니다.

담보종류에 따른 책임범위

— 「특정채무담보」는 채무자가 채권자에 대하여 부담하는 특정된 채무만을 담보하는 것으로, 그 채무가 연기·재취급 또는 다른 여신으로 대환된 때에는 담보하지 않습니다.
— 「근담보」는 채무자와 채권자 사이에 이미 맺어져 있거나 앞으로 맺게 될 거래계약으로부터 현재 발생되어 있거나 앞으로 발생할 채무를 채권최고액의 범위 내에서 담보하게 되는 것으로 세 가지 유형이 있으며, 각 유형에 따른 책임범위는 다음과 같습니다.

「특정근담보」

특정된 거래계약(예:　　년　월　일자 여신거래약정서)으로부터 계속적으로 발생하는 채무를 담보하며, 그 채무가 기한 연기된 때에도 담보합니다. 그러나 재취급 또는 다른 여신으로 대환된 때에는 담보하지 않습니다.

「한정 근담보」

특정한 종류의 거래에 대하여 이미 맺어져 있거나 앞으로 맺게 될 거래계약으로부터 현재 발생되어 있거나 앞으로 발생하게 될 채무를 모두 담보하며, 그 채무의 연기나 재취급은 물론 같은 종류로 대환된 때에도 담보합니다. 그러나 다른 종류의 여신으로 대환된 때에는 담보하지 않습니다.

「포괄 근담보」

채무자가 채권자에게 부담하는 현재 및 장래의 모든 채무(여신거래로 인한 채무뿐만 아니라 기타 다른 형태의 채무를 포함한다)를 담보하며 그 책임범위가 아주 광범위하므로 포괄근담보를 선택할 경우 다시 한 번 신중히 생각한 후에 결정하십시오.

담보제공자가 연대보증까지 서는 경우

— 담보제공자가 연대보증을 별도로 서는 경우, 은행은 담보제공한 부동산외에 담보제공자의 다른 일반재산에 대하여도 집행을 할 수 있습니다.

○ 담보의 제공은 재산상 손실을 가져올 수도 있는 중요한 법률행위이므로 미리 뒷면 "담보제공자가 꼭 알아두어야 할 사항"과 계약서의 내용을 잘 읽은 후 신중한 판단을 하시고,

○ 굵은 선 ☐으로 표시된 난(당사자란 및 계약서 끝부분)은 담보 제공자가 반드시 자필로 기재하시기 바랍니다.

특정채무담보

질권설정계약서

년   월   일

채 권 자 겸	
질 권 자	________________ 인
주 소	

채 무 자	
	________________ 인
주 소	

질 권	
설 정 자	________________ 인
주 소	

인감대조

위 당사자 사이에 아래와 같이 질권설정계약을 맺는다.

제1조【질권의 설정】 질권설정자(이하 "설정자"라 한다)는 은행여신거래기본약관을 승인하고, 채무자의 채권자에 대한 다음 채무를 담보하기 위하여 이 계약서 끝부분 "담보목적물 목록"란에 기재한 채권·물건·증권 등(이하 "담보목적물"이라 한다)에 질권을 설정하고 채권자 앞으로 그 담보목적물의 인도절차를 마쳤다.

피담보채무의 표시 :

거 래 일 정	년 월 일자 약정서		
금 액	금		
상 환 기 일	년 월 일		
이자율·지급시기	연 %		
지 연 배 상 금	상환기일에 지급을 아니한 때 또는 기한의 이익을 상실한 때에는 지급하여야 할 금액에 대하여 곧 연 %의 이율로 1년을 일로 보고 1일단위로 계산한 지체일수에 해당하는 지연배상금을 지급한다.		

제2조【질권의 효력범위】 ① 질권의 효력은 담보목적물의 원금·수익권(이 계약이후 적립한 적립금을 포함한다)과 이에 부수하는 이자·수익 수익권, 특별이자, 장려금, 상환금, 지연배상금과 무상주에 미친다.

② 담보목적물에 대하여 기간연장·개서·갱신·분할·병합·증액·감액 등을한 때에는 그 위에도 질권의 효력이 미친다.

제3조 (위험부담·면책조항) ① 설정자는 채권자에게 인도한 담보증서(통장)가 불가항력·사변·재해 등 채권자의 책임 없는 사유로 말미암아 분실·손실 또는 멸실된 경우에는 채권자의 청구에 따라 곧 그에 대신할 증서(통장)를 제출하기로 한다.

② 담보증서(통장)·담보물수령증(통장) 등의 증서상의 인영·서명을 설정자가 미리 신고한 인감·서명과 상당한 주의로써 대조하고 틀림없다고 인정하여 거래한 때에는 증서 등과 인감·서명에 관하여 위조·변조·도용 등의 사고가 있더라도 이로 말미암은 손해는 설정자가 부담하며, 설정자는 증서의 기재문안에 따라 책임을 지기로 한다.

③ 담보목적물이 유가증권인 경우, 설정자는 그 증권에 관한 상환공고·제출공고 등에 유의하고, 이들 공고가 있는 때에는 곧 채권자에게 통지하며, 이 통지가 없었기 때문에 채권자가 증권의 추심이나 기타의 권리행사 또는 보전절차를 밟지 아니한 때에

는 이로 말미암은 손해는 모두 설정자가 부담한다.

제4조【보험계약】

① 담보목적물이 유체동산인 경우, 설정자는 담보목적물에 대하여 채권보전에 필요한 범위 내에서 채권자가 지정하는 종류와 금액으로 보험계약을 맺고, 그 보험계약에 따른 권리 위에 채권자를 위하여 질권을 설정하여 보험증권을 채권자에게 교부하고, 이 계약에 의한 피담보채무가 존재하는 동안 이를 계속 유지한다.

② 설정자는 전 항에 의한 보험계약 외에 담보목적물에 대하여 따로 보험계약을 맺은 때에는 이를 곧 채권자에게 통지하며, 채권자가 채권보전에 필요하여 청구하는 경우에는 그 보험계약에 관하여도 전 항과 같은 절차를 밟는다.

③ 설정자가 제1항, 제2항에 정하는 바에 따르지 아니함으로써 채권자가 채권보전상 필요한 보험계약을 설정자를 대신하여 맺거나 계속하고 그 보험료를 지급한 때에는 채무자와 설정자는 연대하여 채권자가 지급한 보험료, 기타의 제 비용에 대하여 은행여신거래 기본약관 제5조에 준하여 곧 갚는다.

④ 제1항 내지 제3항에 의한 보험계약에 터잡아 채권자가 보험금을 수령한 때에는, 다른 담보물의 제공 등 상당한 사유가 없는 한, 피담보채무의 기한도래 전일지라도 채권자는 그 수령금으로 은행여신거래기본약관 제13조에 준하여 채무의 변제에 충당할 수 있다.

제5조【담보목적물의 처분 등】 ① 피담보채무의 기한의 도래 또는 기한의 이익의 상실로 말미암아 채무의 이행을 하여야 할 때에는, 채권자는 질권을 실행하거나 또는 담보목적물이 예금 등의 채권인 경우에는 은행여신거래기본약관 제10조에 준하여 상계 등을 할 수 있다.

② 담보목적물을 법정절차에 의하여 처분하기 곤란하거나 법정절차에 의하여 처분할 경우 채권보전에 지장을 초래할 상당한 사유가 있다고 인정되는 때에는, 채권자는 담보목적물을 일반적으로 인정되는 시기·방법·가격 등에 의하여 처분하고 그 매각대금으로 채무의 변제에 충당하거나, 채무의 전부 또는 일부의 변제에 갈음하여 담보목적물을 취득할 수 있다. 이 경우에 채권자는 담보목적물을 처분 또는 취득하기 10일전까지 설정자에게 그 사실을 통지하기로 한다.

③ 제1항, 제2항의 경우 채무전액을 소멸시키기에 부족한 때에는, 은행여신거래 기본약관 제13조에 준하여 채무의 변제에 충당할 수 있기로 한다.

제6조【비용부담】 채권자의 이 계약에 의한 권리의 보전이나 행사 등에 관한 비용은 채무자와 설정자가 연대하여 부담하고, 채권자가 이를 대신 지급한 때에는 은행여신거래기본약관 제5조에 준하여 곧 갚는다.

제7조【다른 담보·보증약정과의 관계】① 설정자가 채무자의 채권자에 대한 같은 피담보채무에 관하여 따로 담보를 제공하고 있거나 보증을 하고 있는 경우에는 별도의 약정이 없는 한 그 담보나 보증은 이 계약에 의하여 변경되지 아니하며 이 계약에 의한 담보책임과 별개의 것으로 누적적으로 적용된다.

② 담보가치의 하락 등을 대비한 채권자의 청구에 의하여 설정자가 같은 피담보채무에 관하여 담보제공과 동시에 같은 금액으로 연대보증을 한 경우, 그 중 어느 하나의 일부 또는 전부를 이행한 때에는 전항에 불구하고 그 이행한 범위 내에서 다른 책임도 면한다.

제8조【담보 등의 변경·해지·해제】설정자가 동의를 한 때나, 동등한 가치 이상의 담보대체, 동등한 자력 이상의 보증인 교체 또는 일부 변제액에 비례한 담보나 보증의 해지·해제 등 설정자가 대위변제할 경우의 구상실현에 불리한 영향이 없다고 판단될 때에는 거래상 필요에 따라, 채권자는 다른 담보나 보증을 변경 또는 해지·해제할 수 있기로 한다.

제9조【특약사항】

설정자　　　　　　　　　　　　　　　　　　　　　　　　　　　(인)

(예금용)

질권의 목적물인 예금 등의 목록 :　　　　　　　　　　　　　(단위 :　　　　)

종별	증서기번호 계좌번호	명의인·수익자(위탁자)	금액 또는 계약액·목표액	입금부금누계액 또는 목적신탁 기적립액	증서일자	지급기일
					·　·　·	·　·　·
					·　·　·	·　·　·

주의 : 신탁의 수익자와 위탁자가 다를 때에는 위탁자의 성명을 ( )안에 적으십시오.

(동산용·지명채권용·유가증권용)

담보목적물 목록 :

<table>
<tr><td colspan="2">주의 : 1. 담보물건의 특성에 알맞도록 품명 · 종류 · 규격 · 기번호 · 품질 · 수량 · 포장종류 · 제조처 · 제조연월일 등을 적는다.
　　　　2. 담보증권의 특성에 알맞도록 증권의 종류 · 형식 · 기번호 · 권면액 · 수량 · 발행처 · 발행년월일 등을 적는다.
※ 설정자는 다음 사항을 읽고 본인의 의사를 사실에 근거하여 자필로 기재하여 주십시오.
　　(기재예시 : 1. 수령함,　2. 들었음)</td></tr>
<tr><td>1. 은행여신거래기본약관과 이 계약서 사본을 확실히 수령하였습니까?</td><td></td></tr>
<tr><td>2. 위 약관과 계약서의 중요 내용에 대하여 설명을 들었습니까?</td><td></td></tr>
</table>

상 담 자	직위 :　　　　　　　성 명 :　　　　　　　(인)

담보제공자(저당권설정자)가 꼭 알아두어야 할 사항

질권이란

— 채무자가 기일에 채무를 상환하지 않으면, 채권자는 설정자가 제공한 담보물을 처분하여 우선적으로 변제받는 권리입니다.
— 따라서 자기소유의 부동산에 타인을 위하여 저당권을 설정하는 것은 타인의 채무불이행으로 인하여 자기재산을 잃게될 수 있는 위험을 부담하는 행위입니다.

담보종류에 따른 책임범위

— 「특정채무담보」는 채무자가 채권자에 대하여 부담하는 특정된 채무만을 담보하는 것으로, 그 채무가 연기·재취급 또는 다른 여신으로 대환된 때에는 담보하지 않습니다.
— 「근담보」는 채무자와 채권자 사이에 이미 맺어져 있거나 앞으로 맺게 될 거래계약으로부터 현재 발생되어 있거나 앞으로 발생할 채무를 채권최고액의 범위내에서 담보하게 되는 것으로 세 가지 유형이 있으며, 각 유형에 따른 책임범위는 다음과 같습니다.

「특정채무담보」
특정된 거래계약(예 :   년   월   일자 여신거래약정서)으로부터 계속적으로 발생하는 채무를 담보하며, 그 채무가 기한 연기된 때에도 담보합니다. 그러나 재취급 또는 다른 여신으로 대환된 때에는 담보하지 않습니다.
「한정 근담보」
특정한 종류의 거래에 대하여 이미 맺어져 있거나 앞으로 맺게 될 거래계약으로부터 현재 발생되어 있거나 앞으로 발생하게 될 채무를 모두 담보하며, 그 채무의 연기나 재취급은 물론 같은 종류로 대환된 때에도 담보합니다. 그러나 다른 종류의 여신으로 대환된 때에는 담보하지 않습니다.
「포괄 근담보」
채무자가 채권자에게 부담하는 현재 및 장래의 모든 채무(여신거래로 인한 채무뿐만 아니라 기타 다른 형태의 채무를 포함한다)를 담보하며 그 책임범위가 아주 광범위하므로 포괄근담보를 선택할 경우 다시 한 번 신중히 생각한 후에 결정하십시오.

담보제공자가 연대보증까지 서는 경우

— 담보제공자가 연대보증을 별도로 서는 경우, 은행은 담보제공한 부동산 외에 담보제공자의 다른 일반재산에 대하여도 집행을 할 수 있습니다.

○ 담보의 제공은 재산상 손실을 가져올 수도 있는 중요한 법률행위이므로 미리 뒷면 "담보제공자가 꼭 알아두어야 할 사항"과 계약서의 내용을 잘 읽은 후 신중한 판단을 하시고,

○ 굵은 선 ☐으로 표시된 난(당사자란, 제1조 및 계약서 끝부분)은 담보 제공자가 반드시 자필로 기재하시기 바랍니다.

특정채무담보

양도담보계약서

년   월   일

채 권 자 겸 양도담보권자	________________ 인
주 소	

채 무 자	________________ 인
주 소	

저 당 권 설 정 자	________________ 인
주 소	

위 당사자 사이에 아래와 같이 양도담보권설정계약을 맺는다.

제1조【양도담보권의 설정】 설정자는 은행여신거래기본약관을 승인하고, 채무자의 채권자에 대한 다음 채무를 담보하기 위하여 이 계약서 끝부분 "양도담보 목적물 목록"란에 기재한 물건(이하 "담보목적물"이라 한다)의 소유권을 채권자에게 양도하고 채권자 앞으로 그 담보목적물의 인도를 마쳤다.

피담보채무의 표시 :

거 래 일 정	년　　월　　일자　　　약정서		
금　　　　　액	금		
상 환 기 일	년　　　　　월　　　　일		
이자율·지급시기	연　　　　　　　　　％		
지 연 배 상 금	상환기일에 지급을 아니한 때 또는 기한의 이익을 상실한 때에는 지급하여야 할 금액에 대하여 곧 연　　　　％의 이율로 1년을 일로 보고 1일단위로 계산한 지체일수에 해당하는 지연배상금을 지급한다.		

제2조【담보목적물의 점유·보존·관리】 ① 담보목적물(제6조의 새로 반입된 물건을 포함한다. 이하 같다)은 설정자가 채권자의 대리인으로서 이후 점유·사용·보존·관리하며 그 비용을 부담한다.

② 양도목적물의 점유·사용·보존·관리에 있어서는 설정자는 선량한 관리자로서의 주의의무를 다하며, 보관장소·보관설비·기타 관리방법 등에 관하여 채권자의 지시가 있으면 설정자는 이에 따라야 하며, 이를 변경하고자 하는 때에는 사전에 채권자의 승낙을 받아야 한다.

제3조【보험계약】 ① 설정자는 담보목적물에 대하여 채권보전에 필요한 범위 내에서 채권자가 지정하는 종류와 금액으로 채권자를 피보험자로 하여 보험계약을 맺고, 그 보험계약에 따른 권리 위에 질권을 설정하여 보험증권을 채권자에게 교부하며, 이 계약에 의한 피담보채무가 존재하는 동안 이를 계속 유지한다.

② 설정자가 전 항에 의한 보험계약 외에 담보목적물에 대하여 따로 보험계약을 맺은 때에는 이를 곧 채권자에게 통지하며, 채권자가 채권보전상 필요에 따라 청구하는 경우에는 그 보험계약에 관하여도 전 항과 같은 절차를 밟는다.

③ 설정자가 제1항 및 제2항에서 정하는 바에 따르지 아니함으로써 채권자가 채권보전상 필요한 보험계약을 설정자를 대신하여 맺거나 계속 유지하고 그 보험료를 지급한 때에는, 채무자와 설정자는 연대하여 채권자가 지급한 보험료, 기타의 제 비용

에 대하여 그 은행여신거래기본약관 제5조에 준하여 곧 갚는다.

④ 제1항 내지 제3항에 의한 보험계약에 터잡아 채권자가 보험금을 수령한 때에는, 다른 담보물의 제공 등 상당한 사유가 없는 한, 피담보채무의 기한도래 전일지라도, 채권자는 그 수령금으로 은행여신거래기본약관 제13조에 준하여 채무의 변제에 충당할 수 있다.

제4조【담보목적물의 보존 등】 ① 담보목적물이 멸실·훼손, 기타의 사고 또는 가격이 하락하거나 그럴 염려가 있는 때에는 설정자는 그 예방 또는 침해구제를 위한 법적절차를 취하고, 곧 이를 채권자에 통지하여야 한다. 이 경우에 생긴 손해에 대하여 채권자에게 아무런 청구도 아니하기로 한다.

② 담보목적물에 대하여 권리를 주장하는 자가 있거나 법적다툼이 발생한 경우에, 설정자는 권리보전을 위한 법적절차를 밟아야 한다.

제5조【담보가치의 유지】 제4조 제1항의 경우에는 채권자의 청구에 따라 설정자가 상당액의 물건을 곧 보충하여 채권자에게 양도하기로 한다.

제6조【담보목적물의 변경】 ① 설정자는 담보목적물의 전부 또는 일부를 말미 목록 기재의 보관장소로부터 반출할 경우(다만, 제10조의 경우를 제외한다)에는 채권자로부터 사전에 승인을 받기로 한다. 설정자가 이 계약체결 이후 말미목록 기재의 보관장소에 새로 물건을 반입하는 경우에는 즉시 말미목록과 같은 양식의 목록을 채권자소정의 양식에 의한 양도담보설정확인서와 함께 채권자에게 제출하겠으며, 이 물건에 대하여도 별도의 약정없이 말미목록기재의 보관장소에 반입됨과 동시에 이 계약에 의하여 소유권을 채권자에 양도하고 점유개정에 의하여 인도를 마친 것으로 한다.

② 담보목적물에 의하여 제조, 가공된 재공품, 반제품, 완제품, 부산물이나 담보목적물과 부합하여 생긴 물건, 담보목적물과 섞여진 혼화물에 대하여도 별도의 약정없이 이 계약에 의하여 채권자에 모두 소유권을 양도하고 가공, 부합, 혼화가 발생한 때에 점유개정에 의하여 인도를 마친 것으로 한다.

제7조【담보목적물의 처분】 담보목적물을 법적절차에 의하여 처분하기 곤란하거나 법적절차에 의하여 처분할 경우 채권보전에 지장을 초래할 상당한 사유가 있다고 인정되는 때에는, 채권자는 담보목적물을 일반적으로 인정되는 시기·방법·가격 등에 의하여 담보목적물을 처분하고 그 매각대금으로 채무의 변제에 충당하거나, 채무의 전부 또는 일부의 변제에 갈음하여 담보목적물을 취득할 수 있다. 이 경우에 채권자는 담보목적물을 처분 또는 취득하기 10일 전까지 설정자에게 그 사실을 통지하기로 한다.

제8조【담보목적물의 인도·대리처분】 ① 양도담보권의 실행을 위하여 채권자가 요구하는 때에는 설정자는 담보목적물을 지체없이 채권자 또는 채권자가 지정하는 자에게 양도한다.

② 양도담보권의 실행을 위하여 채권자가 요구하는 때에는 설정자는 채권자를 대리하여 담보목적물을 처분하고 그 매각대금이 매수인으로부터 직접 채권자에게 지급되도록 한다.

제9조【물상대위】 담보목적물에 대하여 멸실·훼손·공용징수, 기타의 원인으로 제3자에 대한 보험금·배상금·보상금 등의 청구권이 생긴 때에는 다른 담보물의 제공 등 상당한 사유가 없는 한, 피담보채무의 기한도래 전일지라도, 채권자는 이를 수령하여 은행여신거래기본약관 제13조에 준하여 채무의 변제에 충당할 수 있다.

제10조【담보목적물의 수출 등】 ① 설정자가 담보목적물을 수출하는 경우에는 그 예정일로부터 5일 전까지 채권자에 통지하기로 하며 채권자의 다른 의사표시가 없는 한 설정자는 수입자에게 담보목적물을 인도할 수 있기로 한다.

② 설정자가 제1항에 의하여 담보목적물을 수출하는 경우에는 수입자로부터 약속어음, 기타 담보목적물의 대가로 취득하는 물건을 설정자가 취득하는 즉시 설정자에 대한 연불금융취급여부에 관계 없이 이를 채권자에 담보로 양도하기로 한다.

제11조【담보목적물의 회보·조사】 채권자는 채권보전에 필요한 경우 수시로 담보목적물에 대한 현황을 조사할 수 있으며, 이 경우 설정자는 조사에 필요한 협력을 한다.

제12조【비용부담】 양도담보권의 설정·보전·행사 및 담보목적물의 보존·관리에 드는 각종 비용은 채무자와 설정자가 연대하여 부담하고, 채권자가 대신 지급한 때에는 설정자는 그 지급금에 대하여 은행여신거래기본약관 제5조에 준하여 이를 곧 갚는다.

제13조【다른 담보·보증약정과의 관계】 ① 설정자가 채무자의 채권자에 대한 같은 피담보채무에 관하여 따로 담보를 제공하고 있거나 보증을 하고 있는 경우에는 별도의 약정이 없는 한 그 담보나 보증은 이 계약에 의하여 변경되지 아니하며 이 계약에 의한 담보책임과 별개의 것으로 누적적으로 적용된다.

② 담보가치의 하락 등을 대비한 채권자의 청구에 의하여 설정자가 같은 피담보채무에 관하여 담보제공과 동시에 같은 금액으로 연대보증을 한 경우, 그 중 어느 하나의 일부 또는 전부를 이행한 때에는 전 항의 규정에 불구하고 그 이행한 범위 내에서 다른 책임도 면한다.

제14조【특약사항】

설정자 :　　　　　　　　　　　　　　　　　　　　　　　　　　　　(인)

　

※ 설정자는 다음 사항을 읽고 본인의 의사를 사실에 근거하여 자필로 기재하여 주
　십시오.

　(기재예시 : 1. 수령함,　2. 들었음)

1. 은행여신거래기본약관과 이 계약서 사본을 확실히 수령하였습니까?	
2. 위 약관과 계약서의 중요 내용에 대하여 설명을 들었습니까?	

상 담 자	직 위 :　　　　　　　성 명 :　　　　　　　(인)

양도 담보목적물 목록

품 목	규 격	수 량	단 가	금 액	보관장소

주) 1. 수출용 원자재의 경우에는 품목란에 「본 양도담보목적물은 " . . . 채무자와 ＿＿＿＿국 ＿＿＿＿간에 체결한 ＿＿＿＿계약서에 의하여 제조중인 (<u>수출목적물명)</u>"와 관련된 것임」을 기재하고 품목을 거입할 것.

2. 제조중인 수출목적물에 대한 양도담보의 경우에는 품목명을 「 . . . 채무자와 ＿＿＿＿국 ＿＿＿＿간에 체결한 ＿＿＿＿계약서에 의하여 제조(건설)중인 (<u>수출목적물)</u>」이라 기재하며 수출목적물의 특성에 따라 규격 등은 상기 양식과 다르게 표시할 수 있음.

담보제공자(저당권설정자)가 곧 알아두어야 할 사항

양도담보란

— 담보로 제공한 물건의 소유권을 채권자에게 이전하고 기일에 채무자가 채무를 상환하게 되면 그 소유권을 다시 회복하기로 하는 담보제도입니다.
— 따라서 자기소유의 원재료·제품, 기계·기구 등에 양도담보권을 설정하는 경우 타인의 채무불이행으로 인하여 자기재산을 빼앗기게 될 수 있는 위험을 부담하는 행위입니다.

담보종류에 따른 책임범위

— 「특정채무담보」는 채무자가 채권자에 대하여 부담하는 특정된 채무만을 담보하는 것으로, 그 채무가 연기·재취급 또는 다른 여신으로 대환된 때에는 담보하지 않습니다.
— 「근담보」는 채무자와 채권자 사이에 이미 맺어져 있거나 앞으로 맺게 될 거래계약으로부터 현재 발생되어 있거나 앞으로 발생할 채무를 채권최고액의 범위 내에서 담보하게 되는 것으로 세 가지 유형이 있으며, 각 유형에 따른 책임범위는 다음과 같습니다.

「특정근담보」

특정된 거래계약(예 :   년 월 일자 여신거래약정서)으로부터 계속적으로 발생하는 채무를 담보하며, 그 채무가 기한 연기된 때에도 담보합니다. 그러나 재취급 또는 다른 여신으로 대환된 때에는 담보하지 않습니다.

「한정 근담보」

특정한 종류의 거래에 대하여 이미 맺어져 있거나 앞으로 맺게 될 거래계약으로부터 현재 발생되어 있거나 앞으로 발생하게 될 채무를 모두 담보하며, 그 채무의 연기나 재취급은 물론 같은 종류로 대환된 때에도 담보합니다. 그러나 다른 종류의 여신으로 대환된 때에는 담보하지 않습니다.

「포괄 근담보」

채무자가 채권자에게 부담하는 현재 및 장래의 모든 채무(여신거래로 인한 채무뿐만 아니라 기타 다른 형태의 채무를 포함한다)를 담보하며 그 책임범위가 아주 광범위하므로 포괄근담보를 선택할 경우 다시 한 번 신중히 생각한 후에 결정하십시오.

담보제공자가 연대보증까지 서는 경우

— 담보제공자가 연대보증을 별도로 서는 경우, 은행은 담보제공한 부동산 외에 담보제공자의 다른 일반재산에 대하여도 집행을 할 수 있습니다.

> ○ 담보의 제공은 재산상 손실을 가져올 수도 있는 중요한 법률행위이므로 미리 뒷면
> "담보제공자가 꼭 알아두어야 할 사항"과 계약서의 내용을 잘 읽은 후 신중한 판
> 단을 하시고,
> ○ 굵은 선 [ ]으로 표시된 난(당사자란,제1조 및 계약서 끝부분)은 담보 제공자가
> 반드시 자필로 기재하시기 바랍니다.

근 담 보

양도담보계약서

년   월   일

채 권 자 겸 양도담보권자	＿＿＿＿＿＿＿＿＿＿ 인
주 소	

채 무 자	＿＿＿＿＿＿＿＿＿＿ 인
주 소	

양도담보권 설 정 자	＿＿＿＿＿＿＿＿＿＿ 인
주 소	

위 당사자 사이에 아래와 같이 양도담보권설정계약을 맺는다.

제1조【양도담보권의 설정】설정자는 은행여신거래기본약관을 승인하고, 다음 내용에 따라 채무를 담보하기 위하여 이 계약서 끝부분 "양도담보목적물 목록"란에 기재한 물건(이하 "담보목적물"이라 한다)의 소유권을 채권자에게 양도하고 채권자 앞으로 그 담보목적물의 인도를 마쳤다.

1. 피담보채무의 범위

채권자는 피담보채무의 범위를 달리하는 다음의 세 유형 가운데 어느 하나를 설정자가 선택할 수 있음을 설명하였고, 설정자는 그 가운데 ☐에서 정한 채무(이자, 지연배상금, 기타 부대채무를 포함한다)를 담보하기로 한다.

특정근담보

채무자가 채권자(본·지점)에 대하여 다음 약정서에 의한 거래로 말미암아 현재 및 장래에 부담하는 모든 채무

년 월 일자	약정서
년 월 일자	약정서

한정 근담보

채무자가 채권자(본·지점)에 대하여 다음 종류의 거래로 말미암아 현재 및 장래에 부담하는 모든 채무

거래,	거래

포괄 근담보

채무자가 채권자(본·지점)에 대하여 현재 및 장래에 부담하는 다음 채무

가. 어음대출, 증서대출, 어음할인, 지급보증, 외국환거래, 기타 여신거래로 말미암은 모든 채무

나. 채권자와 제3자와의 위 '가'의 거래에 대한 보증채무

다. 채권자가 제3자와의 위 '가'의 거래로 말미암아 취득한 어음 또는 수표상의 채무

2. 담보한도액

금

3. 양도담보권 결산기

　채권자는 양도담보권 결산기를 정하는 다음의 세 유형 가운데 어느 하나를 설정자가 선택할 수 있음을 설명하였고, 설정자는 □ 에서 정한 날을 결산기로 하기로 한다.

지 정 형

년	월	일

자동확정형

정하지 아니한다.

이 경우 계약일부터 3년이 경과하면 설정자는 서면통지에 의하여 근저당권 결산기를 지정할 수 있기로 하되, 그 결산기는 통지 도달일부터 14일 이후가 되어야 하며, 이에 미달하는 때에는 통지 도달일부터 14일이 되는 날을 결산기로 한다. 다만, 5년이 경과할 때까지 설정자의 별도 의사표시가 없는 경우에는 계약일로부터 5년이 되는 날을 결산기로 한다.

장래지정형

정하지 아니한다.

이 경우 계약일부터 3년이 경과하면 설정자는 서면통지에 의하여 근저당권 결산기를 지정할 수 있기로 하되, 그 결산기는 통지 도달일부터 14일 이후가 되어야 하며, 이에 미달하는 때에는 통지 도달일부터 14일이 되는 날을 결산기로 한다.

　제2조【담보목적물의 점유·보존·관리**】**① 담보목적물(제7조의 새로 반입된 물건을 포함한다. 이하 같다)은 설정자가 채권자의 대리인으로서 점유·사용·보존·관리하며 그 비용을 부담한다.

　② 제1항의 경우에, 설정자는 선량한 관리자로서의 주의의무를 다하여 통상의 용도 또는 영업범위 내에서 사용·보존·관리하여야 한다. 또한, 보관장소·설비·기타 관리방법에 관하여 채권자의 지시가 있으면 설정자는 이에 따라야 하며, 이를 변경하고자 하는 때에는 사전에 채권자의 승낙을 받아야 한다.

　제3조【보험계약**】**① 설정자는 담보목적물에 대하여 채권보전에 필요한 범위 내에서 채권자가 지정하는 종류와 금액으로 채권자를 피보험자로 하여 보험계약을 맺고, 그 보험계약에 따른 권리 위에 채권자를 위하여 질권을 설정하여 그 보험증권을 채권자에게 교부하고, 이 계약에 의한 피담보채무가 존속하는 한 이를 계속 유지한다.

② 설정자가 전 항에 의한 보험계약 외에 담보목적물에 대하여 따로 보험계약을 맺은 때에는 이를 곧 채권자에게 통지하며, 채권자가 채권보전상 필요에 따라 청구하는 경우에는 그 보험계약에 관하여도 전 항과 같은 절차를 밟는다.

③ 설정자가 제1항 및 제2항에 정하는 바에 따르지 아니함으로써 채권자가 채권보전상 필요한 보험계약을 설정자를 대신하여 맺거나 계속 유지하고 그 보험료를 지급한 때에는, 채무자와 설정자는 연대하여 채권자가 지급한 보험료, 기타의 제 비용에 대하여 은행여신거래기본약관 제5조에 준하여 곧 갚는다.

④ 제1항 내지 제3항에 의한 보험계약에 터잡아 채권자가 보험금을 수령한 때에 다른 담보물의 제공 등 상당한 사유가 없는 한, 피담보채무의 기한도래 전일지라도, 채권자는 그 수령금으로 은행여신거래기본약관 제13조에 준하여 채무의 변제에 충당할 수 있다.

제4조【담보목적물의 보존 등】① 담보목적물이 멸실ㆍ훼손, 기타의 사고 또는 가격이 하락하거나 그럴 염려가 있는 때에는 설정자는 그 예방 또는 침해구제를 위한 법적절차를 취하고, 곧 이를 채권자에 통지하여야 한다. 이 경우에 생긴 손해에 대하여 채권자에게 아무런 청구도 아니하기로 한다.

② 담보목적물에 대하여 권리를 주장하는 자가 있거나 법적다툼이 발생한 경우에, 설정자는 권리보전을 위한 법적절차를 밟아야 한다

제5조【다른 담보의 제공】설정자의 책임 있는 사유로 말미암아 담보목적물에 대한 채권자의 소유권 취득이 무효로 되거나 실효될 염려가 있는 때에는 설정자는 채권자의 청구에 의하여 그에 갈음할 수 있는 다른 담보를 채권자에게 제공한다.

제6조【담보가치의 유지】제4조 제1항의 경우에는 채권자의 청구에 따라 설정자가 상당액의 물건을 곧 보충하여 채권자에게 양도하기로 한다.

제7조【담보목적물의 변경】① 설정자는 담보목적물의 전부 또는 일부를 말미 목록 기재의 보관장소로부터 반출할 경우(다만, 제10조의 경우를 제외한다)에는 채권자로부터 사전에 승인을 받기로 한다. 설정자가 이 계약체결 이후 말미목록 기재의 보관장소에 새로 물건을 반입하는 경우에는 즉시 말미목록과 같은 양식의 목록을 채권자 소정의 양식에 의한 양도담보설정확인서와 함께 채권자에게 제출하겠으며, 이 물건에 대하여도 별도의 약정없이 말미목록기재의 보관장소에 반입됨과 동시에 이 계약에 의하여 소유권을 채권자에 양도하고 점유개정에 의하여 인도를 마친 것으로 한다.

② 담보목적물에 의하여 제조, 가공된 재공품, 반제품, 완제품, 부산물이나 담보목적물과 부합하여 생긴 물건, 담보목적물과 섞여진 혼화물에 대하여도 별도의 약정없이 이 계약에 의하여 채권자에 모두 소유권을 양도하고 가공, 부합, 혼화가 발생한 때

에 점유개정에 의하여 인도를 마친 것으로 한다.

　제8조【담보목적물의 처분】담보목적물을 법적절차에 의하여 처분하기 곤란하거나 법적절차에 의하여 처분할 경우 채권보전에 지장을 초래할 상당한 사유가 있다고 인정되는 때에는, 채권자는 담보목적물을 일반적으로 인정되는 시기·방법·가격 등에 의하여 담보목적물을 처분하고 그 매각대금으로 채무의 변제에 충당하거나, 채무의 전부 또는 일부의 변제에 갈음하여 담보목적물을 취득할 수 있다. 이 경우에 채권자는 담보목적물을 처분 또는 취득하기 10일 전까지 설정자에게 그 사실을 통지하기로 한다.

제9조【담보목적물의 인도·대리처분】① 양도담보권의 실행을 위하여 채권자가 요구하는 때에는 설정자는 담보목적물을 지체없이 채권자 또는 채권자가 지정하는 자에게 양도한다.

　② 양도담보권의 실행을 위하여 채권자가 요구하는 때에는 설정자는 채권자를 대리하여 담보목적물을 처분하고, 그 매각대금이 매수인으로부터 직접 채권자에게 지급되도록 한다.

　제10조【담보목적물의 수출 등】① 설정자가 담보목적물을 수출하는 경우에는 그 예정일로부터 5일 전까지 채권자에 통지하기로 하며 채권자의 다른 의사표시가 없는 한 설정자는 수입자에게 담보목적물을 인도할 수 있기로 한다.

　② 설정자가 제1항에 의하여 담보목적물을 수출하는 경우에는 수입자로부터 약속어음, 기타 담보목적물의 대가로 취득하는 물건을 설정자가 취득하는 즉시 설정자에 대한 연불금융취급여부에 관계없이 이를 채권자에 담보로 양도하기로 한다.

　제11조【물상대위】담보목적물에 대하여 멸실·훼손·공용징수, 기타의 원인으로 제3자에 대한 보험금·배상금·보상금 등의 청구권이 생긴 때에는, 다른 담보물의 제공 등 상당한 사유가 없는 한, 피담보채무의 기한도래 전일지라도, 채권자는 그 수령금으로 은행여신거래기본약관 제13조에 준하여 채무의 변제에 충당할 수 있다.

　제12조【담보목적물의 회보·조사】채권자는 채권보전에 필요한 경우 수시로 담보목적물에 대한 현황을 조사할 수 있으며, 이 경우 설정자는 조사에 필요한 협력을 한다.

　제13조【비용부담】양도담보권의 설정·보전·행사 및 양도목적물의 보존·관리에 드는 각종 비용은 채무자와 설정자가 연대하여 부담하고, 채권자가 대신 지급한 때에는 설정자는 그 지급금에 대하여 은행여신거래기본약관 제5조에 준하여 이를 곧 갚는다.

　제14조【다른 담보·보증약정과의 관계】① 설정자가 채무자의 채권자에 대한 같은 피담보채무에 관하여 따로 담보를 제공하고 있거나 보증을 하고 있는 경우에는 별

도의 약정이 없는 한 그 담보나 보증은 이 계약에 의하여 변경되지 아니하며 이 계약에 의한 담보책임과 별개의 것으로 누적적으로 적용한다.

  ② 담보가치의 하락 등을 대비한 채권자의 청구에 의하여 설정자가 같은 피담보채무에 관하여 담보제공과 동시에 같은 금액으로 연대보증을 한 경우, 그 중 어느 하나의 일부 또는 전부를 이행한 때에는 전 항에 불구하고 그 이행한 범위 내에서 다른 책임도 면한다.

제15조【특약사항】

설정자 :   (인)

※ 설정자는 다음 사항을 읽고 본인의 의사를 사실에 근거하여 자필로 기재하여 주십시오. (기재예시 : 1. 수령함,   2. 들었음)

1. 은행여신거래기본약관과 이 계약서 사본을 확실히 수령하였습니까?	
2. 위 약관과 계약서의 중요한 내용에 대하여 설명을 들었습니까?	

상 담 자	직위 :	성 명 :	(인)

양도 담보목적물 목록

품 목	규 격	수 량	단 가	금 액	보관장소

주) 1. 수출용 원자재의 경우에는 품목란에 「본 양도담보목적물은 " . . . 채무자와 ______국 ______간에 체결한 ______계약서에 의하여 제조중인 (수출목적물 명)"와 관련된 것임」을 기재하고 품목을 기입할 것.

   2. 제조중인 수출목적물에 대한 양도담보의 경우에는 품목명을 「 . . . 채무자와 ______국 ______간에 체결한 ______계약서에 의하여 제조(건설)중인 (수출목적물)」이라 기재하며 수출목적물의 특성에 따라 규격 등은 상기 양식과 다르게 표시할 수 있음.

담보제공자(저당권설정자)가 곧 알아두어야 할 사항

양도담보란

— 담보로 제공한 물건의 소유권을 채권자에게 이전하고 기일에 채무자가 채무를 상환하게 되면 그 소유권을 다시 회복하기로 하는 담보제도입니다.
— 따라서 자기소유의 원재료 · 제품, 기계 · 기구 등에 양도담보권을 설정하는 경우 타인의 채무불이행으로 인하여 자기재산을 빼앗기게 될 수 있는 위험을 부담하는 행위입니다.

담보종류에 따른 책임범위

— 「특정채무담보」는 채무자가 채권자에 대하여 부담하는 특정된 채무만을 담보하는 것으로, 그 채무가 연기 · 재취급 또는 다른 여신으로 대환된 때에는 담보하지 않습니다.
— 「근담보」는 채무자와 채권자 사이에 이미 맺어져 있거나 앞으로 맺게 될 거래계약으로부터 현재 발생되어 있거나 앞으로 발생할 채무를 채권최고액의 범위 내에서 담보하게 되는 것으로 세 가지 유형이 있으며, 각 유형에 따른 책임범위는 다음과 같습니다.

「특정근담보」

특정된 거래계약(예 :　 년　 월　 일자 여신거래약정서)으로부터 계속적으로 발생하는 채무를 담보하며, 그 채무가 기한 연기된 때에도 담보합니다. 그러나 재취급 또는 다른 여신으로 대환된 때에는 담보하지 않습니다.

「한정 근담보」

특정한 종류의 거래에 대하여 이미 맺어져 있거나 앞으로 맺게 될 거래계약으로부터 현재 발생되어 있거나 앞으로 발생하게 될 채무를 모두 담보하며, 그 채무의 연기나 재취급은 물론 같은 종류로 대환된 때에도 담보합니다. 그러나 다른 종류의 여신으로 대환된 때에는 담보하지 않습니다.

「포괄 근담보」

채무자가 채권자에게 부담하는 현재 및 장래의 모든 채무(여신거래로 인한 채무뿐만 아니라 기타 다른 형태의 채무를 포함한다)를 담보하며 그 책임범위가 아주 광범위하므로 포괄근담보를 선택할 경우 다시 한 번 신중히 생각한 후에 결정하십시오.

담보제공자가 연대보증까지 서는 경우

— 담보제공자가 연대보증을 별도로 서는 경우, 은행은 담보제공한 부동산 외에 담보제공자의 다른 일반재산에 대하여도 집행을 할 수 있습니다.

보증계약서

채권자 ○○○을 갑으로 하고 보증인 ○○○을 을로 하여, 양 당사자 간에 보증채무에 관하여 다음의 계약을 체결한다.

제1조(계약의 목적) 보증인 을은 20○○년 ○월 ○일 채권자 갑과 채무자 △△△(주소 : ○○시 ○○구 ○○동 ○○번지) 간의 ○○계약서에 기재된 채무에 대해서 채무자가 이행을 하지 않을 때는 그 이행을 할 책임을 진다.

제2조(검색의 항변권의 포기) 보증인은 검색의 이익을 포기한다.

제3조(채무의 변제의무) 보증인은 채권자로부터 채무자가 그 채무를 이행하지 않은 취지를 통보 받은 후 ○일간 내에 제1조의 보증채무를 이행하지 않을 때는 채권자에 대하여 위약금 ○○○원을 지급한다.

이 계약을 증명하기 위해 이 증서 2통을 작성하여 각자 서명·날인하고 각 1통을 보관한다.

년   월   일

채권자	주 소				
	성 명 또 는 상 호	인	주민등록번호 또 는 사업자등록번호	–	전 화 번 호
보증인	주 소				
	성 명 또 는 상 호	인	주민등록번호 또 는 사업자등록번호	–	전 화 번 호

담보제공자(저당권설정자)가 곧 알아두어야 할 사항

양도담보란

— 담보로 제공한 물건의 소유권을 채권자에게 이전하고 기일에 채무자가 채무를 상환하게 되면 그 소유권을 다시 회복하기로 하는 담보제도입니다.
— 따라서 자기소유의 원재료·제품, 기계·기구 등에 양도담보권을 설정하는 경우 타인의 채무불이행으로 인하여 자기재산을 빼앗기게 될 수 있는 위험을 부담하는 행위입니다.

담보종류에 따른 책임범위

— 「특정채무담보」는 채무자가 채권자에 대하여 부담하는 특정된 채무만을 담보하는 것으로, 그 채무가 연기·재취급 또는 다른 여신으로 대환된 때에는 담보하지 않습니다.
— 「근담보」는 채무자와 채권자 사이에 이미 맺어져 있거나 앞으로 맺게 될 거래계약으로부터 현재 발생되어 있거나 앞으로 발생할 채무를 채권최고액의 범위 내에서 담보하게 되는 것으로 세 가지 유형이 있으며, 각 유형에 따른 책임범위는 다음과 같습니다.

「특정근담보」
특정된 거래계약(예 :　년　월　일자 여신거래약정서)으로부터 계속적으로 발생하는 채무를 담보하며, 그 채무가 기한 연기된 때에도 담보합니다. 그러나 재취급 또는 다른 여신으로 대환된 때에는 담보하지 않습니다.

「한정 근담보」
특정한 종류의 거래에 대하여 이미 맺어져 있거나 앞으로 맺게 될 거래계약으로부터 현재 발생되어 있거나 앞으로 발생하게 될 채무를 모두 담보하며, 그 채무의 연기나 재취급은 물론 같은 종류로 대환된 때에도 담보합니다. 그러나 다른 종류의 여신으로 대환된 때에는 담보하지 않습니다.

「포괄 근담보」
채무자가 채권자에게 부담하는 현재 및 장래의 모든 채무(여신거래로 인한 채무뿐만 아니라 기타 다른 형태의 채무를 포함한다)를 담보하며 그 책임범위가 아주 광범위하므로 포괄근담보를 선택할 경우 다시 한 번 신중히 생각한 후에 결정하십시오.

담보제공자가 연대보증까지 서는 경우

— 담보제공자가 연대보증을 별도로 서는 경우, 은행은 담보제공한 부동산 외에 담보제공자의 다른 일반재산에 대하여도 집행을 할 수 있습니다.

보증계약서

채권자 ㅇㅇㅇ을 갑으로 하고 보증인 ㅇㅇㅇ을 을로 하여, 양 당사자 간에 보증채무에 관하여 다음의 계약을 체결한다.

제1조(계약의 목적) 보증인 을은 20ㅇㅇ년 ㅇ월 ㅇ일 채권자 갑과 채무자 △△△(주소 : ㅇㅇ시 ㅇㅇ구 ㅇㅇ동 ㅇㅇ번지) 간의 ㅇㅇ계약서에 기재된 채무에 대해서 채무자가 이행을 하지 않을 때는 그 이행을 할 책임을 진다.

제2조(검색의 항변권의 포기) 보증인은 검색의 이익을 포기한다.

제3조(채무의 변제의무) 보증인은 채권자로부터 채무자가 그 채무를 이행하지 않은 취지를 통보 받은 후 ㅇ일간 내에 제1조의 보증채무를 이행하지 않을 때는 채권자에 대하여 위약금 ㅇㅇㅇ원을 지급한다.

이 계약을 증명하기 위해 이 증서 2통을 작성하여 각자 서명·날인하고 각 1통을 보관한다.

년　월　일

채권자	주 소					
	성명 또는 상호		인	주민등록번호 또　는 사업자등록번호	－	전화 번호	
보증인	주 소					
	성명 또는 상호		인	주민등록번호 또　는 사업자등록번호	－	전화 번호	

보증인변경계약서

【채권의 표시】

채권자 ○○○(이하 "갑"이라고 함)으로부터 채무자 ○○○(이하 "을"이라 함)에 대한 20○○년 ○월 ○일자 금전소비대차계약에 따른 대부원금 10,000,000원 및 이에 대한 20○○년 ○월 ○일 이후 완제에 이르기까지 연 25%의 비율에 의한 이자채권과 기한 후 연 30%의 비율에 의한 지연손해배상금채권.

제1조(보증계약) ○○○(이하 "정"이라 함)은 갑의 을에 대한 위 표시 채권에 대하여 채무자가 그 채무를 이행하지 않을 때 채무자와 연대하여 이행할 책임을 부담할 것을 약정한다.

제2조(보증계약해지) 갑은 정과 이 건 연대보증계약을 체결함으로써 위 표시 채권의 연대보증인 ○○○(이하 "병"이라 함)과(와)의 20○○년 ○월 ○일자 체결한 연대보증계약의 해지에 동의한다.

이상의 계약으로써 정은 갑에 대하여 연대보증채무를 부담하고, 병은 연대보증채무를 면하였음을 당사자간 확인하며, 서명·날인한 후 2통을 작성하여 각 1통씩 보관한다.

년　월　일

채권자	주　소					
	성　명 또　는 상　호	인	주민등록번호 또　는 사업자등록번호	－	전　화 번　호	
연대보증인	주　소					
	성　명 또　는 상　호	인	주민등록번호 또　는 사업자등록번호	－	전　화 번　호	

금전차용계약서

제1조(당사자) 채권자 ○○○(이하 "갑"이라고 함)는 20○○년 ○월 ○일 금○○○원을 채무자◎◎◎(이하 "을"이라고 함)에게 대여하고 을은 이를 차용한다.

제2조(변제기) 차용금의 변제기한은 20○○년 ○월 ○일로 한다.

제3조(이자 및 지연손해금) ① 이자는 연 ○%의 비율로 한다.

② 원리금의 변제를 지체했을 때에는 을은 연 ○○%의 비율에 의한 지연손해금을 가산해서 지불해야 한다.

제4조(변제방법) 채무의 변제는 갑의 주소 또는 갑이 지정하는 지정장소에 지참 또는 는 송금해서 지불한다.

제5조(기한이익의 상실) 을이 다음 각호의 1에 해당하는 경우에 있어서는 갑으로부터 기한의 이익을 상실하고 채무전부를 즉시 변제하여야 한다.

  1. 본 건 이자의 지불을 ○개월 분 이상 지체했을 때

  2. 다른 채무 때문에 강제집행, 집행보전처분을 받거나, 파산 또는 경매의 신청이 있었을 때

  3. 을이 주소를 변경하고, 그 사실을 갑에게 고지하지 않았을 때

갑과 을은 상기 계약을 증명하기 위하여 본 계약서 2통을 작성하고, 각자 서명·날인한 후 1통씩을 보관한다.

년   월   일

채권자	주 소					
	성 명		인	주민등록번호	–	전화번호
채무자	주 소					
	성 명		인	주민등록번호	–	전화번호

(차주가 연대채무자인 경우)

금전소비대차계약서

금 10,000,000원정(단, 약정이자 매월 2%)

1. 상기의 금액을 채권자 ○○○으로부터 아래 연대채무자 양인이 20○○년 ○월 ○일 연대하여 차용한다

2. 위 차용한 원금은 양인이 연대하여 20○○년 ○월 ○일까지 채권자 ○○○에게 전액 지참 변제하겠으며, 약정한 이자는 매월 30일에 채권자에게 지참 변제한다.

3. 만약 연대채무자들이 약정한 이자를 채권자에게 2월 이상 지급 연체한 때에는 변제기에 관계없이 언제든지 채권자가 청구하여도 이의 없겠으며, 또한 이 건 채무는 본인들이 연대하여 부담한 것이므로 청구할 경우에는 본인 양인 중 1명에 대해 전부의 청구를 하거나 또는 동시에 혹은 순차로 본인들에 대하여 전부를 청구할 수 있다.

4. 위 계약내용을 확증하기 위하여 아래 연대채무자들은 이 증서를 자유로운 의사 상태에서 작성하고 서명·날인하여 채권자에게 교부한다.

년   월   일

채권자	주 소					
	성 명		인	주민등록번호	–	전화번호
연대채무자 (1)	주 소					
	성 명		인	주민등록번호	–	전화번호
연대채무자 (2)	주 소					
	성 명		인	주민등록번호	–	전화번호

가등기담보설정계약서

채권자 ○○○을 갑이라고 하고 채무자 △△△을 을이라 하여 갑·을 사이에 다음과 같이 계약을 체결한다.

1. 갑은 다음과 같이 을에게 금전을 대여하고 을은 정히 이를 수령하였다.
   (1) 원금 : 금 ○○○원
   (2) 이자 : 월 ○푼으로 하고 매달 ○일 지급한다.
   (3) 연체이자는 월 ○푼 ○리 한다.
   (4) 변제기일 : 20○○년 ○월 ○일
   (5) 변제방법 : 갑의 집으로 지참지급하거나 송금한다.

2. 을이 그 이자를 ○개월 이상 연체하였을 때에는 기한의 이익을 상실하고 원리금 전액을 즉시 지급하여야 한다.

3. 을은 갑에 대한 전 항의 채무이행을 담보하기 위해 을 소유의 별지목록 기재 부동산에 관하여 갑과 매매예약을 체결하고 이를 원인으로 갑앞으로 소유권이전청구권 보전을 위한 가등기를 경료한다. 위 가등기경료 비용은 을의 부담으로 한다.

4. 을이 원리금변제기일에 원리금을 변제하지 아니할 때에는 위 부동산에 관하여 그 변제기일 다음날로 당사자 사이에 매매가 완결된 것으로 보아 을은 갑에게 위 가등기에 터잡은 본등기절차를 이행하되, 을이 원리금을 모두 변제하였을 때에는 갑은 위 가등기를 말소하여야 한다. 위 본등기절차비용이나 가등기말소비용은 모두 을의 부담으로 한다.

5. 위 가등기에 터잡은 본등기절차가 이행되었을 경우 위 부동산은 갑의 소유로 된다.

위 계약사실을 증명하기 위하여 이 계약서를 2통 작성하여 갑·을 각 1통씩 보관한다.

년   월   일

채 권 자	주 소					
	성 명		인	주민등록번호	－	전 화 번 호
채 무 자	주 소					
	성 명		인	주민등록번호	－	전 화 번 호

【별지】

부 동 산 의 표 시

1동의 건물의 표시

　○○시 ○○구 ○○동 ○○

　라멘조 및 벽돌조 평슬래브지붕 4층 다세대주택

　1층 297.39㎡

　2층 297.39㎡

　3층 297.39㎡

　4층 259.62㎡

　지1층 190.84㎡

　지2층 228.34㎡

　(지2층 내 주차장 228.34임)

　구조 : 지2층-3층 : 라멘조

　　　　4층 : 벽돌조

전유부분의 건물의 표시

　건물의 번호 : 2층 에이호

　구　　　조 : 라멘조

　면　　　적 : 66.34㎡

대지권의 표시

　토 지 의 표 시 : ○○시 ○○구 ○○동 ○○

　　　　　　　　대 574㎡

　대지권의 종류 : 소유권

　대지권의 비율 : 574분의 30.481. 끝.

가 등 기

1. 의의

　　가등기는 장래에 있어서 본등기의 순위보전을 위해 사전에 하는 등기로, 예비등기의 일종이다. 가등기를 할 수 있는 경우로는 ① 부동산물권의 변동을 목적으로 하는 청구권을 보전할 때, ② 이러한 청구권이 시기부 또는 정지조건부인 경우, ③ 기타 장래에 있어서 확정될 청구권인 경우 등이 있다.

2. 가등기의 절차

　　가등기는 가등기의무자의 승낙이 있는 때에 신청서에 그 승낙서를 첨부하여 가등기권리자가 등기소에 신청할 수 있다. 그러나 가등기의무자가 이에 응하지 않는 경우에는 법원이 발하는 가등기가처분명령에 의해 권리자가 단독으로 할 수 있다.

3. 가등기의 효력

　　가등기에 터잡아 본등기를 하면 본등기의 순위는 가등기의 순위에 의한다. 즉 가등기에는 본등기순위보전의 효력이 있다. 그러나 가등기에는 권리변동의 효력은 없으므로 본등기를 하지 않는 동안은 본등기명의인이 부동산을 처분할 수 있다.

은행여신거래기본약관(가계용)

이 은행여신거래기본약관(이하 "약관"이라 합니다)은 ○○은행(이하 "은행"이라 합니다)과 거래처(이하 "채무자"라 합니다)와의 상호신뢰를 바탕으로 여신거래의 원활하고 공정한 처리를 위하여 만들어진 것입니다.

은행은 이 약관을 모든 영업점 및 전자금융매체에 비치·게시하고, 채무자는 이를 열람하거나 그 교부를 청구할 수 있습니다.

제1조【적용범위】 이 약관은 주택자금 기타의 가계자금대출과 이에 준하는 가계부업자금대출, 지급보증 등의 가계용 여신에 관련된 은행과 개인인 채무자 사이의 모든 거래에 적용됩니다.

제2조【어음채권과 여신채권】 채무자(차주, 지급보증신청인 등 은행에 대하여 채무를 부담하는 사람을 말합니다. 이하 같습니다)가 발행·배서·보증·인수한 어음에 의한 여신의 경우, 은행은 어음채권 또는 여신채권의 어느 것에 의하여도 청구할 수 있습니다.

제3조【이자 등과 지연배상금】 ① 이자·할인료·보증료·수수료 등(이하 "이자 등"이라고 합니다)의 율·계산방법·지급의 시기 및 방법에 관하여는, 채무자는 법령이 허용하는 한도 내에서 은행이 정하는 바에 따르기로 합니다.

② 이자 등의 율은 거래계약시에 채무자가 다음의 각 호 중 하나를 선택하여 적용할 수 있습니다.

1. 채무의 이행을 완료할 때까지 은행이 그 율을 변경할 수 없음을 원칙으로 하는 것

2. 채무의 이행을 완료할 때까지 은행이 그 율을 수시로 변경할 수 있는 것

③ 제2항 제1호를 선택한 경우에 채무이행완료 전에 국가경제·금융사정의 급격한 변동 등으로 계약 당시에 예상할 수 없는 현저한 사정변경

이 생긴 때에는 은행은 채무자에 대한 개별통지에 의하여 그 율을 인상·인하할 수 있기로 합니다. 이 경우 변경요인이 해소된 때에는 은행은 해소된 상황에 부합되도록 변경하여야 합니다.

④ 제2항 제2호를 선택한 경우에 이자 등의 율에 관한 은행의 인상·인하는 건전한 금융관행에 따라 합리적인 범위 내에서 이루어져야 합니다.

⑤ 채무자가 은행에 대한 채무의 이행을 지체한 경우에는, 곧 지급하여야 할 금액에 대하여 법령이 정하는 제한 내에서 은행이 정한 율로, 1년을 365일로 보고 1일 단위로 계산한 지체일수에 해당하는 지연배상금을 지급하기로 하되, 금융사정의 변화 그 밖의 상당한 사유로 인하여 법령에 의하여 허용되는 한도 내에서 율을 변경할 수 있습니다. 다만, 외국환거래에 있어서는 국제관례·상관습 등에 따릅니다.

⑥ 은행이 이자 등과 지연배상금의 계산방법·지급의 시기 및 방법을 변경하는 경우에, 그것이 법령에 의하여 허용되는 한도 내이고 금융사정 및 그 밖의 여신거래에 영향을 미치는 상황의 변화로 인하여 필요한 것일 때에는 변경 후 최초로 이자를 납입하여야 할 날부터 그 변경된 사항이 적용됩니다.

⑦ 제4항, 제5항 및 제6항에 따라 변경하는 경우 은행은 그 변경기준일부터 1개월간 모든 영업점 및 은행이 정하는 전자매체 등에 이를 게시하여야 합니다. 다만, 특정 채무자에 대하여 개별적으로 변경하는 경우에는 개별통지하여야 합니다.

⑧ 제3항 및 제6항에 의하여 채무자에게 예상하지 못한 불이익이 초래되는 경우에, 채무자는 변경 후 최초로 이자를 납입하여야 할 날부터 1개월 이내에 계약을 해지할 수 있습니다. 이 경우 해지일까지는 변경 전의 이율 등을 적용하기로 하고, 채무자가 그 해지로 인하여 발생한 은행에 대한 반환채무이행을 지체한 경우에는 변경 전의 지연배상금률 등을 적용합니다.

⑨ 제1항 및 제2항 제2호에 의한 이자 등의 율과 관련하여 은행이 정하는 바에 따라 채무자는 약정당시와 비교하여 신용상태의 현저한 변동이

있다고 인정되는 경우 합리적인 근거를 서면으로 제시하고 금리변경을 요구할 수 있습니다. 이 경우 은행은 그 적정성 여부를 성실히 심사하고 이에 따른 필요한 조치를 취할 경우 그 결과를 곧 통지하기로 합니다.

제4조【비용의 부담】 ① 다음 각 호의 비용은 채무자가 부담합니다.

1. 채무자·보증인 또는 물상보증인에 대한 은행의 채권·담보권 등의 권리의 행사·보전(해지 포함)에 관한 비용

2. 담보목적물의 조사·추심·처분에 관한 비용

3. 채무이행 지체에 따른 독촉 및 통지비용

② 제1항에 의한 비용을 은행이 대신 지급한 경우에는, 채무자는 곧 이를 갚으며, 곧 갚지 아니하는 때에는 대신 지급한 금액에, 대신 지급한 날부터 다 갚는 날까지의 날짜수만큼, 가계대출금약정금리로, 1년을 365일로 보고 1일 단위로 계산한 금액을 더하여 갚아야 합니다.

③ 은행은 대출약정시 채무자가 사전에 알 수 있도록, 약정이자 외에 담보대출에 소요되는 부대비용의 항목과 금액을 알려주어야 합니다

제5조【자금의 용도 및 사용】 채무자는 여신신청시 자금의 용도를 명확하게 제시하고 은행과의 여신거래로 받은 자금을 그 거래 당초에 정해진 용도와 다른 용도로 사용하지 않습니다. 지급보증 기타 은행으로부터 받은 신용의 경우에도 또한 같습니다

제6조【담보의 제공】 채무자 또는 보증인의 신용악화·담보가치의 감소 등의 사유로 은행의 채권보전상 필요하다고 인정된 때에는 채무자는 은행의 청구에 의하여 곧 은행이 인정하는 담보를 제공하거나 보증인을 세워야 합니다.

제7조【기한 전의 채무변제의무】 ① 채무자에 관하여 다음 각 호에서 정한 사유 중 하나라도 발생한 경우에는, 은행으로부터의 독촉·통지 등이 없어도, 채무자는 당연히 은행에 대한 모든 채무의 기한의 이익을 상실하여(지급보증거래에 있어서의 사전구상채무 발생을 포함합니다. 이하 같습니다) 곧 이를 갚아야 할 의무를 집니다.

1. 제 예치금 기타 은행에 대한 채권에 대하여 가압류·압류명령이나

체납처분 압류통지가 발송된 때 또는 기타의 방법에 의한 강제집행 개시
나 체납처분 착수가 있는 때 다만, 담보재산이 존재하는 채무의 경우에
는 채권회수에 중대한 지장이 있는 때에만 가압류를 사유로 기한의 이익
을 상실합니다.

　2. 채무자가 제공한 담보재산(제1호의 제 예치금 기타은행에 대한 채
권은 제외)에 대하여 압류명령이나 체납처분 압류통지가 발송된 때 또는
기타의 방법에 의한 강제집행 개시나 체납처분 착수가 있는 때

　3. 채무불이행자명부 등재신청이 있는 때

　4. 어음교환소의 거래정지처분이 있는 때

　5. 도피 기타의 사유로 지급을 정지한 것으로 인정된 때

　② 채무자에 관하여 다음 각 호에서 정한 사유 중 하나라도 발생한 경
우에는, 채무자는 당연히 당해 채무의 기한의 이익을 상실하여, 곧 이를
갚아야 할 의무를 집니다. 다만, 은행은 기한의 이익상실일 3영업일 전
까지 다음 각 호의 채무이행지체 사실과 이에 따라 기한의 이익이 상실
된다는 사실을 채무자에게 통지하여야 하며, 기한의 이익상실일 3영업
일 전까지 통지하지 않은 경우에는 채무자는 실제 통지가 도달한 날부터
3영업일이 경과한 날에 기한의 이익을 상실하여 곧 이를 갚아야 할 의무
를 집니다.

　1. 이자를 지급하여야 할 때부터 1개월간 지체한 때

　2. 분할상환금 또는 분할상환원리금의 지급을 2회 이상 연속하여 지
체한 때

　③ 채무자에 관하여 다음 각 호에서 정한 사유 중 하나라도 발생하여
은행의 채권보전에 현저한 위험이 예상될 경우, 은행은 서면으로 변제·
압류 등의 해소, 신용의 회복 등을 독촉하고, 그 통지의 도달일부터 10일
이상으로 은행이 정한 기간이 경과하면, 채무자는 은행에 대한 모든 채
무의 기한의 이익을 상실하여, 곧 이를 갚아야 할 의무를 집니다.

　1. 은행에 대한 수 개의 채무 중 하나라도 기한에 변제하지 아니하거
나 제2항 또는 제4항에 의하여 기한의 이익을 상실한 채무를 변제하지

아니한 때

　2. 제1항 제1호 및 제2호 외의 재산에 대하여 압류·체납처분이 있는 때

　3. 채무자의 제1항 제1호 외의 재산에 대하여, 민사소송법상의 담보권실행 등을 위한 경매개시가 있거나 가압류 통지가 발송되는 경우로서, 채무자의 신용이 현저하게 악화되어 채권회수에 중대한 지장이 있을 때

　4. 제5조, 제18조에서 정한 약정을 위반하여 건전한 계속거래 유지가 어렵다고 인정된 때

　5. 어음교환소의 거래정지처분 이외의 사유로 금융기관의 신용불량 거래처로 규제된 때

　④ 채무자에 관하여 다음 각 호에서 정한 사유 중 하나라도 발생한 경우에 은행은 서면으로 독촉하고, 그 통지의 도달 일부터 10일 이상으로 은행이 정한 기간이 경과하면 채무자는 은행에 대해 당해 채무 전부의 기한의 이익을 상실하여, 곧 이를 갚아야 할 의무를 집니다.

　1. 제6조에서 정한 약정을 이행하지 아니한 때

　2. 담보물에 대한 화재보험 가입의무를 이행하지 아니한 때, 은행을 해할 목적으로 담보물건을 양도하여 은행에 손해를 끼친 때, 주택자금 대출을 받아 매입 또는 건축한 당해 주택의 담보제공을 지체한 때, 기타 은행과의 개별약정을 이행하지 아니하여 정상적인 거래관계 유지가 어렵다고 인정된 때

　3. 보증인이 제1항에 해당하거나 제3항 제2호와 제3호에 해당하는 경우로서, 상당한 기간 내에 보증인을 교체하지 아니한 때

　⑤ 제1항 내지 제4항에 의하여 채무자가 은행에 대한 채무의 기한의 이익을 상실한 경우라도, 은행의 명시적 의사표시가 있거나, 은행이 분할상환금·분할상환원리금·이자·지연배상금을 받는 등 정상적인 거래의 계속이 있는 때에는, 그 채무 또는 은행이 지정하는 채무의 기한의 이익은 그 때부터 부활됩니다.

제8조【기한이익 상실의 연대보증인에 대한 통지】① 제7조 제1항 각 호에 의하여 기한이익이 상실될 때, 은행은 제1호·제4호의 경우에는 기

한의 이익 상실사유가 발생한 날로부터, 제2호·제3호·제5호의 경우에는 기한의 이익 상실사유를 은행이 인지한 날로부터 각 15영업일 이내에 연대보증인에게 서면으로 그 내용을 통지하여야 합니다.

② 제7조 제3항과 제4항 각 호에 의하여 기한이익이 상실되는 경우, 은행은 기한의 이익이 상실된 날로부터 15영업일 이내에 연대보증인에게 서면으로 그 내용을 통지하여야 합니다.

③ 제1항 및 제2항에 의하여 연대보증인에게 기한이익 상실을 통지한 경우라도, 제7조 제5항에 해당되어 기한이익이 부활된 채무에 대하여는 계속거래를 위한 연대보증인의 동의를 요하지 않습니다. 이 경우 은행은 기한이익이 부활된 채무의 연대보증인에게 15영업일 이내에 서면으로 부활통지를 하여야 합니다.

제9조【기한 전의 임의 상환】 채무자는 약정한 상환기일이 도래하기 전이라도, 미리 아무런 배상금 부담 없이 원금의 전부 또는 일부를 갚을 수 있습니다. 그러나 은행의 수수료의 정함이 있는 경우에는 채무자는 이를 부담하여야 합니다.

제10조【은행으로부터의 상계】 ① 채무의 변제기가 도래하였거나, 제7조에 의하여 이를 곧 갚아야 할 경우, 은행은 채무자의 그 채무와 채무자의 은행에 대한 예금 기타의 채권과를 그 채권의 기한 도래 여부에 불구하고, 서면통지에 의하여 상계할 수 있습니다.

② 은행이 사전구상권에 의하여 제1항의 상계를 하는 경우에는, 민법 제443조의 항변권에 불구하고 상계할 수 있는 것으로 하며, 원채무 또는 구상채무에 관하여 담보가 있는 경우에도 상계할 수 있습니다. 이 경우, 은행은 상계 후 지체없이 보증채무를 이행하여야 합니다.

③ 제1항 및 제2항에 따라 채무자의 채무와 채무자 및 보증인의 제 예치금 기타 채권(이하 "제 예치금 등"이라 합니다)과를 상계할 경우, 은행은 상계에 앞서 채무자 및 보증인의 제 예치금 등에 대하여 일시적인 지급정지 조치를 취할 수 있기로 하되, 보증인의 제 예치금 등에 대하여 지급정지 조치를 취한 경우에는 그 사실을 지체없이 보증인에게 통지하여

야 합니다.

④ 제1항 및 제2항에 의한 상계를 실행하는 경우에는 채무자·보증인·담보제공자의 정당한 이익을 고려하여 신속히 실행하여야 하며, 채권·채무에 대한 이자, 지연배상금의 계산기간은 은행의 상계통지가 채무자에게 도달한 날까지로 하고, 그 율은 은행에서 정한 바에 따르기로 합니다. 이 경우, 기한 미도래 예금 등의 이율은 은행에서 정한 예치기간에 따른 약정이율로 하며, 1년을 365일로 보고 1일 단위로 계산합니다.

제11조【채무자로부터의 상계】 ① 채무자는 채무자의 기한도래한 예금 기타의 채권과 은행에 대한 채무와를 그 채무의 기한도래 여부에 불구하고, 서면통지에 의하여 상계할 수 있습니다. 이 경우, 상계한 예금 기타 채권의 증서·통장은, 채무자가 그 거래용으로 신고한 도장을 찍거나 서명을 하여, 지체없이 은행에 제출하여야 합니다.

② 제1항에 의한 상계를 하는 경우, 채권·채무에 대한 이자, 지연배상금의 계산기간은 채무자의 상계통지가 은행에 도달한 날까지로 하고, 그 율은 은행에서 정한 바에 따르며, 수수료의 정함이 있는 때에는 채무자가 이를 부담하여야 합니다.

제12조【어음의 제시·교부】 ① 어음이 따르는 거래에 있어서, 은행이 어음채권에 의하지 아니하고 제10조에 의한 상계를 할 때에는, 은행은 그 어음을 상계와 동시에 반환하지 아니하여도 되며, 어음의 반환장소는 그 거래영업점으로 합니다. 이 경우 은행은 어음을 찾아가도록 지체없이 채무자에게 통지하여야 합니다. 제11조에 의한 상계에 따른 어음의 처리도 같습니다.

② 은행이 어음채권에 의하여 제10조에 의한 상계를 할 때에는, 다음 각 호의 경우에 한하여, 어음의 제시 또는 교부를 하지 않아도 되며, 이 경우의 어음의 처리도 제1항과 같습니다.

1. 은행이 채무자의 소재를 알 수 없을 때
2. 은행이 어음의 지급장소인 때
3. 교통·통신의 두절, 추심 기타의 사유로 제시 또는 교부의 생략이

부득이 하다고 인정되는 때

③ 제10조, 제11조에 의한 상계를 하고도, 곧 이행하여야 할 나머지 채무가 있을 경우에, 어음에 채무자 이외의 어음상 채무자가 있는 때에는, 은행은 그 어음을 계속 점유하고 추심 또는 처분한 후, 그 대금으로, 제13조에 준하여, 채무의 변제에 충당할 수 있습니다.

④ 은행이 어음채권의 시효중단을 위하여 독촉을 할 경우에도, 어음의 제시를 생략할 수 있습니다.

제13조【일부변제 · 일부상계와 충당】① 채무자가 기한의 이익을 상실한 채무를 변제하거나, 은행이 제10조에 의한 상계를 할 경우에, 채무전액을 없애기에 부족한 때에는 비용, 이자, 원금의 순서로 충당하기로 합니다. 그러나 은행은 채무자에게 불리하지 않은 범위 내에서 충당순서를 달리 할 수 있습니다.

② 변제 또는 상계될 채무가 수 개인 경우로서, 채무전액이 변제 또는 상계되지 않을 경우 강제집행 또는 담보권 실행경매에 의한 회수금에 대하여는 민법 기타 법률이 정하는 바에 따릅니다

③ 변제 또는 상계될 채무가 수 개인 경우로서, 제2항에 해당되지 않는 임의의 상환금 또는 제 예치금으로 채무자의 채무전액을 없애기에 부족한 때에는 채무자가 지정하는 순서에 따라 변제 또는 상계에 충당하기로 합니다. 이 경우, 채무자의 지정이 이미 연체된 채무를 제쳐놓고 기한미도래 채무에, 또는 무담보 채무를 제쳐놓고 유담보 채무에 충당하는 등, 은행의 채권보전상 지장이 생길 염려가 있는 것일 때에는, 은행은 지체없이 이의를 표시하고 은행이 변제나 상계에 충당할 채무를 바꾸어 지정할 수 있습니다.

④ 채무자가 제11조에 의한 상계를 할 경우, 채무전액을 소멸시키기에 부족한 때에는, 채무자가 적당하다고 인정하는 순서에 의하여 상계에 충당할 채무를 지정할 수 있습니다. 그러나 채무자가 위와 같은 지정을 아니한 경우에는 제1항 및 제3항에 따르기로 합니다.

⑤ 제4항에 의한 채무자의 지정이 은행의 채권보전상 지장이 생길 염

려가 있는 것인 때에는, 은행은 지체없이 이의를 표시하고, 이의 발송 후 14일 이내에, 제3항에 준하여 채권보전상 상당하다고 인정되는 채무로 바꾸어 지정할 수 있습니다.

제14조【사고의 처리】 ① 채무자가 발행·배서 등을 한 어음 또는 채무자가 은행에 제출한 제 증서 등이 불가항력·사변·재해·수송도중의 사고 등 은행 자신의 책임 없는 사유로 인하여 분실·손상·멸실 또는 연착한 경우 채무자는 은행의 장부·전표 등의 기록에 의하여 채무를 갚기로 하되, 채무자가 은행의 장부·전표 등의 기록과 다른 자료를 제시할 경우 은행의 기록과 채무자가 제시하는 자료를 상호 대조하여 채무를 확정한 후 갚기로 합니다.

② 채무자는 제1항의 분실·손상·멸실의 경우에 은행의 청구에 따라 곧 그에 대신할 어음이나 증서 등을 제출하여야 합니다. 다만, 은행이 제3자와의 거래에서 취득한 어음이나 증서의 경우에는 제출하지 않아도 됩니다.

③ 제1항, 제2항에 의한 변제 또는 어음이나 증서의 제출로 인하여 채무자가 과실 없이 이중의 지급의무를 부담하게 됨으로 말미암은 손해는 은행이 부담하여야 합니다.

④ 은행이 어음이나 제 증서·신고서 등 서류의 인영·서명을 채무자가 신고한 인감·서명과 상당한 주의로써 대조하고 틀림없다고 인정하여 처리한 때에는, 그 서류나 도장에 관하여 위조·변조·도용 등의 사고가 있더라도, 이로 말미암은 손해는 채무자가 부담합니다.

제15조【신고사항의 변경】 채무자가 이미 신고한 성명·주소·전화번호·인감·서명 등에 변경이 생긴 때에는, 곧 서면으로 은행에 신고하여야 합니다.

제16조【자료의 성실 작성의무】 채무자는 여신거래와 관련하여 은행에 제출하는 자료를 성실하게 작성·제출하여야 합니다.

제17조【통지의 효력】 ① 은행이 채무자가 신고한 최종 주소로 서면통지 또는 기타 서류 등을 발송한 경우, 보통의 우송기간이 경과한 때에 도

달한 것으로 추정합니다.

② 채무자가 제15조에 의한 변경신고를 게을리 함으로 말미암아 제1항에 의하여 발송한 서면통지 또는 기타 서류가 채무자에게 연착하거나 도달하지 아니한 때에는 보통의 우송기간이 경과한 때에 도달한 것으로 봅니다. 다만, 상계통지나 기한 전의 채무변제 청구 등 중요한 의사표시인 경우에는 배달증명부내용증명에 의한 경우에 한하여 도달한 것으로 봅니다.

③ 은행이 채무자에 대한 통지 등의 사본을 보존하고 또 그 발신의 사실 및 연월일을 장부 등에 명백히 기재한 때에는 발송한 것으로 추정합니다.

제18조【회보와 조사】 ① 채무자는 은행이 채권보전상의 필요에 의하여 청구하는 때에는 부채현황, 채무자 및 보증인의 신용상태나 담보의 상황에 관하여 지체없이 회보하며, 또 은행이 그에 관하여 조사하고자 할 때에는, 이에 협조하여야 합니다.

② 채무자는 채무자 및 보증인의 신용상태나 담보의 상황에 관하여 중대한 변화가 생기거나 생길 염려가 있을 때에는, 은행의 청구가 없더라도, 곧 은행앞으로 이를 통지하여야 합니다.

제19조【이행장소·준거법】 ① 채무의 이행장소는 다른 약정이 없는 한 거래영업점으로 합니다. 다만, 부실채권의 관리 등 상당한 사유로 채권관리업무를 은행의 본점·지역본부 또는 다른 영업점으로 이관한 경우에는, 이관받은 본점·지역본부 또는 다른 영업점을 그 이행장소로 합니다.

② 채무자가 내국인이 아닌 경우라도, 이 약관에 터잡은 여신거래에 관하여 적용될 법률은 국내법을 적용합니다.

제20조【약관·부속약관 변경】 ① 은행이 이 약관이나 부속약관을 변경하고자 할 경우, 채무자에게 불리한 내용이 될 때에는 서면통지로써 알리고, 그 밖에는 거래영업점 게시로써 이를 알려야 합니다. 이 경우, 통지나 게시 중에는 제2항의 뜻을 명시하여야 합니다.

② 통지를 발송하거나 게시한 후 1개월 이내에 채무자의 서면에 의한 이

의가 은행에 도달하지 않은 때에는, 약관의 변경을 승인한 것으로 봅니다.

　제21조【관할법원의 합의】 이 약관에 터잡은 여신거래에 관하여 은행과 채무자 또는 보증인 또는 물상보증인 사이에 소송의 필요가 생긴 때에는, 법이 정하는 관할법원과 아울러 은행의 거래영업점 소재지 지방법원을 관할법원으로 합니다. 다만, 채무자의 책임 있는 사유로 부실 채권이 발생되어 그 채권의 관리를 위하여 은행이 본점·지역본부 또는 다른 영업점으로 그 채권관리업무를 이관한 경우에는, 법이 정하는 관할법원과 아울러 이관받은 본점·지역본부 또는 다른 영업점의 소재지 지방법원을 관할법원으로 합니다.

은행여신거래기본약관(기업용)

이 은행여신거래기본약관(이하 "약관"이라 합니다)은 ○○은행(이하 "은행"이라 합니다)과 거래처(이하 "채무자"라 합니다)와의 상호신뢰를 바탕으로 여신거래의 원활하고 공정한 처리를 위하여 만들어진 것입니다.

은행은 이 약관을 모든 영업점 및 전자금융매체에 비치·게시하고, 채무자는 이를 열람하거나 그 교부를 청구할 수 있습니다.

제1조【적용범위】 ① 이 약관은 은행과 채무자(차주·할인신청인·지급보증신청인 등 은행에 대하여 채무를 부담하는 사람을 말합니다. 이하 같습니다) 사이의 어음대출·어음할인·증서대출·당좌대출·지급보증·외국환 기타의 여신에 관한 모든 거래에 적용됩니다.

② 이 약관은 채무자가 발행·배서·인수나 보증한 어음(수표를 포함합니다. 이하 같습니다)을 은행이 제3자와의 여신에 관한 거래에서 취득한 경우에 그 채무의 이행에 관하여도 적용됩니다. 다만, 제2조, 제3조, 제5조, 제7조, 제9조, 제12조 제1항, 제15조 제1항은 적용되지 않습니다.

③ 이 약관은 은행의 본·지점과 채무자의 본·지점 사이의 제1항 및 제2항의 적용범위에 속하는 모든 거래와 채무이행에 공통으로 적용됩니다.

제2조【어음채권과 여신채권】 채무자가 발행하거나 배서·보증·인수한 어음에 의한 여신의 경우, 은행은 어음채권 또는 여신채권의 어느 것에 의하여도 청구할 수 있습니다.

제3조【이자 등과 지연배상금】 ① 이자·할인료·보증료·수수료 등(이하 "이자 등"이라고 합니다)의 율·계산방법·지급의 시기 및 방법에 관하여는, 채무자는 법령이 허용하는 한도 내에서 은행이 정하는 바에 따르기로 합니다.

② 이자 등의 율은 거래계약시에 채무자가 다음의 각 호 중 하나를 선택하여 적용할 수 있습니다.

1. 채무의 이행을 완료할 때까지 은행이 그 율을 변경할 수 없음을 원

칙으로 하는 것

2. 채무의 이행을 완료할 때까지 은행이 그 율을 수시로 변경할 수 있는 것

③ 제2항 제1호를 선택한 경우에 채무이행완료 전에 국가경제·금융사정의 급격한 변동 등으로 계약 당시에 예상할 수 없는 현저한 사정변경이 생긴 때에는 은행은 채무자에 대한 개별통지에 의하여 그 율을 인상·인하할 수 있기로 합니다. 이 경우 변경요인이 해소된 때에는 은행은 지체없이 해소된 상황에 부합되도록 변경하여야 합니다.

④ 제2항 제2호를 선택한 경우에 이자 등의 율에 관한 은행의 인상·인하는 건전한 금융관행에 따라 합리적인 범위 내에서 이루어져야 합니다.

⑤ 채무자가 은행에 대한 채무의 이행을 지체한 경우에는 곧, 지급하여야 할 금액에 대하여 법령이 정하는 제한 내에서 은행이 정한 율로, 1년을 365일로 보고 1일 단위로 계산한 지체일수에 해당하는 지연배상금을 지급하기로 하되, 금융사정의 변화 그 밖의 상당한 사유로 인하여 법령에 의하여 허용되는 한도 내에서 율을 변경할 수 있습니다. 다만, 외국환거래에 있어서는 국제관례·상관습 등에 따릅니다.

⑥ 은행이 이자 등과 지연배상금의 계산방법·지급의 시기 및 방법을 변경하는 경우에, 그것이 법령에 의하여 허용되는 한도 내이고 금융사정 및 그 밖의 여신거래에 영향을 미치는 상황의 변화로 인하여 필요한 것일 때에는 변경 후 최초로 이자를 납입하여야 할 날부터 그 변경된 사항이 적용됩니다.

⑦ 제4항, 제5항 및 제6항에 따라 변경하는 경우 은행은 그 변경 기준일부터 1개월간 모든 영업점 및 은행이 정하는 전자매체 등에 이를 게시하여야 합니다. 다만, 특정채무자에 대하여 개별적으로 변경하는 경우에는 개별통지하여야 합니다.

⑧ 제3항 및 제6항에 의하여 채무자에게 예상하지 못한 불이익이 초래되는 경우에, 채무자는 변경 후 최초로 이자를 납입하여야 할 날부터 1개월 이내에 계약을 해지할 수 있습니다. 이 경우 해지일까지는 변경 전

의 이율 등을 적용하기로 하고, 채무자가 그 해지로 인하여 발생한 은행에 대한 반환채무이행을 지체한 경우에는 변경 전의 지연배상금률 등을 적용하기로 합니다.

제4조【비용의 부담】 ① 다음 각 호의 비용은 채무자가 부담합니다.

　1. 채무자·보증인 또는 물상보증인에 대한 은행의 채권·담보권 등의 권리의 행사·보전(해지 포함)에 관한 비용

　2. 담보목적물의 조사·추심·처분에 관한 비용

　3. 채무이행 지체에 따른 독촉 및 통지비용

② 제1항에 의한 비용을 채무자가 지급하지 않아서, 은행이 대신 지급한 경우에는, 채무자는 곧 이를 갚으며, 곧 갚지 아니하는 때에는 대신 지급한 금액에, 제3조 제5항에 정하는 바에 따라 대신 지급한 날부터 다 갚을 때까지의 지연배상금을 더하여 갚아야 합니다.

③ 은행은 대출약정시 채무자가 사전에 알 수 있도록, 약정이자 외에 담보대출에 소요되는 부대비용의 항목과 금액을 알려주어야 합니다

제5조【자금의 용도 및 사용】 채무자는 여신신청시 자금의 용도를 명확하게 제시하고 은행과의 여신거래로 받은 자금을 그 거래 당초에 정해진 용도와 다른 용도로 사용하지 않습니다. 지급보증 기타 은행으로부터 받은 신용의 경우에도 또한 같습니다

제6조【담보】 ① 채무자 또는 보증인의 신용악화·담보가치의 감소 등의 사유로 은행의 채권보전상 필요하다고 인정된 때에는, 채무자는 은행의 청구에 의하여 곧 은행이 인정하는 담보를 제공하거나 보증인을 세워야 합니다.

② 담보물의 처분은 법적절차에 의함을 원칙으로 하되, 담보물이 거래소의 시세 있는 물건이거나 유리한 조건이 기대될 경우에 한하여 은행이 일반적으로 적당하다고 인정되는 방법·시기·가격 등에 의하여 추심 또는 처분하고, 그 취득금에서 제 비용을 뺀 잔액을 제13조에 준하여 채무의 변제에 충당할 수 있기로 하며, 채무자는 나머지 채무가 있는 경우에 곧 갚기로 합니다. 이 경우 은행은 담보물을 처분하기 10일 전까지 담

보제공자에게 그 사실을 통지하여야 합니다. 다만, 파산법·화의법 또는 회사정리법에 의한 법원의 개시결정이 있기 전 채권회수에 중대한 지장이 예견되는 경우에는 처분 후 지체없이 그 사실을 통지하기로 합니다.

③ 채무자가 은행에 대한 채무의 이행을 지체한 경우에는, 은행이 점유하고 있는 채무자의 동산·어음 기타의 유가증권을 담보로서 제공된 것이 아닐지라도, 은행이 계속 점유하거나 제2항에 준하여 추심 또는 처분 등의 처리를 할 수 있기로 합니다.

제7조【기한 전의 채무변제의무】 ① 채무자에 관하여 다음 각 호에서 정한 사유 중 하나라도 발생한 경우에는, 은행으로부터의 독촉·통지 등이 없어도, 채무자는 당연히 은행에 대한 모든 채무의 기한의 이익을 상실하여(지급보증거래에 있어서의 사전구상채무 발생을 포함합니다. 이하 같습니다) 곧 이를 갚아야 할 의무를 집니다.

1. 제 예치금 기타 은행에 대한 채권에 대하여 가압류·압류명령이나 체납처분 압류통지가 발송된 때 또는 기타의 방법에 의한 강제집행 개시나 체납처분 착수가 있는 때 다만, 담보재산이 존재하는 채무의 경우에는 채권회수에 중대한 지장이 있는 때에만 가압류를 사유로 기한의 이익을 상실합니다.

2. 채무자가 제공한 담보재산(제1호의 제 예치금 기타 은행에 대한 채권은 제외)에 대하여 압류명령이나 체납처분 압류통지가 발송된 때 또는 기타의 방법에 의한 강제집행 개시나 체납처분 착수가 있는 때

3. 파산·화의개시·회사정리절차개시의 신청이 있거나, 채무불이행자명부 등재 신청이 있는 때

4. 조세공과에 관하여 납기 전 납부고지서를 받거나, 어음교환소의 거래정지처분이 있는 때

5. 폐업, 도피 기타의 사유로 지급을 정지한 것으로 인정된 때

6. 채무자의 과점주주나 실질적인 기업주인 포괄근보증인의 제 예치금 기타 은행에 대한 채권에 대하여 제1호의 명령이나 통지가 발송된 때

② 당해 채무 전기간(기한연장된 경우의 연장기간을 포함합니다)을 통하여 이자 등의 지체횟수가 4회에 달한 때에는, 채무자에 대한 은행으로부터의 독촉·통지 등이 없어도 그 채무는 그때부터 당연히 기한의 이익을 상실하여 채무자는 곧 이를 갚아야 할 의무를 집니다.

③ 채무자에 관하여 다음 각 호에서 정한 사유 중 하나라도 발생한 경우 채무자는 당연히 당해 채무의 기한의 이익을 상실하여 곧 이를 갚아야 할 의무를 집니다. 이 경우, 은행은 기한의 이익상실일 3영업일 전까지 다음 각 호의 채무이행 지체사실과 이에 따라 기한의 이익이 상실된다는 사실을 채무자에게 통지하여야 하며, 기한의 이익상실일 3영업일 전까지 통지하지 않은 경우 실제 통지가 도달한 날부터 3영업일이 경과한 날에 기한의 이익을 상실하여 채무자는 곧 이를 갚아야 할 의무를 집니다.

1. 이자 등을 지급하여야 할 때부터 계속하여 14일간 지체한 때

2. 분할상환금 또는 분할상환 원리금의 지급을 2회 이상 연속하여 지체한 때

④ 채무자에 관하여 다음 각 호에서 정한 사유 중 하나라도 발생하여 은행의 채권보전에 현저한 위험이 예상될 경우, 은행은 서면으로 변제, 압류 등의 해소, 신용의 회복 등을 독촉하고, 그 통지의 도달일부터 10일 이상으로 은행이 정한 기간이 경과하면, 채무자는 은행에 대한 모든 채무의 기한의 이익을 상실하여, 곧 이를 갚아야 할 의무를 집니다.

1. 은행에 대한 수 개의 채무 중 하나라도 기한에 변제하지 아니하거나 제2항, 제3항 또는 제5항에 의하여 기한의 이익을 상실한 채무를 변제하지 아니한 때

2. 제1항 제1호 및 제2호 외의 재산에 대하여 압류·체납처분이 있는 때

3. 채무자의 제1항 제1호 외의 재산에 대하여, 민사소송법상의 담보권 실행 등을 위한 경매개시가 있거나 가압류 통지가 발송되는 경우로서, 채무자의 신용이 현저하게 악화되어 채권회수에 중대한 지장이 있을 때

4. 제5조, 제19조에서 정한 약정을 위반하여 건전한 계속거래 유지가 어렵다고 인정된 때

5. 여신거래와 관련하여 허위, 위·변조 또는 고의로 부실자료를 은행에 제출한 사실이 확인된 때

6. 청산절차 개시, 결손회사와의 합병, 노사분규에 따른 조업중단, 휴업, 관련기업의 도산, 회사경영에 영향을 미칠 법적분쟁 발생 등으로 현저하게 신용이 악화되었다고 인정된 때

7. 어음교환소의 거래정지처분 이외의 사유로 금융기관의 신용불량 거래처로 규제된 때

⑤ 채무자에 관하여 다음 각 호에서 정한 사유 중 하나라도 발생한 경우에 은행은 서면으로 독촉하고, 그 통지의 도달일부터 10일 이상으로 은행이 정한 기간이 경과하면 채무자는 은행에 대해 당해 채무 전부의 기한의 이익을 상실하여, 곧 이를 갚아야 할 의무를 집니다.

1. 제6조 제1항, 제15조에서 정한 약정을 이행하지 아니한 때

2. 담보물에 대한 화재보험 가입의무를 이행하지 아니한 때, 은행을 해할 목적으로 담보물건을 양도하여 은행에 손해를 끼친 때, 시설자금을 받아 설치·완공된 기계·건물 등의 담보제공을 지체하는 때, 기타 은행과의 개별약정을 이행하지 아니하여 정상적인 거래관계 유지가 어렵다고 인정된 때

3. 보증인이 제1항 제1호 내지 제5호의 사유에 해당하거나 제4항 제2호와 제3호에 해당하는 경우로서, 상당한 기간 내에 보증인을 교체하지 아니한 때

⑥ 제1항 내지 제5항에 의하여 채무자가 은행에 대한 채무의 기한의 이익을 상실한 경우라도, 은행의 명시적 의사표시가 있거나, 분할상환금·분할상환원리금·이자·지연배상금의 수령 등 정상적인 거래의 계속이 있는 때에는, 그 채무 또는 은행이 지정하는 채무의 기한의 이익은 그때부터 부활됩니다.

제8조【기한이익 상실의 연대보증인에 대한 통지】 ① 제7조 제1항 각 호에 의하여 기한이익이 상실될 때, 은행은 제1호·제6호·제4호의 어음교환소의 거래정지처분이 있는 경우에는 기한의 이익 상실사유가 발

생한 날로부터, 기타의 경우에는 기한의 이익 상실사유를 은행이 인지한 날로부터 각 15영업일 이내에 연대보증인에게 서면으로 그 내용을 통지하여야 합니다.

② 제7조 제4항과 제5항에 의하여 기한이익이 상실되는 경우, 은행은 기한의 이익이 상실된 날로부터 15영업일 이내에 연대보증인에게 서면으로 그 내용을 통지하여야 합니다.

③ 제1항 및 제2항에 의하여 연대보증인에게 기한이익 상실을 통지한 경우라도, 제7조 제6항에 해당되어 기한이익이 부활된 채무에 대하여는 계속거래를 위한 연대보증인의 동의를 요하지 않습니다. 이 경우 은행은 기한이익이 부활된 채무의 연대보증인에게 15영업일 이내에 서면으로 부활통지를 하여야 합니다.

제9조【할인어음의 환매채무】 ① 어음의 할인을 받은 채무자는 다음의 어음에 대하여 은행으로부터의 독촉·통지 등이 없어도 당연히 어음면 기재금액에 의한 환매채무를 지고 곧 갚아야 합니다. 이 경우 채무자가 어음의 만기 전에 환매채무를 이행하는 때에는 은행은 그 이행일부터 그 어음의 만기일까지의 할인료 상당금액을 되돌려 주어야 합니다.

1. 채무자에 관하여 제7조 제1항 각 호에서 정한 사유 중 하나라도 발생한 경우에는 할인 의뢰한 모든 어음

2. 어음을 발행 또는 인수한 자에게 제7조 제1항 각 호에서 정한 사유 중 하나라도 발생되거나 기일에 지급하지 아니한 때에는 그가 발행 또는 인수한 모든 어음

② 어음의 할인을 받은 채무자는 다음의 어음에 대하여 은행이 서면으로 독촉하고 그 통지의 도달일로부터 10일 이상으로 은행이 정한 기간이 경과하면 어음의 환매채무를 지고 곧 갚기로 합니다. 이 경우 채무자가 어음의 만기 전에 환매채무를 이행하는 때에는 은행은 그 이행일부터 만기일까지의 할인료 상당금액을 되돌려 주어야 합니다.

1. 채무자에 관하여 제7조 제4항, 제5항 각 호에서 정한 사유 중 하나라도 발생한 경우에는 할인의뢰한 모든 어음

2. 어음을 발행 또는 인수한 자에 관하여 제7조 제4항, 제5항 각 호에서 정한 사유 중 하나라도 발생한 경우 그가 발행 또는 인수한 모든 어음

③ 제1항, 제2항에 의한 채무를 모두 갚을 때까지는, 은행이 어음소지인으로서의 모든 권리를 행사할 수 있습니다.

④ 제1항, 제2항의 경우에도 제7조 제6항을 준용합니다.

제10조【은행으로부터의 상계 등】 ① 기한의 도래 또는 제7조에 의한 기한 전 채무변제의무, 제9조에 의한 할인어음의 환매채무의 발생 기타의 사유로 은행에 대한 채무를 이행하여야 하는 경우에는, 그 채무와 채무자의 제 예치금 기타의 채권과를 그 채권의 기한도래 여부에도 불구하고, 은행은 서면통지에 의하여 상계할 수 있습니다.

② 은행이 사전구상권에 의하여 제1항의 상계를 하는 경우에는 민법 제443조의 항변권에 불구하고 상계할 수 있는 것으로 하며, 원채무 또는 구상채무에 관하여 담보가 있는 경우에도 상계할 수 있습니다. 이 경우, 은행은 상계 후 지체없이 보증채무를 이행하여야 합니다.

③ 제1항에 있어서와 같이 은행에 대한 채무를 이행하여야 하는 경우에는, 은행은 사전의 통지나 소정의 절차를 생략하고, 채무자를 대리하여 채무자가 담보로 제공한 채무자의 제 예치금을 그 기한도래 여부에 불구하고 환급받아서 채무의 변제에 충당할 수 있습니다. 이 경우 은행은 대리환급 변제충당 후 그 사실을 지체없이 채무자에게 통지합니다.

④ 제1항 및 제2항에 따라 채무자의 채무와 채무자 및 보증인의 제 예치금 기타 채권(이하 "제 예치금 등"이라 합니다)과를 상계할 경우, 은행은 상계에 앞서 채무자 및 보증인의 제 예치금 등에 대하여 일시적인 지급정지 조치를 취할 수 있기로 하되, 보증인의 제 예치금 등에 대하여 지급정지 조치를 취한 경우에는 그 사실을 지체없이 보증인에게 통지하여야 합니다.

⑤ 제1항 및 제2항에 의한 상계나 제3항에 의한 대리환급변제충당을 실행하는 경우에는 채무자ㆍ보증인ㆍ담보제공자의 정당한 이익을 고려하여 신속히 실행하여야 하며, 채권ㆍ채무의 이자 등과 지연배상금의 계

산기간은, 은행의 상계통지가 채무자에게 도달한 날, 은행이 대리환급변제충당을 위한 계산을 하는 날까지로 하되, 그 율은 은행이 정하는 바에 따르며, 외국환시세는 은행이 계산실행할 때의 시세에 의하기로 합니다.

제11조【채무자로부터의 상계】 ① 채무자는 채무자의 기한 도래한 예금 기타의 채권과 은행에 대한 채무와를 그 채무의 기한도래 여부에 불구하고 상계할 수 있습니다.

② 만기 전의 할인어음에 관하여 제1항에 의하여 상계를 할 경우, 채무자는 어음금액에서 환매일부터 만기일까지 할인료 상당금액을 뺀 나머지 금액에 대한 환매채무를 지고, 이를 상계할 수 있습니다. 그러나 은행이 타인에게 재양도중인 할인어음에 관하여는 상계할 수 없습니다.

③ 제1항, 제2항의 약정에 불구하고, 외화에 대한 채권과 채무에 관하여는, 각기 기한도래하고 또한 외국환에 관한 법령에 따른 소정절차를 밟은 때에 한하여 상계할 수 있습니다.

④ 제1항 내지 제3항에 의하여 상계를 하는 경우에는, 서면에 의한 상계통지에 의하기로 하며, 상계한 예금 기타 채권의 증서·통장은 이미 신고한 도장을 찍거나 서명을 하여 곧 은행에 제출하여야 합니다.

⑤ 제1항 내지 제3항에 의한 상계를 하는 경우 채권·채무의 이자, 할인료 등과 지연배상금의 계산기간은 상계통지가 도달한 날까지로 하고, 그 율은 은행이 정하는 바에 따르며, 외국환시세는 은행이 계산 실행할 때의 시세에 의합니다. 또한 기한 전 변제에 관한 특별한 수수료의 정함이 있는 때에는 그 정함에 따라야 합니다.

제12조【어음의 제시·교부】 ① 어음이 따르는 거래에 있어서, 은행이 어음채권에 의하지 아니하고 제10조에 의한 상계 또는 대리환급변제충당을 할 경우, 은행은 그 어음을 동시에 반환하지 아니하여도 되며, 어음의 반환장소는 그 거래영업점으로 합니다. 이 경우 은행은 어음을 찾아가도록 지체없이 채무자에게 통지하여야 합니다. 제11조에 의한 상계에 따른 어음의 처리도 같습니다.

② 은행이 어음채권에 의하여 제10조에 의한 상계 또는 대리환급변제

충당을 할 때에는, 다음 각 호의 경우에 한하여, 어음의 제시 또는 교부를 하지 않아도 되며, 이 경우의 어음의 처리도 제1항과 같습니다.

　1. 은행이 채무자의 소재를 알 수 없을 때

　2. 은행이 어음의 지급장소인 때

　3. 교통 · 통신의 두절, 추심 기타의 사유로 제시 또는 교부의 생략이 부득이 하다고 인정되는 때

　③ 제10조, 제11조에 의한 상계 등을 하고도, 곧 이행하여야 할 나머지 채무가 있을 경우에, 어음에 채무자 이외의 어음상 채무자가 있는 때에는 은행은 그 어음을 계속 점유하고 추심 또는 처분한 후, 제13조에 준하여 채무의 변제에 충당할 수 있습니다.

　④ 은행이 어음채권의 시효중단을 위하여 독촉을 할 경우에도, 어음의 제시를 생략할 수 있습니다.

제13조【은행의 변제 등의 충당지정】 ① 채무자가 기한의 이익을 상실한 채무를 변제하거나, 은행이 제10조에 의한 상계 또는 대리환급변제충당을 하는 경우에, 채무자의 채무 전액을 없애기에 부족한 때에는 비용, 이자, 원금의 순서로 충당하기로 합니다. 그러나 은행은 채무자에게 불리하지 않은 범위 내에서 충당순서를 달리할 수 있습니다.

　② 변제 또는 상계될 채무가 수 개인 경우로서 채무전액이 변제 또는 상계되지 않을 경우, 강제집행 또는 담보권 실행경매에 의한 회수금에 대하여는 민법 기타 법률이 정하는 바에 따릅니다.

　③ 변제 또는 상계될 채무가 수 개인 경우로서 제2항에 해당되지 않는 임의의 상환금 또는 제 예치금으로 채무자의 채무전액을 없애기에 부족한 때에는 채무자가 지정하는 순서에 따라 변제 또는 상계에 충당하기로 합니다. 이 경우, 채무자가 지정하는 순서에 따를 경우 은행의 채권보전에 지장이 생길 염려가 있는 때에는, 은행은 지체없이 이의를 표시하고, 물적담보나 보증의 유무, 그 경중이나 처분의 난이, 변제기의 장단, 할인어음의 결제가능성 등을 고려하여 은행이 변제나 상계에 충당할 채무를

바꾸어 지정할 수 있습니다.

④ 은행이 변제충당순서를 제3항에 따라 민법 기타 법률이 정하는 바와 달리할 경우에는 은행의 채권보전에 지장이 없는 범위 내에서 채무자와 담보제공자 및 보증인의 정당한 이익을 고려하여야 합니다.

제14조【채무자의 상계충당지정】 ① 채무자가 제11조에 의하여 상계하는 경우, 채무자의 채무 전액을 소멸시키기에 부족한 때에는, 채무자가 지정하는 순서에 따라 상계에 충당합니다.

② 채무자가 제1항의 상계충당지정을 아니하거나 제1항의 지정에 의하면 은행의 채권보전상 지장이 생길 염려가 있는 경우에는 제13조에 준하여 은행이 상계에 충당할 채무를 지정하기로 합니다.

제15조【위험부담 · 면책조항】 ① 채무자가 발행 · 배서 · 인수나 보증한 어음 또는 채무자가 은행에 제출한 제 증서 등이 불가항력 · 사변 · 재해 · 수송도중의 사고 등 은행 자신의 책임 없는 사유로 인하여 분실 · 손상 · 멸실 또는 연착한 경우 채무자는 은행의 장부 · 전표 등의 기록에 의하여 채무를 갚기로 하되, 채무자가 은행의 장부 · 전표 등의 기록과 다른 자료를 제시할 경우 은행의 기록과 채무자가 제시하는 자료를 상호 대조하여 채무를 확정한 후 갚기로 합니다.

② 채무자는 제1항의 분실 · 손상 · 멸실의 경우에 은행의 청구에 따라 곧 그에 대신할 어음이나 증서 등을 제출하여야 합니다. 다만, 은행이 제3자와의 거래에서 취득한 어음이나 증서의 경우에는 제출하지 않아도 됩니다.

③ 제1항, 제2항에 의한 변제 또는 어음이나 증서의 제출로 인하여 채무자가 과실없이 이중의 지급의무를 부담하게 됨으로 말미암은 손해는 은행이 부담하여야 합니다.

④ 은행이 어음이나 제 증서 등의 인영 · 서명을 채무자가 미리 신고한 인감 · 서명과 상당한 주의로써 대조하고, 틀림없다고 인정하여 거래한 때에는, 어음 · 증서 등과 도장 · 서명에 관하여 위조 · 변조 · 도용 등의 사고가 있더라도 이로 말미암은 손해는 채무자가 부담하며, 채무자는 어

음 또는 증서 등의 기재문언에 따라 책임을 지기로 합니다.

　제16조【신고사항과 그 변경 등】① 채무자는 거래에 필요한 채무자의 명칭·상호·대표자·주소 등과 인감·서명을 은행이 정한 용지에 의하여 미리 신고하여야 합니다. 또한 대리인에 의하여 거래하고자 할 경우에 그 성명·인감·서명 등에 관하여도 같습니다.

　② 제1항에 의한 신고사항에 변경이 있는 경우, 채무자는 곧 서면으로 신고하여야 하며, 서면신고가 있기 전에는 은행이 변경없는 것으로 처리하여도 이의 없기로 합니다. 등기부상 변경등기를 마친 사항에 관하여도 같습니다. 이 경우에 변경없는 것으로 처리함으로써 생긴 손해는 채무자가 부담하고 은행에 대하여 아무런 청구도 않기로 합니다.

　제17조【자료의 성실작성의무】채무자는 여신거래와 관련하여 은행에 제출하는 자료를 성실하게 작성·제출하여야 합니다.

　제18조【통지의 효력】① 은행이 채무자가 신고한 최종 주소로 서면통지 또는 기타 서류 등을 발송한 경우, 보통의 우송기간이 경과한 때에 도달한 것으로 추정합니다.

　② 채무자가 제16조 제2항에 의한 변경신고를 게을리 함으로 말미암아 제1항에 의하여 발송한 서면통지 또는 기타 서류가 채무자에게 연착하거나 도달되지 않은 때에는 보통의 우송기간이 경과한 때에 도달한 것으로 봅니다. 다만, 상계통지나 기한 전의 채무변제 청구 등 중요한 의사표시인 경우에는 배달증명부내용증명에 의한 경우에 한하여 도달한 것으로 봅니다.

　③ 은행이 채무자에 대한 통지 등의 사본을 보존하고 또 그 발신의 사실 및 연월일을 장부 등에 명백히 기재한 때에는 발송한 것으로 추정합니다.

　제19조【회보와 조사】① 채무자는 그의 재산·부채현황·경영·업황 또는 융자조건의 이행 여부 기타 필요한 사항에 대하여 은행의 요구가 있으면 곧 회보하며, 은행이 필요에 따라 채무자의 장부·공장·사업장 기타의 조사를 하는 경우 협조하여야 합니다.

② 채무자는 그 재산·영업·업황 기타 거래관계에 영향을 미칠 사항에 관하여 중대한 변화가 생기거나 생길 염려가 있을 때에는, 은행의 요구가 없더라도 곧 은행 앞으로 통지하여야 합니다.

③ 은행은 제1항 또는 제2항에 의한 회보 등이나 조사에 의하여, 채무자가 어음교환소의 거래정지처분, 부실여신의 보유, 경영상황의 급격한 악화 등으로 채권회수 불능의 우려가 있는 때에는, 그 직원을 파견하여 채무자의 재산 및 경영에 관하여 채권보전을 위한 범위 내에서 관리·감독할 수 있습니다.

제20조【여신거래조건의 변경】 ① 은행은 채무자의 신용상태 변동시 은행이 정하는 바에 따라 신용평가등급을 조정하고 서면통지에 의하여 여신한도, 여신만기, 금리 등 여신거래조건을 신용평가등급에 따라 변경할 수 있습니다.

② 채무자는 제1항에 의하여 여신한도·여신만기의 거래조건이 변경된 경우 이에 이의가 있을 때에는 변경기준일로부터 1개월 이내에, 금리의 경우는 변경 후 최초로 이자를 납입하여야 할 날부터 1개월 이내에 계약을 해지할 수 있습니다. 이 경우 해지일까지는 변경 전의 여신거래조건을 적용하기로 합니다.

③ 채무자는 신용상태가 호전되었다고 인정되는 경우 은행이 정하는 바에 따라 여신한도, 여신만기, 금리 등 여신거래조건 변경을 서면으로 요구할 수 있습니다. 이 경우 은행은 적정성 여부를 심사하여 필요한 조치를 취하고, 그 결과를 채무자 앞으로 곧 통지하여야 합니다.

제21조【이행장소·준거법】 ① 채무의 이행장소는 다른 약정이 없는 한 거래영업점으로 합니다. 다만, 부실채권의 관리 등 상당한 사유로 채권관리업무를 은행의 본점·지역본부 또는 다른 영업점으로 이관한 경우에는, 이관 받은 본점·지역본부 또는 다른 영업점을 그 이행장소로 합니다.

② 채무자가 내국인 또는 내국법인이 아닌 경우라도, 이 약관에 터잡은 여신거래에 관하여 적용될 법률은 국내법을 적용합니다

　　제22조【약관·부속약관 변경】 ① 은행이 이 약관이나 부속약관을 변경하고자 할 경우, 채무자에게 불리한 내용이 될 때에는 서면통지로써, 그 밖에는 거래영업점 게시로써, 이를 알려야 합니다. 이 경우 통지나 게시중에는 제2항의 뜻을 명시하여야 합니다.

　　② 통지를 발송하거나 게시한 후 1개월 이내에 채무자의 서면에 의한 이의가 은행에 도달하지 않은 때에는, 약관의 변경을 승인한 것으로 봅니다.

　　제23조【관할법원의 합의】 이 약관에 터잡은 여신거래에 관하여 은행과 채무자 또는 보증인 또는 물상보증인 사이에 소송의 필요가 생긴 때에는, 법이 정하는 관할법원과 아울러 은행의 거래영업점 소재지 지방법원을 관할법원으로 합니다. 다만, 채무자의 책임 있는 사유로 부실채권이 발생되어 그 채권의 관리를 위하여 은행이 본점·지역본부 또는 다른 영업점으로 그 채권관리 업무를 이관한 경우에는, 법이 정하는 관할법원과 아울러 이관받은 본점·지역본부 또는 다른 영업점의 소재지 지방법원을 관할법원으로 합니다.

약 관

    다수의 고객을 상대로 하는 경우에는 계약마다 개별적으로 그 내용을 정하는 것이 곤란하므로 대량거래를 신속하고 안전하게 처리하기 위하여 어떤 종류의 거래에 대하여 사전에 정형적으로 정한 계약조항을 약관, 또는 보통거래약관이라 한다.

    일반적으로 계약에 있어서 교부되는 증서와 증권의 이면에 부동문자(不動文字)로 인쇄되어 있든가, 별지로 첨부된다. 대부분의 경우에는 기업자나 그 단체에 의하여 일방적으로 작성되지만, 거래의 당사자가 특히 약관에 의하지 않음을 표시하고 계약하지 않는 한 약관에 따르는 것으로 인정된다. 약관에 관한 규제는 '약관규제에관한법률'에 의한다.

민 법(발췌)

제 7장 유치권

제320조【유치권의 내용】① 타인의 물건 또는 유가증권을 점유한 자는 그 물건이나 유가증권에 관하여 생긴 채권이 변제기에 있는 경우에는 변제를 받을 때까지 그 물건 또는 유가증권을 유치할 권리가 있다.

② 전 항의 규정은 그 점유가 불법행위로 인한 경우에 적용하지 아니한다.

제321조【유치권의 불가분성】유치권자는 채권전부의 변제를 받을 때까지 유치물 전부에 대하여 그 권리를 행사할 수 있다.

제322조【경매, 간역변제충당】① 유치권자는 채권의 변제를 받기 위하여 유치물을 경매할 수 있다.

② 정당한 이유가 있는 때에는 유치권자는 감정인의 평가에 의하여 유치물로 직접 변제에 충당할 것을 법원에 청구할 수 있다. 이 경우에는 유치권자는 미리 채무자에게 통지하여야 한다.

제323조【과실수취권】① 유치권자는 유치물의 과실을 수취하여 다른 채권보다 먼저 그 채권의 변제에 충당할 수 있다. 그러나 과실이 금전이 아닌 때에는 경매하여야 한다.

② 과실은 먼저 채권의 이자에 충당하고 그 잉여가 있으면 원본에 충당한다.

제324조【유치권자의 선관의무】① 유치권자는 선량한 관리자의 주의로 유치물을 점유하여야 한다.

② 유치권자는 채무자의 승낙 없이 유치물의 사용, 대여 또는 담보제공을 하지 못한다. 그러나 유치물의 보존에 필요한 사용은 그러하지 아니하다.

③ 유치권자가 전 2항의 규정에 위반한 때에는 채무자는 유치권의 소멸을 청구할 수 있다.

제325조【유치권자의 상환청구권】 ① 유치권자가 유치물에 관하여 필요비를 지출한 때에는 소유자에게 그 상환을 청구할 수 있다.

② 유치권자가 유치물에 관하여 유익비를 지출한 때에는 그 가액의 증가가 현존한 경우에 한하여 소유자의 선택에 좇아 그 지출한 금액이나 증가액의 상환을 청구할 수 있다. 그러나 법원은 소유자의 청구에 의하여 상당한 상환기간을 허여할 수 있다.

제326조【피담보채권의 소멸시효】 유치권의 행사는 채권의 소멸시효의 진행에 영향을 미치지 아니한다.

제327조【타담보제공과 유치권소멸】 채무자는 상당한 담보를 제공하고 유치권의 소멸을 청구할 수 있다.

제328조【점유상실과 유치권소멸】 유치권은 점유의 상실로 인하여 소멸한다.

제 8장 질권

제1절 동산질권

제329조【동산질권의 내용】 동산질권자는 채권의 담보로 채무자 또는 제3자가 제공한 동산을 점유하고 그 동산에 대하여 다른 채권자보다 자기채권의 우선변제를 받을 권리가 있다.

제330조【설정계약의 요물성】 질권의 설정은 질권자에게 목적물을 인도함으로써 그 효력이 생긴다.

제331조【질권의 목적물】 질권은 양도할 수 없는 물건을 목적으로 하지 못한다.

제332조【설정자에 의한 대리점유의 금지】 질권자는 설정자로 하여금 질물의 점유를 하게 하지 못한다.

제333조【동산질권의 순위】수 개의 채권을 담보하기 위하여 동일한 동산에 수 개의 질권을 설정한 때에는 그 순위는 설정의 선후에 의한다.

제334조【피담보채권의 범위】질권은 원본, 이자, 위약금, 질권실행의 비용, 질물보존의 비용 및 채무불이행 또는 질물의 하자로 인한 손해배상의 채권을 담보한다. 그러나 다른 약정이 있는 때에는 그 약정에 의한다.

제335조【유치적 효력】질권자는 전 조의 질권의 변제를 받을 때까지 질물을 유치할 수 있다. 그러나 자기보다 우선권이 있는 채권자에게 대항하지 못한다.

제336조【전질권】질권자는 그 권리의 범위 내에서 자기의 책임으로 질물을 전질할 수 있다. 이 경우에는 전질을 하지 아니하였으면 면할 수 있는 불가항력으로 인한 손해에 대하여도 책임을 부담한다.

제337조【전질의 대항요건】① 전 조의 경우에 질권자가 채무자에게 전질의 사실을 통지하거나 채무자가 이를 승낙함이 아니면 전질로써 채무자, 보증인, 질권설정자 및 그 승계인에게 대항하지 못한다.

② 채무자가 전 항의 통지를 받거나 승낙을 한 때에는 전질권자의 동의 없이 질권자에게 채무를 변제하여도 이로써 전 질권자에게 대항하지 못한다.

제338조【경매, 간역변제충당】① 질권자는 채권의 변제를 받기 위하여 질물을 경매할 수 있다.

② 정당한 이유가 있는 때에는 질권자는 감정자의 평가에 의하여 질물로 직접 변제에 충당할 것을 법원에 청구할 수 있다. 이 경우에는 질권자는 미리 채무자 및 질권설정자에게 통지하여야 한다.

제339조【유질계약의 금지】질권설정자는 채무변제기전의 계약으로 질권자에게 변제에 갈음하여 질물의 소유권을 취득하게 하거나 법률에 정한 방법에 의하지 아니하고 질물을 처분할 것을 약정하지 못한다.

제340조【질물 이외의 재산으로부터의 변제】① 질권자는 질물에 의하여 변제를 받지 못한 부분의 채권에 한하여 채무자의 다른 재산으로부터 변제를 받을 수 있다.

② 전 항의 규정은 질물보다 먼저 다른 재산에 관한 배당을 실시하는 경우에는 적용하지 아니한다. 그러나 다른 채권자는 질권자에게 그 배당금액의 공탁을 청구할 수 있다.

제341조【물상보증인의 구상권】 타인의 채무를 담보하기 위한 질권설정자가 그 채무를 변제하거나 질권의 실행으로 인하여 질물의 소유권을 잃은 때에는 보증채무에 관한 규정에 의하여 채무자에 대한 구상권이 있다.

제342조【물상대위】 질권은 질물의 멸실, 훼손 또는 공용징수로 인하여 질권설정자가 받을 금전 기타 물건에 대하여도 이를 행사할 수 있다. 이 경우에는 그 지급 또는 인도전에 압류하여야 한다.

제343조【준용규정】 제249조 내지 제251조, 제321조 내지 제325조의 규정은 동산질권에 준용한다.

제344조【타법률에 의한 질권】 본절의 규정은 다른 법률의 규정에 의하여 설정된 질권에 준용한다.

제2절 권리질권

제345조【권리질권의 목적】 질권은 재산권을 그 목적으로 할 수 있다. 그러나 부동산의 사용, 수익을 목적으로 하는 권리는 그러하지 아니하다.

제346조【권리질권의 설정방법】 권리질권의 설정은 법률에 다른 규정이 없으면 그 권리의 양도에 관한 방법에 의하여야 한다.

제347조【설정계약의 요물성】 채권을 질권의 목적으로 하는 경우에 채권증서가 있는 때에는 질권의 설정은 그 증서를 질권자에게 교부함으로써 그 효력이 생긴다.

제348조【저당채권에 대한 질권과 부기등기】 저당권으로 담보한 채권을 질권의 목적으로 한 때에는 그 저당권등기에 질권의 부기등기를 하여야 그 효력이 저

당권에 미친다.

제349조【지명채권에 대한 질권의 대항요건】 ① 지명채권을 목적으로 한 질권의 설정은 설정자가 제450조의 규정에 의하여 제3채무자에게 질권설정의 사실을 통지하거나 제3채무자가 이를 승낙함이 아니면 이로써 제3채무자 기타 제삼자에게 대항하지 못한다.

②제451조의 규정은 전항의 경우에 준용한다.

제350조【지시채권에 대한 질권의 설정방법】 지시채권을 질권의 목적으로한 질권의 설정은 증서에 배서하여 질권자에게 교부함으로써 그 효력이 생긴다.

제351조【무기명채권에 대한 질권의 설정방법】 무기명채권을 목적으로한 질권의 설정은 증서를 채권자에게 교부함으로써 그 효력이 생긴다.

제352조【질권설정자의 권리처분제한】 질권설정자는 질권자의 동의없이 질권의 목적된 권리를 소멸하게 하거나 질권자의 이익을 해하는 변경을 할 수 없다.

제353조【질권의 목적이 된 채권의 실행방법】 ① 질권자는 질권의 목적이 된 채권을 직접 청구할 수 있다.

② 채권의 목적물이 금전인 때에는 질권자는 자기채권의 한도에서 직접 청구할 수 있다.

③ 전항의 채권의 변제기가 질권자의 채권의 변제기보다 먼저 도래한 때에는 질권자는 제3채무자에 대하여 그 변제금액의 공탁을 청구할 수 있다. 이 경우에 질권은 그 공탁금에 존재한다.

④ 채권의 목적물이 금전이외의 물건인 때에는 질권자는 그 변제를 받은 물건에 대하여 질권을 행사할 수 있다.

제354조【동전】 질권자는 전조의 규정에 의하는 외에 민사집행법에 정한 집행방법에 의하여 질권을 실행할 수 있다. 〈개정 2001.12.29〉

제355조【준용규정】 권리질권에는 본절의 규정외에 동산질권에 관한 규정을 준용한다.

제9장 저당권

제356조【저당권의 내용】저당권자는 채무자 또는 제3자가 점유를 이전하지 아니하고 채무의 담보로 제공한 부동산에 대하여 다른 채권자보다 자기채권의 우선변제를 받을 권리가 있다.

제357조【근저당】① 저당권은 그 담보할 채무의 최고액만을 정하고 채무의 확정을 장래에 보류하여 이를 설정할 수 있다. 이 경우에는 그 확정될 때까지의 채무의 소멸 또는 이전은 저당권에 영향을 미치지 아니한다.

② 전 항의 경우에는 채무의 이자는 최고액 중에 산입한 것으로 본다.

제358조【저당권의 효력의 범위】저당권의 효력은 저당부동산에 부합된 물건과 종물에 미친다. 그러나 법률에 특별한 규정 또는 설정행위에 다른 약정이 있으면 그러하지 아니하다.

제359조【과실에 대한 효력】저당권의 효력은 저당부동산에 대한 압류가 있은 후에 저당권설정자가 그 부동산으로부터 수취한 과실 또는 수취할 수 있는 과실에 미친다. 그러나 저당권자가 그 부동산에 대한 소유권, 지상권 또는 전세권을 취득한 제3자에 대하여는 압류한 사실을 통지한 후가 아니면 이로써 대항하지 못한다.

제360조【피담보채권의 범위】저당권은 원본, 이자, 위약금, 채무불이행으로 인한 손해배상 및 저당권의 실행비용을 담보한다. 그러나 지연배상에 대하여는 원본의 이행기일을 경과한 후의 1년분에 한하여 저당권을 행사할 수 있다.

제361조【저당권의 처분제한】저당권은 그 담보한 채권과 분리하여 타인에게 양도하거나 다른 채권의 담보로 하지 못한다.

제362조【저당물의 보충】저당권설정자의 책임 있는 사유로 인하여 저당물의 가액이 현저히 감소된 때에는 저당권자는 저당권설정자에 대하여 그 원상회복 또는 상당한 담보제공을 청구할 수 있다.

제363조【저당권자의 경매청구권, 경매인】① 저당권자는 그 채권의 변제를 받

기 위하여 저당물의 경매를 청구할 수 있다.

② 저당물의 소유권을 취득한 제3자도 경매인이 될 수 있다.

제364조【제3취득자의 변제】저당부동산에 대하여 소유권, 지상권 또는 전세권을 취득한 제3자는 저당권자에게 그 부동산으로 담보된 채권을 변제하고 저당권의 소멸을 청구할 수 있다.

제365조【저당지상의 건물에 대한 경매청구권】토지를 목적으로 저당권을 설정한 후 그 설정자가 그 토지에 건물을 축조한 때에는 저당권자는 토지와 함께 그 건물에 대하여도 경매를 청구할 수 있다. 그러나 그 건물의 경매대가에 대하여는 우선변제를 받을 권리가 없다.

제366조【법정지상권】저당물의 경매로 인하여 토지와 그 지상건물이 다른 소유자에 속한 경우에는 토지소유자는 건물소유자에 대하여 지상권을 설정한 것으로 본다. 그러나 지료는 당사자의 청구에 의하여 법원이 이를 정한다.

제367조【제3취득자의 비용상환청구권】저당물의 제3취득자가 그 부동산의 보존, 개량을 위하여 필요비 또는 유익비를 지출한 때에는 제203조 제1항, 제2항의 규정에 의하여 저당물의 경매대가에서 우선상환을 받을 수 있다.

제368조【공동저당과 대가의 배당, 차순위자의 대위】① 동일한 채권의 담보로 수 개의 부동산에 저당권을 설정한 경우에 그 부동산의 경매대가를 동시에 배당하는 때에는 각 부동산의 경매대가에 비례하여 그 채권의 분담을 정한다.

② 전 항의 저당부동산 중 일부의 경매대가를 먼저 배당하는 경우에는 그 대가에서 그 채권 전부의 변제를 받을 수 있다. 이 경우에 그 경매한 부동산의 차순위저당권자는 선순위저당권자가 전 항의 규정에 의하여 다른 부동산의 경매대가에서 변제를 받을 수 있는 금액의 한도에서 선순위자를 대위하여 저당권을 행사할 수 있다.

제369조【부종성】저당권으로 담보한 채권이 시효의 완성, 기타 사유로 인하여 소멸한 때에는 저당권도 소멸한다.

제370조【준용규정】제214조, 제321조, 제333조, 제340조, 제341조 및 제342

조의 규정은 저당권에 준용한다.

제371조【지상권, 전세권을 목적으로 하는 저당권】 ① 본장의 규정은 지상권 또는 전세권을 저당권의 목적으로 한 경우에 준용한다.

② 지상권 또는 전세권을 목적으로 저당권을 설정한 자는 저당권자의 동의 없이 지상권 또는 전세권을 소멸하게 하는 행위를 하지 못한다.

제372조【타법률에 의한 저당권】 본장의 규정은 다른 법률에 의하여 설정된 저당권에 준용한다.

제3절 수인의 채권자 및 채무자

제1관 총칙

제408조 【분할채권관계】 채권자나 채무자가 수인인 경우에 특별한 의사표시가 없으면 각 채권자 또는 각 채무자는 균등한 비율로 권리가 있고 의무를 부담한다.

제2관 불가분채권과 불가분채무

제409조 【불가분채권】 채권의 목적이 그 성질 또는 당사자의 의사표시에 의하여 불가분인 경우에 채권자가 수인인 때에는 각 채권자는 모든 채권자를 위하여 이행을 청구할 수 있고 채무자는 모든 채권자를 위하여 각 채권자에게 이행할 수 있다.

제410조 【1인의 채권자에 생긴 사항의 효력】 ① 전 조의 규정에 의하여 모든 채권자에게 효력이 있는 사항을 제외하고는 불가분채권자 중 1인의 행위나 1인에 관한 사항은 다른 채권자에게 효력이 없다.

② 불가분채권자 중의 1인과 채무자간에 경개나 면제 있는 경우에 채무전부의 이행을 받은 다른 채권자는 그 1인이 권리를 잃지 아니하였으면 그에게 분급할 이익을 채무자에게 상환하여야 한다.

제411조 【불가분채무와 준용규정】 수인이 불가분채무를 부담한 경우에는 제413조 내지 제415조, 제422조, 제424조 내지 제427조 및 전 조의 규정을 준용한다.

제412조 【가분채권, 가분채무에의 변경】 불가분채권이나 불가분채무가 가분채권 또는 가분채무로 변경된 때에는 각 채권자는 자기부분만의 이행을 청구할 권리가 있고 각 채무자는 자기부담부분만을 이행할 의무가 있다.

제3관 연대채무

제413조 【연대채무의 내용】 수인의 채무자가 채무 전부를 각자 이행할 의무가 있고 채무자 1인의 이행으로 다른 채무자도 그 의무를 면하게 되는 때에는 그 채무는 연대채무로 한다.

제414조 【각 연대채무자에 대한 이행청구】 채권자는 어느 연대채무자에 대하여 또는 동시나 순차로 모든 연대채무자에 대하여 채무의 전부나 일부의 이행을 청구할 수 있다.

제415조 【채무자에 생긴 무효, 취소】 어느 연대채무자에 대한 법률행위의 무효나 취소의 원인은 다른 연대채무자의 채무에 영향을 미치지 아니한다.

제416조 【이행청구의 절대적 효력】 어느 연대채무자에 대한 이행청구는 다른 연대채무자에게도 효력이 있다.

제417조 【경개의 절대적 효력】 어느 연대채무자와 채권자간에 채무의 경개가 있는 때에는 채권은 모든 연대채무자의 이익을 위하여 소멸한다.

제418조 【상계의 절대적 효력】 ① 어느 연대채무자가 채권자에 대하여 채권이 있는 경우에 그 채무자가 상계한 때에는 채권은 모든 연대채무자의 이익을 위하여 소멸한다.

② 상계할 채권이 있는 연대채무자가 상계하지 아니한 때에는 그 채무자의 부담부분에 한하여 다른 연대채무자가 상계할 수 있다.

제419조 【면제의 절대적 효력】 어느 연대채무자에 대한 채무면제는 그 채무자의 부담부분에 한하여 다른 연대채무자의 이익을 위하여 효력이 있다.

제420조 【혼동의 절대적 효력】 어느 연대채무자와 채권자간에 혼동이 있는 때에는 그 채무자의 부담부분에 한하여 다른 연대채무자도 의무를 면한다.

제421조 【소멸시효의 절대적 효력】 어느 연대채무자에 대하여 소멸시효가 완성한 때에는 그 부담부분에 한하여 다른 연대채무자도 의무를 면한다.

제422조 【채권자 지체의 절대적 효력】 어느 연대채무자에 대한 채권자의 지체

는 다른 연대채무자에게도 효력이 있다.

　제423조【효력의 상대성의 원칙】전 제7조의 사항 외에는 어느 연대채무자에 관한 사항은 다른 연대채무자에게 효력이 없다.

　제424조【부담부분의 균등】연대채무자의 부담부분은 균등한 것으로 추정한다.

　제425조【출재채무자의 구상권】① 어느 연대채무자가 변제, 기타 자기의 출재로 공동면책이 된 때에는 다른 연대채무자의 부담부분에 대하여 구상권을 행사할 수 있다.

　② 전 항의 구상권은 면책된 날 이후의 법정이자 및 피할 수 없는 비용, 기타 손해배상을 포함한다.

　제426조【구상요건으로서의 통지】① 어느 연대채무자가 다른 연대채무자에게 통지하지 아니하고 변제, 기타 자기의 출재로 공동면책이 된 경우에 다른 연대채무자가 채권자에게 대항할 수 있는 사유가 있었을 때에는 그 부담부분에 한하여 이 사유로 면책행위를 한 연대채무자에게 대항할 수 있고 그 대항사유가 상계인 때에는 상계로 소멸할 채권은 그 연대채무자에게 이전된다.

　② 어느 연대채무자가 변제, 기타 자기의 출재로 공동면책되었음을 다른 연대채무자에게 통지하지 아니한 경우에 다른 연대채무자가 선의로 채권자에게 변제, 기타 유상의 면책행위를 한 때에는 그 연대채무자는 자기의 면책행위의 유효를 주장할 수 있다.

　제427조【상환무자력자의 부담부분】① 연대채무자 중에 상환할 자력이 없는 자가 있는 때에는 그 채무자의 부담부분은 구상권자 및 다른 자력이 있는 채무자가 그 부담부분에 비례하여 분담한다. 그러나 구상권자에게 과실이 있는 때에는 다른 연대채무자에 대하여 분담을 청구하지 못한다.

　② 전 항의 경우에 상환할 자력이 없는 채무자의 부담부분을 분담할 다른 채무자가 채권자로부터 연대의 면제를 받은 때에는 그 채무자의 분담할 부분은 채권자의 부담으로 한다.

제4관 보증채무

제428조【보증채무의 내용】 ① 보증인은 주채무자가 이행하지 아니하는 채무를 이행할 의무가 있다.

② 보증은 장래의 채무에 대하여도 할 수 있다.

제429조【보증채무의 범위】 ① 보증채무는 주채무의 이자, 위약금, 손해배상, 기타 주채무에 종속한 채무를 포함한다.

② 보증인은 그 보증채무에 관한 위약금, 기타 손해배상액을 예정할 수 있다.

제430조【목적, 형태상의 부종성】 보증인의 부담이 주채무의 목적이나 형태보다 중한 때에는 주채무의 한도로 감축한다.

제431조【보증인의 조건】 ① 채무자가 보증인을 세울 의무가 있는 경우에는 그 보증인은 행위능력 및 변제자력이 있는 자로 하여야 한다.

② 보증인이 변제자력이 없게 된 때에는 채권자는 보증인의 변경을 청구할 수 있다.

③ 채권자가 보증인을 지명한 경우에는 전 2항의 규정을 적용하지 아니한다.

제432조【타담보의 제공】 채무자는 다른 상당한 담보를 제공함으로써 보증인을 세울 의무를 면할 수 있다.

제433조【보증인과 주채무자 항변권】 ① 보증인은 주채무자의 항변으로 채권자에게 대항할 수 있다.

② 주채무자의 항변포기는 보증인에게 효력이 없다.

제434조【보증인과 주채무자 상계권】 보증인은 주채무자의 채권에 의한 상계로 채권자에게 대항할 수 있다.

제435조【보증인과 주채무자의 취소권 등】 주채무자가 채권자에 대하여 취소권 또는 해제권이나 해지권이 있는 동안은 보증인은 채권자에 대하여 채무의 이행을 거절할 수 있다.

제436조【취소할 수 있는 채무의 보증】 취소의 원인 있는 채무를 보증한 자가

보증계약당시에 그 원인 있음을 안 경우에 주채무의 불이행 또는 취소가 있는 때에는 주채무와 동일한 목적의 독립채무를 부담한 것으로 본다.

　제437조【보증인의 최고, 검색의 항변】채권자가 보증인에게 채무의 이행을 청구한 때에는 보증인은 주채무자의 변제자력이 있는 사실 및 그 집행이 용역할 것을 증명하여 먼저 주채무자에게 청구할 것과 그 재산에 대하여 집행할 것을 항변할 수 있다. 그러나 보증인이 주채무자와 연대하여 채무를 부담한 때에는 그러하지 아니하다.

　제438조【최고, 검색의 해태의 효과】전 조의 규정에 의한 보증인의 항변에 불구하고 채권자의 해태로 인하여 채무자로부터 전부나 일부의 변제를 받지 못한 경우에는 채권자가 해태하지 아니하였으면 변제받았을 한도에서 보증인은 그 의무를 면한다.

　제439조【공동보증의 분별의 이익】수인의 보증인이 각자의 행위로 보증채무를 부담한 경우에도 제408조의 규정을 적용한다.

　제440조【시효중단의 보증인에 대한 효력】주채무자에 대한 시효의 중단은 보증인에 대하여 그 효력이 있다.

　제441조【수탁보증인의 구상권】① 주채무자의 부탁으로 보증인이 된 자가 과실 없이 변제, 기타의 출재로 주채무를 소멸하게 한 때에는 주채무자에 대하여 구상권이 있다.

　② 제425조 제2항의 규정은 전 항의 경우에 준용한다.

　제442조【수탁보증인의 사전구상권】① 주채무자의 부탁으로 보증인이 된 자는 다음 각호의 경우에 주채무자에 대하여 미리 구상권을 행사할 수 있다.

　　1. 보증인이 과실 없이 채권자에게 변제할 재판을 받은 때

　　2. 주채무자가 파산선고를 받은 경우에 채권자가 파산재단에 가입하지 아니한 때

　　3. 채무의 이행기가 확정되지 아니하고 그 최장기도 확정할 수 없는 경우에 보증계약 후 5년을 경과한 때

　4. 채무의 이행기가 도래한 때

　② 전 항 제4호의 경우에는 보증계약 후에 채권자가 주채무자에게 허여한 기한으로 보증인에게 대항하지 못한다.

　제443조 【주채무자의 면책청구】 전 조의 규정에 의하여 주채무자가 보증인에게 배상하는 경우에 주채무자는 자기를 면책하게 하거나 자기에게 담보를 제공할 것을 보증인에게 청구할 수 있고 또는 배상할 금액을 공탁하거나 담보를 제공하거나 보증인을 면책하게 함으로써 그 배상의무를 면할 수 있다.

　제444조 【부탁 없는 보증인의 구상권】 ① 주채무자의 부탁 없이 보증인이 된 자가 변제, 기타 자기의 출재로 주채무를 소멸하게 한 때에는 주채무자는 그 당시에 이익을 받은 한도에서 배상하여야 한다.

　② 주채무자의 의사에 반하여 보증인이 된 자가 변제, 기타 자기의 출재로 주채무를 소멸하게 한 때에는 주채무자는 현존 이익의 한도에서 배상하여야 한다.

　③ 전 항의 경우에 주채무자가 구상한 날 이전에 상계원인이 있음을 주장한 때에는 그 상계로 소멸할 채권은 보증인에게 이전된다.

　제445조 【구상요건으로서의 통지】 ① 보증인이 주채무자에게 통지하지 아니하고 변제, 기타 자기의 출재로 주채무를 소멸하게 한 경우에 주채무자가 채권자에게 대항할 수 있는 사유가 있었을 때에는 그 사유로 보증인에게 대항할 수 있고 그 대항사유가 상계인 때에는 상계로 소멸할 채권은 보증인에게 이전된다.

　② 보증인이 변제, 기타 자기의 출재로 면책되었음을 주채무자에게 통지하지 아니한 경우에 주채무자가 선의로 채권자에게 변제, 기타 유상의 면책행위를 한 때에는 주채무자는 자기의 면책행위의 유효를 주장할 수 있다.

　제446조 【주채무자의 보증인에 대한 면책통지의무】 주채무자가 자기의 행위로 면책하였음을 그 부탁으로 보증인이 된 자에게 통지하지 아니한 경우에 보증인이 선의로 채권자에게 변제, 기타 유상의 면책행위를 한 때에는 보증인은 자기의 면책행위의 유효를 주장할 수 있다.

　제447조 【연대, 불가분채무의 보증인의 구상권】 어느 연대채무자나 어느 불가

분채무자를 위하여 보증인이 된 자는 다른 연대채무자나 다른 불가분채무자에
대하여 그 부담부분에 한하여 구상권이 있다.

제448조 【공동보증인간의 구상권】 ① 수인의 보증인이 있는 경우에 어느 보증
인이 자기의 부담부분을 넘은 변제를 한 때에는 제444조의 규정을 준용한다.

② 주채무가 불가분이거나 각 보증인이 상호연대로 또는 주채무자와 연대로
채무를 부담한 경우에 어느 보증인이 자기의 부담부분을 넘은 변제를 한 때에는
제425조 내지 제427조의 규정을 준용한다.

제4절 채권의 양도

제449조【채권의 양도성】① 채권은 양도할 수 있다. 그러나 채권의 성질이 양도를 허용하지 아니하는 때에는 그러하지 아니하다.

② 채권은 당사자가 반대의 의사를 표시한 경우에는 양도하지 못한다. 그러나 그 의사표시로써 선의의 제3자에게 대항하지 못한다.

제450조【지명채권양도의 대항요건】① 지명채권의 양도는 양도인이 채무자에게 통지하거나 채무자가 승낙하지 아니하면 채무자, 기타 제3자에게 대항하지 못한다.

② 전 항의 통지나 승낙은 확정일자 있는 증서에 의하지 아니하면 채무자 이외의 제3자에게 대항하지 못한다.

제451조【승낙, 통지의 효과】① 채무자가 이의를 보류하지 아니하고 전 조의 승낙을 한 때에는 양도인에게 대항할 수 있는 사유로써 양수인에게 대항하지 못한다. 그러나 채무자가 채무를 소멸하게 하기 위하여 양도인에게 급여한 것이 있으면 이를 회수할 수 있고 양도인에 대하여 부담한 채무가 있으면 그 성립되지 아니함을 주장할 수 있다.

② 양도인이 양도통지만을 한 때에는 채무자는 그 통지를 받은 때까지 양도인에 대하여 생긴 사유로써 양수인에게 대항할 수 있다.

제452조【양도통지와 금반언】① 양도인이 채무자에게 채권양도를 통지한 때에는 아직 양도하지 아니하였거나 그 양도가 무효인 경우에도 선의인 채무자는 양수인에게 대항할 수 있는 사유로 양도인에게 대항할 수 있다.

② 전 항의 통지는 양수인의 동의가 없으면 철회하지 못한다.

제5절 채무의 인수

제453조【채권자와의 계약에 의한 채무인수】① 제3자는 채권자와의 계약으로

채무를 인수하여 채무자의 채무를 면하게 할 수 있다. 그러나 채무의 성질이 인수를 허용하지 아니하는 때에는 그러하지 아니하다.

② 이해관계 없는 제3자는 채무자의 의사에 반하여 채무를 인수하지 못한다.

제454조【채무자와의 계약에 의한 채무인수】① 제3자가 채무자와의 계약으로 채무를 인수한 경우에는 채권자의 승낙에 의하여 그 효력이 생긴다.

② 채권자의 승낙 또는 거절의 상대방은 채무자나 제3자이다.

제455조【승낙여부의 최고】①전 조의 경우에 제3자나 채무자는 상당한 기간을 정하여 승낙여부의 확답을 채권자에게 최고할 수 있다.

② 채권자가 그 기간내에 확답을 발송하지 아니한 때에는 거절한 것으로 본다.

제456조【채무인수의 철회, 변경】제3자와 채무자간의 계약에 의한 채무인수는 채권자의 승낙이 있을 때까지 당사자는 이를 철회하거나 변경할 수 있다.

제457조【채무인수의 소급효】채권자의 채무인수에 대한 승낙은 다른 의사표시가 없으면 채무를 인수한 때에 소급하여 그 효력이 생긴다. 그러나 제3자의 권리를 침해하지 못한다.

제458조【전 채무자의 항변사유】인수인은 전 채무자의 항변할 수 있는 사유로 채권자에게 대항할 수 있다.

제459조【채무인수와 보증, 담보의 소멸】전 채무자의 채무에 대한 보증이나 제3자가 제공한 담보는 채무인수로 인하여 소멸한다. 그러나 보증인이나 제3자가 채무인수에 동의한 경우에는 그러하지 아니하다.

가등기담보등에관한법■

제1조【목적】 이 법은 차용물의 반환에 관하여 차주가 차용물에 갈음하여 다른 재산권을 이전할 것을 예약함에 있어서 그 재산의 예약당시의 가액이 차용액 및 이에 붙인 이자의 합산액을 초과하는 경우에 이에 따른 담보계약과 그 담보의 목적으로 경료된 가등기 또는 소유권이전등기의 효력을 정함을 목적으로 한다.

제2조【정의】 이 법에서 사용하는 용어의 정의는 다음과 같다. 〈개정 1997. 12. 13〉

　　1. "담보계약"이라 함은 민법 제608조의 규정에 의하여 그 효력이 상실되는 대물반환의 예약(환매, 양도담보, 기타 명목여하를 불문한다)에 포함되거나 병존하는 채권담보의 계약을 말한다.

　　2. "채무자등"이라 함은 채무자와 담보가등기목적 부동산의 물상보증인 및 담보가등기 후 소유권을 취득한 제3자를 말한다.

　　3. "담보가등기"라 함은 채권담보의 목적으로 경료된 가등기를 말한다.

　　4. "경매등"이라 함은 강제경매와 담보권의 실행 등을 위한 경매를 말한다.

　　5. "후순위권리자"라 함은 담보가등기 후에 등기된 저당권자·전세권자 및 담보가등기권리자를 말한다.

제3조【담보권의 실행의 통지와 청산기간】 ① 채권자가 담보계약에 의한 담보권을 실행하여 그 담보목적부동산의 소유권을 취득하기 위해서는 그 채권의 변제기 후에 제4조에 규정한 청산금의 평가액을 채무자 등에게 통지하고, 그 통지가 채무자 등에게 도달한 날로부터 2월(이하 "청산기간"이라 한다)이 경과하여야 한다. 이 경우 청산금이 없다고 인정되는 때에는 그 뜻을 통지하여야 한다.

② 제1항의 규정에 의한 통지에는 통지당시의 목적부동산의 평가액과 민법 제360조에 규정된 채권액을 명시하여야 한다. 이 경우 부동산이 2 이상인 때에는 각 부동산의 소유권이전에 의하여 소멸시키려고 하는 채권과 그 비용을 명시하

여야 한다.

제4조【청산금의 지급과 소유권의 취득】① 채권자는 제3조 제1항의 규정에 의한 통지당시의 목적부동산의 가액에서 그 채권액을 공제한 금액(이하 "청산금"이라 한다)을 채무자 등에게 지급하여야 한다. 목적부동산에 선순위담보권 등의 권리가 있을 때에는 그 채권액을 계산함에 있어서 선순위담보 등에 의하여 담보된 채권액을 포함한다.

② 채권자는 담보부동산에 관하여 이미 소유권이전등기가 경료된 경우에는 청산기간 경과 후 청산금을 채무자 등에게 지급한 때에 목적부동산의 소유권을 취득하며, 담보가등기가 경료된 경우에는 청산기간이 경과하여야 그 가등기에 기한 본등기를 청구할 수 있다.

③ 민법 제536조의 규정은 청산금의 지급채무와 부동산의 소유권이전등기 및 인도채무의 이행에 관하여 이를 준용한다.

④ 제1항 내지 제3항의 규정에 반하는 특약으로서 채무자 등에게 불리한 것은 그 효력이 없다. 다만, 청산기간 경과 후에 행하여진 특약으로서 제3자의 권리를 해하지 아니하는 것은 그러하지 아니하다.

제5조【후순위권리자의 권리행사】① 후순위권리자는 그 순위에 따라 채무자 등이 지급받을 청산금에 대하여 제3조 제1항의 규정에 의하여 통지된 평가액의 범위안에서 청산금 지급시까지 그 권리를 행사할 수 있고, 채권자는 후순위권리자의 요구가 있는 경우에는 이를 지급하여야 한다.

② 제1항의 권리를 행사함에 있어서는 그 피담보채권의 범위안에서 그 채권의 명세와 증서를 채권자에게 제시 교부하여야 한다.

③ 채권자가 제2항의 명세와 증서를 받고 후순위권리자에게 청산금을 지급한 때에는 그 범위안에서 청산금채무는 소멸한다.

④ 제1항의 권리행사를 저지하려고 하는 자는 청산금을 압류 또는 가압류하여야 한다.

⑤ 담보가등기 후에 대항력 있는 임차권을 취득한 자에게는 청산금의 범위 안

에서 민법 제536조의 규정을 준용한다.

제6조 【채무자등외의 권리자에 대한 통지】 ① 채권자는 제3조 제1항의 규정에 의한 통지가 채무자 등에게 도달한 때에는 지체없이 후순위권리자에게 그 통지의 사실·내용 및 그 도달일을 통지하여야 한다.

② 제3조제1항의 규정에 의한 통지가 채무자 등에게 도달한 때에는 담보가등기 후에 등기한 제3자(제1항에 의하여 통지를 받을 자를 제외하고, 대항력 있는 임차권자를 포함한다)가 있는 경우에는 채권자는 지체없이 그 제3자에 대하여 제3조 제1항의 규정에 의한 통지를 한 사실과 그 채권액을 통지하여야 한다.

③ 제1항과 제2항의 규정에 의한 통지는 통지를 받을 자의 등기부상의 주소로 발송함으로써 그 효력이 있다. 그러나 대항력 있는 임차권자에게는 그 목적부동산의 소재지에 발송하여야 한다.

제7조 【청산금에 대한 처분제한】 ① 채무자가 청산기간의 경과 전에 한 청산금에 관한 권리의 양도, 기타의 처분은 이로써 후순위권리자에게 대항하지 못한다.

② 채권자가 청산기간의 경과전 또는 제6조 제1항의 규정에 의한 통지를 하지 아니하고 청산금을 지급한 경우에도 제1항과 같다.

제8조 【청산금의 공탁】 ① 청산금채권이 압류 또는 가압류된 경우에 채권자는 청산기간이 경과한 후 이에 해당하는 청산금을 채무이행지를 관할하는 지방법원 또는 지원에 공탁하여 그 범위에서 채무를 면할 수 있다.

② 제1항의 규정에 의한 공탁이 있는 경우에는 채무자 등의 공탁금출급청구권이 압류 또는 가압류된 것으로 본다.

③ 채권자는 제14조에 규정한 경우 외에는 공탁금의 회수를 청구할 수 없다.

④ 채권자는 제1항의 규정에 의하여 공탁을 한 경우에는 채무자 등과 압류채권자 또는 가압류채권자에게 지체없이 공탁의 통지를 하여야 한다.

제9조 【통지의 구속력】 채권자는 제3조 제1항의 규정에 의하여 그가 통지한 청산금의 수액에 관하여 다툴 수 없다.

제10조 【법정지상권】 토지 및 그 지상의 건물이 동일한 소유자에게 속하는 경

우에 그 토지 또는 건물에 대하여 제4조 제2항의 규정에 의한 소유권을 취득하거나 담보가등기에 기한 본등기가 행하여진 경우에는 그 건물의 소유를 목적으로 그 토지 위에 지상권이 설정된 것으로 본다. 이 경우 그 존속기간 및 지료는 당사자의 청구에 의하여 법원이 정한다.

제11조 【채무자 등의 말소청구권】 채무자 등은 청산금채권을 변제받을 때까지 그 채무액(반환시까지의 이자와 손해금을 포함한다)을 채권자에게 지급하고 그 채권담보의 목적으로 경료된 소유권이전등기의 말소를 청구할 수 있다. 다만, 그 채무의 변제기가 경과한 때로부터 10년이 경과하거나 또는 선의의 제3자가 소유권을 취득한 때에는 그러하지 아니한다.

제12조 【경매의 청구】 ① 담보가등기권리자는 그 선택에 따라 제3조의 규정에 의한 담보권을 실행하거나 목적부동산의 경매를 청구할 수 있다. 이 경우 경매에 관하여는 담보가등기권리를 저당권으로 본다.

② 후순위권리자는 청산기간 내에 한하여 그 피담보채권의 변제기 도래 전이라도 목적부동산의 경매를 청구할 수 있다.

제13조 【우선변제청구권】 담보가등기가 경료된 부동산에 대하여 경매 등이 개시된 경우에 담보가등기권리자는 다른 채권자보다 자기채권의 우선변제를 받을 권리가 있다. 이 경우 그 순위에 관하여는 그 담보가등기권리를 저당권으로 보고, 그 담보가등기가 경료된 때에 그 저당권의 설정등기가 행하여진 것으로 본다.

제14조 【경매 등의 경우의 담보가등기】 담보가등기가 경료된 부동산에 대하여 경매 등 개시의 결정이 있는 경우에 그 경매의 신청이 청산금을 지급하기 전에 행하여진 때(청산금이 없는 경우에는 청산기간의 경과 전)에는 담보가등기권리자는 그 가등기에 기한 본등기를 청구할 수 없다.

제15조 【담보가등기권리의 소멸】 담보가등기가 경료된 부동산에 대하여 경매 등이 행하여진 때에는 담보가등기권리는 그 부동산의 매각에 의하여 소멸한다.

제16조 【경매 등에 관한 특칙】 ① 소유권의 이전에 관한 가등기가 되어 있는 부동산에 대한 경매 등의 개시결정이 있는 경우에는 법원은 가등기권리자에 대

하여 그 가등기가 담보가등기인 때에는 그 내용 및 채권(이자, 기타의 부수채권을 포함한다)의 존부·원인 및 수액을, 담보가등기가 아닌 경우에는 그 내용을 법원에 신고할 것을 상당한 기간을 정하여 최고하여야 한다.

② 압류등기 전에 경료된 담보가등기권리가 매각에 의하여 소멸되는 때에는 제1항의 채권신고를 한 경우에 한하여 그 채권자는 매각대금의 배당 또는 변제금의 교부를 받을 수 있다. 이 경우 그 담보가등기의 말소에 관하여는 민사집행법 제144조 제1항 제2호의 규정을 준용한다. 〈개정 1997. 12. 13, 2002. 1. 26〉

③ 소유권의 이전에 관한 가등기권리자는 경매등 절차의 이해관계인으로 본다.

제17조【파산 등의 경우의 담보가등기】 ① 파산재단에 속하는 부동산에 설정한 담보가등기권리에 대하여는 파산법 중 저당권에 관한 규정을 적용한다.

② 파산법 제88조는 파산재단에 속하지 아니하는 파산자의 부동산에 대하여 설정되어 있는 담보가등기권리자에 관하여 이를 준용한다.

③ 담보가등기권리는 국세기본법, 국세징수법, 지방세법, 회사정리법의 적용에 있어서는 이를 저당권으로 본다.

제18조【다른 권리를 목적으로 하는 계약에의 준용】 제3조 내지 제17조의 규정은 등기 또는 등록할 수 있는 부동산소유권외의 권리(질권·저당권 및 전세권을 제외한다)의 취득을 목적으로 하는 담보계약에 관하여 이를 준용한다.

신원보증법

제1조【목적】이 법은 신원보증관계를 적절히 규율하는 것을 목적으로 한다.

제2조【정의】이 법에서 "신원보증계약"이라 함은 피용자가 업무를 수행하는 과정에서 그의 책임 있는 사유로 사용자에게 손해를 입힌 경우에 그 손해를 배상할 채무를 부담할 것을 약정하는 계약을 말한다.

제3조【신원보증계약의 존속기간 등】① 기간을 정하지 아니한 신원보증계약은 그 성립일부터 2년간 효력을 가진다.

② 신원보증계약의 기간은 2년을 초과하지 못한다. 이보다 장기간으로 정한 경우에는 그 기간을 2년으로 단축한다.

③ 신원보증계약은 이를 갱신할 수 있다. 다만, 그 기간은 갱신한 날부터 2년을 초과하지 못한다.

제4조【사용자의 통지의무】① 사용자는 다음 각호의 1에 해당하는 경우에는 지체없이 신원보증인에게 통지하여야 한다.

　　1. 피용자가 업무상 부적격자이거나 불성실한 행적이 있어 이로 말미암아 신원보증인의 책임을 야기할 염려가 있음을 안 때

　　2. 피용자의 업무 또는 업무수행의 장소를 변경함으로써 신원보증인의 책임을 가중하거나 그 감독이 곤란하게 될 때

② 사용자가 고의 또는 중과실로 제1항의 통지의무를 게을리하여 신원보증인이 제5조에 의한 해지권을 행사하지 못한 경우 신원보증인은 그로 인하여 발생한 손해의 한도에서 의무를 면한다.

제5조【신원보증인의 계약해지권】신원보증인은 다음 각호의 1에 해당하는 사유가 있을 때에는 계약을 해지할 수 있다.

　　1. 사용자로부터 제4조 제1항의 통지를 받거나, 신원보증인이 스스로 제4조 제1항 각호의 1에 해당하는 사유가 있음을 안 때

2. 피용자의 고의 또는 과실이 있는 행위로 발생한 손해를 신원보증인이 배상한 경우

3. 기타 계약의 기초되는 사정에 중대한 변경이 있는 경우

제6조【신원보증인의 책임】 ① 신원보증인은 피용자의 고의 또는 중과실로 인한 행위로 인하여 발생한 손해에 대하여 배상할 책임이 있다.

② 신원보증인이 2인 이상인 경우에는 특별한 의사표시가 없으면 각 신원보증인은 균등한 비율로 의무를 부담한다.

③ 법원은 신원보증인의 손해배상액을 산정함에 있어 피용자의 감독에 관한 사용자의 과실의 유무, 신원보증을 하게 된 사유 및 이를 함에 있어서 주의를 한 정도, 피용자의 업무 또는 신원의 변화, 그 밖의 사정을 참작하여야 한다.

제7조【신원보증계약의 종료】 신원보증계약은 신원보증인의 사망으로 종료한다.

제8조【불이익금지】 이 법의 규정에 반하는 특약은 어떠한 명칭이나 내용으로든지 신원보증인에게 불리한 것은 효력이 없다.

부칙 〈제6592호, 2002. 1. 14〉

① (시행일) 이 법은 공포한 날부터 시행한다.

② (적용례) 이 법은 이 법 시행 후 최초로 약정하거나 갱신하는 신원보증계약부터 이를 적용한다.

공장저당법

제1장 총칙

제1조【목적】 본법은 공장에 속하는 토지 또는 건물에 대한 저당권의 설정, 공장재단의 구성, 이 재단에 대한 저당권의 설정 및 등기 등의 제 관계를 적절히 규율함으로써 생산공업의 제 기업으로 하여금 자금을 확보하게 하여 기업의 유지와 그 건전한 발전을 도모함을 목적으로 한다.

제2조【공장의 정의】 ① 본법에서 공장이라 함은 영업을 하기 위하여 물품의 제조, 가공 또는 인쇄나 촬영의 목적에 사용하는 장소를 말한다.

② 영업을 하기 위하여 방송의 목적 또는 전기나 가스의 공급의 목적에 사용하는 장소는 이를 공장으로 본다.

제3조【공장재단의 정의】 본법에서 공장재단이라 함은 공장에 속하는 일정한 기업용 재산으로써 구성되는 일단의 기업재산으로서 본법에 의하여 소유권과 저당권의 목적이 되는 것을 말한다.

제2장 공장의 토지와 건물의 저당

제4조【공장의 토지의 저당권】 공장의 소유자가 공장에 속하는 토지에 설정한 저당권의 효력은 건물을 제외한 그 토지에 부가되어 이와 일체를 이루는 물건과 그 토지에 설치된 기계·기구, 기타의 공장의 공용물에 미친다. 그러나 설정행위에 특별한 약정이 있는 경우와 민법 제406조의 규정에 의하여 채권자가 채무자의 행위를 취소할 수 있는 경우에는 그러하지 아니하다.

제5조 【공장의 건물의 저당권】 전 조의 규정은 공장의 소유자가 공장에 속하는 건물에 설정한 저당권에 준용한다.

제6조 【특약의 등기】 제4조 단서에 규정한 특별한 약정이 있는 경우에는 저당권설정등기의 신청서에 이를 기재하여야 한다.

제7조 【저당권의 목적물의 목록】 ① 공장에 속하는 토지나 건물에 대한 저당권설정의 등기를 신청하는 경우에는 그 토지나 건물에 설치한 기계·기구, 기타의 공장의 공용물로서 제4조와 제5조의 규정에 의하여 저당권의 목적이 되는 것의 목록을 제출하여야 한다.

② 제39조 제2항, 제47조와 제53조 내지 제58조의 규정은 전 항의 목록에 준용한다.

제8조 【저당권의 목적물의 분리】 ① 공장의 소유자가 저당권자의 동의를 얻어 토지 또는 건물에 부가하여 이와 일체를 이루는 물건을 토지 또는 건물과 분리한 때에는 저당권은 그 물건에 관하여 소멸한다.

② 공장의 소유자가 저당권자의 동의를 얻어 토지 또는 건물에 설치한 기계·기구, 기타의 물건을 분리한 경우에는 저당권은 그 물건에 관하여 소멸한다.

③ 공장의 소유자가 저당권자의 이익을 위하여 압류, 가압류 또는 가처분이 있기 전에 정당한 이유로 전 2항의 동의를 요구한 경우에는 저당권자는 그 동의를 거절하지 못한다.

제9조 【저당권의 추급력】 ① 제4조와 제5조의 규정에 의하여 저당권의 목적이 된 물건이 제3취득자에 인도된 후일지라도 그 물건에 대하여 저당권을 행사할 수 있다.

② 전 항의 규정은 민법 제249조 내지 제251조의 적용에 영향을 미치지 아니한다.

제10조 【압류 등이 미치는 범위】 ① 저당권의 목적인 토지 또는 건물에 대한 압류, 가압류 또는 가처분은 제4조와 제5조의 규정에 의하여 저당권의 목적이 되는 물건에 미친다.

② 제4조와 제5조의 규정에 의하여 저당권의 목적이 되는 물건은 토지 또는 건물과 같이 하지 아니하면 압류, 가압류 또는 가처분의 목적으로 하지 못한다.

제3장 공장재단의 저당

제11조【공장재단의 설정】① 공장소유자는 한 개 또는 수 개의 공장으로 공장재단을 설정하여 저당권의 목적으로 할 수 있다. 수 개의 공장이 각각 다른 소유자에 속하는 경우에도 또한 같다.

② 공장재단에 속하는 것은 동시에 다른 재단에 소속하게 하지 못한다.

제12조【재단의 설정등기】공장재단은 공장재단등기부에 소유권보존의 등기를 함으로써 설정한다.

제13조【재단의 설정등기의 효력】공장재단의 소유권보존의 등기는 그 등기 후 10월 내에 저당권설정의 등기를 하지 아니하는 경우에는 그 효력을 상실한다.

제14조【재단의 단일성, 재단을 목적으로 하는 권리】① 공장재단은 이를 한 개의 부동산으로 본다.

② 공장재단은 소유권과 저당권 이외의 권리의 목적이 되지 못한다. 그러나 저당권자의 동의를 얻은 경우에는 임대할 수 있다.

제15조【재단의 구성】공장재단은 다음에 열거하는 것의 전부 또는 일부로써 이를 구성할 수 있다.

  1. 공장에 속하는 토지와 공작물

  2. 기계, 기구, 전주, 전선, 배치제관, 궤조, 기타의 부속물

  3. 지상권 및 전세권

  4. 임대인의 동의가 있는 경우에는 물건의 임차권

  5. 공업소유권

제16조 【동전】 공장에 속하는 토지 또는 건물로서 미등기의 것이 있는 경우에는 공장재단을 설정하기 전에 그의 소유권보존의 등기를 하여야 한다.

제17조 【타인의 권리의 목적물 등의 배제】 타인의 권리의 목적인 물건이나 또는 압류, 가압류, 가처분의 목적인 물건은 공장재단을 구성하지 못한다.

제18조 【양도 등의 금지】 공장재단에 속하는 것은 이를 양도하거나 소유권 이외의 권리, 압류, 가압류 또는 가처분의 목적으로 하지 못한다. 그러나 저당권자의 동의를 얻은 경우에는 임대할 수 있다.

제19조 【처분의 금지】 공장재단에 소속하게 될 것으로서 등기 또는 등록되어 있는 것은 제40조의 기재가 있은 후에는 이를 양도하거나 또는 소유권 이외의 권리의 목적으로 하지 못한다.

제20조 【경락결정의 보류】 제40조의 기재가 있은 후에는 경매신청의 등기나 등록이 있을 때에도 소유권보존의 등기신청이 각하되지 아니한 동안과 그 등기가 효력을 상실하지 아니하는 동안은 경락을 허가하는 결정은 하지 못한다.

제21조 【보존등기신청 후의 압류 등의 등기의 효력】 제40조의 기재가 있은 후에 한 압류, 가압류 또는 가처분의 등기는 저당권설정의 등기가 있었을 때에는 그 효력을 상실한다.

제22조 【보존등기 후의 압류명령 등의 취소】 전 조의 규정에 의하여 압류, 가압류 또는 가처분의 등기가 그 효력을 상실한 경우에는 법원은 이해관계인의 신청으로 압류, 가압류 또는 가처분의 명령을 취소하여야 한다.

제23조 【동산처분의 금지】 ① 공장재단에 속하게 될 동산은 제41조 제1항의 공고가 있은 후에는 이를 양도하거나 또는 소유권 이외의 권리의 목적으로 할 수 없다.

② 제41조 제1항의 공고가 있은 후에 압류가 있었을 때에는 제20조의 규정을 준용한다.

③ 제41조 제1항의 공고가 있은 후에 압류, 가압류 또는 가처분이 있었을 경우에 저당권설정의 등기가 있는 때에는 압류, 가압류 또는 가처분은 그 효력을 상

실한다.

제24조【재단의 분할, 합병】① 공장소유자는 수 개의 공장에 관하여 설정한 한 개의 공장재단을 분할하여 수 개의 공장재단으로 할 수 있다. 그러나 저당권의 목적인 공장재단은 그 저당권자의 동의가 있었을 때에 한하여 분할할 수 있다.

② 공장소유자는 수 개의 공장재단을 합병하여 한 개의 공장재단으로 할 수 있다. 그러나 합병하려고 하는 공장재단의 등기용지에 소유권과 저당권의 등기 이외의 등기가 있거나 또는 합병하려고 하는 수 개의 공장재단 중 두 개 이상의 공장재단에 이미 저당권이 설정되어 있는 경우에는 그러하지 아니하다.

제25조【분할, 합병과 등기】전 조의 분할 또는 합병은 등기를 함으로써 효력을 발생한다.

제26조【분할, 합병의 효력】① 저당권이 설정되어 있는 공장재단을 분할하여 그 일부를 다른 공장재단으로 하는 경우에는 그 저당권은 새로이 성립한 공장재단에 관하여는 소멸한다.

② 공장재단을 합병한 경우에는 저당권은 합병 후의 공장재단의 전부에 미친다.

제27조【재단구성물의 분리】① 공장소유자가 저당권자의 동의를 얻어 공장재단에 속하는 것을 재단에서 분리한 때에는 저당권은 그 분리한 것에 관하여는 소멸한다.

② 제8조 제3항의 규정은 전 항의 경우에 준용한다.

제28조【재단의 소멸】공장재단은 저당권이 소멸한 후 10월 내에 신저당권을 설정하지 아니하거나 또는 제61조의 규정에 의한 등기를 한 때에는 소멸한다.

제29조【재단의 압류 등의 관할】① 공장재단의 압류, 가압류, 가처분은 공장소재지의 지방법원의 관할로 한다.

② 민사소송법 제28조의 규정은 공장이 수 개의 지방법원의 관할구역에 걸쳐 있거나 또는 공장재단을 구성하는 수 개의 공장이 수 개의 지방법원의 관할구역 내에 있는 경우에 이를 준용한다. 〈개정 2002. 1. 26〉

제30조 【공장의 개별적 경매, 입찰】 공장재단이 수 개의 공장으로 구성되어 있는 경우에 법원은 저당권자의 신청으로 그 공장재단을 구성하는 각 공장을 개별적으로 경매 또는 입찰에 부할 것을 명령할 수 있다.

제31조 【준용규정】 ① 제4조, 제5조와 민법 제359조, 제365조 및 제366조의 규정은 토지 또는 건물이 저당권의 목적인 공장재단에 속하는 경우에 준용한다.

② 민법 제292조의 규정은 요역지가 저당권의 목적인 공장재단에 속하는 경우에 준용한다.

③ 민법 제371조 제2항의 규정은 지상권·전세권이 저당권의 목적인 공장재단에 속하는 경우에 준용한다.

제4 장 공장재단의 등기

제32조 【관할등기소】 ① 공장재단의 등기에 관하여는 공장소재지의 지방법원 또는 그 지원 및 등기소를 관할등기소로 한다.

② 공장이 수 개의 등기소의 관할구역에 걸쳐 있거나 또는 공장재단을 구성하는 수 개의 공장이 수 개의 등기소의 관할구역 내에 있는 경우에는 그들 등기소를 관할하는 직근상급법원이 관할등기소를 지정한다.

제33조 【재단의 분할과 서류의 이송】 공장재단의 분할로 새로이 성립한 공장재단으로서 그 등기소의 관할구역 내에 이를 구성하는 공장이 없게 되는 경우에는 등기소는 분할등기를 한 후 지체없이 그 공장재단에 관한 등기용지와 그 부속서류 또는 등본과 공장재단목록을 전 조의 규정에 의한 그 공장재단의 관할등기소에 이송하여야 한다.

제34조 【재단의 합병과 등기소】 ① 제32조 제2항의 규정은 합병하려고 하는 공장재단이 수 개의 등기소의 관할에 속하는 경우에 준용한다. 그러나 합병하려고 하는 수 개의 공장재단 중 기등기의 저당권의 목적인 것이 있는 때에는 그 공

장재단의 등기를 관할하는 등기소를 관할등기소로 한다.

② 전 항의 경우에 있어서 합병의 등기신청이 있을 때에는 관리등기소는 그 취지를 다른 등기소에 통지하여야 한다.

③ 전 항의 통지를 받은 등기소는 합병할 공장재단에 관한 등기용지와 그 부속서류 또는 그 등본과 공장재단목록을 지체없이 관할등기소에 이송하여야 한다. 그러나 등기용지에 소유권등기 이외의 등기가 있을 때에는 그러하지 아니다.

④ 전 항 단서의 경우에 있어서는 지체없이 그 취지를 관할등기소에 통지하여야 한다.

제35조【공장재단등기부】 각 등기소에 공장재단등기부를 비치한다.

제36조【동전】 공장재단등기부는 한 개의 공장재단에 1용지를 비치한다.

제37조【동전】 ① 공장재단등기부는 그 1용지를 표제부와 갑, 을의 2구로 나누어 표제부에 표시란, 표시번호란을 설치하고 각구에 사항란, 순위번호란을 설치한다.

② 표시란에는 공장재단의 표시와 변경에 관한 사항을 기재하고 표시번호란에는 표시란에 등기사항을 기재한 순서를 기재한다.

③ 갑구사항란에는 소유권에 관한 사항을 기재한다.

④ 을구사항란에는 저당권에 관한 사항을 기재한다.

⑤ 순위번호란에는 사항란에 등기사항을 기재한 순서를 기재한다.

제38조【등기의 신청】 등기의 신청서에는 부동산등기법 제41조 제1항 제3호 내지 제8호에 게기한 사항 외에 다음의 사항을 기재하여야 한다.
〈개정 1991. 12. 14〉

1. 공장의 명칭과 위치
2. 주된 영업소
3. 영업의 종류

제39조【공장재단목록】 ① 공장재단에 관하여 소유권보존의 등기를 신청하는 경우에는 부동산등기법 제40조 제1항에 게기한 서면 외에 공장재단목록을 제출

하여야 한다.

　② 전 항의 목록에는 공장재단을 구성하는 것의 표시를 게기하고 신청인이 이에 서명날인하여야 한다.

　③ 수 개의 공장으로 공장재단을 설정하는 경우에는 제1항의 목록은 공장마다 이를 작성하여야 한다.

　제40조【소유권보존등기의 신청】 ① 소유권보존등기의 신청이 있을 때에는 그 재단에 속하게 될 것으로서 등기가 있는 것에 관하여는 등기관은 직권으로써 그 등기용지 중의 상당구사항란에 공장재단에 속하게 될 것으로서 그 재단에 관하여 소유권보존등기의 신청이 있다는 취지, 신청서접수의 연월일과 접수번호를 기재하여야 한다. 〈개정 1998. 12. 28〉

　② 전 항에 게기한 것이 다른 등기소의 관할에 속하는 때에는 전 항의 규정에 의하여 기재하여야 할 사항을 지체없이 관할등기소에 통지하여야 한다.

　③ 전 항의 통지를 받은 등기소는 제1항의 절차를 하고 그 등기부등본을 통지한 등기소에 송부하여야 한다. 그러나 그 등본에는 말소에 관계되는 사항을 기재함을 요하지 아니한다.

　④ 전 3항의 규정은 공업소유권이 공장재단에 속하는 경우에 이를 준용한다. 그러나 통지는 이를 특허청에 하여야 한다.

　제41조【이해관계인에 대한 공고】 ① 전 조의 경우에 등기관은 관보로써 공장재단에 속하게 될 동산에 관하여 권리를 가지는 자 또는 압류·가압류나 가처분의 채권자는 일정기간 내에 그 권리를 신고하라는 공고를 하여야 한다. 그러나 그 기간은 1월 이상 3월 이하로 한다. 〈개정 1998. 12. 28〉

　② 전항의 공고는 소유권보존등기신청이 기간만료전에 각하된 경우에는 지체없이 취소하여야 한다.

　제42조【이해관계인의 권리의 신고】 전 조 제1항의 기간 내에 권리의 신고가 없는 경우에는 그 권리는 존재하지 아니하는 것으로 본다. 압류, 가압류나 가처분은 그 효력을 상실한다. 그러나 소유권보존의 등기신청이 각하된 때 또는 등기

가 효력을 상실한 경우에는 그러하지 아니하다.

제43조【동전】 제41조 제1항의 기간 내에 권리가 있음을 신고한 자가 있는 경우에는 그 취지를 소유권보존등기의 신청인에게 통지하여야 한다.

제44조【소유권보존등기의 신청각하】 소유권보존의 등기신청은 부동산등기법 제55조에 규정하는 경우 외에 다음 경우에도 이를 각하하여야 한다.

1. 등록부 또는 그 등본이나 등록에 관한 원부의 등본에 의하여 공장재단에 속하게 될 것이 타인의 권리의 목적이거나 또는 압류, 가압류나 가처분의 목적인 것이 명백할 때

2. 공장재단목록에 게기한 것의 표시가 등기부나 그 등본 또는 등록에 관한 원부의 등본과 저촉할 때

3. 공장재단에 속하게 될 동산에 대하여 권리를 가지는 자 또는 압류, 가압류나 가처분의 채권자가 그 권리를 신고한 경우에 있어서 제41조 제1항의 기간만료 후 1주간 내에 그 신고의 취소가 없을 때나 또는 그 신고의 이유가 없다는 사실의 증명이 없을 때

제45조【동전】 ① 등기관이 소유권보존등기의 신청을 각하한 경우에는 제40조 제1항의 규정에 의해서 한 기재를 말소하여야 한다. 〈개정 1998. 12. 28〉

② 타등기소나 특허청에 소유권보존등기의 신청이 있었다는 통지를 한 등기소는 전항의 경우에는 그 신청을 각하한 취지를 지체없이 통지하여야 한다. 〈개정 1997. 12. 13〉

③ 전 항의 통지를 받은 등기소나 특허청은 제40조 제3항과 제4항의 규정에 의하여서 한 기재를 말소하여야 한다. 〈개정 1997. 12. 13〉

제46조【재단에 속한 사실의 등기】 ① 등기관은 소유권보존등기를 한 경우에는 그 재단에 속한 것의 등기용지 중 상당구사항란에 공장재단에 속하였다는 취지를 기재하여야 한다. 〈개정 1998. 12. 28〉

② 제40조 제2항 내지 제4항의 규정은 전 항의 경우에 준용한다. 그러나 등기부나 등록에 관한 원부등본의 송부는 필요하지 아니하다.

제47조【재단목록의 효력】 소유권보존등기가 있는 경우에는 공장재단목록은 등기부의 일부로 보고 그 기재는 등기로 본다.

제48조【재단의 분할, 합병의 등기】 ① 공장재단의 분할 또는 합병의 등기의 신청서에는 공장재단의 분할 또는 합병의 사실을 기재하여야 한다.

② 기등기의 저당권의 목적인 공장재단의 분할등기를 신청하는 경우에는 분할 후 저당권이 소멸하는 공장재단을 표시하고 제24조 제1항 단서의 규정에 의한 저당권자의 동의가 있었음을 증명하는 서면을 첨부하여야 한다.

제49조【재단분할의 등기】 ① 갑공장재단을 분할하여 그 일부를 을공장재단으로 하는 경우에 있어서 분할의 등기를 할 때에는 등기용지 중 표시란에 분할로 인하여 갑공장재단의 등기용지에서 옮긴 사실을 기재하여야 한다.

② 전 항의 경우에 있어서는 갑공장재단의 목록 중 을공장재단에 속하게 될 공장의 목록을 분리하여 이를 을공장재단의 목록으로 하여야 한다.

③ 전 2항의 절차를 하였을 때에는 갑공장재단의 등기용지 중 표시란에 잔여공장의 표시를 하고 분할로 인하여 다른 공장을 을공장재단의 등기용지에 옮긴 사실을 기재하고 종전의 표시와 그 번호를 말소하여야 한다.

④ 제1항의 경우에 있어서는 을공장재단의 등기용지 중 갑구사항란에 갑공장재단의 등기용지에서 소유권에 관한 등기를 전사하고 신청서 접수의 연월일과 접수번호를 기재하고 등기관이 날인하여야 한다. 〈개정 1998. 12. 28〉

제50조【재단합병의 등기】 ① 갑공장재단과 을공장재단을 합병하는 경우에 합병의 등기를 하는 때에는 갑공장재단(합병하려고 하는 공장재단 중 기등기의 저당권의 목적인 것이 있을 때에는 그 공장재단)의 등기용지 중 표시란에 합병으로 인하여 을공장재단의 등기용지에서 옮긴 사실을 기재하고 전의 표시와 그 번호를 말소하여야 한다.

② 전 항의 경우에 갑공장재단의 목록과 을공장재단의 목록을 합병 후의 공장재단의 목록으로 하여야 한다.

③ 을공장재단의 등기용지 중 표시란에는 합병으로 인하여 갑공장재단의 등기

용지에 옮긴 사실을 기재하고 을공장재단의 표시와 그 번호를 말소하고 그 등기용지를 폐쇄하여야 한다.

④ 갑공장재단의 등기용지 중 갑구사항란에 을공장재단의 등기용지에서 소유권에 관한 등기를 옮기고 그 등기가 을공장재단이었던 부분만에 관한다는 취지, 신청서접수의 연월일과 접수번호를 기재하고 등기관이 날인하여야 한다. 〈개정 1998. 12. 28〉

제51조 【저당권설정등기의 각하】 공장재단의 저당권설정의 등기의 신청은 부동산등기법 제55조에 게기한 경우 외에 제13조의 기간을 경과한 경우에 이를 각하하여야 한다.

제52조 【동전】 ① 등기관이 저당권설정의 등기를 한 경우에는 제21조의 규정에 의하여 효력을 상실한 등기를 말소하여야 한다. 〈개정 1998. 12. 28〉

② 제40조 제2항 내지 제4항의 규정은 전 항의 경우에 준용한다. 그러나 등기부 또는 등록에 관한 원부등본의 송부는 필요하지 아니하다.

제53조 【변경의 등기】 ① 공장재단목록에 게기한 사항에 변경이 발생하였을 때에는 소유자는 지체없이 공장재단목록의 기재의 변경등기를 신청하여야 한다.

② 전 항의 등기의 신청서에는 저당권설정의 동의서 또는 이에 대신할 재판의 등본을 첨부하여야 한다.

제54조 【동전】 제33조의 규정은 전 조 제1항의 등기를 하는 경우에 공장재단을 구성하는 공장이 그 등기소의 관할구역 내에 없게 된 때에 이를 준용한다.

제55조 【동전】 ① 공장재단에 속하는 것에 변경이 있거나 또는 새로 다른 것을 재단에 속하게 함으로 인하여 변경의 등기를 신청하는 때에는 변경한 것 또는 새로 속한 것의 표시를 게기한 목록을 제출하여야 한다.

② 전 항의 규정에 의하여 제출된 목록은 공장재단목록에 편철하고 등기관은 그 목록에 간인을 하여야 한다. 〈개정 1998. 12. 28〉

③ 제39조 제3항의 규정은 제1항의 목록에 준용한다.

제56조 【동전】 공장재단에 속하는 것에 변경이 발생하여 변경의 등기의 신청

이 있을 때에는 전 항의 목록 중 그것의 표시의 옆에 그것이 변경된 사실, 신청서 접수의 연월일과 접수번호를 기재하여야 한다.

제57조【동전】 새로이 다른 물건을 재단에 속하게 함으로 인하여 변경등기의 신청이 있는 경우에는 종전의 목록의 말미에 새로이 다른 물건을 재단에 포함시 킨다는 취지, 신청서접수의 연월일과 접수번호를 기재하여야 한다.

제58조【동전】 공장재단에 속하였던 것이 멸실하거나 또는 재단에 속하지 아 니하게 됨으로 인하여 변경등기의 신청이 있는 경우에는 목록 중 그 등기의 목적 인 것을 표시한 옆에 그것이 멸실 또는 재단에서 제외되게 된 취지, 신청서접수 의 연월일과 접수번호를 기재하고 그것의 표시를 말소하여야 한다.

제59조【동전】 제19조 내지 제23조, 제40조 내지 제46조와 제52조의 규정은 새로이 다른 물건을 재단에 소속시킴으로 인하여 변경등기의 신청이 있는 경우 에 준용한다.

제60조【동전】 ① 공장재단에 속한 것으로서 등기 있는 것이 멸실하거나 또는 재단에 속하지 아니하게 됨으로 인하여 변경등기의 신청이 있을 경우에는 그 물 건의 등기용지 중 상당구사항란에 그 취지를 기재하고 제40조와 제46조의 기재 를 말소하여야 한다.

② 전 항에 게기한 것이 타등기소의 관할에 속하는 경우에는 그것이 멸실하거 나 또는 재단에 속하지 아니하게 된 취지를 지체없이 관할등기소에 통지하여야 한다.

③ 전 항의 통지를 받은 등기소는 제1항의 절차를 취하여야 한다.

④ 전 3항의 규정은 공장재단에 속하는 공업소유권이 소멸하거나 또는 재단에 속하지 아니하게 된 경우에 준용한다. 그러나 통지는 특허청에 하여야 한다. 〈개정 1997. 12. 13〉

제61조【재단소멸의 등기】 공장재단을 목적으로 설정된 저당권이 소멸한 경우 에 소유자는 공장재단의 소멸의 등기를 신청할 수 있다. 그러나 그 공장재단의 등기용지에 소유권 이외의 등기가 있는 경우에는 그러하지 아니하다.

제62조【등기의 촉탁】민사집행법 제144조의 규정에 의하여 등기를 촉탁하여야 할 경우에 공장재단의 저당권이 경락으로 소멸한 때에는 법원은 동시에 공장재단에 속한 토지, 건물, 선박 또는 공업소유권에 관하여 제40조와 제46조의 기재의 말소, 경락인의 취득한 권리의 등기나 등록을 관할등기소 또는 특허청에 촉탁하여야 한다. 〈개정 1997. 12. 13, 2002. 1. 26〉

제63조【재단등기의 폐쇄】① 공장재단등기부는 소유권보존의 등기가 그 효력을 상실한 때에 또는 제28조의 규정에 의하여 공장재단이 소멸한 경우에는 그 용지를 폐쇄하여야 한다.

② 제60조의 규정은 전 항의 경우에 준용한다.

제63조의 2【부동산등기법의 준용】공장재단의 등기에 관하여 이 법에 특별한 규정이 있는 경우를 제외하고는 부동산등기법을 준용한다.

[본조신설 1996. 11. 23]

제5장 벌칙

제64조【목적물처분에 대한 벌칙】① 공장의 소유자가 본법의 규정에 의하여 저당권의 목적이 된 공장재단을 구성하는 동산을 양도 또는 질권설정의 목적으로 제3자에 인도한 경우에는 1년 이하의 징역 또는 50만원 이하의 벌금에 처한다.

② 법인의 대표자, 대리인, 사용인, 기타의 종업자가 법인의 업무 또는 재산에 관하여 전 항의 위반행위를 한 경우에는 행위자를 벌하는 외에 법인에게 전 항의 벌금형을 과한다.

제65조【고소】전 조의 죄는 고소가 있어야 논한다.

광업재단저당법

제1조【목적】 본법은 광업재단의 구성과 그 재단에 대한 저당권의 설정 등의 제 관계를 적절히 규율함으로써 광업권자로 하여금 자금을 확보하게 하며 지하자원의 개발과 산업의 발달을 도모함을 목적으로 한다.

제2조【광업재단의 정의】 본법에서 광업재단이라 함은 광업권과 그 광업권에 기하여 광물을 채굴, 취득하기 위한 제 설비 및 이에 부속하는 사업의 제 설비로 구성되는 일단의 기업재산으로서 본법에 의하여 소유권과 저당권의 목적이 되는 것을 말한다.

제3조【광업재단의 설정】 광업권자는 저당권의 목적으로 하기 위하여 광업재단을 설정할 수 있다.

제4조【광업재단의 구성】 광업재단은 광업권과 다음에 열거하는 것으로서 그 광업에 관하여 동일광업권자에 속하는 것의 전부 또는 일부로써 이를 구성할 수 있다.

1. 토지와 공작물
2. 지상권, 기타의 토지사용권
3. 임대인의 동의가 있는 경우에는 물건의 임차권
4. 기계, 기구, 차량, 선박, 기타 부속물

제5조【공장저당법규정의 준용】 광업재단에 관하여는 공장저당법 중 공장재단에관한규정을 준용한다.

제6조【광업권의 취소와 저당권】 ① 광업권취소의 등록을 한 경우에는 통상산업부장관은 곧 이를 저당권자에게 통지하여야 한다. 〈개정 1993. 3. 6, 1997. 12. 13〉

② 저당권자가 전 항의 규정에 의한 통지를 받은 때에는 곧 그 권리를 실행할 수 있다.

③ 전 항의 규정에 의하여 저당권자가 저당권을 실행하고자 하는 경우에는 제1항의 통지를 받은 날로부터 6월 내에 그 절차를 밟아야 한다.

④ 광업권은 전 항의 기간 내 또는 저당권의 실행이 종료할 때까지 저당권실행의 목적의 범위 내에서 아직 존속하는 것으로 본다.

⑤ 경락인이 취득한 광업권은 광업권취소의 등록일에 취득한 것으로 본다.

⑥ 전 항의 규정은 광업법 제39조의 규정에 의한 광업권의 취소에 관하여는 이를 적용하지 아니한다. 〈개정 1981. 1. 29, 1999. 2. 8〉

제7조【광업권자의 폐업과 저당권】전 조의 규정은 광업권자가 광업을 폐업한 경우에 이를 준용한다.

제8조【미설립법인의 경매참가】① 경매에 부한 광업을 목적으로 하여 대한민국의 법률에 따라 법인을 설립하고자 하는 자가 경매에 참가하는 경우에는 경매의 신청과 동시에 그 취지를 집행법원에 신고하여야 한다.

② 전 항의 규정에 의하여 경매에 참가하는 자는 경매의 신청에 관하여 연대책임을 진다.

제9조【동전】광업재단의 경락인이 전 조 제1항의 규정에 의하여 경매에 참가한 자인 때에는 경락을 허가하는 결정이 확정한 날로부터 3월 내에 법인을 설립하고 이를 집행법원에 신고하여야 한다.

제10조【동전】전 조의 경락인은 법인설립일로부터 1주간 이내에 경락대금을 집행법원에 지급하여야 한다. 단, 채권자가 경락인인 경우에는 자기가 경락대금 중에서 받을 금액을 공제하고 그 잔액만을 지급한다.

제11조【동전】전 조의 규정에 의하여 경락대금을 지급한 경우에는 경매에 회부된 광업재단의 소유권은 경락인에 의하여 설립된 법인에게 이전된다.

제12조【동전】① 제9조의 기간 내에 법인설립의 신고가 없거나 또는 제10조의 기간 내에 경락대금의 지급이 없는 때에는 집행법원은 직권으로써 광업재단의 재경매를 명하여야 한다.

② 전 항의 재경매에 관하여는 민사집행법 제138조의 규정을 준용한다. 〈개정 2002. 1. 26〉

제13조【벌칙】공장저당법 제64조와 제65조는 광업재단의 경우에 이를 준용한다.

항공기저당법

제1조【목적】 본법은 항공기에 저당권을 설정하여 동산신용을 증진시킴으로써 항공의 건전한 발달을 기함을 목적으로 한다.

제2조【정의】 본법에서 항공기라 함은 비행기와 회전익항공기로서 항공법에 의하여 등록을 받은 것을 말한다.

제3조【목적물】 항공기는 저당권의 목적으로 할 수 있다.

제4조【저당권의 내용】 저당권자는 채무자 또는 제3자가 점유를 이전하지 아니하고 채무의 담보로 제공한 항공기(이하 "저당항공기라" 한다)에 대하여 다른 채권자에 우선하여 자기채권의 변제를 받을 권리가 있다.

제5조【저당권에 관한 등록의 효력】 ① 저당권의 득실변경은 항공법에 규정하는 항공기등록원부에 등록을 하지 아니하면 그 효력이 생기지 아니한다.

② 전 항의 등록에 관한 사항은 대통령령으로 정한다. 〈개정 1997. 12. 13〉

제6조【저당권자에 대한 통지】 건설교통부장관은 저당항공기가 항공법 제12조 제1항 제3호에 해당하게 되어 말소등록의 신청을 수리한 때 또는 동 법 동 조 제2항의 규정에 의한 최고를 한 후 당해 항공기의 소유자가 기간 내에 말소등록의 신청을 하지 아니하는 때에는 지체없이 저당권자에게 통지하여야 한다. 〈개정 1991. 12. 14, 1997. 12. 13〉

제7조【저당권의 행사】 ① 저당권자는 전 조의 통지를 받은 때에는 당해 항공기에 대하여 즉시 그 권리를 행사할 수 있다.

② 전 항의 규정에 의하여 저당권을 행사하고자 할 때에는 저당권자는 전 조의 통지를 받은 날로부터 3월 이내에 그 절차를 밟아야 한다.

③ 건설교통부장관은 전 항의 규정에 의하여 저당권행사의 절차를 밟을 수 있는 기간 내와 저당권의 행사가 끝날 때까지의 기간 내에는 당해 항공기에 대하여 항공법의 규정에 의한 말소등록을 하지 못한다. 〈개정 1997. 12. 13〉

④ 경락을 허하는 결정이 확정된 때에는 제1항의 규정에 의한 항공기에 관하여는 항공법 제12조 제1항 제3호의 사유가 발생하지 아니한 것으로 본다.
〈개정 1993. 6. 11〉

제8조【질권설정의 금지】 항공기는 질권의 목적으로 하지 못한다.

제9조【민법의 준용】 항공기에 대한 저당권에 관하여는 본법에 규정하는 것을 제외하고는 민법 중 저당권에 관한 규정을 준용한다.

건설기계저당법

제1조【목적】 이 법은 건설기계의 동산신용을 증진시킴으로써 건설사업의 원활한 수행을 기하게 함을 목적으로 한다. 〈개정 1993. 6. 11〉

제2조【정의】 이 법에서 "건설기계"라 함은 건설기계관리법에 의하여 등록된 건설기계를 말한다. 〈개정 1993. 6. 11〉

제3조【저당권의 목적물】 건설기계는 저당권의 목적물로 할 수 있다. 〈개정 1993.6.11〉

제4조【저당권의 내용】 저당권자는 채무자 또는 제3자가 점유를 이전하지 아니하고 채무의 담보로 제공한 건설기계의 환가금에서 다른 채권자보다 자기채권의 우선변제를 받을 권리가 있다. 〈개정 1993. 6. 11〉

제5조【저당권의 등록】 ① 저당권의 득실변경은 건설기계관리법 제7조 제1항의 규정에 의한 건설기계등록원부에 등록하지 아니하면 그 효력이 발생하지 아니한다. 〈개정 1993. 6. 11〉

② 저당권이 설정된 건설기계에 대한 압류ㆍ가처분 등의 권리집행은 건설기계등록원부에 등록함으로써 그 효력이 발생한다. 〈개정 1993. 6. 11〉

③ 전 항의 규정에 의한 등록에 관하여는 대통령령으로 정한다.

제6조【저당권의 행사】 ① 저당권자는 건설기계관리법 제6조 제3항의 규정에 의한 통지를 받은 때에는 당해 건설기계에 대하여 즉시 그 권리를 행사할 수 있다. 〈개정 1993. 6. 11〉

② 저당권자가 전 항의 규정에 의하여 저당권을 행사하고자 할 때에는 그 통지를 받은 날로부터 3월 이내에 행사에 착수하여야 한다.

③ 건설교통부장관은 저당권의 행사가 종료할 때까지는 당해 건설기계에 관한 등록을 취소하지 못한다. 〈개정 1993. 6. 11, 1997. 12. 13〉

④경락을 허가하는 결정이 확정된 때에는 건설기계관리법 제6조 제1항의 규정

에 의한 등록말소신청을 하였던 건설기계에 관하여는 당해 신청이 없었던 것으로 본다. 〈개정 1993. 6. 11〉

　　제7조【훼손 등의 금지】 건설기계의 소유자는 저당권자를 해할 목적으로 저당권의 목적물인 건설기계를 훼손하거나 해체하지 못한다. 〈개정 1993. 6. 11〉

　　제8조【벌칙】 전 조의 규정에 위반한 자는 1년 이하의 징역 또는 10만원 이하의 벌금에 처한다.

자동차저당법

제1조 【목적】 이 법은 자동차의 저당권에 관한 사항을 정하여 자동차저당에 의한 자금의 확보를 도모하고, 자동차저당권자(이하 "저당권자"라 한다)와 자동차 소유자의 권익을 균형 있게 보호함을 목적으로 한다.

제2조 【저당권의 목적물】 이 법에 의하여 저당권의 목적으로 할 수 있는 자동차는 자동차관리법에 의하여 등록된 자동차로 한다. [전문개정 1999. 5. 24]

제3조 【저당권의 내용】 저당권자는 채무자 또는 제3자가 점유를 이전하지 아니하고 채무의 담보로 제공한 자동차에 대하여 다른 채권자보다 자기채권의 우선변제를 받을 권리가 있다.

제4조 【저당권에 관한 등록의 효력 등】 ① 자동차저당권(이하 "저당권"이라 한다)의 득실변경은 자동차관리법에 의한 자동차등록원부에 등록을 하여야 그 효력이 생긴다.

② 저당권에 관한 등록은 설정등록 · 변경등록 · 이전등록 및 말소등록으로 구분한다.

③ 저당권에 관한 등록의 절차 및 방법에 관하여 필요한 사항은 대통령령으로 정한다.

제5조 【저당권자에 대한 통지】 자동차등록관청은 저당권이 설정된 자동차에 대하여 자동차관리법에 의한 말소등록을 하고자 할 때에는 미리 그 뜻을 저당권자에게 통지하여야 한다. 다만, 저당권자가 당해 자동차의 말소등록에 동의한 경우에는 그러하지 아니하다.

제6조 【저당권의 행사 등】 ① 저당권자는 제5조의 규정에 의한 통지를 받은 때에는 당해 자동차에 대하여 즉시 그 권리를 행사할 수 있다.

② 저당권자가 제1항의 규정에 의하여 저당권을 행사하고자 할 때에는 제5조의 규정에 의한 통지를 받은 날부터 1월 이내에 저당권의 행사절차를 개시하여야 한다.

③ 자동차등록관청은 제2항의 규정에 의한 통지 후 1월이 경과한 때에는 당해 자동차에 대하여 말소등록을 할 수 있다. 다만, 저당권자가 그 기간 내에 저당권의 행사절차를 개시한 경우에는 그 행사절차가 완료될 때까지 말소등록을 하여서는 아니된다.

④ 자동차등록관청은 저당권자가 저당권을 행사하여 경락인이 당해 자동차에 대한 소유권을 취득한 경우에는 자동차의 말소등록을 하여서는 아니된다.

제6조의 2【양도명령에 의한 환가방법의 특례】 ① 자동차를 목적으로 하는 저당권의 실행을 위한 경매절차에서 법원은 상당하다고 인정할 때에는 저당권자의 신청에 의하여 경매 또는 입찰에 의하지 아니하고 그 저당권자에게 압류된 자동차의 매각을 허가하는 양도명령의 방법으로 환가할 수 있다.

② 제1항의 규정에 의한 양도명령절차에 관하여 필요한 사항은 대법원규칙으로 정한다. [본조신설 1999. 5. 24]

제7조【질권설정의 금지】 자동차는 질권의 목적으로 하지 못한다.

제8조【저당권말소등록서류 등의 교부】 저당권자는 채무의 변제 또는 기타 원인에 의한 저당채무의 소멸로 인하여 자동차에 대한 저당권의 말소등록 또는 이전등록의 사유가 발생한 때에는 등록권리자에게 당해 자동차에 대한 저당권의 말소등록 또는 이전등록에 필요한 서류를 지체없이 교부하여야 한다.

제9조【수수료】 저당권에 관한 등록을 하고자 하는 자는 대통령령이 정하는 바에 따라 수수료를 납부하여야 한다.

제10조【민법준용】 자동차저당권에 관하여는 이 법에 규정한 것을 제외하고는 민법 중 저당권에 관한 규정을 준용한다.

주택저당채권유동화회사법

제1조 【목적】 이 법은 주택자금의 장기적·안정적 공급으로 주택금융의 기반을 확충하기 위하여 주택저당채권유동화회사의 설립·운영과 주택저당채권담보부채권 및 주택저당증권의 발행에 관하여 필요한 사항을 규정함으로써 국민경제의 건전한 발전에 기여함을 목적으로 한다.

제2조 【정의】 ① 이 법에서 사용하는 용어의 정의는 다음과 같다. 〈개정 2000. 1. 21, 2001. 3. 28〉

1. "채권유동화"라 함은 다음 각목의 1에 해당하는 것을 말한다.

가. 주택저당채권유동화회사가 금융기관으로부터 주택저당채권을 양도받아 이를 담보로 하여 주택저당채권담보부채권을 발행하고 원리금을 지급하는 행위

나. 주택저당채권유동화회사가 금융기관으로부터 주택저당채권을 양도받아 이를 기초로 주택저당증권을 발행하고 그 주택저당채권의 관리·운용 및 처분에 의한 수익을 분배하는 행위

2. "주택저당채권"이라 함은 주택건설촉진법 제3조의 규정에 의한 주택의 구입 또는 건축에 소요된 대출자금(주택의 구입 및 건축에 소요된 자금을 보전하기 위한 대출자금을 포함한다)과 이 자금의 상환을 위한 대출자금에 대한 채권으로서 당해 주택에 설정된 저당권에 의하여 담보된 채권을 말한다.

3. "주택저당채권담보부채권"이라 함은 주택저당채권을 담보로 하여 발행하는 채권을 말한다.

4. "주택저당증권"이라 함은 주택저당채권을 기초로 하여 발행하는 수익증권을 말한다.

5. "자기자본"이라 함은 국제결제은행의 기준에 따른 기본자본과 보완자본의 합계액을 말한다.

6. "금융기관"이라 함은 다음 각목의 1에 해당하는 자를 말한다.

가. 한국산업은행법에 의한 한국산업은행

나. 중소기업은행법에 의한 중소기업은행

다. 은행법에 의하여 인가를 받아 설립된 금융기관(동 법 제5조 및 동 법 제59조의 규정에 의하여 금융기관으로 보는 자를 포함한다)

라. 장기신용은행법에 의한 장기신용은행

마. 보험업법에 의한 보험사업자

바. 상호저축은행법에 의한 상호저축은행

사. 여신전문금융업법에 의한 여신전문금융회사

아. 주택건설촉진법에 의한 국민주택기금을 운용·관리하는 자

자. 가목 내지 아목에 준하는 자로서 대통령령이 정하는 자

7. "주택저당채권유동화회사"라 함은 제3조의 규정에 의하여 채권유동화업무의 인가를 받은 자를 말한다.

② 제1항 제5호의 규정에 의한 자기자본의 구체적인 범위는 대통령령으로 정한다.

제3조【채권유동화업무의 인가】① 이 법에 의한 채권유동화업무를 영위하고자 하는 자는 금융감독위원회의 인가를 받아야 한다. 〈개정 1999. 5. 24〉

② 제1항의 규정에 의한 인가를 받고자 하는 자는 다음 각호의 요건을 갖추어야 한다.

1. 주식회사일 것

2. 자본금이 250억원 이상일 것

3. 자기자본비율이 대통령령이 정하는 기준 이상일 것

③ 제1항의 규정에 의한 인가를 받고자 하는 자는 신청서에 금융감독위원회가 정하는 서류를 첨부하여 금융감독위원회에 제출하여야 한다.

제4조【채권유동화계획의 등록】① 주택저당채권유동화회사(이하 "채권유동화회사"라 한다)는 채권유동화를 하고자 하는 때에는 금융감독위원회가 정하는

서류를 갖추어 채권유동화에 관한 계획(이하 "채권유동화계획"이라 한다)을 금융감독위원회에 등록하여야 한다. 등록된 채권유동화계획을 변경하고자 하는 경우에도 또한 같다.

② 채권유동화계획에는 다음 각호의 사항이 포함되어야 한다.

1. 채권유동화회사의 명칭 및 사무소의 소재지

2. 채권유동화계획의 기간

3. 주택저당채권의 명세 및 총액과 평가전문기관의 평가가액

4. 발행하고자 하는 주택저당채권담보부채권 및 주택저당증권의 종류·총액 및 발행조건

5. 주택저당채권의 관리·운용 및 처분(제12조 제1항의 규정에 의하여 신탁을 설정하는 경우에는 이를 포함한다)에 관한 사항

6. 제10조 제1항의 규정에 의하여 주택저당채권의 관리·운용 및 처분에 관한 업무를 위탁하고자 하는 경우에는 그 채권관리자

7. 기타 대통령령이 정하는 사항

③ 금융감독위원회는 다음 각호의 1에 해당하는 사유가 있는 경우에는 채권유동화계획의 등록을 거부하거나 그 내용의 변경을 요구할 수 있다.

1. 등록신청서류에 허위의 기재가 있거나 필요한 기재를 하지 아니한 경우

2. 채권유동화계획의 내용에 법령을 위반한 사항이 포함되어 있는 경우

④ 금융감독위원회는 제3항의 규정에 의하여 등록을 거부하거나 채권유동화계획의 변경을 요구하는 때에는 그 사유를 구체적으로 명시하여 당해 채권유동화회사에 서면으로 통보하여야 한다.

제5조【주택저당채권의 양도 등의 등록】 ① 채권유동화회사는 채권유동화계획에 의한 주택저당채권의 양도·신탁 또는 반환이 있은 때에는 지체없이 그 사실을 금융감독위원회에 등록하여야 한다.

② 채권유동화회사는 제1항의 규정에 의하여 주택저당채권의 양도 등의 등록을 하고자 하는 때에는 등록신청서와 주택저당채권의 양도 등에 관한 계약서를

금융감독위원회에 제출하여야 한다.

③ 제2항의 규정에 의한 등록신청서에는 다음 각호의 사항을 기재하여야 하며, 제1호의 사항은 전자기록, 기타 이에 준하는 방법으로 작성하여 제출하여야 한다.

　1. 주택저당채권의 명세

　2. 주택저당채권의 양도·신탁 또는 반환의 방법·일정 및 대금지급방법

　3. 채권양도의 대항요건이 갖추어져 있는지 여부

　4. 주택저당채권의 양도 등에 관한 계약의 취소요건

　5. 양수인이 당해 채권을 처분하는 경우 양도인 등이 우선매입권을 가지는지 여부

　6. 기타 투자자보호를 위하여 필요한 사항으로서 금융감독위원회가 정하는 사항

④ 채권유동화회사는 주택저당채권의 양도 등에 관한 계약서, 등기필증 또는 등록증, 기타 증빙서류를 대통령령이 정하는 바에 따라 보관 관리하여야 하며, 금융감독위원회 또는 당해 투자자로부터 열람의 요구가 있는 때에는 이에 응하여야 한다.

⑤ 제3항의 규정에 의한 등록신청서의 서식·기재방법 및 처리절차 등에 관하여 필요한 사항은 금융감독위원회가 정한다. [전문개정 2000. 1. 21]

제5조의 2 【양도의 방식】 주택저당채권의 양도는 채권유동화계획에 따라 다음 각호의 방식에 의하여야 한다. 이 경우 이를 담보권의 설정으로 보지 아니한다.

　1. 매매 또는 교환에 의할 것

　2. 양수인이 주택저당채권에 대한 수익권 및 처분권을 가질 것. 이 경우 양수인이 당해주택저당채권을 처분하는 때에 양도인이 이를 우선적으로 매수할 수 있는 권리를 가지는 경우에도 수익권 및 처분권은 양도인이 가진 것으로 본다.

　3. 양도인은 주택저당채권에 대한 반환청구권을 가지지 아니하고, 양수인은 주택저당채권에 대한 대가의 반환청구권을 가지지 아니할 것

　4. 양수인이 양도된 자산에 관한 위험을 인수할 것. 다만, 당해 주택저당채권

에 대하여 양도인이 일정기간 그 위험을 부담하거나 하자담보책임(채권의 양도인이 채무자의 자력을 담보한 경우에는 이를 포함한다)을 지는 경우에는 그러하지 아니하다. [본조신설 2000. 1. 21]

제6조【채권양도의 대항요건에 관한 특례】 ① 채권유동화계획에 따른 주택저당채권의 양도·신탁 또는 반환은 양도인(위탁자를 포함한다. 이하 같다) 또는 양수인(수탁자를 포함한다. 이하 같다)이 채무자에게 통지하거나 채무자가 승낙하지 아니하면 채무자에게 대항하지 못한다. 다만, 양도인 또는 양수인이 채무자에게 다음 각호의 1에 해당하는 주소로 2회 이상 내용증명우편으로 채권양도(채권의 신탁 또는 반환을 포함한다. 이하 이 조에서 같다)의 통지를 하였으나 소재불명 등으로 반송된 때에는 채무자의 주소지를 주된 보급지역으로 하는 2 이상의 일간신문(전국을 보급지역으로 하는 일간신문이 1 이상 포함되어야 한다)에 채권양도사실을 공고함으로써 그 공고일에 채무자에 대한 채권양도의 통지를 한 것으로 본다. 〈개정 2000. 1. 21〉

1. 등기부에 기재되어 있는 채무자의 주소(등기부에 기재되어 있는 주소가 채무자의 최후의 주소가 아닌 경우 양도인 또는 양수인이 채무자의 최후의 주소를 알고 있는 때에는 그 최후의 주소를 말한다)

2. 등기부에 채무자의 주소가 기재되어 있지 아니한 경우로서 양도인 또는 양수인이 채무자의 최후의 주소를 알고 있는 때에는 그 최후의 주소

② 채권유동화계획에 따라 행하는 주택저당채권의 양도·신탁 또는 반환에 관하여 제5조 제1항의 규정에 의한 등록을 한 때에는 당해 주택저당채권의 채무자 외의 제3자에 대하여는 그 등록이 있은 때에 민법 제450조 제2항의 규정에 의한 대항요건을 갖춘 것으로 본다. 〈개정 2000. 1. 21〉

제6조의 2【근저당권에 의하여 담보된 채권의 확정】 채권유동화계획에 의하여 양도하고자 하는 주택저당채권이 근저당권에 의하여 담보된 채권인 경우 금융기관이 채무자에게 근저당권에 의하여 담보된 채권의 금액을 정하여 추가로 채권을 발생시키지 아니하고 그 채권의 전부를 양도하겠다는 의사를 기재한 통

지서를 내용증명우편으로 발송한 때에는 통지서를 발송한 날의 다음날에 당해 채권은 확정된 것으로 본다. 다만, 채무자가 10일 이내에 이의를 제기한 때에는 그러하지 아니하다. [본조신설 2000. 1. 21]

  제7조 【저당권의 취득에 관한 특례】 채권유동화회사는 제5조 제1항의 규정에 의한 등록이 있은 때에 채권유동화계획에 따라 양도 또는 신탁받은 주택저당채권을 담보하기 위하여 설정된 저당권을 취득한다. 〈개정 2000. 1. 21〉

  제8조 【등록서류 등의 공시】 ① 금융감독위원회는 제4조 및 제5조의 규정에 의한 등록 또는 변경등록에 관한 서류를 일반인의 열람에 제공하여야 한다.

  ② 채권유동화회사는 주택저당채권의 명세와 그 현황에 관한 서류를 작성·비치하여 당해 채권유동화회사의 투자자가 이를 열람할 수 있게 하여야 한다.

  제9조 【주택저당채권의 관리】 ① 채권유동화회사는 채권유동화의 대상이 되는 주택저당채권(주택저당채권을 관리·운용 및 처분함에 따라 취득한 금전 등의 재산권을 포함한다. 이하 이 조·제10조 제4항 및 제5항·제26조 제1항에서 같다)과 채권유동화의 대상이 아닌 자산을 구분하여 관리하여야 하며, 주택저당채권은 채권유동화계획별로 구분하여 관리하여야 한다.

  ② 제1항의 규정에 의하여 구분·관리되는 주택저당채권은 채권유동화회사의 파산재단을 구성하지 아니한다.

  ③ 제1항의 규정에 의하여 구분·관리되는 주택저당채권에 대하여는 채권유동화회사의 채권자가 이를 강제집행할 수 없으며, 파산법·화의법 또는 회사정리법에 의한 보전처분 또는 중지명령의 대상이 되지 아니한다.

  ④ 제2항의 규정은 화의법에 의한 화의절차 또는 회사정리법에 의한 회사정리절차가 개시된 경우에 이를 준용한다. 〈신설 2000. 1. 21〉

  제10조 【주택저당채권의 관리위탁】 ① 채권유동화회사는 채권관리위탁계약에 의하여 다음 각호의 1에 해당하는 자(이하 "채권관리자"라 한다)에게 주택저당채권의 관리·운용 및 처분에 관한 업무를 위탁할 수 있다.

  1. 금융기관

　2. 신용정보의이용및보호에관한법률 제4조 제3항 제1호 내지 제3호의 업무에 관한 허가를 받은 신용정보업자

　② 제1항 제1호에 해당하는 채권관리자인 금융기관은 신용정보의이용및보호에관한법률 제4조 제3항의 규정에 불구하고 제1항의 규정에 의하여 위탁받은 업무의 범위 안에서 동 법 제6조 제3호의 규정에 의한 채권추심업무를 수행할 수 있다. 〈개정 2000. 1. 21〉

　③ 채권유동화회사는 채권관리위탁계약을 해지한 경우 이로 인하여 채권관리자의 변제수령권한이 소멸되었음을 이유로 하여 주택저당채권의 채무자에게 대항할 수 없다. 다만, 채무자가 채권관리자의 변제수령권한이 소멸되었음을 알았거나 알 수 있었을 경우에는 그러하지 아니하다.

　④ 채권관리자는 제1항의 규정에 의하여 위탁을 받아 관리하는 주택저당채권을 그의 고유재산과 구분하여 관리하여야 하며, 그 주택저당채권의 관리에 관한 장부를 별도로 작성 · 비치하여야 한다.

　⑤ 채권관리자가 파산하는 경우 제1항의 규정에 의하여 위탁을 받아 관리하는 주택저당채권은 채권관리자의 파산재단을 구성하지 아니하며, 채권유동화회사는 그 채권관리자 또는 파산관재인에 대하여 주택저당채권의 인도를 청구할 수 있다.

　⑥ 제5항의 규정은 화의법에 의한 화의절차 또는 회사정리법에 의한 회사정리절차가 개시된 경우에 이를 준용한다.

　⑦ 채권관리자가 제1항의 규정에 의하여 위탁을 받아 관리하는 주택저당채권은 채권관리자의 채권자가 이를 강제집행할 수 없으며, 파산법 · 화의법 또는 회사정리법에 의한 보전처분 또는 중지명령의 대상이 되지 아니한다.

제11조【주택저당채권담보부채권의 발행】① 채권유동화회사는 제9조의 규정에 의하여 채권유동화계획별로 구분 · 관리하는 주택저당채권을 담보로 주택저당채권담보부채권을 발행할 수 있다.

　② 주택저당채권담보부채권의 소지자는 다른 법률에서 정하는 경우를 제외하

고는 당해 채권유동화계획에 의하여 구분·관리되는 주택저당채권으로부터 제3자에 우선하여 변제받을 권리를 가진다.

③ 주택저당채권담보부채권의 소지자는 제2항의 규정에 의한 우선변제에 의하여 채권의 원리금의 전부 또는 일부를 변제받지 못한 경우에는 채권유동화회사의 자산 중 채권유동화의 대상이 아닌 자산으로부터 변제받을 수 있다.

④ 제1항의 규정에 의하여 발행하는 주택저당채권담보부채권은 증권거래법 제2조 제1항 제3호의 규정에 의한 채권으로 본다. [전문개정 2000. 1. 21]

제12조【주택저당증권의 발행】 ① 채권유동화회사는 신탁법 제2조의 규정에 불구하고 채권유동화계획에 따라 자신을 수탁자로 하는 신탁을 설정하여 주택저당증권을 발행할 수 있다.

② 제1항의 규정에 의한 신탁설정은 이를 금융감독위원회에 등록한 때부터 그 효력이 발생한다.

③ 주택저당증권은 무기명식으로 한다. 다만, 주택저당증권의 수익자의 청구가 있는 경우에는 기명식으로 할 수 있다.

④ 주택저당증권의 양도, 기타 권리행사는 주택저당증권으로 하여야 한다. 다만, 기명식 주택저당증권의 경우에는 대통령령이 정하는 바에 의한다. 다만, 기명식 주택저당증권의 경우에는 기명주식에 관한 상법 제337조·제338조·제340조 및 제358조의 2의 규정을 준용한다. 〈개정 2000. 1. 21〉

⑤ 주택저당증권을 취득하는 자는 당해 주택저당증권에 관한 권리·의무를 승계한다.

⑥ 주택저당증권에는 다음 각호의 사항을 기재하고 채권유동화회사의 대표자가 이에 기명날인하여야 한다. 〈개정 2000. 1. 21〉

  1. 발행번호

  2. 발행회사의 명칭

  3. 기명식인 경우에는 수익자의 성명 또는 명칭

  4. 발행총액 및 수익권의 형태

　5. 수익분배의 시기 및 장소

　6. 원본 또는 이익의 보전에 관한 계약을 체결하는 경우에는 그 내용

　7. 발행의 기초가 되는 주택저당채권의 총액

　8. 신탁설정의 내용

　9. 지급보증이 있는 경우에는 그 내용

　10. 주택저당채권의 운용방법을 정한 때에는 그 내용

　11. 기타 대통령령이 정하는 사항

　⑦ 채권유동화회사는 대통령령이 정하는 바에 따라 신탁법 제29조의 규정에 불구하고 채권유동화의 대상이 아닌 자산으로 당해 채권유동화회사가 발행한 주택저당증권을 취득할 수 있다.

　⑧ 채권유동화회사는 제1항의 규정에 의하여 주택저당증권을 발행하는 경우 그 업무에 관하여는 신탁업법 제3조의 규정에 의한 인가를 받은 것으로 본다. 이 경우 신탁법 제3조와 신탁업법 제7조·제15조·제15조의 2·제16조·제17조의2·제21조 및 제22조의 규정은 이를 적용하지 아니한다. 〈신설 2000. 1. 21〉

　제13조 【지급보증】 채권유동화회사는 주택저당증권(당해 채권유동화회사가 발행한 주택저당증권을 포함한다)과 자산유동화에관한법률에 의하여 유동화전문회사 등이 주택저당채권을 유동화자산으로 하여 발행한 유동화증권에 대하여 당해 채권유동화회사의 자기자본의 30배를 초과하지 아니하는 범위 내에서 지급보증을 할 수 있다. 〈개정 2000. 1. 21, 2002. 3. 30〉

　제14조 【회사채의 발행 등】 ① 채권유동화회사는 자기자본의 10배의 범위 안에서 회사채를 발행할 수 있으며, 자기자본의 범위 안에서 자금을 차입할 수 있다. 이 경우 주택저당채권담보부채권의 발행총액은 회사채의 발행액에 포함되지 아니한다.

　② 채권유동화회사가 제1항의 규정에 의하여 발행하는 회사채는 증권거래법 제2조 제1항 제3호의 규정에 의한 채권으로 본다. 〈신설 2000. 1. 21〉

　제15조 【임원 등의 겸임 또는 겸직의 제한】 채권유동화회사의 임직원은 주택

저당채권을 양도하는 금융기관, 채권관리자 또는 담보부사채신탁법에 의한 신탁업자와 당해 채권유동화회사의 이해가 상충될 우려가 있는 경우에는 금융감독위원회의 승인을 얻어 당해 기관의 임직원을 겸임 또는 겸직할 수 있다.

제16조【감독】 ① 금융감독위원회는 주택저당채권담보부채권 및 주택저당증권의 투자자를 보호하고 채권시장의 안정을 도모하기 위하여 채권유동화회사의 업무를 감독하고 이에 필요한 명령을 할 수 있으며, 금융감독기구의설치등에관한법률에 의하여 설립된 금융감독원원장(이하 "금융감독원장"이라 한다)으로 하여금 채권유동화회사의 업무와 재산상황을 검사하게 할 수 있다.

② 금융감독원장은 채권유동화회사 또는 주식회사의외부감사에관한법률에 의하여 채권유동화회사가 선임한 외부감사인에 대하여 제1항의 규정에 의한 검사에 필요한 장부·기록문서, 기타 자료의 제출을 요구할 수 있다. 〈신설 2000. 1. 21〉

③ 금융감독위원회는 채권유동화회사가 경영의 건전성을 확보할 수 있도록 하기 위하여 대통령령이 정하는 바에 따라 경영지도기준을 정할 수 있다.

④ 금융감독위원회는 채권유동화회사가 제2항의 규정에 의한 경영지도기준을 충족시키지 못하는 등 경영의 건전성을 크게 해칠 우려가 있다고 인정되는 때에는 자본금의 증액, 이익배당의 제한 등 경영개선을 위하여 필요한 조치를 요구할 수 있다.

제17조【주택정책관련사항의 협의】 금융감독위원회는 채권유동화회사의 업무에 관한 사항으로서 주택정책의 수행에 영향을 미친다고 인정되는 사항에 관하여는 미리 건설교통부장관과 협의하여야 한다. 〈개정 1999. 5. 24〉

제18조【인가취소 등】 금융감독위원회는 채권유동화회사가 다음 각호의 1에 해당하는 경우에는 6월 이내의 기간을 정하여 영업정지를 명하거나 제3조의 규정에 의한 인가를 취소할 수 있다.

1. 사위, 기타 부정한 방법으로 제3조의 규정에 의한 인가를 받은 경우
2. 제3조의 규정에 의한 인가요건에 미달하게 된 경우
3. 영업정지기간중에 업무를 영위한 경우

4. 기타 이 법 또는 이 법에 의한 명령을 위반한 경우 [전문개정 1999. 5. 24]

제19조 【인가취소의 효력】 제18조의 규정에 의하여 인가가 취소된 경우 당해 채권유동화회사는 해산한다. 〈개정 1999. 5. 24〉

제20조 【청문】 금융감독위원회는 제18조의 규정에 의하여 인가를 취소하고자 하는 경우에는 청문을 실시하여야 한다. 〈개정 1999. 5. 24〉

제21조 【임직원에 대한 제재】 ① 금융감독위원회는 채권유동화회사의 임원이 이 법 또는 이 법에 의한 명령을 위반하거나 채권유동화회사의 건전한 운영을 크게 해치는 행위를 하는 때에는 당해 임원의 업무집행의 중지를 명할 수 있으며, 주주총회에 그 임원의 해임을 권고할 수 있다.

② 금융감독원장은 채권유동화회사의 직원이 이 법 또는 이 법에 의한 명령을 위반하거나 채권유동화회사의 건전한 운영을 크게 해치는 행위를 하는 때에는 면직·정직·감봉·견책 등 적절한 문책을 할 것을 당해 채권유동화회사에 요구할 수 있다.

제22조 【자료제출 등】 ① 금융감독위원회는 제16조 제1항의 규정에 의한 검사를 위하여 필요한 때에는 채권유동화회사에 대하여 그 업무 및 재산상황에 관한 보고서를 제출하게 할 수 있다.

② 채권유동화회사는 금융감독위원회가 정하는 바에 따라 매월의 영업보고서와 매영업연도의 업무보고서를 금융감독위원회에 제출하여야 한다.

③ 채권유동화회사는 금융감독위원회가 정하는 바에 따라 경영상황에 관한 주요정보 및 자료를 공시하여야 한다.

제22조의2 【채무자에 대한 정보의 제공 및 활용】 ① 금융기관 또는 채권유동화회사는 금융실명거래및비밀보장에관한법률 제4조의 규정에 불구하고 채권유동화계획의 수행을 위하여 필요한 범위 안에서 당해 주택저당채권의 채무자의 지급능력에 관한 정보를 주택저당채권, 주택저당채권담보부채권 또는 주택저당증권의 투자자 양수인, 기타 이에 준하는 이해관계인에게 제공할 수 있다.

② 채권유동화계획에 따른 주택저당채권의 양수인(그 업무를 위탁받은 자를

포함한다)은 주택저당채권의 채무자의 지급능력에 관한 정보를 당해 채권을 변제받기 위한 목적 외의 용도로 사용하여서는 아니된다. [본조신설 2000. 1. 21]

　제23조【벌칙】다음 각호의 1에 해당하는 자는 3년 이하의 징역 또는 2천만원 이하의 벌금에 처한다. 〈개정 2000. 1. 21〉

　　1. 사위, 기타 부정한 방법으로 제3조 제1항의 규정에 의한 인가를 받은 자

　　2. 제3조 제1항의 규정에 의한 인가를 받지 아니하고 채권유동화업무를 영위한 자

　　2의 2. 제5조 제2항의 규정에 의한 등록신청서 또는 계약서를 허위로 작성한 자

　　3. 제15조의 규정에 의한 승인을 얻지 아니하고 주택저당채권을 양도하는 금융기관 · 채권관리자 또는 담보부사채신탁법에 의한 신탁업자의 임직원을 겸임 또는 겸직한 자

　　4. 제22조의2 제2항의 규정에 위반하여 채무자의 지급능력에 관한 정보를 당해 채권을 변제받기 위한 목적 외의 용도로 사용한 자

　제24조【벌칙】다음 각호의 1에 해당하는 자는 1년 이하의 징역 또는 1천만원 이하의 벌금에 처한다

　　1. 제13조의 규정에 의한 지급보증의 한도를 초과한 자

　　2. 제14조의 규정에 의한 회사채의 발행한도 및 차입한도를 초과한 자

　제25조【양벌규정】법인의 대표자, 법인 또는 개인의 대리인 · 사용인, 기타 종업원이 그 법인 또는 개인의 업무에 관하여 제23조 또는 제24조의 위반행위를 한 때에는 행위자를 벌하는 외에 그 법인 또는 개인에 대하여도 각 해당조의 벌금형을 과한다.

　제26조【과태료】① 다음 각호의 1에 해당하는 자는 500만원 이하의 과태료에 처한다.

　　1. 제9조 제1항의 규정에 위반하여 주택저당채권과 채권유동화의 대상이 아닌 자산을 구분하여 관리하지 아니하거나 주택저당채권을 채권유동화계획별로 구분하여 관리하지 아니한 자

2. 제10조 제4항의 규정에 위반하여 위탁받아 관리하는 주택저당채권을 고유재산과 구분하여 관리하지 아니하거나 주택저당채권의 관리·운용 및 처분에 관한 장부를 별도로 작성·비치하지 아니한 자

② 제1항의 규정에 의한 과태료는 대통령령이 정하는 바에 따라 금융감독위원회가 부과·징수한다.

③ 제2항의 규정에 의한 과태료처분에 불복이 있는 자는 그 처분의 고지를 받은 날부터 30일 이내에 금융감독위원회에 이의를 제기할 수 있다.

④ 제2항의 규정에 의한 과태료처분을 받은 자가 제3항의 규정에 의하여 이의를 제기한 때에는 금융감독위원회는 지체 없이 관할법원에 그 사실을 통보하여야 하며, 그 통보를 받은 관할법원은 비송사건절차법에 의한 과태료의 재판을 한다.

⑤ 제3항의 규정에 의한 기간 내에 이의를 제기하지 아니하고 과태료를 납부하지 아니한 때에는 국세체납처분의 예에 따라 이를 징수한다.

입목에관한법률

　제1조 【목적】 이 법은 입목에 대한 등기 및 저당권의 설정 등에 관하여 필요한 사항을 규정함을 목적으로 한다.

　제2조 【용어의 정의】 ① 이 법에서 "입목"이라 함은 토지에 부착된 수목의 집단으로서 그 소유자가 이 법에 의하여 소유권보존의 등기를 받은 것을 말한다.

　② 전 항의 집단의 범위는 대통령령으로 정한다.

　제3조 【입목의 독립성】 ① 입목은 이를 부동산으로 본다.

　② 입목의 소유자는 토지와 분리하여 입목을 양도하거나 이를 저당권의 목적으로 할 수 있다.

　③ 토지소유권 또는 지상권의 처분의 효력은 입목에 미치지 아니한다.

　제4조 【저당권의 효력】 ① 입목을 목적으로 하는 저당권의 효력은 입목을 벌채한 경우에 그 토지로부터 분리된 수목에 대하여도 미친다.

　② 저당권자는 채권의 기한이 도래하기 전이라도 전 항의 분리된 수목을 경매할 수 있다. 다만, 그 경락대금은 이를 공탁하여야 한다.

　③ 수목의 소유자는 상당한 담보를 공탁하고 전 항의 경매의 면제를 신청할 수 있다.

　제5조 【저당된 입목의 관리】 ① 저당권의 목적이 된 입목의 소유자는 당사자간에 약정된 시업방법에 따라 그 입목을 조성 육림하여야 한다.

　② 천재·지변, 기타 불가항력으로 입목에 손실이 발생한 때에는 입목소유자는 전 항의 책임을 면한다.

　제6조 【법정지상권】 ① 입목의 경매, 기타 사유로 인하여 토지와 그 입목이 각각 다른 소유자에게 속하게 되는 경우에는 토지소유자는 입목소유자에 대하여 지상권을 설정한 것으로 본다.

　② 전 항의 경우에 지료에 관하여는 당사자의 약정에 따른다.

제7조 【지상권 또는 임차권에 대한 저당권의 효력】 지상권자 또는 토지의 임차인에게 속하는 입목이 저당권의 목적이 되어 있는 경우에는 지상권자 또는 임차인은 저당권자의 승낙없이 그 권리를 포기하거나 계약을 해지할 수 없다.

제8조 【입목의 등록】 ① 소유권보존의 등기를 받을 수 있는 수목의 집단은 이 법에 의한 입목등록원부에 등록된 것에 한한다.

② 전 항의 등록을 받고자 하는 자는 그 소재지를 관할하는 시장(특별시장 및 광역시장을 포함하다. 이하 같다) · 군수에게 신청하여야 한다. 등록된 사항에 관한 변경등록을 받고자 할 때에도 또한 같다. 〈개정 1996. 11. 23〉

제9조 【등록원부】 ① 시장 · 군수는 입목등록원부를 비치하여 이 법에 의한 등록을 행하고, 이를 정리하여야 한다.

② 입목등록원부에 관계되는 신청서와 그 첨부서류는 10년간 이를 보존하여야 한다.

③ 시장 · 군수는 입목등록을 말소한 때에는 그 취지를 기재하여 해당 용지를 폐쇄하고 폐쇄한 날로부터 10년간 이를 보존하여야 한다.

제10조 【등록원부의 열람, 등본 · 초본의 교부】 당해 수목에 대해 이해관계 있는 자는 입목등록원부를 열람하거나 그 등본 또는 초본의 교부를 청구할 수 있다.

제11조 【등록절차】 이 법에 의한 등록의 절차에 관하여 필요한 사항은 대통령령으로 정한다.

제12조 【입목등기부의 비치】 각 등기소에 입목등기부를 비치한다.

제13조 【물적편성주의】 입목등기부는 1개의 입목에 대하여 1용지를 사용한다.

제14조 【입목등기부의 양식】 ① 입목등기부는 그 1용지를 등기번호란, 표제부와 갑 · 을의 2구로 나누고, 또 표제부에는 표시란과 표시번호란을 두며, 각 구에는 사항란과 순위번호란을 둔다.

② 등기번호란에는 각 입목에 대하여 등기부에 처음으로 등기한 순서를 기재한다.

③ 표시란에는 입목의 표시와 그 변경에 관한 사항을 기재하고, 표시번호란에

는 표시란에 등기한 순서를 기재한다.

④ 갑구사항란에는 소유권에 관한 사항을 기재한다.

⑤ 을구사항란에는 저당권에 관한 사항을 기재한다.

⑥ 순위번호란에는 사항란에 등기한 순서를 기재한다.

제15조【등기신청서】 등기의 신청서에는 부동산등기법 제41조 각호의 사항 이외에 다음 각호의 사항을 기재하여야 한다.

1. 수목이 1필의 토지의 일부분에 부착된 경우에는 그 부분의 위치 및 지적, 그 부분을 표시하는 명칭 또는 번호가 있을 때에는 그 명칭 또는 번호

2. 수종·수량 및 수령

제16조【소유권보존등기】 ① 소유권보존의 등기는 다음 각호의 1에 해당하는 자의 신청에 의하여 이를 한다.

1. 입목이 부착된 토지의 소유자 또는 지상권자로서 등기부에 등기된 자

2. 전 호에 게기한 자의 증명서에 의하여 자기의 소유권을 증명하는 자

3. 판결에 의하여 자기의 소유권을 증명하는 자

② 소유권보존의 등기를 신청하는 경우에는 신청서에 전 항 제 몇 호의 규정에 의하여 등기를 신청하는 뜻을 기재하고, 이에 필요한 증명서류 및 도면과 입목등록원부의 등본을 첨부하여야 한다. 다만, 등기원인 및 그 일자를 기재하거나 부동산등기법 제40조 제1항 제2호 내지 제4호의 서면을 첨부하지 아니하여도 된다.

제17조【소유권보존등기】 소유권보존의 등기를 신청하는 경우에 그 보존등기에 관하여 토지의 등기부상 이해관계 있는 제3자가 있을 때에는 신청서에 그 승낙서 또는 이를 갈음할 수 있는 재판의 등본을 첨부하여야 한다.

제18조【소유권보존등기】 ① 이미 등기되어 있는 토지에 부착된 수목에 대하여 소유권보존의 등기가 신청된 경우에 토지의 등기용지 중 토지 또는 지상권을 목적으로 하는 저당권이 등기가 되어 있을 때에는 입목등기부에 그 등기를 전사하여야 한다. 다만, 그 등기에 저당권이 수목에 미치지 아니하는 뜻이 기재되어

있을 때에는 예외로 한다.

② 전 항의 규정에 의하여 저당권의 전사를 하는 경우에는 그 저당권의 등기에 관하여 이미 공동담보목록이 있을 때를 제외하고 등기관은 공동담보목록을 작성하여야 한다. 〈개정 1998. 12. 28〉

제19조【소유권보존등기】 ① 이미 등기되어 있는 토지에 부착된 수목에 대하여 소유권보존의 등기를 한 때에는 토지의 등기용지 중 표제부에 입목의 등기용지를 표시하고, 등기관이 날인하여야 한다. 입목의 구분의 등기를 한 때에도 또한 같다. 〈개정 1998. 12. 28〉

② 입목의 등기용지를 폐쇄한 때에는 전 항의 규정에 의한 표시를 주말하고, 등기관이 날인하여야 한다. 〈개정 1998. 12. 28〉

제20조【변경등기】 ① 입목이 분합 또는 멸실된 때 또는 제15조 각호의 사항에 변경이 생긴 때에는 소유권의 등기명의인은 지체없이 그 등기를 신청하여야 한다. 다만, 수목의 자연발생·성장 또는 제5조 제1항의 시업방법으로 인한 변경에 있어서는 예외로 한다.

② 입목이 부착된 토지의 지목·지번 또는 지적에 변경이 생긴 때에도 전 항과 같다.

제21조【저당권설정등기】 입목을 목적으로 하는 저당권설정의 등기를 신청하는 경우에는 신청서에 부동산등기법 제140조에 게기한 사항 이외에 시업방법을 기재하여야 한다.

제22조【산림보험】 ① 입목을 저당권의 목적으로 하고자 하는 자는 그 입목을 보험(농업협동조합법에 의한 공제를 포함한다. 이하 같다)에 붙여야 한다.

② 전 항의 규정에 의한 보험의 내용은 대통령령으로 정한다.

제23조【부동산등기법의 준용】 입목에 대한 등기에 관하여 이 법에 특별한 규정이 있는 경우를 제외하고는 부동산등기법을 준용한다.

[본조신설 1996. 11. 23]

가림출판사 · 가림M&B · 가림Let's에서 나온 책들

이종서 지음 / 대국전판 / 336쪽 / 12,000원

소아과 전문의에게 듣는 알기 쉬운 소아과 119
신영규 · 이강우 · 최성항 지음 / 4×6배판 변형 / 280쪽 / 14,000원

피가 맑아야 건강하게 오래 살 수 있다
김영찬 지음 / 신국판 / 256쪽 / 10,000원

웰빙형 피부 미인을 만드는 나만의 셀프 피부건강
양해원 지음 / 대국전판 / 144쪽 / 10,000원

내 몸을 살리는 생활 속의 웰빙 항암 식품
이승남 지음 / 대국전판 / 248쪽 / 9,800원

마음한글, 느낌한글　박완식 지음 / 4×6배판 / 300쪽 / 15,000원

웰빙 동의보감식 발마사지 10분
최미회 지음 / 신재용 감수 / 4×6배판 변형 / 204쪽 / 13,000원

아름다운 몸, 건강한 몸을 위한 목욕 건강 30분
임하성 지음 / 대국전판 / 176쪽 / 9,500원

내가 만드는 한방생주스 60　김영섭 지음 / 국판 / 112쪽 / 7,000원

몸을 살리는 건강식품
백은회 · 조창호 · 최양진 지음 / 신국판 / 384쪽 / 11,000원

건강도 키우고 성적도 올리는 자녀 건강
김진돈 지음 / 신국판 / 304쪽 / 12,000원

알기 쉬운 간질환 119　이관식 지음 / 신국판 / 272쪽 / 11,000원

밥으로 병을 고친다　허봉수 지음 / 대국전판 / 352쪽 / 13,500원

알기 쉬운 신장병 119　김형규 지음 / 신국판 / 240쪽 / 10,000원

마음의 감기 치료법 우울증 119
이민수 지음 / 대국전판 / 232쪽 / 9,800원

관절염 119　송영욱 지음 / 대국전판 / 224쪽 / 9,800원

내 딸을 위한 미성년 클리닉
강병문 · 이향아 · 최정원 지음 / 국판 / 148쪽 / 8,000원

암을 다스리는 기적의 치유법　케이 세이헤이 감수 / 카와키 나리카즈
지음 / 민병수 옮김 / 신국판 / 256쪽 / 9,000원

스트레스 다스리기　대한불안장애학회 스트레스관리연구특별위원회
지음 / 신국판 / 304쪽 / 12,000원

천연 식초 건강법　건강식품연구회 엮음 / 신재용(해성한의원 원장) 감수
신국판 / 252쪽 / 9,000원

암에 대한 모든 것
서울아산병원 암센터 지음 / 신국판 / 360쪽 / 13,000원

알록달록 컬러 다이어트　이승남 지음 / 국판 / 248쪽 / 10,000원

당신도 부모가 될 수 있다　정병준 지음 / 신국판 / 268쪽 / 9,500원

키 10cm 더 크는 키네스 성장법　김양수 · 이종균 · 최형규 · 표재환 · 김문
회 지음 / 대국전판 / 312쪽 / 12,000원

당뇨병 백과
이현철 · 송영득 · 안철우 지음 / 4×6배판 변형 / 396쪽 / 16,000원

호흡기 클리닉 119　박성학 지음 / 신국판 / 256쪽 / 10,000원

키 쑥쑥 크는 롱다리 만들기
롱다리 성장클리닉 원장단 지음 / 4×6배판 변형 / 256쪽 / 11,000원

내 몸을 살리는 건강식품
백은회 · 조창호 · 최양진 지음 / 신국판 / 368쪽 / 11,000원

내 몸에 맞는 운동과 건강
허철수 지음 / 신국판 / 264쪽 / 11,000원

알기 쉬운 척추 질환 119
김수연 지음 / 신국판 변형 / 240쪽 / 11,000원

베스트 닥터 박승정 교수팀의 심장병 예방과 치료
박승정 외 5인 지음 / 신국판 / 264쪽 / 10,500원

암 전이 재발을 막아주는 한방 신치료 전략
조종관 · 유화승 지음 / 신국판 / 308쪽 / 12,000원

■ 교　육 ■

우리 교육의 창조적 백색혁명
원상기 지음 / 신국판 / 206쪽 / 6,000원

현대생활과 체육
조창남 외 5명 공저 / 신국판 / 340쪽 / 10,000원

퍼펙트 MBA　IAE유학네트 지음 / 신국판 / 400쪽 / 12,000원

유학길라잡이 Ⅰ - 미국편
IAE유학네트 지음 / 4×6배판 / 372쪽 / 13,900원

유학길라잡이 Ⅱ - 4개국편
IAE유학네트 지음 / 4×6배판 / 348쪽 / 13,900원

조기유학길라잡이.com
IAE유학네트 지음 / 4×6배판 / 428쪽 / 15,000원

현대인의 건강생활
박상호 외 5명 공저 / 4×6배판 / 268쪽 / 15,000원

천재아이로 키우는 두뇌훈련
나카마츠 요시로 지음 / 민병수 옮김 / 국판 / 288쪽 / 9,500원

두뇌혁명
나카마츠 요시로 지음 / 민병수 옮김 / 4×6판 양장본 / 288쪽 / 12,000원

테마별 고사성어로 익히는 한자
김경익 지음 / 4×6배판 변형 / 248쪽 / 9,800원

生生 공부비법　이은승 지음 / 대국전판 / 272쪽 / 9,500원

자녀를 성공시키는 습관만들기
배은경 지음 / 대국전판 / 232쪽 / 9,500원

한자능력검정시험 1급
한자능력검정시험연구위원회 편저 / 4×6배판 / 568쪽 / 21,000원

한자능력검정시험 2급
한자능력검정시험연구위원회 편저 / 4×6배판 / 472쪽 / 18,000원

한자능력검정시험 3급(3급Ⅱ)
한자능력검정시험연구위원회 편저 / 4×6배판 / 440쪽 / 17,000원

한자능력검정시험 4급(4급Ⅱ)
한자능력검정시험연구위원회 편저 / 4×6배판 / 352쪽 / 15,000원

한자능력검정시험 5급
한자능력검정시험연구위원회 편저 / 4×6배판 / 264쪽 / 11,000원

한자능력검정시험 6급
한자능력검정시험연구위원회 편저 / 4×6배판 / 168쪽 / 8,500원

한자능력검정시험 7급
한자능력검정시험연구위원회 편저 / 4×6배판 / 152쪽 / 7,000원

한자능력검정시험 8급
한자능력검정시험연구위원회 편저 / 4×6배판 / 112쪽 / 6,000원

볼링의 이론과 실기　이택상 지음 / 신국판 / 192쪽 / 9,000원

고사성어로 끝내는 천자문
조준상 글 · 그림 / 4×6배판 / 216쪽 / 12,000원

내 아이 스타 만들기　김민성 지음 / 신국판 / 200쪽 / 9,000원

교육 1번지 강남 엄마들의 수험생 자녀 관리
황송주 지음 / 신국판 / 288쪽 / 9,500원

초등학생이 꼭 알아야 할 위대한 역사 상식
우진영 · 이양경 지음 / 4×6배판 변형 / 228쪽 / 9,500원

초등학생이 꼭 알아야 할 행복한 경제 상식
우진영 · 전선심 지음 / 4×6배판 변형 / 224쪽 / 9,500원

초등학생이 꼭 알아야 할 재미있는 과학상식
우진영 · 정경희 지음 / 4×6배판 변형 / 220쪽 / 9,500원

한자능력검정시험 3급 · 3급Ⅱ
한자능력검정시험연구위원회 편저 / 4×6판 / 380쪽 / 7,500원

교과서 속에 꼭꼭 숨어있는 이색박물관 체험　이신화 지음
대국전판 / 248쪽 / 12,000원

초등학생 독서 논술(저학년)　책마루 독서교육연구회 지음
4×6배판 변형 / 244쪽 / 14,000원

초등학생 독서 논술(고학년)　책마루 독서교육연구회 지음
4×6배판 변형 / 236쪽 / 14,000원

놀면서 배우는 경제　김솔 지음 / 대국전판 / 196쪽 / 10,000원

건강생활과 레저스포츠 즐기기
강선회 외 11명 공저 / 4×6배판 / 324쪽 / 18,000원

아이의 미래를 바꿔주는 좋은 습관
배은경 지음 / 신국판 / 216쪽 / 9,500원

다중지능 아이의 미래를 바꾼다
이소영 외 6인 지음 / 신국판 / 232쪽 / 11,000원

**체육학 자연과학 및 사회과학 분야의 석 · 박사 학위 논문, 학술진흥재단
등재지, 등재후보지와 관련된 학회지 논문 작성법**
하철수 · 김봉경 지음 / 신국판 / 336쪽 / 15,000원

공부가 제일 쉬운 공부 달인 되기

이은숭 지음 / 신국판 /256쪽/10,000원

취미·실용

김진국과 같이 배우는 와인의 세계
김진국 지음 / 국배판 변형양장본(올 컬러판) / 208쪽 / 30,000원

배스낚시 테크닉 이종건 지음 / 4×6배판 / 440쪽 / 20,000원

나도 디지털 전문가 될 수 있다!!!
이승훈 지음 / 4×6배판 / 320쪽 / 19,200원

건강하고 아름다운 동양란 기르기
난마을 지음 / 4×6배판 변형 / 184쪽 / 12,000원

애완견114 황양원 엮음 / 4×6배판 변형 / 228쪽 / 13,000원

경제·경영

CEO가 될 수 있는 성공법칙 101가지
김승룡 편역 / 신국판 / 320쪽 / 9,500원

정보소프트 김승룡 지음 / 신국판 / 324쪽 / 6,000원

기획대사전 다카하시 겐코 지음 / 홍영의 옮김
신국판 / 552쪽 / 19,500원

맨손창업 · 맞춤창업 BEST 74
양혜숙 지음 / 신국판 / 416쪽 / 12,000원

무자본, 무점포 창업! FAX 한 대면 성공한다
다카시로 고시 지음 / 홍영의 옮김 / 신국판 / 226쪽 / 7,500원

성공하는 기업의 인간경영 중소기업 노무 연구회 편저 / 홍영의 옮김
신국판 / 368쪽 / 11,000원

21세기 IT가 세계를 지배한다
김광희 지음 / 신국판 / 380쪽 / 12,000원

경제기사로 부자아빠 만들기
김기태 · 신현태 · 박근수 공저 / 신국판 / 388쪽 / 12,000원

포스트 PC의 주역 정보가전과 무선인터넷
김광희 지음 / 신국판 / 356쪽 / 12,000원

성공하는 사람들의 마케팅 바이블
채수명 지음 / 신국판 / 328쪽 / 12,000원

느린 비즈니스로 돌아가라
사카모토 게이이치 지음 / 정성호 옮김 / 신국판 / 276쪽 / 9,000원

적은 돈으로 큰돈 벌 수 있는 부동산 재테크
이원재 지음 / 신국판 / 340쪽 / 12,000원

바이오혁명 이주영 지음 / 신국판 / 328쪽 / 12,000원

성공하는 사람들의 자기혁신 경영기술
채수명 지음 / 신국판 / 344쪽 / 12,000원

CFO 교텐 토요오 · 타하라 오키시 지음 / 민병수 옮김
신국판 / 312쪽 / 12,000원

네트워크시대 네트워크마케팅
임동학 지음 / 신국판 / 376쪽 / 12,000원

성공리더의 7가지 조건
다이앤 트레이시 · 윌리엄 모건 지음 / 지창영 옮김
신국판 / 360쪽 / 13,000원

김종결의 성공창업
김종결 지음 / 신국판 / 340쪽 / 12,000원

최적의 타이밍에 내 집 마련하는 기술
이원재 지음 / 신국판 / 248쪽 / 10,500원

컨설팅 세일즈 *Consulting sales*
임동학 지음 / 대국전판 / 336쪽 / 13,000원

연봉 10억 만들기
김농주 지음 / 국판 / 216쪽 / 10,000원

주5일제 근무에 따른 한국형 주말창업
최효진 지음 / 신국판 변형 양장본 / 216쪽 / 10,000원

돈 되는 땅 돈 안되는 땅
김영준 지음 / 신국판 / 320쪽 / 13,000원

돈 버는 회사로 만들 수 있는 109가지
다카하시 도시노리 지음 / 민병수 옮김 / 신국판 / 344쪽 / 13,000원

프로는 디테일에 강하다
김미현 지음 / 신국판 / 248쪽 / 9,000원

머니투데이 송복규 기자의 부동산으로 주머니돈 100배 만들기

송복규 지음 / 신국판 / 328쪽 / 13,000원

성공하는 슈퍼마켓&편의점 창업
나명환 지음 / 4×6배판 변형 / 500쪽 / 28,000원

대한민국 성공 재테크 부동산 펀드와 리츠로 승부하라
김영준 지음 / 신국판 / 256쪽 / 12,000원

마일리지 200% 활용하기
박성희 지음 / 국판 변형 / 200쪽 / 8,000원

1%의 가능성에 도전, 성공 신화를 이룬 여성 CEO
김미현 지음 / 신국판 / 248쪽 / 9,500원

3천만 원으로 부동산 재벌 되기
최수길 · 이숙 · 조연희 지음 / 신국판 / 290쪽 / 12,000원

10년을 앞설 수 있는 재테크 노동규 지음 / 신국판 / 260쪽 / 10,000원

세계 최강을 추구하는 도요타 방식
나카마 키요타카 지음 / 민병수 옮김 / 신국판 / 296쪽 / 12,000원

최고의 설득을 이끌어내는 프레젠테이션
조두환 지음 / 신국판 / 296쪽 / 11,000원

최고의 만족을 이끌어내는 창의적 협상
조강회 · 조원회 지음 / 신국판 / 248쪽 / 10,000원

New 세일즈 기법 물건을 팔지 말고 가치를 팔아라
조기선 지음 / 신국판 / 264쪽 / 9,500원

작은 회사는 전략이 달라야 산다
황문진 지음 / 신국판 / 312쪽 / 11,000원

돈되는 슈퍼마켓&편의점 창업전략(입지 편)
나명환 지음 / 신국판 / 352쪽 / 13,000원

25·35 꼼꼼 여성 재테크 정원훈 지음 / 신국판 / 224쪽 / 11,000원

대한민국 2030 독특하게 창업하라
이상헌 · 이호 지음 / 신국판 / 288쪽 / 12,000원

왕초보 주택 경매로 돈 벌기
천관성 지음 / 신국판 / 268쪽 / 12,000원

New 마케팅 기법 (실천편) 물건을 팔지 말고 가치를 팔아라 2
조기선 지음 / 신국판 / 240쪽 / 10,000원

퇴출 두려워 마라 홀로서기에 도전하라
신정수 지음 / 신국판 / 256쪽 / 11,500원

슈퍼마켓&편의점 창업 바이블
나명환 지음 / 신국판 / 280쪽 / 12,000원

위기의 한국 기업 재창조하라
신정수 지음 / 신국판 / 304쪽 / 15,000원

주 식

개미군단 대박맞이 주식투자
홍성걸(한양증권 투자분석팀 팀장) 지음 / 신국판 / 310쪽 / 9,500원

알고 하자! 돈 되는 주식투자
이길영 외 2명 공저 / 신국판 / 388쪽 / 12,500원

항상 당하기만 하는 개미들의 매도 · 매수타이밍 999% 적중 노하우
강경무 지음 / 신국판 / 336쪽 / 12,000원

부자 만들기 주식성공클리닉
이창회 지음 / 신국판 / 372쪽 / 11,500원

선물 · 옵션 이론과 실전매매
이창회 지음 / 신국판 / 372쪽 / 12,000원

너무나 쉬워 재미있는 주가차트
홍성무 지음 / 4×6배판 / 216쪽 / 15,000원

주식투자 직접 투자로 높은 수익을 올릴 수 있는 비결
김학균 지음 / 신국판 / 230쪽 / 11,000원

역 학

역리종합 만세력 정도명 편저 / 신국판 / 532쪽 / 10,500원

작명대전 정보국 지음 / 신국판 / 460쪽 / 12,000원

하락이수 해설 이천교 편저 / 신국판 / 620쪽 / 27,000원

현대인의 창조적 관상과 수상 백운산 지음 / 신국판 / 344쪽 / 9,000원

대운용신영부적 정재원 지음 / 신국판 양장본 / 750쪽 / 39,000원

사주비결활용법 이세진 지음 / 신국판 / 392쪽 / 12,000원

컴퓨터세대를 위한 新 성명학대전 박용찬 지음 / 신국판 / 388쪽 / 11,000원

길흉화복 꿈풀이 비법 백운산 지음 / 신국판 / 410쪽 / 12,000원
새천년 작명컨설팅 정재원 지음 / 신국판 / 492쪽 / 13,900원
백운산의 신세대 궁합 백운산 지음 / 신국판 / 304쪽 / 9,500원
동자삼 작명학 남시모 지음 / 신국판 / 496쪽 / 15,000원
구성학의 기초 문길여 지음 / 신국판 / 412쪽 / 12,000원
소울음소리 이건우 지음 / 신국판 / 314쪽 / 10,000원

법률 일반

여성을 위한 성범죄 법률상식
조명원(변호사) 지음/ 신국판 / 248쪽 / 8,000원

아파트 난방비 75% 절감방법
고영근 지음 / 신국판 / 238쪽 / 8,000원

일반인이 꼭 알아야 할 절세전략 173선
최성호(공인회계사) 지음 / 신국판 / 392쪽 / 12,000원

변호사와 함께하는 부동산 경매
최환주(변호사) 지음 / 신국판 / 404쪽 / 13,000원

혼자서 쉽고 빠르게 할 수 있는 소액재판
김재용 · 김종철 공저 / 신국판 / 312쪽 / 9,500원

"술 한 잔 사겠다"는 말에서 찾아보는 채권 · 채무
변환철(변호사) 지음 / 신국판 / 408쪽 / 13,000원

알기쉬운 부동산 세무 길라잡이
이건우(세무서 재산계장) 지음 / 신국판 / 400쪽 / 13,000원

알기쉬운 어음, 수표 길라잡이
변환철(변호사) 지음 / 신국판 / 328쪽 / 11,000원

제조물책임법
강동근(변호사) · 윤종성(검사) 공저 / 신국판 / 368쪽 / 13,000원

알기 쉬운 주5일근무에 따른 임금 · 연봉제 실무
문강분(공인노무사) 지음 / 4×6배판 변형 / 544쪽 / 35,000원

변호사 없이 당당히 이길 수 있는 형사소송
김대환 지음 / 신국판 / 304쪽 / 13,000원

변호사 없이 당당히 이길 수 있는 민사소송
김대환 지음 / 신국판 / 412쪽 / 14,500원

혼자서 해결할 수 있는 교통사고 Q&A
조명원(변호사) 지음 / 신국판 / 336쪽 / 12,000원

알기 쉬운 개인회생 · 파산 신청법
최재구(법무사) 지음 / 신국판 / 352쪽 / 13,000원

생활법률

부동산 생활법률의 기본지식
대한법률연구회 지음 / 김원중(변호사) 감수 / 신국판 / 472쪽 / 13,000원

고소장 · 내용증명 생활법률의 기본지식
하태웅(변호사) 지음 / 신국판 / 440쪽 / 12,000원

노동 관련 생활법률의 기본지식
남동희(공인노무사) 지음 / 신국판 / 528쪽 / 14,000원

외국인 근로자 생활법률의 기본지식
남동희(공인노무사) 지음 / 신국판 / 400쪽 / 12,000원

계약작성 생활법률의 기본지식
이상도(변호사) 지음 / 신국판 / 560쪽 / 14,500원

지적재산 생활법률의 기본지식
이상도(변호사) · 조의제(변리사) 공저 / 신국판 / 496쪽 / 14,000원

부당노동행위와 부당해고 생활법률의 기본지식
박영수(공인노무사) 지음 / 신국판 / 432쪽 / 14,000원

주택 · 상가임대차 생활법률의 기본지식
김운용(변호사) 지음 / 신국판 / 480쪽 / 14,000원

하도급거래 생활법률의 기본지식
김진홍(변호사) 지음 / 신국판 / 440쪽 / 14,000원

이혼소송과 재산분할 생활법률의 기본지식
박동섭(변호사) 지음 / 신국판 / 460쪽 / 14,000원

부동산등기 생활법률의 기본지식
정상태(법무사) 지음 / 신국판 / 456쪽 / 14,000원

기업경영 생활법률의 기본지식

안동섭(단국대 교수) 지음 / 신국판 / 466쪽 / 14,000원

교통사고 생활법률의 기본지식
박정무(변호사) · 전병찬 공저 / 신국판 / 480쪽 / 14,000원

소송서식 생활법률의 기본지식
김대환 지음 / 신국판 / 480쪽 / 14,000원

호적 · 가사소송 생활법률의 기본지식
정주수(법무사) 지음 / 신국판 / 516쪽 / 14,000원

新상속과 세금 생활법률의 기본지식
박동섭(변호사) 지음 / 신국판 / 492쪽 / 14,500원

담보 · 보증 생활법률의 기본지식
류창호(법학박사) 지음 / 신국판 / 436쪽 / 14,000원

소비자보호 생활법률의 기본지식
김성천(법학박사) 지음 / 신국판 / 504쪽 / 15,000원

판결 · 공정증서 생활법률의 기본지식
정상태(법무사) 지음 / 신국판 / 312쪽 / 13,000원

산업재해보상보험 생활법률의 기본지식
정유석(공인노무사) 지음 / 신국판 / 384쪽 / 14,000원

처 세

성공적인 삶을 추구하는 여성들에게 우먼파워
조안 커너 · 모이라 레이너 공저 / 지창영 옮김
신국판 / 352쪽 / 8,800원

聽 이익이 되는 말 話 손해가 되는 말
우메시마 미요 지음 / 정성호 옮김 / 신국판 / 304쪽 / 9,000원

부자들의 생활습관 가난한 사람들의 생활습관
다케우치 야스오 지음 / 홍영의 옮김 / 신국판 / 320쪽 / 9,800원

코끼리 귀를 당긴 원숭이-히딩크식 창의력을 배우자
강충인 지음 / 신국판 / 208쪽 / 8,500원

성공하려면 유머와 위트로 무장하라
민영욱 지음 / 신국판 / 292쪽 / 9,500원

동소병의 오뚝이전략 조창남 편저 / 신국판 / 304쪽 / 9,500원

노무현 화술과 화법을 통한 이미지 변화
이현정 지음 / 신국판 / 320쪽 / 10,000원

성공하는 사람들의 토론의 법칙
민영욱 지음 / 신국판 / 280쪽 / 9,500원

사람은 칭찬을 먹고산다 민영욱 지음 / 신국판 / 268쪽 / 9,500원

사과의 기술 김농주 지음 / 신국판 변형 양장본 / 200쪽 / 10,000원

취업 경쟁력을 높여라 김농주 지음 / 신국판 / 280쪽 / 12,000원

유비쿼터스시대의 블루오션 전략
최양진 지음 / 신국판 / 248쪽 / 10,000원

나만의 블루오션 전략 -화술편
민영욱 지음 / 신국판 / 254쪽 / 10,000원

희망의 씨앗을 뿌리는 20대를 위하여
우광균 지음 / 신국판 / 172쪽 / 8,000원

끌리는 사람이 되기위한 이미지 컨설팅
홍순아 지음 / 대국전판 / 194쪽 / 10,000원

글로벌 리더의 소통을 위한 스피치
민영욱 지음 / 신국판 / 328쪽 / 10,000원

오바마처럼 꿈에 미쳐라 정영순 지음 / 신국판 / 208쪽 / 9,500원

여자 30대, 내 생애 최고의 인생을 만들어라
정영순 지음 / 신국판 / 256쪽 / 11,500원

인맥의 달인을 넘어 인맥의 神이 되라
서필환 · 봉은희 지음 / 신국판 / 304쪽 / 12,000원

아임 파인(I' m Fine!)
오오카와 류우호오 지음 / 4×6판 / 152쪽 / 8,000원

미셸 오바마처럼 사랑하고 성공하라
정영순 지음 / 신국판 / 224쪽 / 10,000원

대한법률연구회가 만드는 생활법률의 기본지식 17

일 · 반 · 인 · 을 · 위 · 한

담보 · 보증 생활법률의 기본지식

지은이/류창호
펴낸이/강선희
펴낸곳/가림M&B

등록/1999. 1. 18. 제5-89호
주소/서울 광진구 구의동 57-71 부원빌딩 4층
대표전화/458-6451   팩스/458-6450
홈페이지/http://www.galim.co.kr
전자우편/galim@galim.co.kr

© GALIM M&B, 2002

ISBN 978-89-89107-32-3 14360
     978-89-89107-41-5 14360(세트)